카이스트 미래전략 2019

카이스트 미래전략 2019

1판 1쇄 인쇄 2018. 10. 19.
1판 1쇄 발행 2018. 10. 26.

지은이 KAIST 문술미래전략대학원·미래전략연구센터

발행인 고세규
편집 권정민 | 디자인 지은혜
발행처 김영사
등록 1979년 5월 17일 (제406-2003-036호)
주소 경기도 파주시 문발로 197(문발동) 우편번호 10881
전화 마케팅부 031)955-3100, 편집부 031)955-3200 | 팩스 031)955-3111

값은 뒤표지에 있습니다.   ISBN 978-89-349-8359-0 03300

홈페이지 www.gimmyoung.com   블로그 blog.naver.com/gybook
페이스북 facebook.com/gybooks   이메일 bestbook@gimmyoung.com

좋은 독자가 좋은 책을 만듭니다.
김영사는 독자 여러분의 의견에 항상 귀 기울이고 있습니다.

이 도서의 국립중앙도서관 출판시도서목록(CIP)은 서지정보유통지원시스템 홈페이지
(http://seoji.nl.go.kr)와 국가자료공동목록시스템(http://www.nl.go.kr/kolisnet)에서
이용하실 수 있습니다. (CIP제어번호 : CIP2018031679)

KAIST
FUTURE STRATEGY

기술변화부터 국제정세까지 한반도를 둘러싼 메가트렌드 전망과 전략

카이스트
미래전략
2019

KAIST 문술미래전략대학원·미래전략연구센터

김영사

1 기술과 힘의 대이동

1 새로운 기술의 등장과 미래사회 · 49

2　나와 대한민국을 위한 미래전략

KAIST Future Strategy 2019

과학기술 기반 국가미래전략

우리는 미래를 향해 새로운 길을 제시하며 앞서가는 나라를 선진국이라고 부릅니다. 대한민국은 지난 반세기 동안 선진국을 향해 쫓아가는 '빠른 추격 전략'으로 한강의 기적을 이루며 선진국 문턱에까지 이르렀습니다. 이제 우리나라에는 미국형 전략, 일본식 전략이 아닌 한국 고유의 '미래 선도 전략'이 필요한 시점입니다. 특히 4차 산업혁명이라는 거대한 변화가 다가오는 21세기에는 과학기술 기반의 미래전략을 세우는 일이 매우 중요하다고 생각합니다. 그래야 대한민국이 중진국의 덫에서 벗어나 명실공히 선진국가로 도약할 수 있습니다. 이를 위해서는 민간 싱크탱크 그룹이 활성화되어야 합니다. 미국이 G1국가의 위상을 갖고 있는 것의 근저에는 1,800여 개의 분야별 싱크탱크 그룹이 정권을 초월하여 미국의 나아가야 할 방향과 정책을 마련해주는 것이 큰 역할을 하고 있습니다.

KAIST 문술미래전략대학원과 미래전략연구센터는 과학기술 기반의 21세기의 미래를 연구하기 위하여 2013년에 설립되었습니다. 2014년부터 펴내기 시작한 국가미래전략에 관한 연구보고서가 이번에 다섯 번째 책으로 나오게 되었습니다. 이제 우리나라도 선진국처럼 정권을 초월한 장기적 관점의 견고한 국가미래전략 수립이 절실한 상황입니다. 정권에 따라서 새로운 정책을 수립, 집행하기 때문에 정책의 일관성에 아쉬움이 생기는 경우가 있기 때문입니다. 물론 국가출연연구소 등의 국가 정책 연구기관에서도 미래연구 보고서를 내고 있습니다. 그러나 정부기관의 특성 때문에 일관성을 유지하기 어려운 면도 있습니다. 이러한 상황에서 순수 민간 싱크탱크라 할 수 있는 KAIST에서 국가미래 전략을 연구하는 일은 큰 의의가 있다고 생각합니다. 민간 싱크탱크의 보고서는 직접적인 실행력은 갖추지 못해도, 정치권과 무관하게 지속적으로 읽힐 수 있기 때문입니다.

미래전략이란 내용도 중요하지만, 그 과정에서 구성원들의 참여와 공감을 이루는 것이 중요하다고 생각합니다. 이 연구보고서는 소수 엘리트 학자들만의 의견이 아니라, 매주 금요일마다 이루어진 토론회를 통하여 나온 아이디어를 종합하여 집필한 내용입니다. 2015년부터 지금까지 155회의 토론회를 개최하였고, 여기에 500여 명의 전문가가 발표와 토론에 참여했으며, 4,000여 명의 일반인이 청중으로 참석하여 의견을 개진해주었습니다. 우리는 토론회를 거듭하면서 새롭게 개발된 아이디어와 의견을 추가하여 매년 책으로 출판합니다. 이번 보고서에 수록된 세부전략은 54개이며, 국가의 전반적인 이슈를 거의 모두 다루고 있다고 봐도 무방할 것입니다.

특히 이 연구팀은 연구에 임하는 자세를 '선비정신'으로 규정하고 있는 점이 인상적입니다. 선비정신만이 혼탁한 현대사회에서 중심을 잡고, 오로지 국가와 민족을 위한 전략을 담보할 수 있다고 생각한 것입니다. 국가미래전략이 정권 변화와 무관하게 지속적으로 활용되고, 정책의 가이드라인이 되기 위해서는 공정성이 생명입니다. 이러한 관점에서 선비정신은 매우 적절한 연구 철학이라 생각합니다.

아무쪼록 이 연구보고서가 국가 정책을 수립하는 분들과 미래전략을 연구하는 분들께 도움이 되기를 바랍니다. 미래전략대학원 설립과 이 보고서 작성을 위해 훌륭한 리더십을 발휘해주신 이광형 교수님과 연구에 참여해주신 수많은 연구자들, 그리고 일반 참여자들께도 깊이 감사드립니다.

KAIST 총장 신성철

KAIST Future Strategy 2019

책을 펴내며

2019년 판을 내며

최근 수년간 우리나라는 국내외에서 벌어지는 여러 변화의 소용돌이를 정면으로 맞닥뜨리고 있다. 그 와중에도 우리나라의 미래를 위해 반드시 해결해야 할 과제들은 물결처럼 밀려와서 우리의 선택과 결정을 기다리고 있다. 우리는 당면한 현재의 문제들을 해결하는 동시에 신기술이 재편할 미래사회에도 적극적으로 대응하고 준비해야 한다. 그러나 사회, 정치, 외교, 경제, 문화, 기술 등 모든 분야의 과제들은 대부분 우리가 한 번도 겪어보지 못한 일들이다. 우리의 선택과 결정이 그만큼 중요한 이유이다. 어떻게 대처하느냐에 따라 멋진 도약이 될 수도 있지만, 자칫 혼란과 갈등이라는 퇴보로 이어질 수도 있다. 유구한 5,000년의 역사를 꿋꿋이 이어온, 지혜로운 민족의 후예답게 우리는 이 모든 과제를 슬기롭게 해결해나가야 한다.

대한민국 6대 절대과제

앞으로 30년 동안 한반도뿐만 아니라 전 세계적으로 크나큰 격변의 시대가 펼쳐질 것이다. 기술적 측면에서는 4차 산업혁명으로 일컬어지는 파괴적인 혁신이 우리가 사는 세상을 획기적으로 바꿔놓을 것이고,

사회적 측면에서는 남북관계를 포함한 한반도의 새로운 질서와 미·중 대결로 집약되는 세계 질서가 끊임없이 변화하고 있기 때문이다. 이런 상황 속에서, 우리는 과연 우리가 누렸던 번영을 후손들에게 물려줄 수 있을까. 미래의 후손들이 현재와 같은 번영을 누리기 위해 우리가 해결해야 할 '6대 절대과제'를 다음과 같이 짚어본다.

- 저출산 고령화: 합계 출산율이 1.1명 이하로 떨어졌다. 이 추세가 계속되면 2100년에는 인구 2,000만 명 수준이 된다. 인구 감소 기간에 겪어야 할 고통이 클 것이다. 현재 우리나라 전체 인구의 노령화지수(15세 미만 유소년인구에 대한 65세 이상 노령인구 비율)는 2017년 104.6으로 이미 100을 넘은 상태이다. 노령화지수는 2020년에 121.8을 기록한 뒤, 2033년에는 200을 넘어서고, 2045년에는 300에 가까이 이를 것으로 보인다. 인구절벽과 고령화, 이제 우리의 현실이다.

- 사회통합·갈등해결: 물질문화가 사회를 장악하면서 관용과 포용, 나눔과 배려라는 정신적 가치가 사라지고, 이기주의, 집단적 터부, 배타가 기승을 부리고 있다. 사회적 관계의 단절로 인해 자살률은 OECD 국가 중 가장 높은 수준이고, 반대로 국민행복지수GNH는 가장 낮은 상태이다. 부가 세습되면서 계층 사다리가 무너지고, 이에 따라 젊은이들이 희망을 잃고 있다. 여기에 노사, 남녀, 세대 간 갈등도 깊어지면서 대한민국의 역동성도 사라지고 있다. 어설픈 봉합이 아니라 근본적인 갈등 해결과 함께 희망전략이 필요하다.

- 평화(통일)와 국제정치: 한반도 정세는 하루하루가 다른 변화 앞에 놓여 있다. 남북관계가 다시 해빙 무드를 맞으면서 그동안 단절됐던 남북협력을 넘어 남북통합, 나아가 한반도 통일에 대한 기대감마저 갖게 한다. 그러나 갈 길이 아직 멀다. 북한의 비핵화가 이루어져야 하고, 남북 격차를 줄이며 동질성을 되찾아야 하고, 한반도 주변 강대국들의 협력도 이끌어야 한다. 다만 멈춰서는 안 된다. 오랜 교류의 힘이 한순간에 베를린 장벽을 무너뜨리고 독일 통일로 이끈 것처럼, 우리에게도 단계적이고 점진적인 준비와 전략이 필요하다.

- 지속적인 성장과 번영: 4차 산업혁명이라는 새 물결이 밀려오고 있다. 빅데이터, 인공지능, 사물인터넷 등의 첨단기술이 생산효율을 극대화하고 있고, 인공지능이 인간의 지능을 넘어서는 싱귤래리티(Singularity, 특이점) 시대도 예측되고 있다. 4차 산업혁명의 개념을 도입하여 기존의 제조업을 인공지능과 빅데이터 중심의 지능화된 맞춤형 제조업으로 개선하고, 신산업을 발굴, 육성해야 한다. 첨단기술의 발전에 따라서 많은 일자리의 변화도 예상된다. 기술 패권을 둘러싸고 재편되고 있는 국제사회에 뒤처지지 않도록 능동적으로 대응해야 한다. 동시에 성장과 분배가 균형 잡힌, 또한 인간이 중심이 되는 4차 산업혁명으로 우리 모두를 위한 사회를 만들어야 한다.

- 지속가능한 민주복지국가: 우리나라는 민주주의와 복지국가를 동시에 추구하고 있다. 복지가 민주주의를 만나면 간혹 포퓰리즘의

유혹에 빠질 수 있다. 정치인들은 정권을 잡기 위해 과대공약을 내놓고는 적자재정을 편성하기 쉽다. 그렇게 되면, 그 부담은 고스란히 미래세대에 떠넘겨질 수 있다. 현세대뿐 아니라 미래세대까지 생각하는 지속가능한 해법을 찾아야 한다. 복지와 민주주의가 선순환할 수 있는 구조가 중요하다.

• 에너지와 환경문제: 우리나라는 자원 빈국이다. 광물자원도 부족하고, 에너지 대부분을 수입에 의존하고 있다. 현대문명은 엄청난 에너지를 소모하고 있고, 그 결과 환경은 급속도로 나빠졌다. 미래에도 안정적인 성장과 번영을 이루고자 한다면 안정적인 에너지원을 확보해야 하고, 동시에 지구온난화로 파괴되는 환경문제를 해결하기 위해서는 저탄소 에너지 전략도 마련되어야 한다. 에너지, 기후변화, 그리고 환경은 서로 뗄 수 없는 관계이며, 관련 정책이 유기적으로 연결되어야 하는 이유이다.

장기 비전과 전략이 없는 대한민국

국가가 처한 위기에 대응하고 해결하는 주체는 두말할 것도 없이 정치이다. 정치가 최고 권력을 가지고 사회의 갈등을 조정하고 새로운 대안을 제시하며 이끌고 나가야 한다. 그러나 현재 우리나라의 정치는 여러 사회 분야 중에서 가장 낙후된 분야 중의 하나이다. 새로운 사회 변화에 따라 법과 제도를 조정해나가는 역할도 제대로 해내지 못하고 있다. 더욱이 정권이 바뀔 때마다 국정 운영의 기조가 바뀌면서, 미래 청사진도 명확해 보이지 않는다. 물론 정권마다 장기적인 전략을 추진하지 않은 것은 아니다. 또 여러 정부 출연 연구기관에서도 끊임없이 장기

전략 연구보고서를 발행했다. 그러나 그것들은 정권이 바뀌면서 도서관의 서고로 들어가 잠자는 신세가 되고 말았다. 이제 이런 소모적인 관행을 없애고 보다 장기적인 관점에서 국정을 운영해야 한다.

미래의 눈으로 결정하는 현재

2001년에 300억 원을 KAIST에 기증하여 융합학문인 바이오및뇌공학과를 신설하게 한 바 있는 정문술 전 KAIST 이사장은 2014년에 다시 215억 원을 KAIST 미래전략대학원 발전기금으로 기부하면서 당부했다. 국가의 미래전략을 연구하고 인재를 양성해 나라가 일관되게 발전할 수 있는 기틀을 마련해달라는 부탁이었다. 그리고 국가의 싱크탱크가 되어 우리가 나아갈 길을 미리 제시해달라고 요청했다. 기부자의 요청을 무게 있게 받아들인 미래전략대학원 교수진은 국가의 미래전략 연구보고서인 '문술리포트'를 매년 펴내기로 했고 실행하고 있다.

우리는 예지력을 갖고 미래를 알아맞힐 수는 없지만, 우리가 원하는 미래를 만들기 위해 노력하고 대응할 수는 있다. 미래전략은, 미래의 눈으로 현재의 결정을 내리는 것이다. 이것이 바로 현재의 당리당략적, 정파적 이해관계에서 자유로운 민간 지식인들이 해야 할 일이라고 생각한다. 우리의 제안 중에는 분명 옳은 것도 있고, 그릇된 것도 있고, 부족한 것도 있을 것이다. 그릇된 것과 부족한 것은 계속 보완하고 발전시켜나갈 예정이다. 다만 우리의 미래전략보고서에 옳은 것이 있다면 정권에 상관없이 활용해주기를 바라고, 이를 통해 국가의 미래가 일관되게 발전하기를 희망하는 것뿐이다.

아시아 평화중심 창조국가

지금부터 30년 후 2049년에는 광복 104년이 된다. 광복 104주년이 되는 시점에 우리는 어떤 나라의 주인이 되어 있을 것인가. 우리의 다음 세대에게 어떤 나라를 물려줄 것인가. 지정학적 관계와 우리 자신의 능력을 고려할 때, 어떤 국가 비전을 제시할 것인가. 수없이 많은 논의를 거친 결과, 우리는 다음과 같은 비전을 제시하는 데에 이르렀다.

무엇보다 우리나라의 활동공간은 '아시아' 전체가 될 것이다. 아시아는 그 중요성이 더 커지면서 미래에는 세계의 중심으로 부상할 것이다. 이곳에 자리한 한국, 중국, 일본, 인도 등의 역할도 더 커질 것이다. 한국인의 의사결정은 국내외 다양한 요소를 고려해서 내려질 것이고, 한국인이 내린 결정의 영향은 한반도를 넘어 아시아로 퍼져나갈 것이다.

우리는 또 국가의 지향점을 '평화중심 국가'로 설정했다. 우리나라는 전통적으로 평화국가이다. 5,000여 년의 장구한 역사 속에서도 자주독립을 유지해왔던 이유 중의 하나도 '평화'를 지향했기 때문일 것이다. 주변국과 평화롭게 공존, 번영을 꿈꾸는 것이 우리의 전통이고 오늘의 희망이며 내일의 비전이다. 더욱이 우리는 통일이라는 민족사적 과제를 안고 있다. 북한 주민에게도 통일은 지금보다 더욱 평화롭고 윤택한 삶을 제공할 것이다. 주변국들에도 한국의 통일이 그들에게 도움이 되는 공존과 번영의 길이라는 인식을 심어줄 필요가 있다.

아울러 우리는 '창조국가'를 내세웠다. 본디 우리 민족은 창조적인 민족이다. 역사를 돌이켜보면 선조들의 빛나는 창조정신이 돋보인다. 컴퓨터 시대에 더욱 빛나는 한글과 세계 최초의 금속활자가 대표적인 창조의 산물이다. 빈약한 자원이라는 여건 속에서도 반도체, 스마트폰, 자동차, 조선, 석유화학, 제철산업을 세계 최고 수준으로 일구었다. 처음에는 선진국의 제품을 사서 썼지만, 그 제품을 연구해서 오히려 더 좋은 제품을 만들어냈고, 다시 우리의 것으로 재창조했다. 이제는 K-pop이나 영화 같은 문화적인 측면에서도 세계 최고를 향해 나아가고 있다. 우리 민족의 우수성은 미래에 여러 분야에서 더욱 빛을 발할 것이다.

이상의 정신을 모아서 우리는 '아시아 평화중심 창조국가'를 대한민국의 비전으로 제시한다.

'선비정신'이 필요한 대한민국

만약 북아메리카에 있는 플로리다반도가 미국에 흡수되지 않고 독립된 국가로 발전하려고 했다면, 과연 가능했을까. 하지만 우리 선조들은 그것을 가능케 했다. 한반도 지도를 보고 있으면 우리 선조들의 지혜와 용기에 다시 한번 감탄이 절로 나온다. 거대한 중국 옆에서 온갖 침략과 시달림을 당하면서도 자주성을 유지하며 문화와 언어를 지켜냈다는 것은 참으로 놀라운 일이다. 동북아 국제질서 재편의 소용돌이를 지켜보고 있노라면 새삼 선조들의 업적이 대단하게 느껴진다.

그렇다면 역사적 패권 국가였던 중국 옆에서 우리가 국가를 유지, 발전시킬 수 있었던 비결은 무엇이었을까. '선비정신'이 중요한 토대가 된 것은 아닌가 생각한다. 정파나 개인의 이해관계를 떠나서 오로지 대의와 국가, 백성을 위해 시시비비를 가린 선비정신 말이다. 이러한 선비정신이 있었기에 혹여 정부가 그릇된 길을 가더라도 곧 바로잡을 수 있었다. 선비정신이 사라진 조선 말 100년 동안 망국의 길을 걸었던 과거를 잊지 말아야 한다.

21세기, 우리는 다시 선비정신을 떠올린다. 선비는 정치와 정권에 무관하게 오로지 나라와 국민을 위하여 발언한다. 우리는 국가와 사회로부터 많은 혜택을 받고 공부한 지식인들이다. 국가에 진 빚이 많은 사람들이다. 이 시대를 사는 지식인으로서 국가와 사회에 보답하는 길이 있다면 선비정신을 바탕으로 국가와 국민행복을 위해 미래전략을 내놓는 것이 아닐까.

'21세기 선비'들이 작성하는 국가미래전략

2015년 판을 출간한 이후 2015년 1월부터는 서울 광화문에서 매주 금요일 '국가미래전략 정기토론회'를 열고 있다. 국가미래전략은 내용도 중요하지만, 일반 국민의 의견 수렴과 공감도 중요하기 때문이다. 지금까지 총 155회의 토론회에 약 4,000여 명이 참여(누적)하여 다양한 의견을 제시해주었다. 의견들은 수렴되어 국가전략을 작성하는 데 반영되었다. 4년간 500여 명의 관련 분야 전문가들이 발표, 토론 내용을 담아서 원고를 작성하고 수정, 검토하였다.

우리는 순수 민간인으로 연구진과 집필진을 구성해왔다. 정부나 정치권의 취향이 개입되면 영속성이 없다는 것을 알기 때문이다. 《대한민국 국가미래전략》(2015, 2016, 2017, 2018)이 매년 출판되자 많은 분이 격려와 칭찬을 해주었다. 그중 가장 흐뭇했던 말이 "특정 이념이나 정파에 치우치지 않았다"라는 반응이었다. 우리는 다시 다짐했다. '선비정신'을 지키고, 오로지 국가와 국민만을 생각하자고.

이렇듯 선비정신의 가치를 되짚어보는 이 시점에도 우리 문술리포트는 대한민국이 위기 속으로 빠질 수 있는 위험한 기로에 서 있다고 진단한다. 그러나 "위기는 위기로 인식하는 순간, 더 이상 위기가 아니다"라는 말이 있다. 우리 몸속에는 위기에 강한 DNA가 있다. 위기가 오면 흩어졌던 마음도 한 곳으로 모아지고 협력하게 된다. 사방이 짙은 어둠

속에 빠진 것과 같은 위기의 순간에 우리는 비폭력적인 3·1독립선언서를 선포했었고, IMF 경제 위기 때는 어느 누구도 생각하지 못한 창의적이고 희생적인 금 모으기 운동으로 세계인의 감동을 불러일으키며 위기를 극복했다. 최근에는 전 세계적으로 유례가 없는, 폭력 없이 평화로운 촛불혁명을 이루어냈다. 우리 대한민국은 현재의 위기를 기회로 승화시켜, 자손만대의 안전과 자유와 행복을 확보할 것이다. 그러한 번영의 토대에 이 책이 작은 씨앗이 되기를 소망해본다.

연구책임자 이광형
(KAIST 문술미래전략대학원 교수)

카이스트 미래전략
작성에
함께한 사람들

■ 직함은 참여 시점 기준입니다.

━━━━━━━━━ 《카이스트 미래전략》은 2015년 판 출간 이후 계속하여 기존 내용을 보완하고, 새로운 과제와 전략을 추가해오고 있습니다. 또한 '21세기 선비'들의 지혜를 모으기 위해 초안 작성자의 원고를 바탕으로 토론의견을 덧붙여가는 공동집필의 방식을 취하고 있습니다. 2015~2018년 판 집필진과 2019년 판에 추가로 참여하신 집필진을 함께 수록합니다. 참여해주신 '21세기 선비' 여러분께 다시 한번 깊이 감사드립니다.

기획위원

이광형 KAIST 교수(위원장, 연구책임자), 김원준 KAIST 교수, 박성필 KAIST 교수, 박승빈 KAIST 교수, 서용석 KAIST 교수, 안광원 KAIST 교수, 양재석 KAIST 교수, 이상윤 KAIST 교수, 정재승 KAIST 교수

(KAIST 문술미래전략대학원 원장), 최윤정 KAIST 연구교수, 허태욱 KAIST 연구교수

편집위원

이광형 KAIST 교수(위원장), 김경준 딜로이트컨설팅 부회장, 박성필 KAIST 교수, 배일한 KAIST 연구교수, 서용석 KAIST 교수, 안광원 KAIST 교수, 양재석 KAIST 교수, 이명호 (재)여시재 선임연구위원, 이상윤 KAIST 교수, 이상지 전 KAIST 연구교수, 이종관 성균관대 교수, 정재승 KAIST 교수, 최연구 한국과학창의재단 연구위원, 최윤정 KAIST 연구교수, 한상욱 김앤장 변호사, 허태욱 KAIST 연구교수

2019년 판 추가 부분 초고 집필진

곽재원 서울대 초빙교수, 김경준 딜로이트컨설팅 부회장, 김두환 인하대 연구교수, 김용삼 한국생명공학연구원 센터장, 김익재 한국과학기술연구원 책임연구원, 김진향 개성공업지구지원재단 이사장, 방경진 전 한국광물자원공사 남북자원협력실장, 배일한 KAIST 연구교수, 서용석 KAIST 교수, 선종률 한성대 교수, 소재현 한국교통연구원 부연구위원, 손선홍 전 외교부 대사, 안상훈 서울대 교수, 유승직 숙명여대 교수, 윤기영 FnS 컨설팅 대표, 윤정현 과학기술정책연구원 전문연구원, 이광형 KAIST 교수, 이명호 (재)여시재 선임연구위원, 이상준 국토연구원 부원장, 이상훈 한국에너지공단 소장, 이원부 동국대 교수, 이재우 인하대 교수, 임명환 한국전자통신연구원 책임연구원, 정지훈 경희사이버대 교수, 조명래 한국환경정책평가연구원 원장, 조철 산업연구원 선임연구위원, 짐 데이토Jim Dator 하와이대 교수, 최연구 한국과학창의재단 연구

위원, 최은수 MBN 산업부장, 허태욱 KAIST 연구교수

2019년 판 자문검토 참여자

김건우 LG경제연구원 선임연구원, 김기호 경기대 교수, 김상협 우리들의미래 이사장, 김선화 한국특허전략개발원 주임연구원, 김소영 KAIST 교수, 김창섭 가천대 교수, 박경규 전 한국광물자원공사 자원개발본부장, 박문수 한국생산기술연구원 수석연구원, 박성하 전 한국광물자원공사 운영사업본부장, 박준홍 연세대 교수, 서용석 KAIST 교수, 서지영 과학기술정책연구원 연구위원, 손영동 한양대 교수, 송미령 농촌경제연구원 선임연구위원, 신인균 자주국방네트워크 대표, 안광원 KAIST 교수, 우희창 법무법인 새얼 변호사, 윤정현 과학기술정책연구원 전문연구원, 이경숙 전 숙명여대 총장, 이광형 KAIST 교수, 이동욱 한국생산기술연구원 수석연구원, 이장원 한국노동연구원 선임연구위원, 이재우 인하대 교수, 이춘근 과학기술정책연구원 선임연구원, 임춘택 GIST 교수, 정해식 한국보건사회연구원 부연구위원, 조영태 LH 토지주택연구원 센터장, 조철 산업연구원 선임연구위원, 최승일 EAZ Solution 대표, 최연구 한국과학창의재단 연구위원, 최윤정 KAIST 연구교수, 최창옥 성균관대 교수, 허태욱 KAIST 연구교수, 홍성조 해양수산과학기술진흥원 실장, 홍창선 전 KAIST 총장, 황호택 서울시립대 석좌교수

2015~2018년 판 초고 집필진

강희정 한국보건사회연구원 실장, 고영회 대한변리사회 회장, 공병호 공병호경영연구소 소장, 국경복 서울시립대 초빙교수, 김건우 LG경제

연구원 선임연구원, 김경준 딜로이트안진 경영연구원 원장, 김남조 한양대 교수, 김대영 KAIST 교수, 김동환 중앙대 교수, 김명자 전 환경부 장관, 김민석 뉴스1 기자, 김소영 KAIST 교수, 김수현 서울연구원 원장, 김연철 인제대 교수, 김영귀 대외경제정책연구원 연구위원, 김영욱 KAIST 연구교수, 김원준 KAIST 교수, 김원준 건국대 교수, 김유정 한국지질자원연구원 실장, 김종덕 한국해양수산개발원 본부장, 김준연 소프트웨어정책연구소 팀장, 김진수 한양대 교수, 김진향 여시재 선임연구위원, 김현수 국민대 교수, 김형운 천문한의원 대표원장, 김희집 서울대 초빙교수, 남원석 서울연구원 연구위원, 박남기 전 광주교대 총장, 박두용 한성대 교수, 박상일 파크시스템스 대표, 박성원 과학기술정책연구원 연구위원, 박성호 YTN 선임기자, 박수용 서강대 교수, 박승재 한국교육개발원 소장, 박원주 한국인더스트리4.0협회 이사, 박인섭 국가평생교육진흥원 박사, 박중훈 한국행정연구원 연구위원, 배규식 한국노동연구원 선임연구위원, 배희정 케이엠에스랩㈜ 대표, 서용석 한국행정연구원 연구위원, 설동훈 전북대 교수, 손영동 한양대 교수, 시정곤 KAIST 교수, 신보성 자본시장연구원 선임연구위원, 심상민 성신여대 교수, 심재율 심북스 대표, 심현철 KAIST 교수, 양수영 더필름컴퍼니Y 대표, 엄석진 서울대 교수, 오상록 KIST 강릉분원장, 오태광 한국생명공학연구원 원장, 우운택 KAIST 교수, 원동연 국제교육문화교류기구 이사장, 유범재 KIST 책임연구원, 유희열 부산대 석좌교수, 윤영호 서울대 교수, 이광형 KAIST 교수, 이근 서울대 교수, 이동욱 한국생산기술연구원 수석연구원, 이민화 KAIST 초빙교수, 이병민 건국대 교수, 이삼식 한국보건사회연구원 단장, 이상지 KAIST 연구교수, 이선영 서울대 교수, 이소정 남서울대 교수, 이수석 국가안보전략연구원 실장, 이언 가천대 교수, 이원재 희망제작소 소장, 이재관 자동차부품연구원 본부장, 이종관 성균관대 교수, 이혜정 한국한의학연구원 원장, 임만성 KAIST 교수, 임정빈 서울대 교수, 임춘택 GIST 교수, 장준혁 한양대 교수, 정구민 국민대 교수, 정용덕 서울대 명예교수, 정재승 KAIST 교수, 정해식 한국보건사회연구원 연구위원, 정홍익 서울대 명예교수, 조동호 KAIST 교수, 조명래 단국대 교수, 조성래 국무조정실 사무관, 조영태 LH토지주택연구원 센터장, 조철 산업연구원 선임연구위원, 주대준 전 선린대 총장, 차미숙 국토연구원 연구위원, 차원용 아스팩미래기술경영연구소 ㈜ 대표, 천길성 KAIST 연구교수, 최슬기 KDI국제정책대학원 교수, 최연구 한국과학창의재단 연구위원, 최항섭 국민대 교수, 한상욱 김앤장 변호사, 한표환 충남대 교수, 허재준 한국노동연구원 선임연구위원, 허태욱 KAIST 연구교수, 황덕순 한국노동연구원 연구위원

2015~2018년 판 자문검토 참여자

강상백 한국지역정보개발원 글로벌협력부장, 강윤영 에너지경제연구원 연구위원, 경기욱 한국전자통신연구원 책임연구원, 고영하 고벤처포럼 회장, 권오정 해양수산부 과장, 길정우 통일연구원 연구위원, 김경동 서울대 명예교수, 김광수 상생발전소 소장, 김내수 한국전자통신연구원 책임연구원, 김대중 한국보건사회연구원 부연구위원, 김대호 사회디자인연구소 소장, 김동원 인천대 교수, 김두수 사회디자인연구소 이사, 김들풀 IT NEWS 편집장, 김상배 서울대 교수, 김상협 KAIST 초빙교수, 김세은 강원대 교수, 김승권 전 한국보건사회연구원 연구위원, 김연철 인제대 교수, 김우철 서울시립대 교수, 김원석 전자신문 부장, 김인주 한성대 겸임교수, 김정섭 KAIST 겸직교수, 김진솔 매경비즈 기자, 김

태연 단국대 교수, 류한석 기술문화연구소 소장, 문명욱 녹색기술센터 연구원, 문해남 전 해수부 정책실장, 박병원 경총 회장, 박상일 파크시스템스 대표, 박성필 KAIST 교수, 박성호 YTN 선임기자, 박연수 고려대 교수, 박영재 한반도안보문제연구소 전문위원, 박유신 중앙대 문화콘텐츠기술연구원 박사, 박진하 건국산업 대표, 박헌주 KDI 교수, 배기찬 통일코리아협동조합 이사장, 배달형 한국국방연구원 책임연구위원, 서복경 서강대 현대정치연구소 연구원, 서용석 한국행정연구원 연구위원, 서훈 이화여대 초빙교수, 선종률 한성대 교수, 설동훈 전북대 교수, 손종현 대구가톨릭대 교수, 송유승 한국전자통신연구원 책임연구원, 송향근 세종학당재단 이사장, 송혜영 전자신문 기자, 심재율 심북스 대표, 안병민 한국교통연구원 선임연구위원, 안병옥 기후변화행동연구소 소장, 안현실 한국경제신문 논설위원, 양재석 KAIST 교수, 오영석 전 KAIST 초빙교수, 우천식 KDI 선임연구위원, 유은순 인하대 연구교수, 유희인 전 NSC 위기관리센터장, 윤호식 과총 사무국장, 이민화 KAIST 초빙교수, 이봉현 한겨레신문 부국장, 이삼식 한국보건사회연구원 단장, 이상룡 대전대 겸임교수, 이상윤 KAIST 교수, 이상주 국토교통부 과장, 이수석 국가안보전략연구원 실장, 이원복 이화여대 교수, 이장재 한국과학기술기획평가원 선임연구위원, 이정현 명지대 교수, 이종권 LH토지주택연구원 연구위원, 이진석 서울대 교수, 이창훈 한국환경정책평가연구원 본부장, 이철규 해외자원개발협회 상무, 이춘우 서울시립대 교수, 이헌규 한국과학기술단체총연합회 전문위원, 임만성 KAIST 교수, 임우형 SK텔레콤 매니저, 장용석 서울대 통일평화연구원 책임연구원, 장창선 녹색기술센터 연구원, 정경원 KAIST 교수, 정상천 산업통상자원부 팀장, 정용덕 서울대 명예교수, 정진호 더웰스인베스트먼트 대표, 정홍익 서울대 명예교수, 조덕현 한국관광공사 단장, 조봉현 IBK경제연구소 수석연구위원, 조충호 고려대 교수, 지수영 한국전자통신연구원 책임연구원, 지영건 차의과대학 교수, 최성은 연세대 연구교수, 최용성 매일경제 부장, 최윤정 KAIST 연구교수, 최정윤 중앙대 문화콘텐츠기술연구원 박사, 최준호 중앙일보 기자, 최호성 경남대 교수, 최호진 한국행정연구원 연구위원, 한상욱 김앤장 변호사, 허재철 원광대 한중정치외교연구소 연구교수, 허태욱 KAIST 연구교수, 홍규덕 숙명여대 교수

카이스트
국가미래전략
정기토론회

- 주최 : KAIST 문술미래전략대학원·미래전략연구센터
- 일시·장소 : 매주 금요일 17:00~19:00, 서울시청 시민청

2015년

■직함은 참여 시점 기준입니다.

회차	일시	주제	발표자	토론자
1회	1/9	미래사회 전망	박성원 과학기술정책연구원 연구위원	서용석 한국행정연구원 연구위원
2회	1/16	국가 미래비전	박병원 과학기술정책연구원 센터장	우천식 한국개발연구원 선임연구위원
3회	1/23	과학국정 대전략	임춘택 KAIST 교수	
4회	1/30	인구전략	서용석 한국행정연구원 연구위원	김승권 한국보건사회연구원 연구위원 설동훈 전북대 교수

회차	날짜	주제		
5회	2/5	아시아평화 대전략	이수석 국가안보전략연구원 실장	장용석 서울대통일평화연구원 책임연구원
			김연철 인제대 교수	조봉현 IBK경제연구소 연구위원
6회	2/13	문화전략	정홍익 서울대 명예교수	정재승 KAIST 교수
7회	2/27	복지전략	김수현 서울연구원 원장	이진석 서울대 교수
8회	3/6	국민행복 대전략	정재승 KAIST 교수	정홍익 서울대 명예교수
9회	3/13	교육전략	이선영 서울대 교수	손종현 대구가톨릭대 교수
10회	3/20	미디어전략	김영욱 KAIST 연구교수	김세은 강원대 교수
				이봉현 한겨레신문 부국장
11회	3/27	보건의료 전략	강희정 한국보건사회연구원 실장	지영건 차의과대학 교수
12회	4/3	노동전략	배규식 한국노동연구원 선임연구위원	이정현 명지대 교수
13회	4/10	행정전략	김동환 중앙대 교수	최호진 한국행정연구원 연구위원
		정치제도 전략	김소영 KAIST 교수	서복경 서강대 현대정치연구소 연구원
14회	4/17	외교전략	이근 서울대 교수	허재철 원광대 연구교수

15회	4/24	창업국가 대전략	이민화 KAIST 초빙교수	고영하 고벤처포럼 회장
16회	5/8	국방전략	임춘택 KAIST 교수	선종률 한성대 교수
17회	5/15	사회안전 전략	박두용 한성대 교수	류희인 삼성경제연구소 연구위원
18회	5/22	정보전략	주대준 전 선린대 총장	서훈 이화여대 초빙교수
19회	5/29	금융전략	신보성 자본시장연구원 선임연구위원	정진호 더웰스인베스트먼트 대표
20회	6/5	국토교통 전략	차미숙 국토연구원 연구위원	안병민 한국교통연구원 선임연구위원
		주택전략	남원석 서울연구원 연구위원	이종권 LH토지주택연구원 연구위원
21회	6/12	창업전략	박상일 파크시스템스 대표	이춘우 서울시립대 교수
22회	6/19	농업전략	임정빈 서울대 교수	김태연 단국대 교수
23회	6/26	자원전략	김유정 한국지질자원연구원 실장	이철규 해외자원개발협회 상무
24회	7/3	기후전략	김명자 전 환경부 장관	안병옥 기후변화행동연구소 소장
25회	7/10	해양수산 전략	김종덕 한국해양수산개발원 본부장	문해남 전 해수부 정책실장
26회	7/17	정보통신 전략	조동호 KAIST 교수	조충호 고려대 교수

27회	7/24	연구개발 전략	유희열 부산대 석좌교수	안현실 한국경제신문 논설위원
28회	7/31	에너지전략	임만성 KAIST 교수	강윤영 에너지경제연구원 박사
29회	8/21	지식재산 전략	고영회 대한변리사회 회장	이원복 이화여대 교수
30회	8/28	경제전략	김원준 KAIST 교수	김광수 상생발전소 소장
31회	9/4	환경생태 전략	오태광 한국생명공학연구원 원장	이창훈 한국환경정책평가 연구원 본부장
32회	9/11	웰빙과 웰다잉	김명자 전 환경부 장관	서이종 서울대 교수
33회	9/18	신산업전략 1 (의료바이오/안전산업)	정재승 KAIST 교수	
34회	9/25	신산업전략 2 (지적서비스산업)	김원준 KAIST 교수	
35회	10/2	한국어전략	시정곤 KAIST 교수	송향근 세종학당재단 이사장 정경원 KAIST 교수
36회	10/16	미래교육 1: 교육의 새 패러다임	박남기 전 광주교대 총장	원동연 국제교육문화교류기구 이사장 이옥련 거화초 교사
37회	10/23	미래교육 2: 행복교육의 의미와 과제	문용린 전 교육부 장관	소강춘 전주대 교수 송태신 전 칠보초 교장

38회	10/30	미래교육 3: 창의와 융합을 향하여	이규연 JTBC 국장	천주욱 창의력연구소 대표
				이선필 칠성중 교장
39회	11/6	미래교육 4: 글로벌 창의교육	박세정 팬아시아미디어 글로벌그룹 대표	신대정 곡성교육지원청 교육과장
				김만성 한국문화영상고 교감
40회	11/13	미래교육 5: 통일교육 전략	윤덕민 국립외교원 원장	오윤경 한국행정연구원 연구위원
				이호원 염광메디텍고 교감
41회	11/20	미래교육 6: 전인격적 인성교육	원동연 국제교육문화교류기구 이사장	윤일경 이천교육청 교육장
				이진영 인천교육연수원 교육연구사
42회	11/27	서울대/KAIST 공동선정 10대 미래기술	이도헌 KAIST 교수	
			이종수 서울대 교수	
43회	12/4	미래세대 전략 1: -미래세대 과학기술전망 -교육과 우리의 미래	정재승 KAIST 교수	김성균 에너지경제연구원 연구위원
			김희삼 KDI 연구위원	김희영 서울가정법원 판사
44회	12/11	미래세대 전략 2: -청소년 세대 정신건강 -이민과 문화다양성	송민경 경기대 교수	정재승 KAIST 교수
			설동훈 전북대 교수	서용석 한국행정연구원 연구위원

회차	일시	주제	발표자	토론자
45회	12/18	미래세대 전략 3: -한국복지국가 전략 -기후변화 정책과 미래세대	안상훈 서울대 교수 김성균 에너지경제연구원 연구위원	김희삼 KDI 연구위원 서용석 한국행정연구원 연구위원

2016년

회차	일시	주제	발표자	토론자
46회	1/8	한국경제의 위기와 대안	민계식 전 현대중공업 회장 박상인 서울대 교수	
47회	1/15	국가미래전략보고서 발전방향	우천식 KDI 선임연구위원 김대호 (사)사회디자인연구소 소장	
48회	1/22	한국산업의 위기와 대안	김진형 소프트웨어정책연구소 소장	김형욱 홍익대 교수
49회	1/29	리더와 선비정신	김병일 도산서원선비문화수련원 이사장	
50회	2/5	한국정치의 위기와 대안	정세현 전 통일부 장관	장용훈 연합뉴스 기자
51회	2/12	한국과학기술의 위기와 대안	유희열 부산대 석좌교수	박승용 ㈜효성 중공업연구소 소장
52회	2/19	국가거버넌스 전략	정용덕 서울대 명예교수	이광희 한국행정연구원 선임연구위원
53회	2/26	양극화해소 전략	황덕순 한국노동연구원 연구위원	전병유 한신대 교수

54회	3/4	사회적 경제 구축 전략	이원재 희망제작소 소장	김광수 상생발전소 소장
55회	3/11	국가시스템 재건전략	공병호 공병호경영연구소 소장	
56회	3/18	사회이동성 제고전략	최슬기 KDI국제정책대학원 교수	정해식 한국보건사회연구원 연구위원
57회	3/25	알파고 이후의 미래전략	이광형 KAIST 교수	안상훈 서울대 교수
				김창범 서울시 국제관계대사
58회	4/1	교육수용성 제고전략	원동연 국제교육문화교류기구 이사장	이옥주 공주여고 교장
59회	4/8	교육혁신 전략	박남기 전 광주교대 총장	김재춘 한국교육개발원 원장
				김성열 경남대 교수
60회	4/15	공공인사혁신 전략	서용석 한국행정연구원 연구위원	민경찬 연세대 명예교수
61회	4/22	평생교육 전략	박인섭 국가평생교육진흥원 박사	강대중 서울대 교수
62회	4/29	지방분권 전략	한표환 충남대 교수	박헌주 KDI국제정책대학원 교수
63회	5/6	한의학전략	이혜정 한국한의학연구원 원장	김재효 원광대 교수
64회	5/13	글로벌 산업 경쟁력 전략	김경준 딜로이트안진 경영연구원 원장	모종린 연세대 교수

65회	5/20	부패방지 전략	박중훈 한국행정연구원 연구위원	최진욱 고려대 교수
66회	5/27	뉴노멀 시대의 성장전략	이광형 KAIST 교수	최준호 중앙일보 기자
67회	6/3	서비스산업 전략	김현수 국민대 교수	김재범 성균관대 교수
68회	6/10	게임산업 전략	장예빛 아주대 교수	강신철 한국인터넷디지털 엔터테인먼트협회장
69회	6/17	치안전략	임춘택 KAIST 교수	최천근 한성대 교수
70회	6/24	가상현실 · 증강현실 기술 전략	우운택 KAIST 교수	류한석 기술문화연구소장
71회	7/1	자동차산업 전략	조철 산업연구원 주력산업연구실장	최서호 현대자동차 인간편의연구팀장
72회	7/8	로봇산업 전략	오상록 KIST 강릉분원장	권인소 KAIST 교수
73회	7/15	웰다잉문화 전략	윤영호 서울대 교수	임병식 한국싸나토로지협회 이사장
74회	7/22	한류문화 전략	심상민 성신여대 교수	양수영 더필름컴퍼니Y 대표
75회	8/12	FTA전략	김영귀 대외경제정책연구원 연구위원	정상천 산업통상자원부 팀장
76회	8/19	저출산 대응전략	이삼식 한국보건사회연구원 단장	장형심 한양대 교수 신성식 중앙일보 논설위원

77회	8/26	관광산업 전략	김남조 한양대 교수	조덕현 한국관광공사 창조관광사업단장
78회	9/2	고령화사회 전략	이소정 남서울대 교수	이진면 산업연구원 산업통상분석실장
79회	9/9	세계 1등 대학 전략	김용민 전 포항공대 총장	김성조 전 중앙대 부총장
80회	9/23	소프트웨어산업 전략	김준연 소프트웨어정책연구소 팀장	지석구 정보통신산업진흥원 박사
81회	9/30	군사기술 전략	천길성 KAIST 연구교수	배달형 한국국방연구원 책임연구위원
82회	10/7	통일한국 통계전략	박성현 전 한국과학기술한림원 원장	정규일 한국은행 경제통계국장
83회	10/14	국가재정 전략	국경복 서울시립대 초빙교수	박용주 국회예산정책처 경제분석실장
84회	10/21	권력구조 개편 전략	길정우 전 새누리당 국회의원 박수현 전 더불어민주당 국회의원	
85회	10/28	양성평등 전략	민무숙 한국양성평등진흥원 원장	정재훈 서울여대 교수
86회	11/4	미래세대를 위한 공정사회 구현	최항섭 국민대 교수	정재승 KAIST 교수
87회	11/11	한중해저터널	석동연 원광대 한중정치외교 연구소 소장	권영섭 국토연구원 센터장
88회	11/18	트럼프 시대, 한국의 대응전략	길정우 통일연구원 연구위원 김현욱 국립외교원 교수 선종률 한성대 교수	

회차	일시	주제	발표자	토론자
89회	11/25	**실버산업 전략**	한주형 (사)50플러스코리안 대표	서지영 과학기술정책연구원 연구위원
90회	12/2	**미래세대를 위한 부모와 학교의 역할**	최수미 건국대 교수	김동일 서울대 교수
91회	12/9	**미래세대를 위한 문화전략**	김헌식 문화평론가	서용석 한국행정연구원 연구위원
92회	12/16	**미래세대와 미래의 일자리**	박가열 한국고용정보원 연구위원	김영생 한국직업능력개발원 선임연구위원

2017년

회차	일시	주제	발표자	토론자
93회	1/20	**수용성 회복을 위한 미래교육 전략**	원동연 국제교육문화교류기구 이사장	이상오 연세대 교수
94회	2/3	**혁신기반 성장전략**	이민화 KAIST 초빙교수	김기찬 가톨릭대 교수
95회	2/10	**외교안보통일 전략**	길정우 통일연구원 연구위원	김창수 한국국방연구원 명예연구위원
96회	2/17	**인구구조변화 대응전략**	서용석 한국행정연구원 연구위원	최슬기 KDI 국제정책대학원 교수
97회	2/24	**4차 산업혁명과 교육전략**	박승재 한국교육개발원 소장	최경아 중앙일보 기획위원
98회	3/3	**스마트정부와 거버넌스 혁신**	이민화 KAIST 초빙교수	이각범 KAIST 명예교수

99회	3/10	사회안전망	허태욱 KAIST 연구교수	김진수 연세대 교수
100회	3/17	사회통합	조명래 단국대 교수	정해식 한국보건사회연구원 연구위원
101회	3/24	기후에너지	김상협 KAIST 초빙교수	안병옥 기후변화행동연구소 소장 김희집 서울대 초빙교수
102회	3/31	정부구조개편	배귀희 숭실대 교수	이재호 한국행정연구원 연구위원
103회	4/7	대중소기업 상생전략	이민화 KAIST 초빙교수	이춘우 서울시립대 교수
104회	4/14	사이버위협 대응전략	손영동 한양대 교수	김상배 서울대 교수 신용태 숭실대 교수
105회	4/21	혁신도시 미래전략	남기범 서울시립대 교수	허재완 중앙대 교수
106회	4/28	법원과 검찰조직의 미래전략	홍완식 건국대 교수	손병호 변호사
107회	5/12	4차 산업혁명 트렌드와 전략	최윤석 한국마이크로소프트 전무 이성호 KDI 연구위원	
108회	5/19	4차 산업혁명 기술 전략: 빅데이터	배희정 케이엠에스랩(주) 대표	안창원 한국전자통신연구원 책임연구원
109회	5/26	4차 산업혁명 기술 전략: 인공지능	양현승 KAIST 교수 김원준 건국대 교수	정창우 IBM 상무
110회	6/2	4차 산업혁명 기술 전략: 사물인터넷	김대영 KAIST 교수	김준근 KT IoT사업단장

111회	6/9	**4차 산업혁명** **기술 전략: 드론**	심현철 KAIST 교수	
		4차 산업혁명 **종합추진 전략**	이광형 KAIST 교수	
112회	6/16	**4차 산업혁명** **기술 전략:** **자율주행자동차**	이재관 자동차부품연구원 본부장	이재완 전 현대자동차 부사장
113회	6/23	**4차 산업혁명** **기술 전략:** **증강현실·공존현실**	유범재 KIST 책임연구원	윤신영 과학동아 편집장
114회	6/30	**4차 산업혁명** **기술 전략:** **웨어러블기기**	정구민 국민대 교수	이승준 비앤피이노베이션 대표
115회	7/7	**4차 산업혁명** **기술 전략:** **지능형 로봇**	이동욱 한국생산기술연구원 수석연구원	지수영 한국전자통신연구원 책임연구원
116회	7/14	**4차 산업혁명** **기술 전략:** **인공지능 음성인식**	장준혁 한양대 교수	임우형 SK텔레콤 매니저
117회	8/18	**4차 산업혁명과** **에너지전략**	김희집 서울대 초빙교수	이상헌 한신대 교수
118회	8/25	**4차 산업혁명과** **제조업 혁신**	김승현 과학기술정책연구원 연구위원 박원주 한국인더스트리4.0협회 이사	
119회	9/1	**4차 산업혁명과** **국방전략**	천길성 KAIST 연구교수	권문택 경희대 교수
120회	9/8	**4차 산업혁명과** **의료전략**	이언 가천대 교수	김대중 한국보건사회연구원 부연구위원
121회	9/15	**4차 산업혁명과** **금융의 미래**	박수용 서강대 교수	김대윤 피플펀드컴퍼니 대표
122회	9/22	**4차 산업혁명 시대의** **노동**	허재준 한국노동연구원 선임연구위원	김안국 한국직업능력개발원 선임연구위원

123회	9/29	**4차 산업혁명 시대의 문화전략**	최연구 한국과학창의재단 연구위원	윤주 한국문화관광연구원 소장
124회	10/13	**4차 산업혁명과 스마트시티**	조영태 LH토지주택연구원 센터장	강상백 한국지역정보개발원 부장
125회	10/20	**4차 산업혁명 시대의 복지전략**	안상훈 서울대 교수	정해식 한국보건사회연구원 부연구위원
126회	10/27	**4차 산업혁명 시대 행정혁신 전략**	엄석진 서울대 교수	이재호 한국행정연구원 연구위원
127회	11/3	**4차 산업혁명과 공유경제**	김건우 LG경제연구원 선임연구원	이경아 한국소비자원 정책개발팀장
128회	11/10	**4차 산업혁명과 사회의 변화**	최항섭 국민대 교수	윤정현 과학기술정책연구원 전문연구원
129회	11/17	**4차 산업혁명과 문화콘텐츠진흥 전략**	이병민 건국대 교수	박병일 한국콘텐츠진흥원 센터장
130회	11/24	**4차 산업혁명과 인간의 삶**	이종관 성균관대 교수	
131회	12/1	**5차원 수용성 교육과 적용 사례**	원동연 국제교육문화교류기구 이사장	
			강철 동두천여자중학교 교감	
			이호원 디아글로벌학교 교장	
132회	12/8	**자동차산업의 미래전략**	권용주 오토타임즈 편집장	박재용 이화여대 연구교수

2018년

회차	일시	주제	발표자	토론자
133회	3/9	블록체인, 새로운 기회와 도전	박성준 동국대 블록체인연구센터장	이제영 과학기술정책연구원 부 연구위원
134회	3/16	암호통화를 넘어 블록체인의 현실 적용	김태원 ㈜글로스퍼 대표	임명환 한국전자통신연구원 책임연구원
135회	3/23	블록체인 거버넌스와 디지털크러시	허태욱 KAIST 연구교수	이재호 한국행정연구원 연구위원
136회	3/30	신기술의 사회적 수용과 기술문화정책	최연구 한국과학창의재단 연구위원	이원부 동국대 경영정보학과 교수
137회	4/6	ICT 자율주행차 현황과 미래과제	손주찬 한국전자통신연구원 책임연구원	김영락 SK텔레콤 Vehicle- tech Lab장
138회	4/13	자율주행시대 안전이슈와 대응정책	소재현 한국교통연구원 부연구위원	신재곤 한국교통안전공단 자동차안전연구원 연구위원
139회	4/20	커넥티드카 서비스 현황과 미래과제	이재관 자동차부품연구원 본부장	윤상훈 전자부품연구원 선임연구원
140회	4/27	미래 자동차산업 방향과 과제	조철 산업연구원 선임연구위원	김범준 LG경제연구원 책임연구원
141회	5/11	한반도 통일과 평화대계	김진현 전 과기처 장관/세계평화포럼 이사장	
142회	5/18	한반도 통일 준비와 경제적 효과	국경복 전북대 석좌교수	
143회	5/25	남북 과학기술협력 전략	곽재원 서울대 초빙교수	

144회	6/1	독일 통일과 유럽통합에서 배우는 한반도 통일 전략	손선홍 전 외교부 대사/충남대 특임교수	
145회	6/8	통일시대 언어통합 전략	시정곤 KAIST 교수	
146회	6/15	통일의 경제적 측면: 금융통화 중심으로	김영찬 전 한국은행 프랑크푸르트 사무소장	
147회	6/22	남북 간 군사협력과 통합전략	선종률 한성대 교수	
148회	7/6	통일준비와 사회통합전략	조명래 한국환경정책평가연구원 원장/단국대 교수	
149회	7/13	남북 경제협력 단계별 전략	김진향 개성공업지구지원재단 이사장	
150회	8/24	에너지 전환과 미래 에너지 정책	이상훈 한국에너지공단 소장	노동석 에너지경제연구원 선임연구위원
151회	8/31	에너지 프로슈머와 ESS	손성용 가천대 교수	김영환 전력거래소 신재쟁시장팀장
152회	9/14	4차 산업혁명과 융복합형 에너지 기술 전략	김희집 서울대 교수	김형주 녹색기술센터 정책연구부장
153회	9/21	기후변화와 저탄소 사회	유승직 숙명여대 교수	허태욱 KAIST 연구교수
154회	10/12	유전자가위기술과 미래	김용삼 한국생명공학연구원 센터장	
155회	10/19	4차 산업혁명과 생체인식	김익재 한국과학기술연구원 책임연구원	
156회	11/2	로봇의 진화	이동욱 한국생산기술연구원 수석연구원	
157회	11/16	긱 이코노미의 확산과 일의 미래	김경준 딜로이트컨설팅 부회장	

158회	11/23	**커넥티드 모빌리티 2.0 시대, 초연결의 일상화**	이명호 (재)여시재 선임연구위원
159회	12/7	**디지털 일상과 스마트시티**	이민화 KAIST 초빙교수

KAIST Future Strategy 2019

1

기술과 힘의
대이동

1

새로운
기술의 등장과
미래사회

KAIST Future Strategy 2019

1.
기술혁신,
기존 가치의 파괴와
새로운 가치의 창조

━━━━━━━ 디지털 전환이나 4차 산업혁명으로 인해 예견되는 트렌드 변화를 정리해보면 다음과 같다. 첫째, 혁신기술은 산업, 행정은 물론이고 권력 역시 중앙집중 구조에서 분산 구조로, 수직적·위계적 구조에서 수평적 구조로 변화시킬 것이다. 또 폐쇄적 구조를 투명한 개방형 구조로 변화시킬 것이다. 둘째, 사업자가 모든 자산을 소유하고 생산·유통을 관리하는 체제를 넘어, 디지털 공유경제 플랫폼을 통해 전 세계 어디서나 인터넷으로 연결되고 공유할 수 있는 글로벌 네트워크가 형성될 것이다. 소유에서 접속으로, 사유에서 공유로 중심축이 이동하게 될 것이다. 고용시장에서는 글로벌 플랫폼을 통해 분산된 소규모의 수요와 공급을 연결함으로써 어디에도 속하지 않고 필요에 따라 계약을 맺고 자유롭게 일할 수 있는 '긱 이코노미Gig Economy'가 각광받게 될 것이다. 그렇게 되면 현재와 같은 일자리 개념이 아니라 업무시

간, 장소에 구애받지 않는 일거리, 일감 개념을 중심으로 고용시장이 재편될 수도 있다. 셋째, 디지털화는 민주화를 확산할 수 있으며, 대량생산 경제는 다품종 소량생산의 롱테일 경제로 변화하고, 거대권력보다는 미시권력이 점점 더 주도적인 역할을 하게 될 것이다. 가령 반정부세력, 극단적 정치집단, 혁신적 벤처기업, 해커, 느슨하게 연계된 사회운동가들, 새로운 시민언론, 광장에 모인 지도자 없는 젊은이들, 카리스마 넘치는 개인들이 거대권력과 대규모 관료조직의 기반을 무너뜨리고 구질서를 뒤흔들 수 있다.[1] 넷째, 디지털 혁신은 신뢰의 독점을 극복하고 신뢰의 기술로 발전할 수 있으며, 이는 기술적, 철학적, 경제적 플랫폼 구축을 통한 새로운 질서 태동으로 이어질 수 있다. 이때 기술은 반드시 신뢰를 확보해야 하고, 새로운 질서는 신뢰사회를 전제로 해야 한다.

기술, 부, 권력, 질서는 각각 별개가 아니라 서로 밀접하게 얽혀 있다. 기술은 가치의 원천이며 부를 창출한다. 권력은 부와 독립적으로 존재하지 않으며 부와 권력의 변화는 궁극적으로 새로운 질서를 동반한다.

대격변의 시대에 우리 사회가 미래를 위해 투자해야 할 기술은 어떤 기술인가. 아마도 새로운 가치와 질서를 창조할 수 있고 부와 권력의 지형을 변화시킬 수 있는 혁신적인 범용기술이어야 할 것이다. 그것이 우리가 인공지능(AI, Artificial Intelligence)이나 블록체인Blockchain에 주목해야 하는 이유이다. 인공지능은 인간과 기계의 관계 변화를 통해 신인류(포스트 휴먼)의 출현을 가져올 수 있는 혁신기술이고, 블록체인은 권력의 탈중앙화와 분산을 통해 권력 지형의 근본적 변화를 초래할 수 있는 기술이다. 기술적 관점에서만 기술을 보면 혁신기술이 가져올 미래 변화를 제대로 읽을 수 없다. 기술 자체보다는 그 기술이 가져올 수 있는 사회적 변화의 가능성과 새로운 질서에 주목해야 한다. 손가락으로 어떤 방향을 가리키면 손가락이 아니라 그 방향을 바라봐야 한다. 혁신기술은 인간의 미래를 가리키는 손가락 같은 것이다. 기술이 가리키는 미래 변화의 방향을 통찰하지 못하면 그 기술이 아무리 혁신적이라고 해도 인간에게 아무런 소용이 없다. 4차 산업혁명이건, 디지털 전환이건, 첨단과학기술이건, 그 중심에는 인간이 있어야 한다. 기술에 대한 사회문화적 관점, 인간 중심적 관점이 필요한 이유이다.

과학기술과 사회변동

근대의 시작은 르네상스였다. 르네상스를 관통하는 기본정신은 인문주의humanism였는데, 이는 중세시대를 지배하던 신神 중심의 세계관에서 벗어나 인간 중심의 세계관에 눈뜨기 시작했음을 의미한다. 인간 자신에 대한 성찰과 인간 능력에 대한 믿음은 예술, 철학, 윤리학, 인문학 등을 발전시켰는데, 한편으로는 근대적인 과학과 기술을 꽃피우기도 했다. 신의 섭리가 아니라 객관적인 자연현상을 탐구하면서 그 원리를 알아내는 근대과학이 정립되고 과학을 기반으로 인간에게 유용한 것을 만들어내는 기술 또한 비약적으로 발전하게 된다. 산업혁명 시기에 이르면 기술이 산업발전의 원동력이 된다. 사회의 여러 현상을 탐구하고 설명하는 사회과학도 근대화, 산업화의 과정에서 태동했다.

사회과학 중 가장 기초적인 학문이라고 할 수 있는 사회학은 프랑스 대혁명의 혼란기에 태동했다. 실증철학자 오귀스트 콩트Auguste Comte는 사회의 질서와 진보라는 두 개의 핵심개념을 중심으로 사회학이라는 신생 학문을 창시했다. 프랑스에서 시민혁명이 일어났던 18세기 후반은 영국에서는 산업혁명이 한창이었던 시기이다. 콩트 자신은 프랑스 최고의 명문 이공계 대학 에콜 폴리테크니크Ecole Polytechnique 출신으로 사회 역시 자연과 마찬가지로 과학적이고 실증적인 방법으로 설명이 가능하다고 보았다. 콩트는 자신이 창시한 학문을 처음에는 사회물리학이라고 불렀다. 사물 현상과 이치를 설명하는 물리학처럼 사회를 객관적으로 설명하는 학문이라는 의미에서였다. 콩트의 사회학에서 사회란 질서를 유지하면서도 끊임없이 변화하는 유기체 같은 것이다. 또 사회학에서는 사회문화변동의 주요한 요인으로 발명, 발견, 문화전파를 꼽는다.

발명은 기존에 없던 것을 새롭게 만들어내는 것을 말한다. 바퀴, 종이, 나침반, 증기기관, 컴퓨터의 발명 등 기술적 발명과 문자, 공화국, 헌법, 인권 등 사회적, 정신적 발명을 들 수 있다. 발견은 원래부터 있었으나 알지 못했던 것을 알아내는 것을 말하는데, 중력의 법칙, 열역학 법칙, 질량보존의 법칙 등 자연과학의 법칙이나 지리상의 대발견과 같은 인간의 행위를 가리킨다. 문화전파는 한 지역이나 나라에서 만들어진 문화가 다른 지역으로 전해지는 것을 말한다. 이 중에서 가장 중요한 것은 발명과 발견이며 주로 과학연구와 기술발명으로 대표된다. 따라서 발명과 발견이 사회변동의 핵심요인이라고 해도 과언이 아니다.

그런데 문제는 모든 발명과 발견이 사회변동을 가져오지는 않는다는 사실이다. 혁신적 과학연구와 기술발명이 사회적으로 영향을 미치지 못한 채 사라져버리는 경우도 부지기수이다. 사회 속에 수용돼 문화로 자리 잡지 못했기 때문이다. 과학기술이 문화가 되려면 사람들이 인식하고 이해하고 일상에서 널리 사용해야 한다. 자동차 기술을 사람들이 수용하면 운전이 되고 교통문화가 된다. 인터넷과 스마트폰 기술을 사람들이 수용하면 소통·통신 수단이 되고 ICT (Information and Communication Technology) 문화가 만들어진다. 사회적으로 수용된 기술은 기존 기술을 대체하고 일자리를 창출하며 업무방식, 소통방식, 삶의 방식까지 변화시킨다. 하지만 아무리 뛰어난 기술이라도 사회문제를 야기하거나 윤리나 법과 상충된다면 사회적 수용이 어렵다. 따라서 기술을 기술 관점으로만 바라봐서는 안 되며 기술변화가 가져오는 보다 더 근본적인 정치, 경제, 사회, 문화의 거시적인 변화를 읽어내는 통찰력이 필요하다. 신기술이 사회, 경제, 환경, 문화, 윤리 등에 미치게 될 영향을 사전에 분석하고 진단해 바람직한 기술변화 방향을 모색하는 기술영향평가 등이 필요한 것은 이 때문이다.

권력이동의 역사

사회질서를 유지하는 강력한 힘은 권력power이다. 사회과학 중 정치학은 정치 또는 정치 현상을 연구하는 학문인데, 가장 중요한 개념이 권력이다. 정치는 권력을 중심으로 일어나는 제반 현상이고, 정치적 결사체인 정당의 목적은 권력 장악이다. 그러면 권력이란 무엇인가. 권력에 대한 가장 고전적인 정의는 독일 사회학자 막스 베버Max Weber가 내린 것으로, 그는 권력을 "타인의 반대에도 불구하고 자신의 의사를 관철시킬 수 있는 개연성"이라고 정의했다. 합법적 권력이건 불법적 권력이건 권력은 타인을 강제할 수 있는 힘이다. 자리가 사람을 만든다는 말이 있다. 그것은 자리에 권력이나 권한이 주어지기 때문이다. 권력연구 전문가인 카네기 국제평화재단 최고연구원 모이제스 나임Moises Naim은 권력을 "다른 집단과 개인들의 현재 또는 미래의 행동을 지시하거나 막을 수 있는 능력, 즉 다른 사람들을 지배하여 그들이 하려던 것이 아닌 방식으로 행동하게 하는 것"[2]이라고 정의했다. 권력은 그 정도에 따라 나름의 위계질서를 형성하게 되며, 권력의 정점에 있는 사람, 즉 권력을 가장 많이 가진 사람이 최고 권력자이다.

중세시대 최고 권력은 종교권력이었다. 가령 로마 교황은 유럽 각 국가의 국왕들 위에 군림하는 절대적인 권력을 갖고 있었다. 정치는 종교에 종속되어 있었고 사회의 기본 질서는 종교에 기반하고 있었다. 사회질서에 반하는 행동이나 주장은 종교재판으로 단죄하고 언론이나 사상은 교회권력에 의해 통제되었다. 르네상스로부터 시작된 근대화는 중세의 봉건 질서를 타파하고, 정치와 종교가 분리되는 이른바 세속화를 이루었다. 그 과정에서 절대왕정이 나타나고 시민혁명이 일어났으며 근대적 민족국가와 정치행정이 태동한다. 근대국가에서의 권력은 정치권력이다. 권력은 국민으로부터 나오지만, 실제 권력 집행은 국민에게서 권력을 위임받은 국가권력이나 정부가 행사한다. 산업혁명과 함께 자본주의 시장경제가 발전했고 가장 보편적인 경제체제로 자리 잡았다. 자본주의 사회는 자본가계급과 노동자계급의 관계로 이루어지며 상품생산, 자유로운 경제활동, 노동력의 상품화, 잉여가치의 생산 및 이윤 추구 등을 특징으로 하는 경제체제이다. 자본주의 체제에서는 자본의 영향력이 막대하다. 정권은 교체되어도 거대자본은 지속되므로, 경제권력이 정치권력을 압도하는 경우가 일반적이기 때문이다. 명목상으로는 정치권력이 규제나 지원 등 정책을 통해 권력을 행사하지만, 사회는 자본이라는 막강한 경제권력의 영향력 아래에 놓이게 된다. 경제권력은 정치권력과 유착 또는 공생의 관계를 형성하기도 한다. 입법, 사법, 행정의 삼권분립으로 균형을 이루는 민주주의에서 이런 권력을 견제하는 제4의 권력이라 불리는 언론권력마저도 광고나 협찬 등에 매여 자본의 영향력을 벗어나기가 쉽지 않다. 근대 이후 권력은 행사되는 방법에서 이전과는 다르다. 중세의 교회권력이나 절대군주의 권력은 교황이나 군주 개인에게 인격화되어 있었다면, 근대 이후의 권력은 비인격화된 보이지 않는 권력이며 법과 규율이라는 합법적 방식으로 행사된다.

이렇게 역사적으로 권력은 교회권력(교권)에서 정치권력(정권)을 거쳐 경제권력(금권)으로 이동했으며, 현재는 경제권력이 가장 강력하다고 할 수 있다. 금수저, 은수저 등 수저계급론이나 '무전유죄 유전무죄' 등은 모두 금권의 영향력을 비판하는 말이다.

과학기술과 권력

16~18세기 과학혁명의 시기, 과학과 기술에서의 발명과 발견은 주로 과학자 개인의 재능에 의해서 이루어졌다. 하지만 과학기술 발전이 첨단화되고 막대한 자금과 인력이 필요해지면서 연구개발은 정부 주도 하에 많은 과학자, 기술자, 연구기관을 동원하는 대규모 형태를 띠게 된다. 이를 빅사이언스, 즉 거대과학이라고 부른다. 거대과학은 정부 예산이 투입되고 정부 주도로 이뤄지므로 과학기술이 권력과 협력적인 관계를 갖는다.

근대국가가 출현한 이후, 권력과 과학은 갈등을 벌이기보다는 오히려 협력적 관계를 유지해왔다. 민족주의 성향이 강해질수록 그리고 과학기술의 연구 규모가 커질수록 둘 간의 관계는 더욱 우호적으로 발전해왔다. 특히 전쟁 시기의 과학은 민족이나 권력을 위해 봉사해왔다. 과학과 권력의 이러한 관계는 "과학은 평화기에는 인류의 것이지만 전쟁 중에는 조국의 것"이라는 어느 과학자의 말에서 여실히 드러난다.[3] 1차 세계대전 당시 독일의 화학자 프리츠 하버Fritz Haber가 독가스를 개발했던 것, 2차 세계대전 시기 미국이 비밀리에 추진했던 원자폭탄 개발 연구 '맨해튼 프로젝트' 등이 단적인 사례들이다.

현대사회의 권력 구조를 설명하는 대표적인 이론으로 독일의 정치사회학자 로베르트 미헬스Robert Michels가 자신의 저서《근대 민주주의의 정당사회학》(1911)에서 밝힌 '과두제의 철칙'이라는 것이 있다. 정당이나 노동조합 등은 사회혁명에 의해 창설되었지만, 이들 단체는 사회변혁을 추구하기보다는 권력 기반 구축에 급급해 소수 지도자가 권력을 과점하는 과두제 형태를 띤다는 것이다. 실제 국가조직, 노동조합, 교회 등 거의 모든 조직은 소수에 의해 지배되는 경향이 뚜렷하다. 현대사회의 모든 조직은 관료화되었고 권력은 최고 지도층과 엘리트 집단에 집중되었으며, 이렇게 소수 엘리트가 다수 대중을 지배할 수 있는 것은 정보와 통치기술의 독점 때문이다.[4]

종교에서 정치, 다시 경제로 권력이 이동해왔지만, 권력은 항상 독과점되는 경향을 보여왔다. 종교권력은 교황청의 교황에게 집중되었고, 정치권력은 왕권신수설을 내세운 절대왕정의 국왕에게 집중되었으며, 경제권력은 거대자본가에게 집중되어왔다. 자본주의 체제에서 자본권력은 시장에서는 독과점 형태로 지배한다. 가령 최근의 스크린 독점 상황을 보면 시장을 장악한 자본의 힘을 실감할 수 있다. 2018년 4월 25일 개봉된 〈어벤져스: 인피니티 워〉의 경우 처음부터 스크린 수 2,461개를 확보해 역대 기록을 세웠는데, 이는 스크린 점유율 46.2%로 엄청난 독점이다. 반면 인도에서 만든 다양성 영화 〈당갈〉의 경우는 화제작임에도 개봉 초기 스크린 수가 불과 43개에 불과했다.

권력은 집중되면 더 막강해지지만, 강하면 강할수록 부러지기도 쉬운 법이다. "권력은 부패하고 절대권력은 절대 부패한다"라는 영국 정치가

로드 액튼Lord Acton 경의 격언처럼 권력은 영원할 수 없으며, 스스로 붕괴되거나 새로운 권력자에게 권력을 넘어가는 운명을 맞기도 한다. 한편 모이제스 나임은 현대 권력 현상을 분석하면서 '권력의 이동'이 아니라 '권력의 종말'을 이야기를 하고 있다.

오늘날 권력이 완력에서 두뇌로, 북반구에서 남반구로, 서양에서 동양으로, 전통적인 거대 기업에서 민첩한 벤처기업으로, 완고한 독재자에서 소도시의 광장과 사이버 공간의 민중으로 옮겨가고 있다는 것을 우리는 안다. 그러나 그것을 권력이 한 대륙이나 국가에서 다른 대륙이나 국가로 이동하고 있다거나, 수많은 권력자 사이로 권력이 분산되고 있다고 설명하는 것은 충분하지 않다. 권력은 (…) 훨씬 더 근본적인 변화를 겪는 중이다. (…) 권력은 쇠퇴하고 있다. 요컨대, 이제 권력은 과거에 그랬던 것처럼 많은 것을 얻지 못한다. 21세기에 권력을 얻기는 전보다 수월해졌지만, 권력을 잃는 것 또한 마찬가지로 더 쉬워졌다. 반면에 권력을 행사하기는 전보다 더 어려워졌다.[5]

기술혁신과 권력이동

근대 이후 과학의 역할이 커지고 산업혁명 이후 기술이 중요해졌으며, 과학과 기술은 경제발전과 사회변화의 핵심동인이 되었다. 권력의 중심에는 지식과 정보를 통제하는 기술이 있었으며, 기술은 새로운 가치와 산업, 일자리 창출의 엔진이 되었다.

경제학자 슈페터Joseph Alois Schumpeter는 자본주의 사회에서 혁신 Neuerung의 중요성을 주창하면서 기술혁신에 주목하기 시작했다. 슈페터는 경제에서 기술진보의 능동적 역할을 최초로 설명하고 분석했던 사람이다. 그는 기업가들은 남보다 앞서서 현재에는 충족되지 못하는 욕구 또는 잠재적 욕구를 충족시키거나 생산의 효율성 달성을 위해 노력하고 그들이 기업가 활동을 하는 과정에서 기술혁신이 촉진되며 새로운 제품과 새로운 기술이 만들어진다고 설명한다.[6] 슘페터가 이야기한 혁신은 경제활동 전반에 관한 것으로, 기술혁신보다 훨씬 근본적인 개념이다. 초기의 슘페터는 창의적 기업가를 혁신의 주체로, 후기의 슘페터는 대기업을 혁신 주체로 보았기 때문에 초기 슘페터와 후기 슘페터를 구분하기도 한다.

슘페터는 혁신을 발명 개념을 넘어, 다양한 생산수단들을 새롭게 결합하는 것으로 보았으며, 자본주의 경제의 참된 발전은 혁신에 의해서만 가능하다고 주장했다. 혁신의 유형으로는 ①새로운 제품의 도입 ②새로운 생산방법의 도입 ③새로운 시장의 개척 ④새로운 원자재 공급원의 정복 ⑤산업의 새로운 조직화 등을 들었다.[7]

기업은 자본주의를 이끌어가는 주력군이고 기업의 가장 큰 경쟁력은 기술이다. 따라서 기술혁신은 자본주의의 원동력이라고 해도 과언이 아니다. 보통은 기술혁신이라는 용어를 많이 사용하지만 비슷한 의미를 가진 기술개발, 기술변화, 기술진보 같은 용어를 사용하기도 한다.

디지털 혁신기술과 새로운 질서

근대사회에서의 권력은 '모두 볼 수 있다'라는 의미의 판옵티콘 panopticon이다. 학교, 병원, 군대 등에서 서류를 만들고 평가하고 분류하는 관료제적인 시스템을 통해 개인을 규율하고 통제하는 규율권력이다. 포스트모더니즘 철학자 미셸 푸코Michel Foucault에 의하면, 디지털 시대의 권력은 정보 판옵티콘, 즉 정보통신기술을 바탕으로 행사되는 디지털 권력이다.[8] 하지만 디지털 권력은 기존의 권력과는 본질적으로 다르다. 디지털 기술은 권력독점 현상에 균열을 가져오고 권력 지형을 변화시킬 수 있기 때문이다.

인터넷을 기반으로 하는 디지털 네트워크가 확산되면서 정보와 네트워크의 독점력은 점점 약화됐고, 엘리트 독점의 산업사회 권력 구조는 커다란 도전에 직면하게 된다. 과거에는 정보 부족으로 곤란을 겪었지만 디지털 정보가 쏟아져 나오면서 이제는 정보 과잉이 오히려 문제가 되고 있다. 페이스북이나 트위터 등 소셜미디어에서는 엄청난 팔로워를 가진 개인의 네트워크 권력이 막강해지고 있다.[9]

다보스 포럼에서 3차 산업혁명이라고 규정했던 정보화 혁명의 핵심은 디지털화이다. 4차 산업혁명 역시 디지털 기술이 사회 전반에 적용돼 사회구조를 혁신하는 디지털 전환이라고 할 수 있다. 미국의 경우는 4차 산업혁명보다는 '디지털 전환Digital Transformation'이라는 용어를 선호한다. 사물인터넷, 클라우드 컴퓨팅, 인공지능, 빅데이터, 블록체인 등 정보통신기술을 플랫폼으로 구축해 기존 사회의 방식과 서비스를 혁신하는 것을 의미한다. 2018년 초에 비트코인Bitcoin과 블록체인이 엄청난 사회적 이슈가 될 수 있었던 것은 단지 투기냐 기술혁신이냐의 논쟁 때문이 아니라 디지털 전환에 기반한 기술혁신이 사회변동은 물론 권력 지형까지 바꿀 수 있는 잠재력을 지녔기 때문이었다. 특히 블록체인과 같은 디지털 혁신기술에 대해서는 기술적 관점보다 이런 기술로 인해 누가 돈과 권력을 얻게 될 것인지, 미래사회는 어떻게 변화할 것인지 등 본질적 변화의 흐름에 주목할 필요가 있다.

디지털 전환과 신뢰

인간은 사회적 동물이다. 혼자 살 수는 없으며 다른 사람과 관계를 맺고 사회를 이루며 살아간다. 정치, 경제, 문화 등 모든 영역이 관계로 이루어진다. 원시시대의 인간은 개인과 개인이 관계를 맺으며 살았다. 그러다 사회가 복잡해지고 조직이 커지면서 권력의 집중 현상이 나타났다. 비대해진 사회에서는 효율적인 통제를 위해 조직이 관료화될 수밖에 없었다. 관료적 조직을 통해 중앙집중적인 관리, 통제가 이루어지기 시작한다. 인터넷 시대에는 온라인 접속을 통해 연결되고, 권력은 정보 판옵티콘 방식, 관료제적인 방식으로 행사되었다. 이후에 나타난 온라인 플랫폼은 폐쇄형 중압집중 구조를 개방형 중앙집중 구조로 변화시켰다. 이제 블록체인 기술은 중앙집중 방식에서 분산 방식으로의 변화를 예고하고 있다. 중앙집중적 존재나 공인된 제3의 신뢰기관 없이도 개인과 개인의 거래, 즉 P2P 방식의 거래·결제·연결이 가능해진 것이다. 이러한 시대에는 기술이 신뢰를 기반으로 해야 한다. 디지털 전환에서는 신뢰가 중요한 이슈가 될 것이다. 혁신적 기술이 사회적으로 수용되기 위해서는 기본적으로 신뢰를 확보해야 한다는 것이다.

어떤 패러다임이나 체제가 주류로 자리 잡을 때에는, 신뢰가 필요하다. 신뢰를 얻은 체제일 때야 비로소 새로운 사회질서가 태동할 수 있다. 신뢰는 민주화의 문제이기도 하다. 비민주성, 정보·기술의 독점으로는 결코 신뢰 기반의 질서를 만들 수 없다. 디지털 전환은 새로운 신뢰사회를 태동시킬 수 있는 잠재적 가능성을 배태하고 있다. 메이커운동을 새로운 산업혁명이라고 주장하는 크리스 앤더슨Chris Anderson은 이러한 변화가 '제조업의 민주화'를 가져온다고 말한다. 누구나 아이디어만 있으면 공장에 시제품을 주문할 필요 없이 집에서 키보드를 두드

리기만 해도 공장생산 라인을 사용할 수 있는 시대라는 것이다. '데스크톱 제조혁명'이라 불릴 만한 제조업의 디지털화는 기업은 물론 개인에게도 새로운 기회를 제공하고 있다.

> 비트 세계에서 웹이 혁신을 민주화한 것처럼 원자 세계에서는 3차원 프린터, 레이저 커터를 비롯한 쾌속조형 기술이 혁신을 민주화하고 있다.[10]

정보의 대칭성이 존재하는 상황에서 거래비용을 낮추는 대표적인 방법은 공신력 있는 장부를 기록하고 그 장부의 기재 내용이 정확함을 담보할 수 있는 제도를 마련하는 것이다. 결국은 신뢰의 문제이다. 서로 믿지 못하는 상황에서는 장부의 기재 권한, 그리고 그 기재 내용의 정확성을 확인할 수 있는 권한으로부터 현대사회 권력의 핵심적 속성이 도출된다. 분산원장 시스템을 기술적으로 가능하게 만드는 블록체인은 이런 관점에서 볼 때 권력 지형의 혁신적인 변화를 가져올 수 있다는 것이다.[11]

혁신적 기술은 권력 변동과 권력 이동을 일으키는 촉매제 역할을 한다. 블록체인과 같은 디지털 기반의 기술은 권력의 탈중앙화를 촉진한다. 디지털 전환으로 이루어지는 혁신은 아날로그의 디지털화라는 일방향 변화가 아니라 디지털의 아날로그화까지 아우르는 쌍방향 혁신이다. 사회 전반적으로 양방향의 O2O(Online to Offline)가 구현됨으로써 부와 권력의 이동이 시작되고 새로운 질서가 구축될 가능성이 크다. 혁신적인 기술은 기술진보에서 끝나지 않고 사회문화까지 근본적으로 변화시킬 수 있어 신중한 접근이 필요하다.

특히 블록체인 같은 첨단기술이 가져올 미래에 대해서는 낙관론과 우려가 교차한다. 블록체인 기술은 정보와 기술에 대한 동등한 접근을 보장해 모든 구성원이 의사결정에 참여할 수 있고 결과에 대한 책임을 나눈다. 모든 과정은 투명하게 공개되고 소수를 위한 조작은 불가능하며, 연결과 자율성을 통해 지속적 혁신이 가능하다. 반면 블록체인 사회는 사회경제의 토대가 되는 화폐의 분화와 파편화로 혼란이 발생할 수 있으며, 중앙집중화된 안정적인 사회 시스템이 다수의 블록체인 네트워크로 분해됨으로써 네트워크 간 경쟁과 갈등이 커질 수도 있다.[12] 기술적인 편익과 사회문화적 통제 간의 균형점을 찾는 것이 무엇보다 중요하다. 기술적 가능성은 키우고 사회적 부작용은 최소화할 수 있는 적절한 지점을 찾아야 할 것이다.

2.
기술패권 경쟁과
미래권력

━━━━━━━━━ 4차 산업혁명은 산업 부문을 넘어 경제사회 시스템 전반에 영향을 미치고 있으며 국가 간 경쟁, 나아가 글로벌 차원의 거대 진영 간 세력 판도를 좌우할 만한 잠재적인 요소로 부상 중이다. 과거 냉전 시기까지의 경쟁방식이 주로 군사동맹에 의한 국가 간의 정치적 대결로 나타났다면 탈냉전 시기에는 주로 자유무역협정과 관세장벽을 통한 무역경쟁의 형태로 나타났다. 그리고 탈냉전 후 30년 가까이 흐른 지금, 세계질서는 기술을 둘러싼 경쟁구도로 나타나고 있으며 그 무대의 주인공 역할은 국가가 아닌 글로벌 기업이 차지하고 있다. 이제 군사력이나 경제력을 내세우는 기성 국제정치식의 구도만으로 미래의 세계질서를 예측하려는 것은 너무 단순한 시도이다. 구글, 애플, 아마존, 알리바바 등 이른바 지능정보사회를 대표하는 거대 기업들의 합종연횡 뒤에는 핵심기술의 경쟁력과 표준 플랫폼을 장악하려는 국가들의 보이

지 않는 개입과 동맹 역시 혼재되어 있다. 즉, 기술경쟁의 향배가 미래 세계정치의 모습을 좌우하게 될 것이다. 기술권력이 미래의 패권 hegemony을 결정짓는 가장 핵심적인 변수로 작용할 가능성이 크다는 것을 뜻한다.

패권을 향한 게임의 규칙 변화

현실주의 국제정치경제학자 길핀Robert Gilpin은 패권을 "하나의 강대국이 일정 기간 국제관계를 관리할 규칙과 제도를 형성함으로써 그 체제 내의 국가들을 통제하거나 지배하고 있는 상황"으로 정의한 바 있다. 패권국은 체제를 유지하고 방어하기에 충분한 군사력, 경제력 같은 하드파워뿐만 아니라 국제적 공공재를 제공할 수 있는 지도력과 제도와 같은 소프트파워 모두를 갖춰야 함을 설명한 것이다. 즉, 부와 문명을 함께 보유해야 했다.

근대 이전의 국제관계에서 패권을 차지하기 위한 지배적인 정치구조는 '영토적 제국帝國'이었다. 농업이 국부를 창출하는 주요 수입원이었던 시기에 제국이 확보할 수 있는 경제적 잉여의 크기는 제국이 통제할 수 있는 농경지와 인구의 크기에 비례했기에, 영토의 확장과 통제는 제국의 역량을 결정짓는 핵심요소였다. 고대 로마제국, 중세의 오스만 제국, 그리고 수천 년간 동양의 '천하질서天下秩序'를 상징했던 중화제국에 이르기까지, 과거의 제국들은 광범위한 영토를 기반으로 부와 문명을 창출해냈다.

그러나 근대를 거치며 영토 중심의 제국은 더 이상 패권 유지에 효과적인 정치조직이 되지 못하였다. 산업혁명으로 영토와 인구를 극복할 수 있는 공업력에 기반한 세계시장경제에서의 지배력이 패권을 결정짓게 된 것이다. 나아가, 지속적인 생산과 판매를 뒷받침해줄 수 있는 원자재와 시장을 확보하는 것이 패권경쟁의 일차적인 목표가 되었다. 그 결과, 19~20세기 서구 열강을 중심으로 한 신흥제국들은 이를 공급해줄 식민지 쟁탈전에 앞다퉈 나설 수밖에 없었다. 또 이 시기의 역사는 에너지원을 얻기 위한 강대국 간의 분쟁으로 점철되었다. 석탄과 증기기관이 팍스 브리태니카 시대를 이끌었던 대영제국의 원동력이었다면, 안정적인 석유와 전력의 공급은 팍스 아메리카나를 지탱하는 힘이었기 때문이다. 본국과 식민지를 잇는 교역로에 대한 통제 역시 중요한 요소로 작용했는데, 교통과 통신 기술의 혁신은 국제체계의 변화를 이행하는 데 수반되는 비용과 이익의 변화에 영향을 미쳤다. 증기선과 철도의 등장은 국가가 보유한 군사적·정치적 영향력을 원거리에 투사하는 비용을 획기적으로 감소시켰다. 또 무역 형태와 생산 등 경제활동에도 영향을 미침으로써 국제정치의 성격에 변화를 불러올 수 있었다.

결국, 패권을 향한 게임의 규칙은 시장과 자본뿐만 아니라 에너지와 기술 모두를 보유하고 있느냐가 관건이 된 것이다. 주목할 점은 이러한 종합적인 요소 중 기술변수가 차지하고 있는 영향력이 계속 증대되고 있다는 점이다. 특히 현대에 이르러 패권의 전환기에는 언제나 기술진보에 의한 산업 패러다임 변화가 선행적으로 나타났다. 특히, 강고한 결속력과 합리적 제도를 갖춘 '민족국가national state'가 유지에 큰 비용이 드는 제국보다 경쟁에 유리한 정치조직으로 등장하였는데, 양차 세계대전을 거치며 주권존중과 자유무역이 인류의 보편적인 가치로 확대됨에 따라, 적어도 국가 간의 강압적인 합병과 수탈은 선택지에서 제외되었다. 따라서 국제사회의 핵심 플레이어들은 이제 누가 더 많은 영토와 식민지 자원을 갖느냐가 아니라, 지속적인 경쟁력 확보를 위한 혁신을 어떻게 창출하느냐를 고민하게 되었다.

이제는 기술진보가 경제성장과 사회변화를 이끌었던 핵심동인으로 작용했다는 명제에는 누구나 동의하고 있다. 산업혁명에서 시작된 기술의 진보는 현재 우리가 사는 사회체계의 근간이 되었으며 국가 간 위계hierarchy를 강제하는 수단으로 자리매김하였기 때문이다. 2차, 3차 산업혁명을 넘어, 4차 산업혁명의 물결에 이르는 동안 각국은 향후 전개될 패권경쟁에서 유리한 위치를 선점하기 위해 치열한 경쟁에 돌입하고 있다. 국제정치 질서의 판이 바뀜을 의미하는 '세력 전이power transition' 현상은 표면적으로 군사력과 경제력의 역전 현상으로 인해 촉발되지만, 그 저변에는 국가 간의 기술혁신 역량의 차이가 존재한다. 이러한 맥락에서 4차 산업혁명을 둘러싼 현재의 기술경쟁 구도는 향후 세계질서의 변화를 초래할 수 있는 국제정치적 함의 역시 내포하고 있다.

디지털 시대의 표준 선점을 위한 경쟁 구도

여기서 관건이 되는 기술은 역시 어떤 특정한 신기술을 의미하는 것이 아닌 표준이 되는 범용기술(GPT, General-Purpose Technology)을 의미한다. 표준을 선점하는 것은 글로벌 규모의 기술경쟁에서 매우 중요하다. 이를 장악한 세력은 그 부문의 강자로 부상하지만, 실패한 세력은 사라지거나 강자에게 흡수되어야 하는 양자택일의 운명에 놓이기 때문이다. 그만큼 표준을 선점하기 위한 경쟁은 치열하고 그 보상과 대가 역시 분명하다. 이러한 연속선에서 21세기 선도 부문인 ICT 분야에서 진행되고 있는 미국과 중국의 기술패권 경쟁도 이해할 수 있다. 그러나 오늘날 기술패권 경쟁은 예전과는 다른 양식으로 전개되고 있다. 과거의 경쟁이 단순히 시장점유율이나 기술혁신을 놓고 벌이는 것이었다면 오늘날 경쟁은 표준의 장악, 나아가 규모의 변수와 체제의 성격과도 관련되는 광범위한 '플랫폼 경쟁'으로 볼 수 있다.

최근 선도 부문의 경쟁은 단순히 값싸고 좋은 반도체, 고성능 소프트웨어나 컴퓨터, 빠르게 접속되는 인터넷 등을 만들기 위해 벌였던 예전의 경쟁과는 다른 면모를 보이고 있다. 물론 이러한 경쟁에서 이기기 위해 충분한 자본과 첨단의 기술력을 확보하는 것이 중요하다는 사실은 부인할 수 없다. 그러나 복합적인 네트워크와 미디어 융합 환경에서 벌어지는 ICT 분야의 경쟁은, 시장 표준을 장악하는 것뿐만 아니라 소비자들을 매혹하는 능력을 갖추는 데에서도 치열하게 벌어지고 있다. 지능정보산업에서 벌어지는 글로벌 차원의 표준경쟁은 기술경쟁을 넘어 제도나 규범의 주도권을 두고 벌이는 '게임의 규칙'을 장악하기 위한 양상으로 전개되고 있다.

이러한 현재의 기술패권 경쟁을 이해하기 위해서는 플랫폼경제에 대한 이해가 선행되어야 한다. 플랫폼경제의 도래는 전 세계 모든 기업에 기회임이 틀림 없지만, 실제 이를 활용하고 있는 기업 대부분은 미국 ICT 기업들이다. 구글의 검색엔진과 유튜브, 애플의 아이폰과 앱스토어, 페이스북의 SNS, 우버와 에어비앤비의 차량 및 숙소 공유 서비스 등이 최근 우리가 경험하는 대표적인 플랫폼들이다. 플랫폼에 기반한 신경제의 부상은 곧 하드웨어에서 소프트웨어 중심으로, 특히 서비스와 콘텐츠에 기반한 플랫폼 기술이 선도하는 경쟁의 시대가 오는 것을 암시한다.

정보화 혁명이 거듭되면서 컴퓨터와 인터넷에 이어 사물인터넷IoT, 인공지능, 로보틱스, 빅데이터 등의 지능정보기술이 범용기술로 부상하

| 표 1 | 지능정보 범용기술의 등장과 발전 단계

지능정보기술	출현 시점	발전 단계
모바일(이동형) 로봇	2007~2013	2007~2012(도입기), 2013(절정기)
지능형 로봇 smart robot	2013~2015	2014~2015(도입기)
뇌-과학 인터페이스	2010~2015	2010~2015(도입기)
기계학습 machine learning	2015	2015(기대 절정기)
3D 바이오 프린팅	2011~2015	2011~2015(도입기)
스마트 어드바이저	2014~2015	2014~2015(기대 절정기)
자율주행자동차	2010~2015	2010~2015(기대 절정기)
클라우드 컴퓨팅	2008~2014	2008(도입기), 2009~2011(절정기), 2012~2015(침체기), 2012(하이브리드 클라우드 기대절정기)
사물인터넷 IoT	2011~2015	2011~2012(도입기), 2013~2014(기대 절정기), 2015(IoT 플랫폼 기술 도입기)
빅데이터	2011~2013	2011(도입기), 2012~2013(절정기)
양자 컴퓨팅 quantum computing	2005~2006 2009~2015	2000, 2005~2006, 2009~2015(도입기)
증강인류 human augmentation	2009~2015	2009~2015(도입기)
생체음향센싱 bioaccustic sensing	2013~2015	2013~2015(도입기)
가상비서 virtual personal assistants	2014~2015	2014~2015(도입기)
자연어 처리 natural language processing	2002, 2011~2015	2002, 2011~2012(도입기), 2012~2013(절정기), 2015(침체기)
시멘틱 웹 semantic web	2001, 2003	2001(도입기), 2003(절정기)

• 출처: Gartner, Hype cycle for emerging technologies 2006-2015, 2016.

면서 새롭고 혁신적인 지능화 시대의 패러다임을 견인하고 있다. 그리고 이러한 범용기술의 전환이 막대한 산업적, 경제적, 사회적 파급력을 초래할 것으로 보이면서, 4차 산업혁명의 플랫폼 기술을 선점하기 위한 각국의 치열한 경쟁이 시작되었다. 독일의 인더스트리4.0을 필두로 미국 역시 4차 산업혁명을 선도하기 위해 국가적 역량을 결집하고 있으며, 중국 또한 '중국 제조 2025'에서 나타나듯이 기존의 추격 전략을 업그레이드한 새로운 국가 전략을 의욕적으로 추구하고 있다. 이처럼 4차 산업혁명을 둘러싼 기술패권 경쟁이 치열해지는 것은 향후 세계질서에서 우위를 선점하기 위한 의지가 현재에 투사된 것이라고 할 수 있다.

4차 산업혁명이라는 신기술패권 담론과 각국의 대응

이러한 맥락에서 보았을 때, 최근 몇 년째 주목받고 있는 4차 산업혁명 논쟁은 단순히 기술공학적 현상에 대한 논쟁만이 아닌 사회과학적 관점과 국제정치학적인 담론을 내포하고 있다. 기술을 선두에 내세우고 있지만, 생산자와 소비자, 노동집단과 고용집단, 그리고 국가와 국가 간의 첨예한 이해관계의 충돌과 갈등이 여기에서 발생하고 있기 때문이다. 기술, 정보, 지식 등과 같은 변수들이 새로운 권력 자원으로 부상하고 이를 획득하기 위한 경쟁에서 살아남은 행위자들이 새로이 부상하는 가운데, 권력 구조와 사회질서가 재편되는 등 거대한 변혁이 나타나고 있다.

현재 글로벌 차원에서 벌어지는 플랫폼 경쟁의 면면을 살펴보면, 21세기 세계정치에서의 권력의 목표와 수단 및 성격의 변화, 그리고 거기에서 파생되는 권력 구조의 변환을 야기하는 신흥권력의 부상을 엿보게 된다. 특히, 안보적 관점에서의 기술경쟁력을 확보하기 위한 인식 변화를 살펴볼 수 있다. 이제, 국가경쟁력의 핵심은 과거의 물리적 생산요소로부터 기술, 정보, 지식, 그리고 '사이버네틱 역량cybernetic capability' 등으로 이동하고 있으며, 기술 중에서도 하드웨어의 연산능력을 높이는 혁신능력을 넘어서 알고리즘과 빅데이터를 생성 및 활용하는 능력을 갖추는 것이 경쟁력의 핵심으로 등장하고 있다. 디지털 변혁을 이끄는 혁신기술들은 단순히 특정한 제품이나 서비스에 한정된 기술이 아니라 미래 비즈니스에서 핵심적인 역할을 담당하게 되는 플랫폼 범용기술의 성격을 갖는다는 점에 주목해야 한다.

따라서 4차 산업혁명 분야에 대응하기 위한 중장기 전략 수립은 현재를 넘어 미래의 패권경쟁을 위한 중요한 사안이 될 수밖에 없다. 표면적으로 4차 산업혁명으로 대변되는 변화에 대응하는 담론과 전략은 국가 단위가 아니라 산업이나 기업 단위로 벌어지는 게임의 성격이 강하다. 그럼에도 불구하고, 여전히 그 이면에는 현재와 미래의 기술변화에 대한 경쟁이 이 분야의 선도국가들을 중심으로 하여 국가 단위로 벌어지고 있다는 현실은 기업과 국가, 시장과 국제질서를 통합적으로 조망할 필요성을 제기한다.

그 중심국가라고 할 수 있는 미국, 중국, 독일, 일본은 모두 4차 산업혁명에 대한 담론과 전략을 제시하지만, 각국이 초점을 두는 부분은 각기 다르다. 최근의 기술혁신 패러다임 전환을 둘러싸고 주요 국가들은 두 가지 차원에서 경쟁하고 있다. 각국이 보유하고 있는 강점을 극대화하고, 미래의 경쟁력을 이어가려는 것이다. 바로 추진 주체 측면과 기술접근 측면이다. 전자는 정부와 민간 중 누가 주도할 것인가에 대한 선택이며, 후자는 플랫폼 중심형이냐 핵심 기술 중심형이냐의 선택이다.

초창기부터 정보화를 주도해온 미국은 기술혁신의 주체로 민간을 내

| 그림 1 | 추진 주체와 접근방식을 통해 본 주요국의 기술혁신 전략

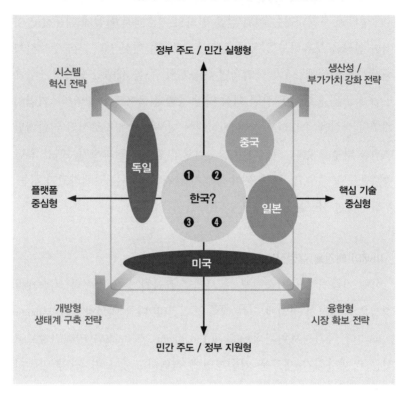

세워 다양한 연합을 결성하며 아이디어, 실제 사례, 통찰력 등을 공유할 수 있는 개방형 생태계 조성과 융합형 시장 확보에 초점을 두고 있다. 독일은 정부가 주도하되, 새로운 글로벌 밸류체인 네트워크를 수평적으로 통합하여 플랫폼 중심형의 시스템 혁신에 초점을 맞추고 있다. 중국의 경우 후발주자로서 정부의 강력한 드라이브 아래 생산성과 부가가치 확대를 위한 ICT 육성 전략을 추진 중이다. 일본은 저성장과 고령화 문제의 해결 수단으로 로봇과 같이 전통적으로 강점을 가진 핵심기술

분야를 중심으로 한 혁신 방안을 모색하고 있다.

그렇다면 우리나라는 이와 같은 변화의 기로에서 어떻게 대응하고 어떠한 전략을 보유하고 있을까. 한국은 '제조업 혁신 3.0', '지능정보사회 중장기 종합대책', '4차 산업혁명 대응계획' 등을 세우고 융합형 신新제조업 창출을 통한 주력산업 핵심 역량 강화를 목표로 하고 있다. 기업이 제조업 혁신을 주도하도록 하는 점에서 정부는 촉진자로서의 역할에만 초점을 맞추고 있다. 그러나 우선순위와 방향성이 명확하기보다는 일단 촉각을 곤두세우고, '모든 분야에 걸쳐 안전한 방식을 선택하고자 하는' 후발주자적 접근을 모색하고 있다고 할 수 있다.

미래의 패권을 결정짓는 기술경쟁

이제 기술경쟁은 기술경쟁 그 자체로 끝나지 않을 것이다. 기술개발 경쟁은 국제정치 영역에도 큰 영향을 끼친다. 미국 대서양위원회Atlantic Council나 국가정보위원회National Intelligence Council의 미래전망보고서는 국제사회가 새로운 기술혁명에 직면하고 있으며, 만약 미국이 2030년경에도 현재와 같은 패권국이 되려면 절대적인 기술적 우위를 유지하는 것이 중요하다고 역설한다. 한때 군사적 목적으로 발명되었던 통신위성, GPS, 위성사진, 기후자료 등은 전쟁의 양상뿐만 아니라 산업 부문에서 엄청난 변화를 가져왔으며, 인터넷, 컴퓨터 등 정보통신기술의 발전은 단지 해킹만으로도 핵무기보다 더 큰 피해를 입힐 수 있게 되었다. 현재처럼 기술발전이 가속화된다면 머지않아 몇몇 국가들은 큰 돈을 들이지 않더라도 강대국에 대응할 수 있는 비대칭적 힘을 갖게 될 것이며, 개인 또한 기존의 전쟁방식에 버금가는 새로운 테러 수단을 보유하게 될 것이다.

결국, 미래의 패권을 향한 기술경쟁은 국가안보뿐 아니라 국제질서와 국내 정권의 안정성에도 결정적 요인이 된다. 기술 우위를 점하는 국가가 위계적 국제 구조상에서 높은 지위를 차지할 것이다. 그리고 국제 구조상에서의 높은 지위는 해당국가의 정권에 국내외적 신뢰를 제공할 것이다. 이제 우리 사회는 과학기술이 주도하는 실시간의 변화에 대응할 수 있는 사회 시스템을 갖춰야 하고, 다양한 미래상을 선도적으로 탐색하기 위해 시도해야 한다. 그것이 바로 불확실한 미래의 변화 속에서 기술발전의 다면성을 진정으로 이해하고 앞으로 나아가는 힘이다.

3.
미래 산업과
기업의 부의 지도

━━━━━━━━ 지금 한국은 물론 전 세계에 4차 산업혁명의 물결이 거세게 몰려오고 있다. 기업들은 4차 산업혁명의 실체 파악에 나섰고 그에 따른 혁신의 방법을 고민하고 있다. 250년 전에도 1차 산업혁명은 인류에게 거대한 충격으로 다가왔다. 하지만 4차 산업혁명은 지난 1차, 2차, 3차 산업혁명과는 전혀 다른 형태로 우리 사회의 기반부터 흔들고 있다. 농업사회를 기계화 사회로 바꾼 1차 산업혁명, 기계화 사회를 산업화 사회로 진화시킨 2차 산업혁명, 산업화 사회를 정보화 사회로 탈바꿈시킨 3차 산업혁명이 하나의 연속선상에서 점진적으로 세상의 변화를 이끌었다면, 4차 산업혁명은 좀 더 급격하고도 전면적인 변화를 촉발하고 있다. 이는 공상과학 영화 속의 이야기들이 현실이 되고 상상이 실제가 되는 세상을 향해 나아가고 있는 것과 같다. 그래서 다가올 미래는 가히 충격적이고 파괴적이며 혁명적일 것이라는 것이

대체적인 전망이다.

이 같은 충격적인 변화는 3차 산업혁명 시대가 만들어놓은 산업의 지도를 송두리째 바꿔놓고 있다. 기업들은 새로운 경제전쟁에서 승리하기 위해 새로운 투자와 기술개발에 승부를 걸어야 한다. 사물인터넷, 빅데이터, 인공지능, 가상현실·증강현실, 블록체인, 핀테크, 가상화폐 등 4차 산업혁명의 신기술이 경제의 패러다임 자체를 바꿔놓고 있기 때문이다.

초지능, 초연결, 초산업 사회로 탈바꿈하는 세상

4차 산업혁명의 다양한 신기술 가운데 핵심은 바로 인공지능이다. 스스로 학습하고 공부하는 인공지능의 등장은 인류가 지금까지 한 번도 경험해보지 못했던 충격과 대변혁을 가져올 것으로 보인다. 인공지능 알파고AlphaGo가 인간과의 대결에서 승리했던 사건은 이제 소소한 에피소드에 불과하다. 가상화폐가 일으킨 광풍 또한 새로운 변화의 시작일 뿐이다. 인공지능은 이른바 초지능 사회, 초연결 사회, 초산업 사회를 만드는 중이다. TV와 같은 가전제품은 물론 기계, 장비, 로봇, 자동차, 건물 등 모든 분야에서 사람과 대화할 수 있는 초지능을 가진 제품들이 등장하고 서로 연결되는 초연결 세상이 만들어질 것이다. 이 과정에서 제조업, 농업, 수산업, 유통업, 서비스업이라는 전통적인 개념의 산업 간 영역이 무너지는 초산업 사회가 도래할 전망이다.

이 같은 변화는 기업들의 경쟁방식을 바꿔놓을 뿐만 아니라 지금까지의 비즈니스 모델을 무용지물로 만들어놓게 된다. 디지털 전환을 새 화두로 비즈니스 모델을 바꾸고 있는 선두 기업들의 변화가 이를 단적으로 보여준다. 산업화 시대에 맹주 역할을 했던 글로벌 기업들도 새롭게 혁신하지 않으면 설 자리를 잃을 것이며, 혁신적인 비즈니스 모델을 갖고 혜성처럼 나타난 기업들이 유니콘 기업(기업가치가 1조 원이 넘는 스타트업)으로 도약하는 것도 불가능하지 않을 것이다.

기술혁신이 가져오는 미래 산업의 지도

새로운 기술혁신의 영향으로 앞으로는 전기차, 자율주행차, 사물인터넷 가전, 에너지 신산업, 바이오 헬스, 반도체, 디스플레이, 로봇, 5G 등의 신산업이 본격적으로 산업경쟁력을 갖게 될 전망이다. 가령 4차 산업혁명에서 쌀과 같은 역할을 하는 것이 바로 반도체이다. 반도체는 AI, 사물인터넷, 클라우드 등 4차 산업혁명을 이끄는 산업의 핵심부품으로 사용되기 때문이다. 가전제품이 프리미엄 IoT 인공지능형으로 진화하면서 반도체 수요는 끊이지 않을 것이다. 특히 자율주행차와 전기차 등의 개발경쟁이 가속화됨에 따라 첨단 시스템 구축에 반도체가 필수적으로 들어가고 일반 기계에까지 ICT와의 융합이 본격화된다면 수요는 더 증가할 것이다.

다시 말해 인공지능과 지능형 로봇, 가상현실과 증강현실, 사물인터넷과 빅데이터, 클라우드 컴퓨팅, 5G 기술과 자율주행차, 시스템반도체 등이 미래 산업 지도의 중심 기술로 부상하고, 지능형 전력망(스마트그리드)이나 무인정찰기(드론), 지능형 가전, 가상현실 엔터테인먼트, 스마트팩토리, 3D 프린터 등이 새로운 미래 비즈니스의 틀을 만들어낼 것이다.

이 과정에서 주목할 개념이 디지털 트윈digital twin이다. 세계적 제조업체인 미국의 제너럴 일렉트릭General Electric이 주창한 개념인 디지털 트윈은 4차 산업혁명의 핵심기술들을 기반으로 하는 가상의 복제품이다. 현실 세상의 물리적인 사물 대신 소프트웨어로 디지털화한 사물을 3차원 공간정보가 구현된 컴퓨터로 미리 시뮬레이션해봄으로써 실제 사물의 특성과 운용상태를 정확히 파악하고 나아가 문제점을 발견하여 사고를 미리 방지하는 미래 예측 기술이라고 할 수 있다. 따라서 에너지, 항공, 헬스케어, 자동차, 국방 등 모든 산업 분야에서 설계, 제조, 서비스에 이르는 과정을 최적화하도록 활용할 수 있는 혁신적인 도구인 셈이다.

비즈니스 모델의 전환과 부상하는 기업들: 플랫폼 · 공유경제

4차 산업혁명 시대의 기업들에게는 ERP(전사적자원관리) 등을 활용한 업무의 자동화, 빅데이터를 수집, 분석, 활용해 기존의 제품 및 서비스를 개선하는 정보화, 대규모로 수집된 빅데이터를 이용해 새로운 AI 기반으로 지능화된 제품과 서비스를 개발하는 것 등이 핵심적인 업무가 되고 있다.

그러나 무엇보다도 플랫폼경제나 공유경제에 대한 이해가 없으면 4차 산업혁명 시대의 새로운 비즈니스 모델을 만들어가기 어려울 것이다. 자동차를 사는 것보다 공유하는 게 더 편리하고 경제적이라는 공유경제의 개념은 기존과는 전혀 다른 세상을 우리에게 펼쳐놓는다. 공유 차량을 이용하면 소비자는 보험에 들 필요도, 세금을 낼 필요도, 자동차 검사를 받을 필요도, 고장이 났어도 직접 수리를 맡길 필요도 없다. 그냥 필요한 시간에 스마트폰으로 호출하면 자율주행차가 와서 원하는 시간에 원하는 장소로 데려다준다. 공유경제는 또한 공유대상을 재화에서 서비스로까지 확대하고 있다. 빨래를 대신해주는 와시오 Washio, 요리를 대신 해주거나 배달을 해주는 스프리그Sprig와 스푼로켓 SpoonRocket, 우체국 용무를 대신해주는 십Shyp, 안마사를 불러주는 질 Zeel, 의사를 보내주는 힐Heal 등, 무엇이든지 공유가 가능한 세상으로 바뀌는 중이다. 미국의 미래학자 제러미 리프킨Jeremy Rifkin이 자신의 저서《소유의 종말》에서 "머지않아 소유의 시대가 막을 내리고 '접근'이 경제활동의 중심이 되는 시대가 열릴 것"이라고 했던 주장이 이뤄지고 고 있는 셈이다.

예를 들어, 아마존과 알리바바 등은 거대한 인터넷 상거래 장터라는 플랫폼을 앞세워 세력을 확장하고 있고 우버, 디디추싱, 그랩Grab 등은 차량공유 플랫폼을 통해 막대한 부를 창출하고 있다. 에어비앤비와 중국판 에어비앤비인 투자왕途家網은 숙박공유 플랫폼으로 방을 하나도 소유하지 않은 채 여행업계에 막강한 영향력을 행사하고 있다. 여러 사람이 한 가지 상품을 공유함으로써 효용성을 높이는 공유경제가 전통 기업의 가치관을 깨뜨리고 있으며, 택시 대신 자동차를 공유하고 호텔 대신 집을 공유하는 사람들이 이제 점점 늘어나고 있다.

한시적 수요에 대해 한시적 공급을 하는, 이른바 '우버화'가 진화할수록 주문형 서비스인 온디맨드on demand 경제도 확대될 것이다. 가령, 3D 프린터가 무엇이든지 주문한 그대로의 상품을 생산해내고 있는 것처럼, 독일의 아디다스는 스피드 팩토리Speed Factory를 만들어 개인이 원하는 맞춤형 신발을 만들어주고 있다. 이렇듯 소비자의 수요에 따라 제품과 서비스를 바로 제공하는 1인 맞춤 시대를 뜻하는 온디맨드 경제는 개인과 기업 등 수요자가 원할 때만 서비스를 제공하기 때문에 저비용경제를 만들어내기도 한다. 온디맨드로 해결할 수 있는 분야에는 노동력의 필요성이 줄어들고 기업과 개인간의 경계도 허물어져 기업 경영방식에도 전면적인 변화를 촉발할 것이다.

한편 혁신적인 비즈니스 모델을 선도적으로 도입한 기업들이 실제로 새로운 챔피언 기업으로 등극하고 있는 것도 사실이다. 우버, 에어비앤비, 핀터레스트, 깃허브, 몽고DB, 슬랙, 에버노트, 샤오미, 디디추싱, DJI, 쿠팡, 넷마블 등 기업가치 1조 원이 넘는 유니콘 기업들이 전체 기업의 자산 지도를 바꿔놓고 있다. 또 마이크로소프트, 인텔, 시스코, 델이 만들었던 플랫폼을 무너뜨리고 더 강력한 플랫폼을 새롭게 구축한 구글, 애플, 아마존, IBM, 알리바바, 페이스북 등은 강자의 지위를 더 단단히 굳히고 있다.

미래의 부를 거머쥘 기업들의 경영전략

플랫폼경제를 자세히 들여다보면, 플랫폼 기업과 여기에 종속된 기업, 두 종류가 있다는 것을 알 수 있다. 왓슨Watson이나 알파고와 같은 인공지능 허브 기술을 기진 기업과 이 기술을 활용하는 기업, 아마존이나 알리바바 같은 거대 전자상거래 쇼핑몰을 소유하고 있는 기업과 이곳을 활용하는 기업, 사이버 결제망을 만든 기업과 이 결제망을 활용하는 기업 등으로 시장이 나뉘고 있다. 현재 상위 15위권에 드는 글로벌 플랫폼 기업들의 기업가치 총합은 약 2조 6,000억 달러에 달한다. 그만큼 엄청난 영향력을 갖고 있다는 뜻이며, 플랫폼을 확보하기 위한 기업들의 무한 경쟁은 더 치열해질 수밖에 없음을 시사한다.

결국 플랫폼경제나 공유경제로 전환하는 흐름을 잡기 위해서는 '소유'보다는 편리한 '이용'에 초점이 맞춰지는 것처럼, 사람들의 니즈와 변화하는 가치를 읽어내는 통찰이 필요하다. 예를 들어 미국의 자동차 공유 서비스 업체 릴레이라이즈RelayRides는 여행을 떠나는 사람들이 공항에 남겨둔 자동차를 여행지에서 돌아오며 공항에 도착하는 사람들에게 빌려준다. 소유주가 여행하는 동안 주차장에 그대로 주차되어 있을 수밖에 없는 차량을 필요한 사람과 공유할 수 있도록 한 것으로 새로운 가치의 발견인 것이다.

4차 산업혁명 시대가 바꿔놓고 있는 새로운 패러다임에 대응하기 위해서는 기업들의 경영전략도 이렇듯 바뀌어야 한다.

제4의 혁신에서 찾는 해답

기업들은 어떻게 승자가 되는 전략을 짜야 할까? 제4의 혁신에 매진해야 한다. 제4의 혁신이란, 사물인터넷, 클라우드, 빅데이터, 블록체인, 모바일, 인공지능, 가상·증강 현실 등 이른바 4차 산업혁명 기술을 활용해 만들어내는 혁신을 일컫는다. 디지털세계와 현실세계의 경계를 허무는 기술 융합이 제4의 혁신이 추구하는 핵심 과제이다. 이 기술 융합의 핵심에 사이버 물리 시스템CPS이 있다. 디지털 기술을 활용해 사이버 시스템(가상)과 물리적 시스템(현실)을 결합하는 것이다. 온라인과 오프라인을 융합하는 O2O로 표현되기도 한다.

사람은 물론 로봇, 의료기기, 산업장비 등 물리적인 세계의 사물과 인터넷 가상공간의 사이버 세계를 하나의 네트워크로 연결해 빅데이터를 만들어내고 인공지능을 활용해 이를 분석해내면 새로운 통찰력을 얻을 수 있게 된다. 예를 들어, 현실세계의 도로와 사이버세계의 도로를 연결하는 내비게이션이 이용자들에게 인사이트를, 즉 최적의 이동경로를 알려주는 식이다.

지금까지 인류는 제1, 제2, 제3의 혁신을 통해 세상을 진화시켜왔다. 증기기관의 등장으로 촉발된 1차 산업혁명은 제1의 혁신을 일으켰다. 혁신의 선구자들은 다양한 기계를 생산해내며 공장시대를 열었다. 제1의 혁신에 앞장선 철도왕 밴더빌트, 석유왕 록펠러, 철강왕 카네기는 새로운 승자가 됐다. 이어 전기의 발명으로 2차 산업혁명이 일어나자 기업들은 전기를 이용해 새로운 제품을 만들어내고 컨베이어벨트로 자동화하며 제2의 혁신을 일으켰다. 이 혁신의 한가운데에 GE를 창업한 발명왕 에디슨과 자동차왕 포드가 있다. 컴퓨터와 인터넷이 등장하며 3차 산업혁명이 일어났고 변화의 물결에 올라탄 디지털의 제왕 빌 게이츠, 혁신왕 스티브 잡스, 온라인쇼핑의 황제 제프 베조스와 마윈이 제3의 혁신을 일으키며 챔피언 타이틀을 거머쥐었다.

이제 세상은 인공지능을 앞세운 제4의 혁신을 요구하고 있다. 기업들은 제4의 혁신으로 현재의 비즈니스 모델을 완전히 바꾸고 새로운 부의 창조방정식을 만들어내야 한다.

오픈 소스로 하는 기업 리모델링

경제학에서 생산비용은 고정비용-setup cost과 한계비용-marginal cost 두 가지로 나뉜다. 고정비용은 생산에 필요한 인력과 도구를 의미하며, 한계비용은 한 단위 생산을 늘렸을 때 증가하는 생산비용을 의미한다. 그동안 대다수 기업은 한계비용을 줄여 생산성을 높이고, 더욱 낮은 가격에 상품과 서비스를 소비자에게 공급함으로써 경쟁사를 앞서려는 방식의 전략을 세웠다.

그러나 제4의 혁신은 한계비용 제로 사회를 불러올 것이다. 예를 들어 택시회사가 사업을 확장하기 위해서는 차량을 구입하고 택시기사를 고용해야 하지만, 우버는 기존에 누군가 갖고 있던 차량을 모바일로 공유하기만 하면 된다. 택시를 추가하는 한계비용이 거의 제로인 셈이다. 이것은 놀라운 경쟁력이라고 할 수 있고 누구나 특별한 아이디어만 있으면 적은 자본으로 손쉽게 사업을 할 수 있는 세상이 됐다는 뜻이다. 특히 수많은 특허가 공개되어 있고 오픈 하드웨어와 오픈 소프트웨어까지 마음대로 사용할 수 있게 되어, 기업이 모든 것을 스스로 개발해야 했던 과거와는 완전히 차원이 다른 세상이 되었다. 이러한 세상을 세계적인 석학 제러미 리프킨은 '한계비용 제로 사회The Zero Marginal Cost Society'라고 규정했다.

그렇다면 한계비용 제로 사회에서 기업이 생존하는 길은 무엇일까? 기업은 더 적게 소유하는 길을 선택해야 한다. 대신에 공유경제 서비스를 활용해야 한다. 회사 차량을 사지 않고 공유한다면 기업은 차량구입 비용을 대폭 줄일 수 있다. 직접 개발하지 않고 공짜로 쓰거나 빌려 쓸 수 있는 기술을 이용한다면 기업은 핵심 역량 개발에 집중할 수 있어 더 큰 경쟁력을 끌어낼 수 있다.

바로 나보다 더 잘하는 기업과 협업collaboration할 때 상품이나 서비스의 생산비용을 현저하게 줄일 수 있게 된다. 한계비용 제로 사회에서 살아남으려면 기업들은 더 많이 공개하고 더 많이 협력해야 한다. 과거처럼 독점적인 소프트웨어를 개발·유통하는 것은 죽음의 무덤을 파는 것과 같이 무모한 일이다. 호환성의 세상을 열어야 한다.

업-스킬링up-skilling으로 새로 짜는 승자전략
이제 개인과 기업, 국가는 경쟁력을 높이기 위해서는 산업화 시대의 낡은 지식을 버리고 새로운 지식으로 재무장해야 한다. 그 핵심 키워드가 개인과 기업의 역량을 강화하는 업-스킬링이다. 오바마 미국 전 대통령은 재임 시절, 근로자의 역량을 강조해 미국 경제성장을 극대화하자는 내용의 업스킬 이니셔티브를 발표한 바 있다. 또 1980년대 일본 자동차의 습격으로 미국 자동차산업이 경쟁력을 잃게 되자 GM, 포드 등의 노사는 리트레이닝 펀드를 만들어 근로자 역량을 강화하여 자동차산업을 다시 일으켜 세웠다. 리트레이닝 펀드로 조성된 기금을 활용해 기존 근로자의 직무를 향상시키고 새로운 일자리를 알선하는 등 신개념의 근로자 재교육 프로그램을 통해 미국 자동차 회사의 경쟁력을 높였던 것이다. 이와 같은 맥락에서 독일, 호주, 인도 등은 국가 차원의 역량강화, 즉 업-스킬링 프로그램을 앞다퉈 도입하고 있다. 예컨대 독일은 4차 산업혁명 직무교육을 통해 제조업 강국의 길을 걷고 있다. 결국, 새로운 지식과 체계로 재무장하는 역량강화 없이는 기업경쟁력 유지도 어렵고 4차 산업혁명 시대에서 살아남기 어려울 수도 있다는 것을 뜻한다.

4.
가상화폐, 블록체인,
그리고 디지털경제사회

━━━━━━━ 과학기술과 정보통신의 발전으로 이제 우리는 원격지 간 의사소통이 유·무선으로 가능하고 자산이동과 상품거래 시 현금 대신 전자결제로 처리하는 편리한 시대에 살고 있다. 최근에는 생체기반 인증방식 FIDO(Fast IDentity Online)와 핀테크Fintech가 도입되어 금융의 인증과 거래가 더욱 안전하고 편리해졌다. 향후 PC와 스마트폰을 이용한 온라인거래가 보편화되고 IoT 기반이 확충되어 O2O 거래가 더 수월해지면 디지털경제가 확장되어 동전 없는 사회에 이어 지폐 없는 국가로 나아갈 것이다.

특히 현재 산업계에서는 비트코인을 비롯해 이더리움Ethereum, 리플Ripple 등 가상화폐의 가치 등락을 둘러싸고 관심이 뜨거우며, 이는 투기 광풍의 근원이 되고 있어 한국이나 중국 등 몇몇 국가에서는 정부의 강력한 규제를 불러일으키고 있다. 그러나 디지털 공간에서는 가상화폐 발행을 통한 다양한 블록체인 커뮤니티를 조성하기 위한 블록체인 기반의 신경제 생태계 개발이 활발하며, 개발자금을 조달하는 ICO(Initial Coin Offering, 암호화폐 공개)가 자본시장에 속속 도입되고 있다. 2025년까지 GDP의 10%를 블록체인 기반 자산이 차지할 것이라는 예상도 있다. 따라서 기존의 경제 생태계와 다른 새로운 디지털경제의 안착을 위해서는 산업계는 물론 이용자와 정부 등 생태계 구성원들의 건전한 이해와 수용이 필요하다.

디지털경제 생태계

가상화폐는 세계 각국에서 사용되고 있는 중앙은행 발행의 법정화폐가 아닌 일반 기관이나 공공 블록체인 네트워크에서 발행(채굴이라고 함)된 실제적 형체가 없는 디지털화폐의 일종이라고 볼 수 있다. 다만 기존의 디지털화폐와 다른 점은 가상화폐는 첨단 블록체인 기술을 기반으로 하고 있어 위조·변조가 어렵고 중앙은행이 아니더라도 누구든지 발행할 수 있다는 점이다. 가상화폐는 현재 법적 정의를 떠나 실증적으로 재무적 거래의 대상이 되고 있으며 가치의 교환이 가능한 실제적 지불수단이 되고 있다.

디지털화폐 명칭과 기능: 가상화폐? 암호통화?

디지털경제로 옮겨가면서 풀어야 할 여러 가지 이슈 가운데, '가상화폐'라고 불리는 통화의 명칭과 개념에 대한 정립도 시급하다. 국제통화기금IMF은 온라인쿠폰, 포인트, 마일리지, 상품권 등을 가상통화 범주에 포함하고, 분산원장과 합의증명의 블록체인 기술을 이용하여 생성된 코인을 'Cryptocurrencies(암호화된 화폐)'라고 해석하므로, 우리말로 '암호통화'라는 명칭이 더욱 합당해 보인다.[13] 현재 약 1,600개 종류의 암호통화는 경제적 가치가 있는 코인(또는 토큰)으로[14] 디지털 자산 성격이지만, 비트코인 등 일부를 제외하면 이더리움은 코인이면서 플랫폼이고, 리플은 코인이면서 프로토콜이고, 스팀Steem은 코인이면서 서비스이고, 이 밖에 인터페이스이자 애플리케이션으로서 증명, 인증, 지불 등 매우 다양한 기능을 갖는다. 따라서 암호통화는 가치척도, 가치저장, 가치이전 등 기존 법정화폐Fiat Money의 기능 이외에 디지털 가치의 생산, 유통, 소비 과정에서 인증, 거래, 보상이라는 기능을 추가하여 확장된 개념으로 정립해야 할 것이다.

디지털 시대 키워드, 블록체인

미래에는 사람과 사물이 상시 연결되어 상호작용하고 저마다 블록체인 계정과 암호통화 지갑을 가진 상태에서 경제·사회 활동에 참여할 것이 예상된다. 블록체인은 미래학자 탭스콧Tapscott이 《블록체인 혁명》에서 저술한 것처럼 향후 30년을 주도할 디지털 시대 키워드이다.

그동안 비트코인 등 암호통화의 폭발적 가치 상승과 거래소 해킹, 이더리움의 탈중앙 자율조직 스마트계약 DAO(Decentralized Autonomous Organization)의 실패, ICO 규제 강화 등 우여곡절이 있었지만, 블록체인은 인터넷 등장 이래 가장 혁신적인 기술로 평가받고 있다. 블록체인은 또한 주로 금융 관련 솔루션 제공에 활용되었지만, 향후 전 산업에 확대되어 요소기술 및 융합기술의 조합에 따라 특정 분야의 맞춤형 서비스도 가능할 것이다. 그러므로 블록체인의 활용과 특성을 기반으로 디지털경제의 초신뢰를 구축하기 위해 연구개발, 법제도 개선, 인프라 구축, 인력양성 분야의 정책과제를 도출하고 국가 차원에서 추진해야 한다.

블록체인이 응용될 디지털 시대 영역

사회, 경제, 문화 전반에 커다란 변혁을 가져올 4차 산업혁명의 디지털 시대 핵심 속성은 초연결, 초지능, 초실감, 초신뢰이며, 핵심 기술은 5G, IoT, 인공지능, 로봇, AR/VR/MR, 빅데이터, 블록체인 등이다. 여기에서 블록체인은 디지털경제의 초신뢰를 구현하는 데 가장 적합한 기술이다. 활용 영역은 네트워크 및 암호 알고리즘 응용과 플랫폼 및 서비스 기능에 따라 암호통화Cryptocurrencies, 공공·보안Public & Security, 산업응용Industrial Applications, 거래·결제Transaction & Payments 등으로 크게 구분할 수 있다.

암호통화

암호통화 영역은 블록체인 활용의 대표적인 분야로 디지털통화 또는 가상화폐 등의 용어로 혼용되며, 디지털 공간에 내재된 경제적 가치가 있는 암호 기반의 코인(토큰)이 자산, 거래, 지급, 결제 수단으로 사용된다.

블록체인 네트워크 및 플랫폼에서 사용되는 암호통화(토큰 포함)는 시스템의 성격, 범위, 거래내용 등에 따라 여러 가지 형태가 존재하고 용도에 따라 응용도 가능하다. 2018년 8월 기준 약 1,850개 종류가 출시되어 경쟁하고 있다. 1위 비트코인BTC은 PoW 알고리즘으로 채굴되는 암호통화로 2,100만 개로 발행이 한정되어 있고, 기축통화처럼 가장 널리 사용되고 있으며, 전체 암호통화 시장에서 약 40~50%를 점유하고 있다. 2위 이더리움ETH은 다양한 프로그래밍을 할 수 있는 튜링 완전 언어Turing-complete language를 사용하며, 플랫폼 성격으로 현재 약 1,800개의 분산 애플리케이션dApps이 스마트계약, 전자투표, 크라우드펀딩 등에 활용되고 있다. 3위 리플XRP은 초당 5만 건의 트랜잭션을 처리할 수 있게 성능이 개선되었으며, 주로 금융거래에 초점이 맞추어진 결제 시스템과 통화교환소 등에 적용되는 프로토콜 기능을 갖고 있다. 한편, 암호통화는 실물 및 디지털 거래에서 지급수단으로 활용되고 있음에도 사용 비중은 높지 않으며, 전 세계 비트코인 가맹점은[15] 약 4만 2,000개로 계속 늘고 있으나 거래 규모는 지급카드, 계좌이체 등에 비해 미미한 편이다.

공공·보안

블록체인은 전자문서의 디지털 서명과 연결되어 각종 계약을 안전하게 체결하고 관리할 수 있는 디지털 자산, 공공시설, 건축물, 토지, 자동차 리스, 자전거 관리, 소유권 확인 등에 활용되고 있다. 블록체인에서 서명하면 내용과 시점이 명백하게 기록되어 향후 분쟁이 발생하더라도 진위를 확인할 수 있으며, 표준계약 포맷 등을 개발하면 비즈니스도 가능하다.

스마트계약의 경우, 블록체인 장부의 개별거래는 프로그램에 조건문 삽입이 가능하여 계약조건을 스크립트로 넣고 그것이 충족되는 시점에서 바로 결제가 이루어지며, 기존에 분리되어 있던 계약조건 이행과 대금결제가 통합되어 매우 효율적이다. 공공 기록물 사업의 경우, 자산증명, 투명거래 등의 블록체인 특성에 착안하여 최빈국 중의 하나인 온두라스가 블록체인 기술로 새로운 국가 토지대장 DB를 구축하고, 이를 안전한 주택담보대출, 계약, 광물권 등에 적용하고 있다.[16] 인구 132만 명인 북유럽의 작은 나라 에스토니아는 블록체인과 연계한 전자시민권 e-residency 제도를 2015년 12월부터 시행하고 있으며 결혼, 계약, 출생증명 등을 공증하는 서비스를 제공할 예정이고 자체 암호통화 에스트코인Estcoin도 발행할 계획이다.[17] 그리고 블록체인을 전자투표에 활용하면, 암호화로 완벽한 비밀투표를 보장할 수 있고 투표조작이 불가능하며, 집계 전 과정을 투명하게 모니터할 수 있어 이를 상용화하기 위한 투표 시스템이 개발되고 있으며 실제 블록체인 방식의 투표가 시행되고 있다.

산업응용

디지털경제 전반에 네트워킹과 사물인터넷이 확산되어 안전한 거래와 지식재산권 보호에 대한 욕구가 증가하면서 블록체인이 다양하게 활용되고 있다. IoT 활용의 경우, 수백억 개의 사물들이 네트워크에 연결되는 추세인데 이를 중앙집중형으로 관리할 경우 막대한 비용이 소요될 것이다. 더욱이 특정 서버가 고장 나면 여기에 연결된 사물들이 모두 작동될 수 없어 분산형의 P2P 방식을 검토하는 것이다. 이에 따라 IBM, 삼성전자 등 글로벌 기업들은 자체 프라이빗 블록체인 기술을 개발하고 IoT 연동 플랫폼을 출시하여 상품의 생산, 유통, 거래에 박차를 가하고 있다.

전기에너지, 자율자동차 등의 분야에서도 공유경제 개념과 스마트계약, 추적 시스템을 블록체인과 연동하여 안전하고 효율적인 서비스를 구현하고 있다. 소셜서비스 분야에서는 블록체인 기술을 활용하여 개인정보를 보호하고 최적 콘텐츠 유통에 초점을 맞춘 분산 SNS가 부상하고 있다. 2016년 4월 출범한 스팀은 블록체인 기반의 SNS 스팀잇으로 폭발적인 인기를 얻으면서 다양한 콘텐츠가 게시되고 있다. 누구나 스토리, 사진, 영상, 음악 등을 업로드할 수 있으며, 이용자들로부터 투표를 많이 받아 좋은 콘텐츠로 인정되면 보상을 받을 수 있도록 설계되어 있다. 즉, 보상체계를 스팀코인Steem, 스팀달러SBD, 스팀파워SP로 구분하여 생성자, 게시자, 투표자들에게 배분하고 각각 교환기간과 비율을 정하여 급격한 변동성을 방지하는 시스템이다.

한편 중복사용이 불가능한 블록체인의 장점을 이용하여 음악, 영화, 예술 작품, 콘텐츠 등의 저작권 구조를 획기적으로 변화시키는 솔루션이 개발되어 권리보호와 유통거래에 활기를 넣고 있다. 이용자가 저작권이 필요한 사진, 그림 등의 콘텐츠를 업로드하면 소유 증명서Proof of Ownership가 발급되고 이름, 날짜, 이메일 등의 정보가 저장된다. 음원의 경우 토큰리Tokenly, 뮤지코인Musicoin 등이 출시되어 기존 음악사업에 혁신을 가져오면서 서비스 제공이 늘고 있다.[18] 세계 최초 블록체인 기반의 직거래 플랫폼인 디센트Decent는 책, 음원, 영상, 그림, 사진 등 다양한 콘텐츠를 제3자(중개인) 없이 예술가(판매자)와 수요자(구매자)가 직접 거래할 수 있어 가치인증과 비용절감으로 높은 평가를 받고 있다.

거래·결제

블록체인은 거래 시 이중지불을 원천적으로 방지할 수 있어 금융에 적합하고 알고리즘에 따라 소량의 금액까지 결제할 수 있어 매우 효율적이다. 또 FIDO 등 기존 인증수단과 연계하면 안전한 서비스 제공에 유용하다. R3CEV, B3i 등의 컨소시엄과 같이 금융기관들은 비용을 절감하고 빠른 거래를 구현하기 위해 공동으로 사용할 수 있는 지불결제 솔루션을 개발하고 있다. 암호통화 중 리플은 거래처리 속도가 매우 빠르며 코인 XRP의 단위가격이 작고 국제송금 수수료도 0.00001XRP(약 0.008원)부터 시작되어 거래결제 분야에서 선두를 나타내고 있다. 금융거래에서 신용카드 또는 직불카드 결제 시 금액에 상관없이 수수료 등의 비용이 발생하기 때문에 소액거래[19]에 대한 효율적인 결제방식이 끊임없이 제기되어왔다. 이러한 문제를 해소하기 위해 BitWall, BitMonet 같은 업체들은 블록체인 기술로 구현된 소액거래 솔루션을 출시하여 서비스를 제공하고 있으며, 안전성과 편리성을 만족시켜 디지털콘텐츠 사용료, 실시간 송금, 기부금 등에도 활용되고 있다. 비디오 영상을 업로드하여 수익을 창출하는 PopChest는 개방형 소액결제 전문 영상플랫폼으로, 비디오를 시청하기 위해 소액(최소 0.1달러, 보통 0.5달러, 고가 5달러)을 암호통화로 결제하되 가입, 서명 등의 의무가 필요 없어 매우 편리하다. 또 소셜네트워크 서비스에서 유용한 콘텐츠에 대한 'Like(좋아요)'의 보상 차원으로 소액을 송금하거나, 비영리단체 구호금이나 기부금으로 소액을 보낼 때 개인정보가 보호되면서 빠르고 신속하게 전달할 수 있어 이용이 크게 늘고 있다.

신뢰의 기술 블록체인이 가져올 미래사회 전망

역사적으로 과학기술은 경제사회 발전과 사회문제 해결에 크게 이바지해왔으며, 스마트 네트워크 세상으로 전환되면서 디지털경제의 사회 문제를 해결하는 방법의 하나로 블록체인이 부상하고 있다. 향후 블록체인 기술은 정치경제와 사회문화에서 커다란 변혁을 가져오며 활용 영역을 금융구조 및 사업영역 개편, 암호통화 제도권 반영, 분산자율경제 확산, 직접민주주의 실현, 암호합의기술 및 분산플랫폼 개발 등으로 넓혀갈 것이다. 디지털경제의 초신뢰 국가사회 시스템으로서 자리를 잡으며 바꾸게 될 미래사회를 분야별로 예측해본다.[20]

금융적 측면

금융과 ICT가 접목된 핀테크가 블록체인 기술과 융합되어 중앙은행 개념의 금융서비스 구조는 부분적으로 P2P 망을 통한 분산거래 시스템으로 변화될 전망이고, 글로벌 암호통화, 금융거래환전소, 금융자산 안전인증, 분산자동투자 조직 등 새로운 금융 비즈니스의 창출이 예상된다. 따라서 블록체인을 활용한 새로운 금융서비스 탐색과 금융기관의 역할 및 위상을 재정립하고, 새로운 경쟁구조에 대비하며, 기존 예금·대출 중심의 금융업을 넘어 디지털 금융자산 영역으로의 사업 확대가 필요하다.

법제도 측면

미국 국세청은 2014년 3월 가이드라인을 통해 비트코인을 자산으로, 영국은 2014년 8월 암호통화를 최초로 화폐 개념으로 인정했다. 또 독일은 사적 화폐private money로 인식하고 있으며, 일본은 2016년 5월 암호통화를 실물통화로 인정하는 자금결제법안을 통과시키고 2017년 9월 가상통화거래소 등록제를 도입하여 점차 법·제도에 반영하는 추세이다.

결국, 블록체인과 암호통화는 기술·경제적으로 불가분의 관계이며, 글로벌 암호통화 거래, 암호통화 위상 및 불법거래 차단, 탈세 관련 법제도 개선, 분산자율조직 구축 등에 대한 사회적 합의를 모색해가면서 법과 제도 측면의 준비도 필요한 시점이다.

경제적 측면

중앙집중적 조직 없이 블록체인의 신뢰성을 기반으로 시스템이 구축되기 때문에 유지보수 비용 및 금융거래 수수료 절감 효과가 클 것이다. 이에 따른 새로운 고객 유치, 그리고 사물인터넷 융합, 지식재산·콘텐츠 인증, 전자투표, 공공데이터 관리, 자율사업 시스템 등 새로운 시장 창출도 가능하다.

세계 컨설팅 기관들은 블록체인 기술 시장이 2022년까지 연평균 60% 이상 성장할 것으로 전망하고, IDC는 블록체인 시스템 구축을 통해 2022년까지 약 200억 달러의 금융비용을 절감할 수 있을 것으로 예상했다.

사회적 측면

중앙화는 분권화를 거쳐 분산화로, 국가권한은 지방분권과 함께 시민자치로, 독점경제는 과점경제를 지나 공유경제로, 대가족은 핵가족에서 1인가구로 전환되는 현상들이 확대될 것이다. 또 사회간접자본을 공유하는 시민자치 시대가 전개되어 블록체인 철학이 사회문화 가치의 공감대로 형성될 것이다.

한편 첨단 디지털 기술로 펼쳐질 미래의 디지털경제사회는 개인정보

유출, 저작권 침해, 인증 위조·변조, 포털/SNS 불신 등을 초래할 수도 있다. 따라서 이러한 사회문제 해결을 위한 솔루션 개발에 대한 수요가 증가하면서 블록체인 기술을 활용한 해법 모색도 더 활발해질 전망이다. 그 밖에도 대의민주주의의 한계가 두드러지면서 직접민주주의에 대한 갈망은 커질 수밖에 없어 이를 실현하기 위한 블록체인 투표제도 도입도 늘어날 것으로 보인다.

기술적 측면

미래 지능정보 시스템 및 분산 사회구조 시대를 대비하여 금융 부문은 물론 블록체인을 전 산업에 활용하기 위한 알고리즘, 플랫폼, 애플리케이션, IoT 적용 디바이스·센서 등의 기술개발은 더 적극적으로 추진될 것이다. 따라서 4차 산업혁명 관련 핵심기술과 연계한 비즈니스 모델을 설계하여 새로운 생태계를 주도하는 전략이 마련되어야 한다.

또 암호통화, 플랫폼, 인증, 서비스 등 복합기능을 가진 새로운 블록체인 기술경쟁도 치열해지므로 합의 알고리즘, 차세대 분산플랫폼 등 원천기초기술과 분산앱 등 애플리케이션 기술을 동시에 개발하는 전략이 강화되어야 한다.

우리의 대응전략

그동안 블록체인은 암호기술이 주도하고 혁신가 중심으로 비즈니스 모델이 개발되었지만, 점차 국가 경제사회 전반에 활용되면서 플랫폼, 서비스 개발이 증가하고 글로벌 기업들도 적극적으로 참여하는 추세이다. 대한민국 또한 4차 산업혁명을 선도하고 정의로운 디지털경제를 이끌어가기 위해서는 블록체인 미래전략 방향을 초신뢰 국가경제 구축과 사회문제 해결에 초점을 맞추어야 한다. 블록체인뿐만 아니라 다른 ICT 분야와 융복합 연구개발을 추진하고 법제도 및 문화·복지에 관한 대책을 강구하여 파급효과를 극대화해야 할 것이다.

이를 위해 연구개발 분야에서는 블록체인 기반 저작권 보호, 공공문서 관리, 디지털 자산, 국세징수, 선거투표, 분산 금융거래 등의 전략과제를 개발해야 한다. 법제도 분야에서는 암호통화 위상, 사용·거래 세금·수수료, 금융거래 분쟁 등에 대한 합리적인 규정을 마련해야 한다. 인프라 구축 분야에서는 P2P 네트워크, 암호통화 거래소, 거래인증 시스템, 블록체인 표준화 등을 조성해야 한다. 인력양성 분야에서는 암호 알고리즘, 암호통화 범죄 수사, 비즈니스 컨설팅 등의 전문가를 조속히 교육하고 지원해야 한다. 블록체인 기획·개발이 가능한 전문 인력의 양성 또한 시급하다. 대학 및 연구기관의 전문 인력을 우선적으로 활용하여 인재를 양성하고 산업체와 연결된 산학협동도 동시에 추진하여 시장수요에 따른 맞춤형 전문인재도 배출해야 한다. 더불어 디지털 신경제 참여 및 건전한 수용을 위해서는 블록체인이나 가상화폐에 대한 공익적 시민교육이 필요하며, 시의적절한 정책 입안을 위해 정부 부처나 공공기관에서도 관련 교육이 이뤄져야 한다.

정부 부처 간 역할분담으로는 과학기술정보통신부가 연구개발과 인력양성을 주도하고, 기획재정부, 산업통상자원부, 문화체육관광부, 행정안전부, 금융위원회 등은 산업육성을 위한 법제도 개선과 인프라 구축을 주관하는 것이 바람직하다. 또 블록체인 활성화 및 암호경제 실현을 위해 일부 분야에서는 부처 간 협력사업이 필요하며, 분야별로 도출된 세부 실천전략 과제는 국가 차원에서 추진하되 민간의 참여가 필수적이다. 마지막으로 알고리즘을 개발하고 플랫폼을 구축하고 서비스를 제공할 때, 블록체인의 탄생철학이자 기술특성인 '암호, 자율, 디지털, 네트워크, 글로벌' 키워드가 의미를 지니도록 항상 모니터해야 할 것이다.

5.
소유의 종말과
공유플랫폼의 부상

━━━━━━━━ 인간의 역사에서 불변의 법칙은 없을지라도 일
정한 패턴은 반복되는 경향이 있다. 산업과 비즈니스의 영역에서도 마
찬가지이다. 농경과 고대사회, 항해술과 근대사회, 증기기관과 산업혁
명, 내연기관과 자동차의 관계처럼 시대를 선도하는 기술적 발전이 사
회적으로 수용되고 그것이 확산되면서 산업의 양상을 바꾸고 비즈니스
의 주도권까지 변화시켜왔다. 20세기 후반 컴퓨터의 보급으로 시작된
정보기술은 인터넷, 모바일을 거쳐 클라우드, 플랫폼, 사물인터넷, 인공
지능 등으로 진화하면서 이제 4차 산업혁명으로 발전하고 있다.

소비의 관점에서 본다면, 4차 산업혁명은 3차 산업혁명까지는 분리되
었던 생산과 소비가 재결합하는 공유경제의 확산이라고 할 수 있다. 과
거에는 소유와 사용이 결합되어 있었다. 사용을 위해 빌리는 '렌트'라는
개념은 있었지만 어디까지나 보완적 개념이었다. 그러나 4차 산업혁명

시대에는 공유경제가 소비시장의 주요 트렌드로 부상하고 있다.

공유플랫폼 등장의 기술적 배경

20년 전이라면 세계 최대의 차량임대 회사가 직접 보유한 차량이 없고, 세계 최대의 숙박서비스 회사가 보유한 호텔이 없으며, 세계 최대의 국제전화서비스 기업이 통신망을 보유하지 않은 상황을 상상할 수 없었을 것이다. 하지만 오늘날은 이것이 현실이다. 개인 차원에서도 자동차 등 값비싼 내구소비재를 소유하지 않고 필요할 때에만 이용할 수 있는 시대가 되었다. 소유의 종말로 지칭되는 이러한 현상이 나타난 것은 21세기 정보기술의 발달로 공유플랫폼이 등장했기 때문이다. 공유플랫폼의 등장과 소유의 종말 현상은, 글로벌 차원에서 네트워크의 확산, 인접시장 자산을 활용한 사업모델의 등장, 사용료에 따른 가격책정 방식의 발전이라는 세 가지 요소에 기인한다.

글로벌 차원의 네트워크 형성

디지털혁명의 시대에 새롭게 부상하는 사업모델들의 핵심은 플랫폼이다. 플랫폼메이커가 외부인들이 기반으로 삼을 수 있는 플랫폼을 개설하면 이를 활용하는 다양한 공급자들이 저렴하고 효과적인 방법으로 수요자들에게 접근해 가치를 창출한다. 아날로그 시대에는 분산되어 있는 자산들에 대한 정보를 취합하여 수요자와 연결하는 시스템이 없었기 때문에 사업자가 모든 자산을 소유하고 정보를 통합하여 수요자와 연결해야 하는 구조였다. 하지만 디지털 시대가 되면서 전 세계 어디에서나 인터넷만 연결하면 소유한 자산에 대한 정보를 플랫폼을 통하여 취합하고 시장에 제공할 수 있게 되었다. 차량 소유자는 차량정보와 유휴시간을, 주차장 부지 소유자는 유휴시간과 면적을, 주택 소유자는 유휴공간과 사용가능시간에 대한 상세한 정보를 플랫폼에 제공하고 전세계 수요자와 상호연결된다. 이러한 글로벌 차원의 네트워크 형성이 공유플랫폼경제 태동의 인프라이다.

인접시장 자산 활용 사업모델의 등장

공유플랫폼 기업들의 사업모델은 인접시장에서 저활용되던 자산에 시장성을 부여하여 가격과 제품·서비스의 범위를 확장하는 방식으로 급성장하고 있다. 우버는 자가차량이 운행되지 않는 시간에 수요자용 서비스를 제공하며, 에어비앤비는 사용도가 떨어지는 공간에 투숙객을 받는다. 즉, 차량, 주택 등 자가용도의 내구자산을 사용하지 않는 시간에 공유플랫폼을 통해 시장에서 수요자를 찾아 서비스를 제공하는 방식이다. 자산 확보에 필요한 투자자금의 부담 없이, 기존에 있던 분산되고 저활용되는 자산을 글로벌 네트워크로 연계하여 최저 한계비용으로 공급하는 방식을 통해 신속하게 규모의 경제를 확보하는 것이다.

그동안 저활용되던 자산을 수요와 연결시켜 활용하기 때문에 공급탄력성이 높아져서 성수기에도 제품이나 서비스를 구입할 수 있으며, 수요자의 선택 범위가 훨씬 넓어진다. 이는 인접시장에서 새롭게 공급되는 가용자산들이 표준화되지 않고 세분화되기 때문이다. 공급의 다양성으로 제품과 서비스의 가격 범위도 확장되고, 신규로 공급되는 많은 제품과 서비스의 가격 우위도 확보하게 된다.

사용량에 따른 가격책정

자산을 소유해 사용하는 고정자산 투자는 고정비가 된다. 반면 필요할 때마다 이용하고 대가를 지불하면 변동비가 된다. 고정비와 변동비, 소유와 이용의 대안 중에서 수요자는 최적의 대안을 찾게 마련이다. 이용률이 높은 고정자산은 소유 사용이 유리하고 이용률이 낮은 자산은 변동비 지불 방식의 이용이 유리하다. 디지털 시대에는 기술을 이용해 사용량을 정교하게 추적하고 이에 따라 가격을 정교하게 책정할 수 있게 된 것이다.

이러한 이용 개념의 변화로 말미암아 수요 기업들은 필수 인프라 자산으로 설계된 제품들을 서비스로 전환하여 이용할 수 있게됐다. 예를 들어 홈쇼핑이나 통신판매용 식품 사업자는 당국의 위생규격에 맞는 상업용 주방에 필요한 가스레인지, 냉장고, 기타 장비를 구매하는 대신 시간 단위로 임대하는 상업용 주방 회원권을 구매해서 사용량에 따라 비용을 지불하는 것이다. 개인 수요자의 경우 주기적으로 추가 차량이 필요한 가족이 새 차를 구매하는 대신 차량공유 회사를 이용할 수 있다. 자본투자를 하지 않고 고가의 자산을 활용할 수 있게 되면서 이런 방법이 수많은 소규모 사업체들로 하여금 다양한 산업의 역학관계를 변화시키는 경쟁력 있는 기업이 될 수 있게 해준다. 실제로 오늘날 많은 스타트업, 벤처기업들은 고정 자산에 투자하기보다 필요에 따라 자원을 유연하게 이용하는 방식으로 빠르게 성장하고 있다.

부문별 전개양상과 시사점

소유가 아닌 이용에 기반한 사업모델은 아날로그 시대에도 존재하였다. 그러나 과거에는 좁은 범위의 제품군만이 시간제 공유, 임대, 대여 등의 접근성 모델을 제공했고, 사용량에 따른 추가비용 책정은 실제 사용량보다 높은 단위에서 이루어졌다. 그러나 사용량 기반의 가격책정에 필요한 센서와 네트워크 장비의 가격이 하락하면서 미세한 단위로 제품과 서비스를 효율적으로 배치하고 추적하며 비용을 부과할 수 있게 되었다. 과거에 렌터카는 12시간 또는 24시간을 기준으로 요금을 부과하였으나 오늘날의 렌터카는 운행경로, 주행거리, 주행시간 등을 센서로 정밀하게 측정할 수 있어 과금 구조를 정교하게 변경할 수 있다. 차량공유 서비스는 1시간 단위, 심지어는 10분 단위로 요금을 부과하는 것도 가능하다. 공간임대도 마찬가지로 임대료 부과 단위가 세분화되고 있으며, 이러한 양상은 산업 전반으로 확대되고 있다.

예를 들어, 미국의 자동차보험 메트로마일MetroMile의 경우, 자동차 진단용 포트에 연결하는 소형 무선장치를 이용해 차량의 주행거리에 따라 자동차 보험료를 책정한다. 이런 종량제 보험을 통해 차량을 적게 이용하는 운전자들은 연간 단위의 보험료를 내지 않음으로써, 그들보다 주행거리가 긴 보험수요자들을 경제적으로 보조하지 않고도 충분한 보험보장을 받는다.

또 유럽 우주국European Space Agency은 가이아 프로젝트Gaia Project라는 역사상 최대 규모의, 그리고 가장 정확한 3D 은하계 지도 제작이라는 프로젝트를 수행하기 위해 10억 개가 넘는 항성에 대한 위성관측 결과를 처리해야 했다. 이때 자체적인 데이터 처리 구축에 드는 예상 비용은 약

150만 유로에 달했지만, 이정도 규모의 작업은 6개월에 한 번씩 2주간만 수행하면 충분했다. 그래서 우주국은 10억 개의 항성에 대한 6년간의 데이터를 처리하기 위해 자체 구축비용의 절반에도 못 미치는 금액을 아마존웹서비스Amazon Web Services에 지불하고 이 문제를 해결했다.

이러한 방식으로 수요자들은 자신이 필요로 하는 자산을 필요할 때에만 사용하고, 사용하지 않을 때에는 비용을 지불하지 않을 수 있다. 자산의 사용량을 재무상태, 수요선호도, 환경적 조건, 기타 생태계의 고려사항 같은 사업 여건과 불확실한 미래의 니즈에 맞춰 능동적으로 조절할 수 있다. 수요자들이 이러한 이점을 이해하게 되면 해당 모델을 다른 비즈니스는 물론 개인적인 제품과 서비스에까지 확장적용하게 될 것이다. 수요자들은 제품의 설치, 관리, 업그레이드에 대한 부담 없이 더욱 많은 시간과 자원을 효과적인 곳에 집중할 수 있다. 또 유통채널이 더 빨라지고 디지털화되면서, 수요자들은 아주 빠르게 제품에 접근하고 사용할 수 있다. 특히 클라우드를 기반으로 하는 디지털 유통은 공급자가 수요자 경험에 지장을 주지 않으면서 백엔드back-end부터 시작해 시스템 전반에 걸쳐 제품을 갱신하고 개선할 수 있음을 의미한다. 게다가 절감된 투자금액은 전환비용을 낮춰, 수요자의 사업의 성장과 진화에 따라 향후 필요할 수 있는 구매를 결정할 때 보다 큰 유연성을 발휘할 기회를 제공한다. 이는 특히 '서비스로서' 판매되는 소프트웨어 상품 분야에서 널리 확산되고 있다.

가까운 미래에 수요자들은 자동차 대신 주행거리에, 연간 보험계약 대신 활동량 기준 보험상품이나 하룻밤 동안만 입을 파티용 드레스에 돈을 지불할 것이다. 기업 수요자들은 성장과 가변적인 수요를 뒷받침하기 위해 이미 클라우드 서비스에 의존하고 있다. 다만 수요가 꾸준한 저비용의 물리적 상품군에는 큰 변화가 없을 것이다. 예를 들어 고급 운동화는 계속해서 선불로 구매가 될 것이다. 이러한 제품의 경우, 매우 빈번하게 사용되기 때문에 소비자 주문이 있을 때마다 제품을 바로 제공하기가 어렵고, 제품이 마모되며, 제품의 공동 사용에 대한 합의도 어렵기 때문이다.

공유플랫폼을 통해 글로벌 차원에서 다양한 저활용 자산과 수요자들이 연결되고 지속해서 사용할 수 있도록 가치가 창출되는 것은 피드백을 통해 생태계의 활성화가 뒷받침되기 때문이다. 우버와 에어비앤비는 모두 임대인과 임차인이 서로를 평가하고 점수화하는 방식으로 피드백이 이루어진다. 우버의 경우 운전자가 불친절하거나 서비스의 품질이 떨어지면 승객이 스마트폰을 통해 낮은 점수를 부여하고, 일정 수준의 벌점이 쌓이면 플랫폼에서 퇴출된다. 에어비앤비도 마찬가지로 투숙객과 집주인이 서로를 평가한 것이 점수화되어 공개되고 이를 기준으로 투숙요청 및 허용 등 관련 프로세스가 진행되는 방식이다. 소위 블랙컨슈머black consumer 유형의 악질적 임대인, 저질 투숙객은 자연스럽게 퇴출당하면서 양질의 참여자들이 양질의 서비스를 제공하고 유지하는 메커니즘이 작동되고 있다.

공유플랫폼 활성화를 위한 필요사항

새로운 비즈니스 모델은 유사한 부문에 있는 기존 비즈니스와의 충돌이 불가피하다. 공유플랫폼 부문 역시 마찬가지이다. 따라서 공유플랫폼 활성화를 위해서는 몇 가지 해법이 전제되어야 한다.

기존 사업 부문과의 이해 조정

'저활용 자산의 효율적 활용'은 사회적 후생을 증가시키지만, 기존 사업자의 반발을 피할 수는 없다. 조직화된 기존 사업자들이 정치, 언론 등을 이용한 사회적 압력과 규제강화와 같은 정부 측의 압박을 통해 기득권을 지키려고 노력하면서 심각한 갈등이 발생하는 것이다. 하지만 기존 기업의 논리와 입장에 매몰되어 이러한 혁신을 수용하지 못하면 사회경제적 정체를 피할 수 없다.

예를 들어 우버와 같은 차량공유 서비스의 도입은 기존 택시사업자와의 이해충돌을 발생시킨다. 우버의 시장진입으로 공급이 확대되면 택시 승객이 줄어들고 택시회사 영업권의 가치는 하락한다. 따라서 택시회사들은 교통당국에 우버의 영업금지 혹은 추가적 규제를 요구하기 마련이다. 기존 사업자와 이미 관계가 형성되어 있는 교통당국은 택시회사 입장에서 우버의 영업을 규제하게 된다. 우리나라에서도 우버의 도입으로 고객 입장에서 많은 부가가치가 생겨날 수 있음에도 기존 업계의 반대에 부딪혀 있는 상황이다. 에어비앤비 경우도 마찬가지로 기존 숙박업자와의 이해충돌이 불가피하다.

혁신은 기존 질서의 파괴와 재편을 의미한다. 공유플랫폼 역시 기존 사업자들이 형성해놓은 질서에 변동을 주기 때문에 강한 반대에 부딪히게 되는 것이다. 이런 배경을 고려하여 정책 당국은 고객 중심의 미래지향적인 관점에서 합리적인 정책 방향을 수립하고 추진해야 한다.

관련 제도의 정비와 규제 완화

저활용 자산을 플랫폼으로 연계하여 시장성 자산으로 변환시키는 공유플랫폼은 기존에 없었기 때문에 관련 제도가 정비되어 있지 않고 유사한 영역의 기존 제도를 준용하는 것이 일반적이다. 그러나 공유플랫폼이 확산되기 위해서는 회계처리, 세금 등과 관련하여 적절한 제도가 마련되고 정비되어야 한다.

또 가격이나 이용조건 등에 대한 제반 규제를 철폐해야 한다. 아날로그 시대의 사업자는 일정한 조건을 갖추어 당국에 허가를 받고 일종의 영업권을 획득한 후 관련규정에 따라 영업을 하는 방식이었다. 그러나 공유플랫폼을 매개로 하는 저활용 자산의 이용은 다양한 형태로 유연하게 진행된다. 우버의 운전자는 유휴시간에 승객을 태우고, 에어비앤비의 가입자는 유휴공간에만 일시적으로 투숙객을 받는다. 실질적 한계비용이 매우 낮아 가격 등 공급조건이나 기타 조건에 대해서 정부가 규제할 필요성이 낮다.

공유경제 생태계 조성

플랫폼메이커가 외부인들이 기반으로 삼을 수 있는 플랫폼을 개설하면 이를 활용하는 다양한 공급자들이 저렴하고 효과적으로 고객들에게 접근해 가치를 창출한다. 광범위한 영역에서 플랫폼이 형성되고 있는 현재, 플랫폼 성공의 핵심은 공급자와 수요자가 상호이익을 누릴 수 있는 메커니즘을 제공하는 것이다. 이를 위해 플랫폼메이커는 소비자들의 다양한 니즈를 만족시킬 수 있는 다양한 공급자 확보, 투명하고 공정한 거래질서의 확립, 시장 질서를 어지럽히는 참여자에 대한 적절한 조치 등을 수행하여 일종의 공유경제 생태계를 조성해야 한다.

아날로그 시대에는 사업자가 모든 자산을 소유하고 고객을 관리하는 일종의 일관된 생산 및 유통체제였지만, 디지털 공유경제의 플랫폼 사업자는 매개체의 역할만 수행하고, 플랫폼에 참여하는 자산소유자가 품질 및 고객관리를 수행하는 구조이다. 전 세계에 흩어져 있는 다양한 자산소유자로부터 제공되는 제품과 서비스의 품질이 일정 수준 유지되는 요체는 공급자-수요자 간의 자발적 정보교환을 통해 생태계가 형성되기 때문이다. 우버의 운전자는 승객에 대해서, 승객은 운전자에 대한 평가 및 후기를 자유롭게 남기고 이러한 정보는 운전자와 승객의 상호선택에 도움을 주게 된다. 평가가 낮은 운전자는 고객이 감소하게 되어 서비스를 개선할 유인이 생기고, 문제가 있는 운전자는 네트워크에서 퇴출당한다. 이는 고객도 마찬가지이다. 에어비앤비가 형성한 네트워크가 역동성을 유지하는 핵심요인도 정보의 피드백이다. 임대인은 투숙객을 평가하고, 투숙객이 임대인과 시설을 평가한 정보가 네트워크에서 공유된다. 임대인은 투숙객의 숙박요청을 거절할 수 있는 구조이며 투숙객은 평가정보를 보고 투숙 여부를 결정하는 구조이다. 시간이 흐를수록 평가정보가 쌓여가면서 공급자와 수요자의 합리적 선택을 지원하는 시스템이 강화될 수 있는 방식이다.

미래 발전전략

2016년부터 4차 산업혁명이라는 용어가 부상하기 시작했지만, 우리나라에서 디지털혁명 시대의 변화는 이미 진행 중이었다. 온라인쇼핑이나 온라인게임을 통해 숙박업소 공유, 자동차 공유, 핀테크 등 다양한 분야의 새로운 사업모델들이 출현했고 영역을 확장하고 있다. 기존 기업들도 디지털과 플랫폼의 개념을 접목해 사업모델 혁신을 적극적으로 추진 중이다. 4차 산업혁명에 대한 총론적 공감대는 충분히 형성되었고, 이제는 분야별로 구체적 전략을 세우고 실행해야 할 시점이다.

기업 차원에서는 공유플랫폼을 통한 가치제공의 가능성이 큰 부문을 찾아서 새로운 사업모델을 개발하는 전략적 관점이 필요하다. 현재 차량, 숙박공간, 주차장, 음식주문 등에서 활발히 전개되고 있는 흐름이 다양한 자산과 전문 서비스 영역으로 확산되고 있는데, 이 과정에서 커다란 사업 기회가 생겨날 것이다. 특히 유형자산보다 무형자산과 인적자원 분야가 주목받을 것이다. 번역, 디자인, 사무 처리와 같은 비교적 단순 작업에서 의료, 기술자문 등의 전문 서비스에 이르는 광범위한 영역에서 긱 이코노미 형태의 공유플랫폼이 성장하고 있다.

또 P2P 플랫폼 모델의 성장 가능성이 커지고 있다. 현재 주종을 이루고 있는 플랫폼은 메이커인 중앙 허브가 규율을 정하고 질서를 유지하는 반면, 새롭게 등장하는 P2P 모델은 참여자들이 자생적으로 규율을 형성하고 상호 간 피드백과 평판을 통해서 질서가 유지되는 분산형 플랫폼 모델이다. 우리나라에서는 아직 유사한 사례가 드물지만, 미국에서는 온라인 유통에서 P2P 사업모델이 등장했다. 중앙관리기구가 없는 블록체인 기반의 P2P 장터로 2016년 4월에 출범한 오픈바자 OpenBazaar는 블록체인 기술을 활용하여 구매자와 판매자들이 직접 연결되고 데이터도 일반 대중들에게 공개된다. 중앙집중화된 독점적 중개인이 없고 참여자들에게 가해지는 제약도 거의 없으며, 가입비용과 가입을 위해 계정을 만들 필요도 없다. 판매자, 구매자, 중개자 중 3분의 2가 물품의 배송·수령이 완료되었음에 동의하면 비트코인을 이용한 스마트계약으로 거래완료가 이뤄진다. 기존 플랫폼의 경우 플랫폼 소유자가 중개자 역할을 독점하나 오픈바자는 여러 중개인이 존재하므로 시스템 유지비용이 저렴해서 공급자와 수요자 모두의 이익을 높일 수 있다. 아직 규모는 작지만, 아마존 등 글로벌 온라인 유통사업자들도 향후 이 분야의 기술적 발전을 주목하고 있을 정도로 잠재력은 크다.

정책 차원에서는 규제의 완화와 제도의 정비가 긴요하다. 아날로그 시대의 패러다임을 뛰어넘는 새로운 구조의 공유경제를 소유에 기반한 기존의 제도로 규율하려고 하면 생명력을 상실하게 된다. 따라서 미래 지향적 관점에서 규제를 최소화한 합리적 제도가 뒷받침되어야 성장이 가능하다.

6.
긱 이코노미의 확산과
일의 미래

━━━━━━━━━━ 4차 산업혁명으로 통칭되는 디지털 격변이 전방위로 확장되고 있다. 기업 차원에서는 디지털 격변의 본질을 이해하고 기존 사업모델의 디지털 혁신을 본격 모색하는 작업이 우선되어야 한다. 그러나 향후 심도 있게 고려할 부분은 디지털 시대에서 의미하는 일의 본질이 무엇이며 일하는 방식이 어떻게 변하는가 하는 것이다. 이는 1990년대 정보기술 확산으로 기업의 업무프로세스에 리엔지니어링이 도입되면서 생겨난 변화를 돌아보면 이해할 수 있을 것이다. 일각에서 언급하는 대로 인공지능이 일자리를 없애고, 기계가 인간을 대체하리라는 어두운 미래전망에 과민하게 반응할 필요는 없다. 인류문명에서 신기술이 항상 지지받았던 것은 아니기 때문이다. 18세기 산업혁명으로 공장에 기계가 도입되었을 때에도 격렬한 반발을 불러왔지만, 궁극적으로는 생산성 향상으로 이어졌고, 서비스업 성장으로 총고용도 늘어

났다. 디지털 기술의 발전에 따라 미래의 일과 일터도 이러한 격변을 겪을 것이다.

특히 디지털 시대를 맞아 글로벌 차원에서 우수 인재를 필요한 만큼 활용하는 크라우드소싱Crowd sourcing 형태의 긱 이코노미가 확산되면서 인재활용에 대한 관점도 변화하고 있다. 또 일터에서 인공지능, 블록체인, 머신러닝, 증강현실 등의 디지털 기술 사용 증가에 따라 일하는 방식과 조직구조의 변화는 예상했던 수준 이상으로 그 영향이 복잡하고 광범위할 것이다. 이에 효과적으로 대응하기 위해서는 일의 미래를 규정할 기술적 요인과 아울러 개인·조직·사회적 생태계의 관점에서 종합적으로 접근할 필요가 있다.

미래의 일을 이해하기 위한 기본 뼈대는 기술이나 인구구조 변화와 같은 변화의 흐름을 반영하여 일과 근로자의 역할을 재정의하고 미래 디지털 시대의 조직혁신에 적용하는 것이다.

긱 이코노미의 출현 배경

"골라, 골라" 하고 우렁차게 외치는 목소리는 남대문시장의 명물이다. 길거리 행인들의 눈길을 끌려고 시작된 이 일이 지금은 프리랜서들이 성과급으로 계약하는 판촉 전문직으로 변화했다. 동네 중국집의 배달원들도 과거 전속에서 벗어나 지금은 풀Pool 개념의 인력으로 전환했다. 식당은 고정비 부담을 줄이고 배달원은 일감을 늘리는 식의 상호이익의 유연성 확대가 이 변화의 핵심이다. 이처럼 산업 발달에 따라 인재활용은 전문성과 고용의 유연성이 커지는 방향으로 진화하고 있다. 단순한 사례지만 여기에는 환경변화에 대응하여 가치사슬이 분화되고 고정비를 변동비로 전환하여 유연성을 높이는 사업모델 진화의 본질이 함축되어 있다. 주인장이 직접 배달하다가 배달원을 고용한 것은 제조와 물류의 분화이고, 전속에서 공동 풀로의 변화는 가동률을 높여서 효율성을 높이는 개념이다. 디지털 시대에는 플랫폼을 매개체로 인간의 재능과 아이디어의 활용범위가 글로벌 차원으로 확대되고 전문성과 유연성이 높아지면서 조직 내외부의 경계가 흐려질 전망이다.

고용시장의 긱 이코노미도 같은 맥락이다. 긱Gig은 1920년대 미국의 재즈 공연장에서 하루 또는 일회성 계약으로 밴드나 연주자들을 고용하던 방식에서 유래된 단어이다. 이러한 방식이 디지털경제에서 원용되는 것이다. 즉, 전통적인 정규 근로계약이 아니라 용역계약, 도급계약, 사무위임 계약 등의 비전통적인 주문형 임시 근로계약을 뜻한다. 이러한 근로 형태는 2007년 글로벌 금융위기 이후 실직한 전문직들이 단기직업을 찾는 데서 시작되었는데, 디지털경제의 특징이 이러한 고용관계를 확대하고 있다. 디지털경제는 글로벌 차원에서 플랫폼을 통해 분산된 소규모의 수요와 공급도 연결하는 마이크로 글로벌 현상이다. 예컨대 아프리카 오지의 수공예품 장인이 스마트폰으로 촬영한 작품사진을 엣시Etsy와 같은 플랫폼에 올리면 일본의 수집가가 주문하여 택배로 배달받고 지불·결제가 진행된다. 이러한 온라인 유통 트렌드의 확산은 일면 자연스러운 과정이다. 이때 어디에도 소속되지 않은 채 자유롭게 일하는 근로자(프리랜서)가 기업들과 필요에 따라 계약을 맺고 일하는 방식이 긱 이코노미인 것이다. 아프리카의 대학생이 유튜브와 무크(Mooc, Massive Open Online Course)를 통해 소프트웨어 프로그래밍 전문지식을 습득하고, 긱 플랫폼을 통해 미국 실리콘밸리의 기업과 계약한 후, 멕시코 휴양지에 거주하면서 작업을 진행하는 식이다. 인공지능과 데이터 분석 분야의 최고 전문가들이 고액 연봉의 정규직을 마다하고 자발적 비정규직으로 일정 기간 특정 기업을 위해 근무하고 계약기간이 끝나 다른 기업으로 옮겨가는 경우에서도 이제는 글로벌 차원에서 구인과 구직이 이루어진다. 심지어 의사, 수의사들이 온라인으로 시간 단위 건강상담을 진행하는 방식도 생겨났다. 우버, 딜리버루Deliveroo는 긱 고용에 의한 인력 중심으로 운영되는 대표적인 플랫폼 사업자이다. 2009년 창업을 한 차량공유 서비스 우버의 운전자는 200만 명이고, 2012년 런던에서 유명 레스토랑의 음식배달 서비스로 시작한 딜리버루의 배달원도 2만 명을 넘는다. 근무자들의 상당수가 다른 직업과 병행하는 긱 고용 형태이다.

어떠한 경제구조든 많은 사람에게 빠르게 확산, 적용되려면 수요자와 공급자의 이해관계가 접점을 찾아야 한다. 긱 이코노미의 경우, 근로 제공자 측면에서는 특정 고용자에게 종속되지 않고 자유로이 시간을 활용할 수 있으며, 고용자나 기업 측면에서는 고정비를 변동비로 유연하게 운영할 수 있다는 장점이 있다. 소비자 측면에서도 디지털 플랫폼을 이용하기 때문에 전화를 걸거나 직접 이야기를 나눠야 하는 '정서적' 수고를 들이지 않고 더 저렴해진 서비스를 이용할 수 있다.

그러나 긱 이코노미는 장점뿐 아니라 단점도 갖고 있다. 근로의 불안정성이나 사회보장 혜택에서 제외가 되는 점 등 풀어야 할 문제가 적잖다. 다만 디지털경제와 디지털 플랫폼이 증가할수록 더 확대될 것으로 보이는 긱 이코노미의 흐름을 간과해서는 안 된다.

긱 이코노미의 기반인 긱 플랫폼 현황

글로벌 차원의 긱 이코노미 기폭제는 10x매니지먼트, 톱탈Toptal, 업워크Upwork, 파이버Fiverr 등의 플랫폼 사업자들이다. 이들은 문서번역,

│표 2│ 주요 긱 플랫폼 개요

구 분	설 명
업워크 Upwork	2003년 설립, 세계 최대의 긱 플랫폼 구직자 1,200만 명을 구인기업 500만 개와 연결 웹-모바일 개발자, 디자이너, 광고, 마케팅, 영업, 회계사 등 다양
파이버 Fiverr	2010년 설립 작문, 번역, 디자인, 영상, 음악 등 다양한 분야의 업무 연결 2016년, 55~64세 연령대 연결이 전년 대비 4배로 증가
톱탈 Toptal	2010년 설립 최고급 소프트웨어 기술인력 중심으로 운영(현재 2,000여 명) 지원자의 3%만 통과하는 엄격한 사전심사 사무실이 없는 사이버 기업 형태로 운영
런업 LearnUp	2010년 설립 판매, 영업, 고객서비스, 재무, 기술 등 다양한 영역 담당 신입-중견급 취업지원 및 경력코칭, 구직에 필요한 기능교육 제공 연간 50만 명 일자리 연결

디자인 등 건당 5달러의 단순한 작업자부터 인공지능 연구자, 빅데이터 분석가, 반도체 설계자 등 최고 수준의 전문가들까지 연결하고 있다. 이러한 현상은 근본적으로 고용자와 피고용자 모두에게 상호이익이 되기 때문이다. 고용자는 전 세계 인재가 보유한 지식과 경험을 필요한 만큼 활용하고, 인건비를 경직된 고정비가 아니라 유연한 변동비로 접근할 수 있다. 피고용자는 조직에 소속되는 부담 없이 자유로운 분위기에서 업무에 집중하고 높은 수익을 기대할 수 있다. 물론 탐색과정에서 나타나는 과대포장, 계약위반 등의 부작용은 플랫폼에 게시되는 피드백인 후기로 정제되면서 생태계적 질서를 만들어가고 있다.

2017년 미국에서는 긱 이코노미 형태로 돈을 버는 인구가 전체 인구의 34%를 차지함으로써 전통적 개념의 정규직 일터에서 일하는 인구 비율 24%를 추월했고, 독립 계약직이나 프리랜서 인구의 비율도 20%에 육박하고 있다. 향후 2020년에는 미국 내 긱 워커가 43%까지 늘어날 것으로 예측된다. 〈타임〉지의 설문조사에 따르면, 미국 성인의 44%는 긱 이코노미 서비스를 활용한 경험이 있고 25%는 이미 활발한 제공자 및 소비자로 나타났다.

국가 차원에서의 변화도 찾아볼 수 있다. '일과 삶의 균형'과 '노동생산성'이라는 두 마리 토끼를 잡기 위해 최근 영국, 일본, 독일 등 선진국에서는 아예 새로운 노동형태를 도입해 문제 해결을 시도하고 있다. 예를 들어 일본 정부의 경우, 2018년 세제 개편안에서 정규직 노동자들이 받는 급여소득공제를 줄이는 대신 모든 사람에게 적용되는 기초공제 액수를 높여 프리랜서들을 포용하는 세제와 노동법 마련에 나서고 있다.

긱 이코노미의 확산과 조직·인력개념 변화

최근 신생 디지털 기업은 물론 기존 기업들에서도 긱 이코노미의 비중이 높아지면서 기업의 조직과 인력에 대한 개념이 변화하고 있다. 과거의 고정급여로 매일 출근하는 전통적 근로자 위주에서 정규직 외근, 외부계약, 외근 등 다양한 근로 형태를 포괄하는 방향으로 확장되는 것이다. 통상적으로 인력자원은 장소(직장 근무 vs. 직장 외 근무)와 계약유형(재무제표 상 vs. 재무제표 외)의 두 가지 축에 따라 네 가지 범주로 나뉜다.

전통적 근로자

직장에서 전일 혹은 정해진 시간 내내 근무하는 정규직이다. 장소의 공유와 정기적인 대면 상호작용이 이뤄지기 때문에, 전통적인 근로자들 사이에서는 사회적 규범과 그에 따른 행동 양상이 일반적으로 강하게 나타난다. 하지만 기업문화가 정체될 위험이 있고 물리적인 장소의 유지에 비용이 많이 든다. 조직원들의 집단적 사고思考가 강해, 미래에 도전하기보다 과거 방식으로 사고하고 행동한다는 점은 변화가 빠른 디지털 시대에서 단점으로 작용할 수 있다.

정규직 외근 근로자

재무제표 상의 외근 정규직으로 일반적으로 재택근무자를 지칭하지만, 외판원, 출장 고객서비스 근로자, 직장 시설이 필요 없는 다른 직업들도 포함된다. 근로자 자신은 기업 본사로부터 동떨어져 분리되었다고 느낄 수 있지만, 기업은 복지혜택이나 공식적인 경력발전 기회처럼 정규직 외근 근로자의 관여를 끌어내는 일부 전통적인 방법을 함께 적용하고 있다.

업무적 외근 근로자

재무제표 상 직원이 아니며 외근직으로 한정된 서비스를 제공하고 그 대가를 받는 경우이다. 이들 중 많은 사람이 유연한 스케줄로 근무하고 고객 대면 역할을 담당한다. 이들은 조직과 낮은 수준의 접점으로 관계를 맺으며, 기술 기반의 플랫폼 혹은 제3자 대리인을 통해서 관계가 형성되는 긱 이코노미의 범주에 속한다고 볼 수 있다.

| 그림 2 | **대안적 노동력으로 인한 근로 형태의 변화**

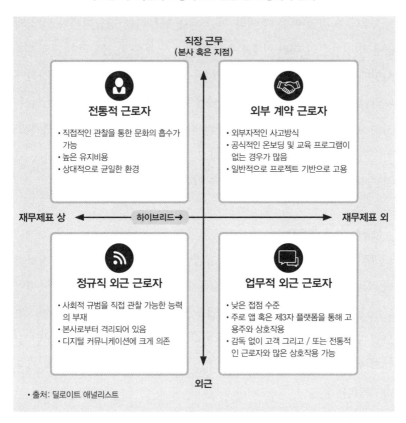

직장 근무
(본사 혹은 지점)

전통적 근로자
- 직접적인 관찰을 통한 문화의 흡수가 가능
- 높은 유지비용
- 상대적으로 균일한 환경

외부 계약 근로자
- 외부자적인 사고방식
- 공식적인 온보딩 및 교육 프로그램이 없는 경우가 많음
- 일반적으로 프로젝트 기반으로 고용

재무제표 상 ← 하이브리드 → **재무제표 외**

정규직 외근 근로자
- 사회적 규범을 직접 관찰 가능한 능력의 부재
- 본사로부터 격리되어 있음
- 디지털 커뮤니케이션에 크게 의존

업무적 외근 근로자
- 낮은 접점 수준
- 주로 앱 혹은 제3자 플랫폼을 통해 고용주와 상호작용
- 감독 없이 고객 그리고 / 또는 전통적인 근로자와 많은 상호작용 가능

외근

- 출처: 딜로이트 애널리스트

외부 계약 근로자

재무제표에 표시되지 않는 계약직 혹은 컨설팅 업무 수행자로, 단기간 혹은 한정된 프로젝트의 수행을 지원하기 위해 고용된다. 통상 정규직 근로자에게 기업문화 등을 전달하는 온보딩Onboarding 프로그램이나 신입사원 연수 기회는 제공하지 않는다. 프리랜서 전문직이 여기에 속한다. 따라서 향후 긱 이코노미 인력 운용에서 가장 중요성이 높아질

것으로 보이는 영역이다.

긱 이코노미의 확산과 풀어야 할 문제

긱 이코노미는 디지털 시대 분야별 특정 분야 전문 인력의 활용도를
높여 기업경쟁력을 강화하고, 근로시간의 유연성 확대로 비경제활동 인
구의 노동시장 재진입 기회를 부여하는 등 인력 공급과 수요 측면에서
긍정적인 효과를 기대할 수 있는 경제 형태이다. 원하는 시간에 가능한
시간만큼만 일할 수 있는 근로시간의 유연성은 전업주부나 은퇴자들에
게 노동시장 재진입 기회를 제공할 수 있다. 또 기존 일자리를 보유한
노동자들의 실제 노동시간도 늘려 소득증대 효과도 기대할 수 있다. 다
양한 경험과 프로젝트 진행 경력을 중시하는 개발자 또는 디자이너와
같이 장기적으로 자신의 능력을 극대화하면서 시간과 경력을 직접 구
성해가는 전문직 프리랜서가 긱 이코노미의 미래를 주도할 것이다. 특
히 기업 측면에서는 급속한 변화가 특징인 디지털 시대에 필요한 인력
과 지식을 적기에 적량만큼 조달하여 활용할 수 있는 점에서 많은 관심
을 기울이고 있다.

긱 이코노미를 우리나라 단어로 표현한다면 '자발적 비정규직의 급
증'이다. 스마트폰을 사용하고 글로벌 플랫폼을 활용하는 밀레니엄 세
대들은 조직에 소속된 정규직이 주축이었던 경직적인 아날로그 시대의
일터를 탈피하여 자신의 역량에 따라 자유롭게 일하고 정당하게 보수
를 받는 디지털 시대의 자유로운 생활방식으로 전환하고 있다.

그러나 일각에서는 긱 고용에 대해 불안정한 지위와 인권 경시 위험

성을 경고한다. 긱 이코노미가 비정규직 및 임시직을 늘려 고용의 질을 떨어뜨리고 임금상승을 둔화시킨다는 문제점도 지적한다. 긱 이코노미 종사자들은 플랫폼 업체들과 개별 계약을 맺기 때문에 노동법에 보장된 최저임금이나 건강보험 혜택 등을 받을 수 없다. 이들을 피고용인으로 볼 것인가 사업자로 볼 것인가에 대한 논란이 진행 중이며 미국 우버 기사들은 2015년 의료보험 혜택 등에 일반적인 노동기준을 적용받아야 한다며 연방법원에 집단소송을 제기하기도 하였다. 이는 결국 고용자의 지위에 대한 논란이 마무리되지 않는 이상 불확실성을 떠안고 긱 이코노미 플랫폼을 영위할 수밖에 없다는 것을 의미한다.

따라서 긱 이코노미 일자리의 '질'적인 논란을 줄이기 위해서는 온디맨드 경제와 긱 이코노미의 결합에 대한 방향성 논의가 필요하며, 현재 정규직 위주의 국내 법제를 새로운 유형의 고용형태까지 품을 수 있도록 바꿔야 한다. 또한 사회보험 적용 확대와 가입강화, 계약관계의 공정성, 소비자 보호 장치 등으로 긱 이코노미 플랫폼이 발전하는 과정에서 돌출될 문제에 대한 법규와 규제에 대처하는 방안에 대한 합리적 정책 수립과 추진이 필요하다.

긱 이코노미는 이처럼 O2O, 온디맨드, 공유경제와 같은 새로운 유형의 온·오프라인 융합 서비스의 확대 속에 나타나고 있는 흐름이지만, 비정규직 및 임시직의 증가로 고용의 질이 저하되면 사회적·경제적 불안 요소가 될 수도 있다. 다만 분명한 것은 아날로그 시대의 가치사슬 통합에서 디지털 시대의 가치사슬 해체라는 진화 방향이 고용시장으로 파급되고 있다는 점이고, 그것이 긱 이코노미의 본질이라는 점이다.

7.
커넥티드 모빌리티 2.0 시대, 초연결의 일상화

━━━━━ 1946년(1943년에 시작하여 1946년에 완성) 에니악 ENIAC이라는 컴퓨터가 처음 등장했을 때 그 무게는 무려 30톤에 달했고 크기도 집채만 했다. 이후에도 한동안 컴퓨터는 세상에 단 몇 대만 있으면 충분하다는 것이 전문가들의 생각이었다. 이들 거대한 컴퓨터 간의 통신을 위해 1969년 인터넷이 개발되었을 때에도, 컴퓨터는 우리 일상과는 아무 상관이 없는 다른 세상의 기계였다. 1982년 〈타임〉지가 '올해의 기계'로 개인용 컴퓨터 PC를 선정했을 때에도 언젠가 모든 사람이 컴퓨터를 들고 다닐 것이라고 상상한 전문가들은 거의 없었다. 그러나 그로부터 25년이 지난 2007년 애플이 아이폰iPhone이라는 스마트 모바일폰(휴대용 전화기+컴퓨터)을 세상에 내놓은 후, 우리의 일상은 컴퓨터 없이는 살 수 없는 세상이 되었다.

커넥티드 모빌리티 1.0에서 2.0 시대로

스마트폰의 등장으로 우리는 24시간 인터넷과 연결되어 살아갈 수 있게 되었다. 그동안 인간의 행동을 구속해왔던 공간과 시간이라는 제약에서 벗어나, 언제 어디서나 친구와 연락하고, 쇼핑하고, 게임을 하고, 호텔을 예약하고, 자료를 찾아보고, 돈을 보내고, 건강을 체크하고, 자동차를 빌리고, 빠른 길을 찾을 수 있게 되었다. 사무실과 책상에서 사무만 보던 컴퓨터가 내 손바닥 위의 작은 기계가 되어 국경이라는 울타리를 넘어 세계와 나를 연결시킨다. 커넥티드 모빌리티Connected Mobility 1.0의 세계가 열린 것이다.

벤처 투자사 클라이너 퍼킨스 코필드 & 바이어스Kleiner Perkins Caufield & Byers의 〈인터넷 트렌드 2018〉에 의하면, 미국 성인이 디지털 매체를 이용하며 하루에 보내는 시간이 2016년 5.6시간에서 2017년 5.9시간으로 계속 증가하고 있고, 그중 모바일 기기를 사용하며 보내는 시간은 3.3시간으로 비중이 늘어나고 있다. 쇼핑의 경우만 봐도 전체 소매판매에서 전자상거래가 차지하는 비중은 10년 전의 5%에서 13%로 증가하였고, 디지털 방식으로 구매 대금을 치르는 비율이 60%에 달하고 있다. 전 세계 인터넷 사용자는 2015년 이후 매해 12% 이상씩 성장하여 세계 인구의 49%인 36억 명에 달하고 있다. 22억 명이 페이스북을 사용하고 있고, 20억 명이 구글 안드로이드를 사용하고 있다. 텐센트의 위챗WeChat 사용자는 10억 명이고, 알리바바의 전자상거래 이용자는 7억 명이다.

이와 같은 서비스를 제공하는 구글, 애플, 마이크로소프트, 삼성, 아마존, 페이스북, 넷플릭스, 우버 등의 디지털 기업들은 세계시장을 지배하는 글로벌 기업으로 급성장하고 있다. 이들 디지털 기업들의 시가총액이 미국 상장기업 시가총액의 25%를 차지할 정도로 우리의 일상 속에 들어온 디지털은 산업과 경제에서 헤게모니를 장악했다.

그러나 2018년 인터넷 트렌드의 가장 큰 특징 중 하나는 스마트폰의 보급이 포화상태에 달해 증가율이 0%로 내려앉았다는 것이다. 청소년 이상의 연령대에서 스마트폰을 살 수 있는 사람들은 거의 다 샀다는 얘기이다. 이는 스마트폰을 중심으로 한 커넥티드 모빌리티 1.0의 시대가 마감되고 새로운 2.0의 시대가 열리고 있다는 방증이기도 하다. 커넥티드 모빌리티 1.0은 스마트폰을 중심으로 데이터와 정보를 주고받는 사람들 간의 커뮤니케이션에 집중되어 있다.

이와 달리 커넥티드 모빌리티 2.0의 특징은 데이터와 정보에서 센싱 Sensing과 액팅Acting으로, 온라인 중심에서 오프라인 중심으로, 사람에서 사물로 연결과 이동성이 옮겨가고 있다는 것이다. 컴퓨터가 휴대전화에 들어간 것이 커넥티드 모빌리티 1.0이었다면, 커넥티드 모빌리티 2.0은 컴퓨터가 자동차, 집, 건물, 도시에 들어가는 시대를 열고 있다.

우리의 행동에 반응하는 커넥티드 모빌리티 2.0

사물인터넷(IoT, Internet of Things)은 커넥티드 모빌리티 2.0의 기반 인프라이다. IoT는 센서Sensor, 액추에이터Actuator, 센서에서 수집된 정보를 분석하여 액추에이터에 행동하라고 지시하는 인공지능, 그리고 이것들을 연결하는 인터넷으로 구성되어 있다. IoT는 생산자동화와 기계의 유지보수를 지능화시키는 산업 분야에서 먼저 시작되었다. IoT는 스마트팩토리의 기계를 제어하고, 항공기 엔진 등의 상태를 관리하는 기술로 등장하여 제2의 인터넷시대를 열었다. IoT가 산업현장의 기계와 사물에서 우리의 일상으로 들어온 계기가 된 것은 네스트Nest에서 만든 학습(인공지능) 온도조절기의 등장이다. 2011년 스마트 온도조절기가 나온 이후 연기탐지기, 스마트초인종, 보안제품 등 스마트홈 시장이 IoT의 새로운 시장으로 등장했다.

시각, 청각, 촉각, 후각, 미각을 갖춘 조그마한 부품(사물)은 주변 환경의 변화를 감지하고, 빅데이터나 인공지능에 기반한 조치를 자율적으로 수행하는 다양한 제품들과 서비스의 등장을 촉진하였다. 이론적으로는 전기(배터리)를 동력으로 하는 모든 제품, 사람이 사용하는 모든 제품이 IoT를 내장할 수 있게 된 것이다. 스마트포크는 섭취한 칼로리를 계산하여 알려주고, 스마트워치와 침대는 수면상태를 알려주는 기능 등이 들어가고 있다.

시장조사 전문기관인 스태티스타Statista에 따르면 IoT 세계 시장은 2010년 2,400억 달러에서 2019년 1.7조 달러로 연평균 24.4%씩 성장할 것으로 전망되고 있다. 또 다른 시장조사기관 가트너Gartner는 2009년까지 전 세계에서 IoT 기능을 갖춘 사물이 9억 개였으나, 2017년에는 전년 대비 31% 증가한 84억 개를 기록하고 2020년까지 260억 개로 증가할 것을 예상했다. BMI리서치BMI Research도 2050년까지 적어도 400억 개의 사물이 인터넷과 연결될 것으로 전망하고 있다.

이처럼 여러 IoT 기기들과 사람의 인터페이스를 담당하는 장치는 더이상 스마트폰이 아니다. 커넥티드 모빌리티 1.0 시대의 인터페이스가 손가락이었다면, 커넥티드 모빌리티 2.0 시대의 인터페이스는 인간의 몸 전체로 확대되고 있다. 그 시작은 음성이다. 2011년 10월 아이폰4S에 음성비서 서비스 시리Siri가 탑재된 이후 딥러닝, 머신러닝과 같은 인공지능 기술의 적용으로 음성 인식률은 95%를 넘어섰다. 음성인식 기능은 스마트폰에서 새로운 영역으로 넘어갈 기회를 넘보게 되었다. 새로운 적용처는 2014년 11월 아마존이 찾았다. 소리를 내는 스피커에 음성인식 기능을 붙이면서, 사람의 말을 알아듣고 말을 할 줄 아는 똑똑한 스피커 알렉사Alexa를 내놓은 것이다.

음성인식 스피커는 전자상거래를 도와주는 비서 역할뿐만 아니라 집 안의 모든 IoT 기기들을 통제하는 허브, O2O서비스, 헬스케어, 스마트홈 등 무한한 확장성을 보여주었다. 음성인식 스피커는 구글 어시스턴트Google Assistant, 삼성 빅스비, 네이버 클로바, 카카오 아이 등 새로운 AI 비서 제품으로 이어지고 있다. 구글은 가전제품, 자동차, 드론, 로봇 등에 구글 어시스턴트를 내장하는 한편 가정의 도어락, 조명기기, 가습기, 변기, 욕조 등에서도 구글 어시스턴트를 이용할 수 있게 하고 있다. 앞으로 음성인식 스피커는 집을 더 안전하게 만들고, 집안과 그 주변에 있는 사람들을 사려 깊게 돌볼 수 있는 기능으로 확대될 것으로 전망된다. 가트너는 2016년 기준 7.2억 달러 규모였던 글로벌 인공지능 스피커 시장이 2021년 35.2억 달러로 연평균 37%가 넘는 고성장세를 이어갈 것으로 전망하고 있다.

스마트폰을 통한 연결에서 IoT와 음성인식 스피커 등을 통한 연결로 연결이 늘어나고, 텍스트 서비스에서 음성과 영상 서비스로 서비스의 종류도 늘어나면서 데이터도 기하급수적으로 증가하고 있다. 전 세계 데이터 센터IDC에서 생성되는 데이터는 2005년 0.1ZB(제타바이트)에서 5년 만인 2010년에 2ZB로 20배 늘어났고, 다시 5년 만인 2015년에는 12ZB로, 2020년에는 47ZB로 증가할 것이 예상된다. 이와 같은 데이터의 증가는 공유와 최적화라는 새로운 가치를 만들어내고 있다. 교통 데이터는 빠른 길 안내 및 교통통제의 효율화로, 쇼핑 데이터는 효율적인 생산과 재고관리로, 개인의 활동기록은 개인맞춤형 서비스로 다양한 최적화가 이어지고 있다. 빅데이터와 클라우드, 인공지능 기술 등의 발전은 데이터의 공유와 최적화를 더욱 가속화시키고 있다.

개인 최적화 서비스는 개인 데이터의 보호와 활용의 균형점을 어떻게 찾을 것인가 하는 새로운 문제를 제기하고 있다. 빅데이터로서 의미 있는 가치를 발견하기 위해서는 개인의 쇼핑정보만이 아니라 건강정보, 이동정보, 금융정보 등 개인의 상태 및 활동 데이터가 수집되고 공유되어야만 한다. 만일 모든 사람이 자신의 데이터가 공유되는 것을 거부하면, 예를 들어 내비게이션 목적지의 정보를 제공하지 않으면, 최적화된 교통예측 서비스를 제공할 수 없게 되는 것이다. 그러나 이러한 데이터의 공유가 자칫 빅브라더Big Brother에 의한 감시 시스템을 등장시킬 수도 있다는 우려를 키우고 있다.

예를 들어, 중국 정부는 2019년부터 새로 등록하는 모든 차량 앞 유리에 RFID(Radio Frequency Identification, 전자태그) 부착을 의무화해 자동차를 추적할 수 있게 만드는 제도를 도입할 계획이다. 전국의 각 도로에는 RFID 인식기들이 설치되어, 교통 흐름을 실시간으로 파악하여 교통정체와 대기오염을 줄이고 테러를 방지하는 것을 목적으로 하고 있다. 판독기가 설치된 곳에서만 작동하는 RFID는 GPS와 달리 차량의 위치를 실시간으로 파악하지는 못한다. 그러나 2,000만 대의 CCTV망, 인공지능을 접목한 안면인식 시스템, 통신 검열망을 갖춘 중국에서 이와 같은 IoT와 빅데이터는 거대한 감시 생태계에 편입되어 결국은 개개인을 감시하는 도구가 될 수 있다. IoT와 빅데이터가 개인에게 이득이 되는 용도로만 활용될 수 있도록 하는 시민의 감시와 통제의 중요성이 점점 커지고 있다.

자율주행차와 스마트시티 연결의 완성을 위한 5G

자율주행차는 오랜 전통의 내연기관 자동차 제조업체에서부터 테슬라와 같은 전기자동차 업체, 구글과 바이두 같은 IT업체, 우버와 같은 차량공유 서비스 업체 등에 이르기까지 다양한 플레이어들의 각축장이 되고 있다. 자율주행차의 OS와 도로지도, 차량운행의 통제, 주행 과정상의 데이터와 차량 탑승자의 데이터를 누가 가져갈 것인가에 따라서 미래 모빌리티 시장의 승자가 결정될 수 있기 때문이다. 자율주행차는 차량 간 및 차량과 도로 간 소통을 통해 도시혼잡과 오염을 줄이고 안전성을 높여 지금까지의 교통체계를 완전히 바꿀 것으로 예상된다.

운전자가 필요 없는 자율주행차라는 개념에 먼저 새로운 도전장을 내민 업체는 토요타이다. 토요타가 선보인 것은 박스형 전기차 e팔레트 e-Palette라는 모듈방식의 자율주행 박스카로 사용자가 상황에 따라 다양한 목적(이동사무실, 병원, 이동숙소 및 음식점, 상점 등)으로 활용이 가능하도록 하였다. 자동차가 이동이 자유로운 서비스 공간으로 변신하는 것이다. 이와 같은 자율주행차의 등장은 자동차를 한 지점에서 다른 지점으로 단순히 이동시켜주던 수단에서, 사람을 연결하고 공간을 연결하여 기존의 비즈니스와 생활을 완전히 새롭게 바꿔주는 존재로 진화시킬 것이다.

한편 사람들에게 자율주행차가 보편화되면, 차량을 배타적인 소유 및 이용하는 것에서 이동 서비스의 이용이라는 형태로 바뀔 가능성이 크다. 누구나 필요에 따라 다양한 유형의 이동수단(출퇴근 카풀 승용차, 레저용 RV, 가족 여행용 모빌카 등) 서비스를 이용하게 될 것으로 보인다. 물류에서도 무인트럭과 카트, 드론 등을 이용한 도어 투 도어Door to Door 서비스가 등장할 것으로 보인다. 이렇게 되면 차를 위한 도시가 아니라 사람의 일상을 위한 도시로 다시 태어날 것이다. 나아가 가전제품, 집, 도로, 자동차 등 도시의 요소가 네트워크로 연결된 스마트시티는 커넥티드 모빌리티 2.0의 정점이 될 것이다. 도시 곳곳에 IoT가 설치돼 사람과 언제 어디서나 반응하고 사람을 돌보는 첨단도시가 미래 우리의 일상생활 공간이 될 것이다.

현재 운전자의 개입이 전혀 없는 레벨 5의 자율주행 기술이 거의 완성단계에 와 있다. 문제는 자율주행에 필요한 고가의 3차원 라이더Lider 센서, 고해상 이미지 센서, 이들 센서에서 들어오는 방대한 데이터를 실시간으로 처리하고 판단(운전 제어)할 수 있는 강력한 GPU와 인공지능 장비 등을 양산하기에는 시간이 더 필요하다는 점이다. 2020년 중반에는 자율주행상용차가 시판될 것이지만, 모바일 매핑 기술을 통해 오차범위 10cm 이내로 3D를 구현할 수 있는 초정밀 도로지도와 시속 100km 이상 달리는 차량 간의 통신문제 등도 해결되어야 한다.

5G는 차량 간의 통신, 차량과 도로 간의 통신에 최적의 기술로 주목받고 있다. 5G는 LTE보다 뛰어난 통신 속성(초저지연성, 초연결성, 초광대역)을 보여준다. 5G는 최대 20Gbps의 전송속도(LTE보다 20배)와 100Mbps의 이용자 체감 전송속도로 약 100만 개의 기기에 사물인터넷 서비스를 제공할 수 있다. 5G 시대에는 속도보다 초저지연성latency이 중요하다. 자율주행차에서 인공지능이 빠르게 움직이는 차량과 실시간으로 소통하고 결정을 내려야 하므로, 지연시간은 사실상 사고로 이어질 수 있다. 따라서 5G는 자율주행차, 가상현실, 인공지능 등 많은 양의 데이터를 실시간으로 주고받는 커넥티드 모빌리티 2.0 시대를 여는 핵심 인프라가 될 것이다. 세계 각국이 5G 구축에 나서고 있으며, 한국은 2019년 3월까지 상용화, 2022년까지 5G 전국망 구축을 추진하고 있다.

인간을 돕고 교감하는 인공지능 로봇

인간을 닮은 사물, 인공지능 로봇이 우리의 일상에 들어오는 것도 커넥티드 모빌리티 2.0의 새로운 형태이다. 산업용 조립공정에 쓰이던 로봇은 이미 서빙, 가사, 돌봄, 반려 역할 등 특화된 기능을 갖추고 우리의 일상으로 파고들 준비를 하고 있다. 포장로봇, 포터로봇, 쇼핑카트로봇을 비롯하여 맥주로봇, 에스프레소로봇 등 서비스 로봇이 등장했고, 청소로봇에 이어 빨래를 접어주는 로봇 등 가사 로봇도 다양해지고 있다.

돌봄과 반려 분야에서는 22개 인공관절로 움직이는 소니의 애완용 로봇 아이보Aibo가 있다. 아이보는 인공지능 기능을 갖추고 있어 사용자와 정서적 유대를 형성할 수 있게 되어 있다. 프랑스 로봇 스타트업 블루 프로그Blue Frog가 개발한 가정용 AI 로봇 버디Buddy는 가족들과 대화하고 음악을 들려주고 동영상을 보여줄 뿐 아니라 집 안을 모니터하는 기능도 갖추고 있다. 저출산 고령화 시대에 로봇은 인간을 대체하는 존재가 되는 대신 인간을 돌보고 인간의 능력을 높여주는 존재로 우리의 일상에 들어오게 될 것이다.

한편 자율주행차와 로봇 등은 배터리를 동력으로 이용하게 될 것이기 때문에 차세대 배터리 시장도 더 커질 것이다. 전고체 배터리(SSB, Solid State Battery)는 폭발에 취약한 리튬이온전지의 불안정한 액체 전해질을 고체로 변경, 사용시간을 더 늘릴 수 있다.

8
휴먼 2.0 시대,
인간과 AI의 만남

━━━━━━━━ 2012년 이미지넷 챌린지ImageNet Challenge에서 놀라운 성능을 보인 CNN(Convolutional Neural Network)을 비롯하여 최근 급속도로 진행되는 딥러닝Deep Learning 기술의 발전은 바야흐로 인공지능 기술 전성시대를 열고 있다. 초창기 영상인식 분야를 중심으로 발전한 AI 기술은 이후 기계번역, 음성인식 등과 같은 다양한 영역으로 발전하였고, 바둑에서 세계 최고수인 이세돌 9단에게 승리하며 혜성처럼 등장한 알파고는 강화학습Reinforcement Learning 기술을 크게 보급하면서 다양한 게임과 로봇기술에 적용될 가능성을 높이고 있다. 또 2014년 구글의 이언 굿펠로Ian Goodfellow가 처음 개발한 GAN(Generative Adversarial Network)은 최근 생성형 AI(Generative AI) 기술 전성시대를 열면서 인간의 고유영역이라고 생각했던 창작의 영역에도 AI 기술이 접목될 수 있음을 증명했다. AI 기술은 이제 연구의 단계를 넘어서

다양한 제품화가 진행되고 있다. 이로 인해 최근에는 인간과 AI의 만남이 현실화되면서 좀 더 편하게 사용하기 위한 사용자 경험User Experience이나 인간-AI 상호작용Human-AI Interaction 기술과 데이터의 편견을 바로잡기 위한 기술, AI에 대한 공격을 처리하기 위한 기술, 그리고 인간을 흉내 내는 기술 등에 대한 관심이 폭발적으로 늘고 있다. 이런 기술들은 모두 AI와 인간의 만남이 진행되면서 그 중요성이 커진 기술들로 전통적인 AI 기술들과는 다소 다른 기술들이다.

AI 상용화의 시작, 그리고 문제점

딥러닝을 중심으로 하는 최근의 AI 기술은 영상과 음성, 자연어 처리 등에 대해 다양한 판단력을 요구하는 여러 작업을 일반적인 인간 수준, 혹은 그 이상으로 능가하는 데에 목표를 두고 개발되어왔다. 주로 인간의 판단에 도움을 주는 의사결정 시스템decision support system의 형태로 이미지넷 등과 같은 표준화된 데이터셋을 대상으로 벤치마크하고, 그 성능을 경쟁적으로 발전시키면서 최근 표준화된 다양한 도전과제에서 인간의 수준을 넘어서는 성과를 냈다.

예를 들어, 영상인식 분야의 표준화된 테스트인 이미지넷 챌린지 과제에서 스탠퍼드 대학원생들의 수준인 5% 오류율의 벽은 2015년 카이밍 헤Kaiming He 등이 제시한 레스넷ResNet이 3.57% 오류율을 기록하면서 깨졌고, 음성인식 분야에서는 2017년 IBM과 구글이 인간과 유사한 수준인 5% 전후의 오류율을 기록했다고 발표하였다. 이들 기술을 실제로 유용한 작업에 적용한 부분에서도 많은 성과가 나오고 있다. 대표적인 분야가 의료영상 AI로, 구글은 저명한 의학 분야 저널인 〈JAMA(The Journal of the American Medical Association)〉에 "안저영상

분석을 이용해 당뇨망막증을 진단하는 AI가 일반적인 안과의사 수준을 넘어섰다"고 발표하였다. 2017년에는 피부암 진단을 피부과 의사 수준으로 할 수 있다는 논문을 발표하면서 조만간 AI가 의사의 진단을 대체할 수 있다는 의견으로 논란을 일으키기도 하였다. 구글이 테스트 드라이브와 함께 개발하기 시작해서, 테슬라 자동차가 공격적으로 도입한 오토파일럿autopilot은 자율주행 인공지능 기술에 대한 관심을 증폭시키며 전 세계의 자동차 회사들은 물론이고 우버 등과 같은 기업에서도 상용화를 전제로 한 기술도입을 일부 도시에서 시작하였다.

그러나 AI를 실무에 적용하면서 만나게 되는 문제는 표준화되거나 잘 제어된 환경에서 실험을 할 때와는 완전히 다르다. 예를 들어, 의학용 AI의 사용자는 결국 의사들인데, 비록 특정한 영상만을 가지고 하는 진단에서 정확도가 높다고 하더라도, 실제 진단은 영상 이외에도 다른 검사들과 면담이나 증상 등의 여러 근거를 종합해서 이루어진다. 이때 중요한 것은 의사들이 AI를 일종의 소프트웨어 도구로 사용한다는 것이고, 사용자들을 잘 고려한 사용자 인터페이스와 판단을 돕는 요소 및 진단에 걸리는 시간 등 AI의 정확도와 관계없는 다른 요소들이 종합적인 진단을 내리는 데 모두 영향을 주게 되어 있다. 자율주행차 소프트웨어의 경우에도 실제로 상용화될 때에는 자율주행 단계의 수준에 따라 운전자의 주의를 요구하는 정도와 책임성 등 주요 요소들이 좌우된다. 이에 대한 대비를 소홀히 한다면 비극적 사건을 겪을 수 있을 뿐 아니라 이런 사고에 의해 발생하는 손해에 대한 배상책임의 비율도 많이 달라질 것이다.

데이터를 기반으로 학습하는 딥러닝 기술의 특성에 기인한 데이터의 편견도 큰 문제이다. 학습 알고리즘과 딥러닝 기술이 아무리 정교하다고 해도, 잘못된 분포를 가진 데이터가 많다면 자연스럽게 AI도 그런 편견을 학습하게 된다. 대표적인 예로 2016년 UC버클리의 제니퍼 스킴Jennifer Skeem이 미국 정부의 도움을 받아 수행한 인종과 범죄 예측에 관련한 편견 연구에서 AI 소프트웨어가 흑인 범죄자의 재범률을 백인 범죄자의 수치보다 높게 예측했다는 연구결과를 발표한 바 있다. 그 이외에도 남성과 비교해 여성 경영진의 경영성과를 낮게 예측하거나, 한국인의 데이터로 학습한 의학영상 결핵진단에서 백인 데이터셋보다 중국인 데이터셋에서 더 정확한 예측을 하는 등의 다양한 데이터 편견 사례들이 알려져, 더 많은 연구가 진행되어야 한다는 공감대가 형성되고 있다.

인간과 사회에 기여할 수 있는 AI

이러한 변화를 맞이하여 최근 다양한 연구기관이나 조직, 기업 등에서도 적극적으로 대처하려는 움직임들이 가시화되고 있다. AI가 우리 사회에 상용화되면서 나타날 수 있는 다양한 윤리적 문제에 대해서는 국내외 여러 단체나 학회, 연구 등이 조직되어 다학제적 연구가 진행되기 시작했다. 대표적인 것이 2012년부터 할리우드 극작가들 중심으로 할리우드 미디어의 후원을 통해 시작된 위로봇We Robot이라는 컨퍼런스이다. 이 컨퍼런스는 미국의 플로리다 법대, 스탠퍼드 법대 등이 주로 참여해서 미국 동부와 서부를 오가며 열리고 있는데, 로봇, AI 및 인간이 함께 살아가는 사회의 법률체계를 만드는 것을 주된 목표로 한다. 법안과 관련된 공청회를 진행하고 다양한 사례의 모의법정도 열고 있다. 2014년에는 슬로바키아의 유명한 비디오 게임 프로그래머이자 디자이너, 창업가이기도 한 마렉 로사Marek Rosa가 1,000만 달러를 기부해서

굿AI(GoodAI)를 만들었다. 이는 미래지향적인 인간에게 도움이 되는 AI 연구를 위한 R&D 기업으로서, 현재 체코의 프라하에서 20명이 넘는 연구자와 공학자들이 인류와 지구를 이해하고 공존을 위해 일할 수 있는 AI 연구에 집중하고 있다. 약간 결은 다르지만 최근 1억 달러가 넘는 펀딩을 해서 화제가 된 요슈아 벤지오Yoshua Bengio 등이 캐나다 몬트리올에 공동창업한 엘리먼트 AI(Element AI)의 경우에도 인간중심적인 AI 제품개발과 관련한 AI 연구를 지향한다고 발표한 바 있다. 국내에서도 동아대학교 김종욱 교수팀이 AMA(Artificial Moral Agent)라는 윤리적 AI에 대한 연구를 진행하는 가운데 이런 주제와 관련한 다학제적 워크숍 등이 조직되고 구체적인 사안에 대한 토론과 논의가 활발히 이루어지고 있다.

학계에서도 이런 변화를 적극적으로 수용하고 있다. AI 관련 주요 학회 중 하나인 머신러닝국제컨퍼런스International Conference on Machine Learning에서는 2017년 'Human in the Loop Machine Learning'이라는 워크숍을 개최하였다. 이러한 시도를 통해 모든 것이 자동화되는 AI보다 머신러닝 시스템이 수동과 자동의 중간 역할을 하면서, 인간의 개입을 좀 더 자연스럽게 허용하고 AI와의 협력을 통해 공통문제를 해결하는 것에 초점을 맞춘 연구들을 독려하고 있다. 또 다른 주요 학회인 신경정보처리시스템Neural Information Processing Systems에서는 2017년 'Machine Learning for Creativity and Design' 워크숍을 개최하면서 자동화에 초점을 맞추는 대신 AI의 창의성과 생성형 AI의 활용, 그리고 여기에 사용자 경험과 인간-AI 상호작용 연구에 전문성을 가진 많은 디자이너의 연구와 참여를 독려하고 있다. 독립적으로 관련 연구센터를 설립하는 곳들도 생기고 있다. AI 연구를 최전선에서 이끌고 있는 UC버클리의 스튜어트 러셀Stuart Russell은 UC버클리뿐만 아니라, 코넬 대학, 미시간 대학 및 다수의 비영리 연구기관과의 협력으로 2017년 CHAI(Center for Human-compatible Artificial Intelligence, 인간과 공존하는 인공지능을 위한 센터)를 설립하고, 인간과 AI의 상호작용과 공동의 목표를 달성하기 위한 다양한 연구를 진행한다고 발표하였다. 기업들도 이런 분위기에 동참하고 있다. 구글AI를 만든 구글은 인간중심의 연구와 디자인을 통해 AI와의 파트너십을 생산적이고 즐겁고 공정하게 구축한다는 취지의 PAIR(People+AI Research)라는 팀을 결성시켰다. 그리고 AI를 인간이 더 잘 이해할 수 있도록 하는 해석가능성interpretability, 시각화visualization 등과 관련한 다양한 프로젝트들을 적극적으로 진행하고 있다. 아마존, 구글, 마이크로소프트, 페이스북, 애플, IBM 등의 주요 AI 관련 기업들과 대학들, 여러 연구기관은 동시에 자금과 인력 등을 투자하여 인간과 사회에 기여할 수 있는 AI 개발을 위한 단체인 'Partnership on AI'를 2017년 출범시키기도 하였다.

이런 움직임들은 AI가 더 이상 연구의 영역에 머물러 있는 것이 아니라 상업화의 실현 및 사회 전반에 큰 영향을 미치기 시작함을 의미하며 앞으로 더욱 중요해질 것임을 알려준다. 여기에서 중요한 시사점은 이런 변화를 주도하는 사람과 조직들이 단순히 AI 기술을 구현하기 위해 연구와 개발을 진행하는 사람들만이 아니라는 점이다. 초창기 AI 연구는 AI 기술이 실제로 가치가 있음을 증명하기 위해 그 성능을 끌어올리고 과학적 원리를 정립하는 것에 초점을 맞추었기 때문에 AI 연구개발을 주도하는 컴퓨터과학 전공자, 수학자, 통계학자 또는 뇌과학자 등의 역할이 중요했다. 그러나 상업화가 진행되는 단계에서는 고객들이 원하는 가치를 이해하고 이를 전달할 수 있어야 하므로, 디자이너나 기획자들의 역할이 중요해진다. 동시에 실제 상용화된 이후의 문제점을 알아내고 이를 교정할 수 있는 프로세스, 생산성을 높일 수 있는 패키징이나 서비스 방식 등에 대해서도 지속적인 개선 등이 필요하다. 또 인간과 AI의 상호작용에 따라 인간이 변화하게 되므로, 기술의 영향력을 개개인의 인간 및 소규모 집단, 커다란 사회규모의 측면에서 각각 평가하고 이에 대해서도 대비할 수 있어야 한다. 이를 위해서는 법학, 사회학, 심리학, 경제학 등 매우 다양한 분야에서 다학제 연구자들의 협력이 필수적이다. 실제로 앞서 언급한 여러 기관과 조직 대부분이 다학제적인 접근을 강조하고 있다.

9.
유전자 가위와
운명적 패러다임의 전환

동서고금을 막론하고 자식은 부모의 형질을 닮는다. 이는 꼭 생김새에 국한되는 것은 아니며, 소화력, 운동능력, 예술적 감각 등 다양한 특질을 포함하는 개념이다. 부모와 자식 간에 어딘가 닮은 구석을 찾기 힘들 경우 우리는 우스갯소리로 '돌연변이'라는 수식어를 붙이기도 한다. 그럼 이러한 형질 대물림의 본질은 무엇일까? 이러한 의문은 인류의 역사와 함께 이어져왔을 것으로 여겨진다. 하지만 과학적 정보의 부재와 종교적 또는 다양한 사회적 이유로 인해 이러한 질문에 대한 근본적 답을 얻기까지 인류는 상당히 오랜 시간을 보내야만 했다. 그러나 멘델의 이른바 '완두콩 실험'에 의해 이러한 상황이 전환되는 계기가 만들어졌다. 이 세기의 실험을 통해 인간을 포함하여 생물체가 지닌 다양한 형질이 세대 간에 전달된다는 '유전' 개념이 정립되었다. 유전이라는 것이 신이 인간 개개인에게 부여한 일종의 하사품이라는 종교적, 형이상학적 개념에서 DNA라는 형태로 부모로부터 자식에게 전해지는 물질의 전달이자 형질의 대물림으로 이해되기 시작한 것이다. 그리고 이제 우리의 유전자는 진화적 힘에 의해서만 변화하는 것이 아니라 주체적이고 능동적으로 변화시킬 수 있는 대상으로 인식되면서 생물학적 역학관계에 지대한 변화가 생기게 되었다. 우리는 필요한 경우 유전자를 원하는 형태로 변형할 수 있게 되었다. 그것도 생명체의 생명과 정체성을 유지한 채로 말이다. 이것이 '유전자 가위'가 갖는 힘이고 인류가 이 기술에 열광하는 이유이다.

운명적 패러다임의 전환

유전자 연구의 성과를 얻고도 우리는 유전자라는 것은 인간이 태어나는 순간 부여받은 일종의 낙인처럼, 그로 인해 유전병이 발생한다 하더라도 죽을 때까지 지니고 가야 하는 숙명과도 같은 것이라는 인식 속에서 살아왔다. 그런데 이러한 운명론적 패러다임이 유전자 가위라는 신기술의 등장으로 전환점을 맞게 되었다.

유전자 정보

유전자 본질은 DNA라는 물질의 전달이며, 아데닌Adenine, 구아닌Guanine, 티민Thymine, 사이토신Cytosine의 네 가지 핵산이 이중나선구조의 형태를 이루어 유전물질을 구성한다. 또 중합효소 연쇄반응PCR 기술과 생어Sanger 서열분석법, 차세대 염기서열분석법 등을 통해 이 네 가지 유전물질이 어떠한 순서로 배열되어 있는지도 알게 되었다. 이를 통해 인간뿐만 아니라 지구상에 존재하는 많은 생물체의 게놈 서열을 분석하기에 이르렀고, 이것이 유전자 빅데이터를 구성하며 우리에게 많은 정보를 제공하고 있다. 이 정보는 유전자의 기능에 관한 정보일 수 있으며, 유전자 변이로 발생하는 질병에 관한 정보를 포함하기도 한다.

유전자 편집이라는 신세계

유전자 편집기술은 정확한 위치파악 능력을 지닌 핵산 분해효소를 이용하여 질병이나 형질에 관여하는 세포 내 유전자를 제거하거나 교정, 삽입함으로써 형질이나 질병의 변화를 꾀하는 기술이다. 말하자면, 불량 유전자를 제거하거나 유용한 유전자를 삽입할 수 있는 기술이다.

유전자 편집에 사용되는 도구는 소위 '유전자 가위'로 불리는데, 현재까지 1세대 기술 징크 핑거 뉴클레아제(ZFN, Zinc Finger Nuclease), 2세대 탈렌(TALEN, Tranor Activator-Like Effector Nuclease), 3세대 크리스퍼(CRISPR, Clustered Regularly Interspaced Short Palindromic Repeats) 기술로 발전해왔다. 이러한 유전자 가위 기술은 유전정보 분석으로 얻은 정보를 활용해 질병치료는 물론 새로운 식물 육종 개발 등 다양한 분야에 폭넓게 이용되며 빠르게 발전하고 있다.

유전자 가위 기술의 발전과 의미

3세대 기술인 크리스퍼CRISPR/Cas9가 2013년 〈사이언스〉지에 소개된 이후로 유전자 가위 기술의 발전은 혁명적으로 이루어지고 있다. 징크 핑거 뉴클레아제와 탈렌이 과학자들의 지적 설계를 통해 이루어진 산물이라면, 3세대 크리스퍼 기술은 미생물에 존재하는 생물시스템을 유전자 가위로 응용한 것이다. 박테리아는 바이러스가 침범했을 때 그 핵산 단편을 자기의 염색체에 끼워 넣어 기억하고 있다가 그 단편을 가진 바이러스가 침범했을 때 이를 인식하고 그 바이러스의 DNA를 잘라 자신을 보호하는 후천성 면역 시스템을 가지고 있다. 현재 가장 널리 알려지고 연구된 크리스퍼는 화농연쇄상구균Streptococcus Pyogenes에서 발견된 SpCas9 기반의 크리스퍼 시스템이다. 하지만 연구자들은 크리스퍼 시스템이 미생물과 고세균에도 다양하게 분포한다는 것을 알게 되었다. 또 생물정보학자들은 자연계에 존재하는, 소위 '크리스퍼 2.0' 또는 3.5세대 유전자 가위로 불리는 CRISPR/Cpf1의 존재를 밝혀냈다. Cpf1은 Cas9과 비교해 가이드의 역할을 하는 RNA의 길이가 짧고, 타깃 인접 부위에 존재하는 서열(PAM 서열)이 다르다는 점, 그리고 타깃의 길이가 Cas9의 20bp보다는 조금 긴 23~24bp라는 차이점을 보인다. 이중나선 DNA를 자를 때 Cas9이 두 가닥을 같은 위치에서 절단하여 두 가닥 말단blunt end을 남기는데, Cpf1은 자르는 위치가 달라 스태거드staggered 형태의 절단면을 나타낸다는 특징도 있다. Cpf1과 근본적으로는 원형이 같지만, 약간의 특징들이 다른 새로운 크리스퍼 유전자 가위CRISPR/C2c1, C2c2, C2c3가 발견되었고, 실험실 조건에서 배양되지 않는 세균류의 게놈metagenome에서 CasX/Y 또한 발견되었다. 그중 C2c2는 DNA가 아닌 RNA를 절단하는 능력이 있음이 밝혀져 RNA 편집 가능성도 열리게 되었다.

각 유전자 가위마다 성질 및 특성, 장단점이 있으므로 다양한 유전자 가위 개발은 곧 인류가 유전자 가위 도구상자에 필요에 따라 쓸 수 있는 다양한 장비를 갖추게 되었음을 의미하여, 장차 치료제나 연구용으로 그 활용도가 훨씬 확대될 것이다.

이들 유전자 가위들은 공통으로 의도된 위치의 DNA에 이중나선 절단을 유도하는 기능을 지닌다. 그러면 살아 있는 세포는 이러한 이중나선의 절단을 심각한 손상으로 인식하고 이를 복구하기 위한 시스템을 가동한다. 생물체는 이중나선 절단을 복구하는 두 종류의 복구 시스템을 갖고 있다. 복구의 속도는 빠르나 원본에 의존하지 않기 때문에 다양한 유전자 서열의 변형이 유도되는 NHEJ(Non-Homologous End-Joining)와 주형가닥을 통하여 정확한 원본으로의 복구가 가능한 HDR(Homology Directed Repair), 두 가지 경로를 이용한다. 유전자의 제거를 위해서는 NHEJ 경로가, 유전자의 교정 또는 삽입을 위해서는 HDR 경로가 이용되는 셈이다. 또 최근 하버드 대학의 데이비드 리우 David Liu 교수는 DNA를 절단하지 않고 유전자를 교정할 수 있는 기술을 개발하여 다양한 유전자 치료의 소재로 활용될 수 있음을 입증하기도 했다.

유전자 가위 기술의 활용과 논쟁점

이러한 유전자 가위라는 도구로 우리는 무엇을 할 수 있을까? 유전자 가위가 활용되는 대표적인 응용분야는 치료제 개발이다.

유전자 교정을 통한 질병 치료

질병의 발병, 진행 또는 재발 등과 관련된 유전자를 교정, 제거함으로써 질병을 치료할 수 있다. 유전자 교정의 대상은 바로 세포이기 때문에 많은 경우 유전자가 교정된 세포치료제의 형태로도 활용될 수 있다.

아직 유전자 자체를 개체 내에 직접 주입하는 체내형In vivo 유전자

치료법은 약물 전달 기술 등의 제약이 있어 일부 질병에만 시도되고 있으며, 주로 체외형Ex vivo 유전자치료법에 적용하고 있다. 우리 몸에서 적출이 가능한 대표적인 세포는 혈구세포이다. 즉, 혈구세포가 관여되어 있는 질병의 치료에 유전자 가위가 활용되는 것이다. 현재 시점을 기준으로 한다면 유전자 가위를 이용하여 상용화된 치료제는 아직 없다. 현재까지 가장 많이 개발이 진행된 치료제는 에이즈 치료제인 'SB-728-T'이며, 추가 임상연구를 통해 수년 내에 시장으로 나올 최초의 유전자 가위 기반 치료제로 여겨지고 있다.

이 임상연구를 진행한 바이오기업 상가모Sangamo는 또 다른 치료제인 'SB-FIX'라는 빈혈치료제의 연구도 수행하고 있다. 이 치료제는 FDA로부터 '희귀의약품Orphan Drug'으로 지정되어 향후 임상이 수월하게 진행될 것으로 보인다. 상가모는 다른 유전자를 사용하여 해당 유전자 관련 질병을 치료하는 치료법도 같이 계획하고 있다. 가령 글루코세레브로시다아제glucocerebrosidase 유전자를 넣어 고셰병Gaucher's disease을 치료할 수 있고, 이두로네이트2-설파타제I2S, Iduronate-2-Sulfatase 유전자를 넣어 라이소좀Lysosome 관련 질환을 치료할 수도 있다.

이처럼 3세대 크리스퍼 기술은 이제 연구단계를 마무리하고 임상연구로 그 발걸음을 돌릴 준비를 하고 있다. 징크 핑거 뉴클레아제나 탈렌 기술보다 효율성이 월등히 높아 크리스퍼를 활용한 유전자치료제는 긍정적인 결과를 낼 것으로 기대된다.

유용한 동물과 식물 창조

유전자 가위가 활용될 수 있는 또 하나의 분야는 유용한 동물과 식물을 창조, 개발하는 것이다. 연구에 필요한 모델동물을 만들어낼 수 있고 치료제 개발을 위한 동물도 제작할 수 있다. 2015년 조지 처치George Church 박사 연구팀은 돼지의 유전체에 존재하는 레트로바이러스 유전자들을 모두 제거하는 데 성공하였다. 돼지는 이식용 장기를 생산하는 동물로 사용되는데 레트로바이러스 유전자를 가지고 있어 돼지에게서 생산된 장기를 이식하는 과정에서 사람이 레트로바이러스에 감염이 될 수 있는 위험성이 존재한다. 따라서 바이러스 유전자가 제거된 돼지를 이식용 장기 생산에 사용한다면 이러한 위험성이 사라지는 것이다. 이외에도 최근 유전자 가위에 의해 미니돼지, 근육돼지 등이 등장하고 있다.

동물 외에도 식물이 유전자 교정의 대상이 될 수 있다. 미국에서는 최초로 유전자 가위에 의해 유전자를 교정한 식물이 상업화되었다. 바로 버섯이다. 버섯은 수확이 된 후 쉽게 갈변되는 농산물 중의 하나이다. 그런데 이러한 갈변은 폴리페놀산화효소PPO에 의해 촉진된다. 유전자 가위에 의해 PPO 유전자가 제거된 버섯은 수확 후에도 오랜 기간 갈변이 되지 않는 특성을 보인다. 이는 수확 후의 저장, 운송비용을 낮출 수 있고 소비자의 손에 들어갈 시점에서의 상품성도 높일 수 있는 장점이 있다. PPO 유전자가 제거된 사과도 개발되었다. 또 펙틴 분해효소가 제거되어 잘 무르지 않는 토마토의 개발도 이루어지고 있다.

조작된 유전자를 다음 세대에 높은 효율로 넘겨주는 '유전자 드라이브Gene Drive' 개념도 있다. 이런 방식으로 말라리아나 뎅기열을 옮기는 모기를 소멸시켜 관련 질병을 근본적으로 막을 수 있다는 개념으로, 기술적 가능성에 대한 긍정적 논문이 보고되고 있다. 다만, 이러한 개념이 세대를 거쳐 입증된 것은 아니고, 조작된 개체의 적응력, 생식력, 복구성 등의 의문점도 입증되지 않았기 때문에 현재로서는 실용 가능성이 모호한 상태이다.

아직은 유전자 가위에 의해 개발되어 상용화된 동식물이 손에 꼽을 수 있을 정도로 적지만, 현재 개발 중이고 미래에 개발될 동식물의 범위는 확대될 것이다. 그러나 이렇게 만들어진 동식물을 현 단계에서는 유전자조작식품GMO으로 규정하는 국가가 대다수이다. 이는 유전자 가위에 의해 개발된 생물체를 어떻게 기술적으로 식별할 것인지의 문제와 함께 국가 간 통상문제를 불러일으킬 수 있다. 현재 미국은 이를 Non-GMO로, 대부분의 유럽 국가들은 GMO로 규정하고 있으며, 우리나라는 이에 대한 명확한 규정이 없는 상태이다. 따라서 관련 사항에 대한 정책적 판단에 따라 유전자 가위의 활용범위는 크게 달라질 것이다.

유전자 가위 기술 허용과 규제

유전자 가위 기술을 활용한 치료에 대해서는 많은 국가에서 아직 충분한 규제나 가이드라인을 갖추지 못하고 있다. 또 관련 연구가 빨리 진행되면서 유전자 가위 기술을 어디까지 허용해야 하느냐에 대한 법 규제 논쟁도 커지고 있다. 미국, 영국, 일본 등에서는 희귀난치병 치료를 위해 배아에 관한 기초연구를 허용하고 있고, 특히 중국은 관련규정이 없는 상황에서도 가장 활발히 연구를 진행하고 있다. 전 세계적으로는 인간 생식세포에 대한 연구범위 규제가 완화되는 추세여서 유전자 가위를 이용한 연구를 통하여 치료 가능한 질환의 범위가 확대될 것으로 보인다.

우리나라의 경우, 생명윤리법 등 관련 법령들이 유전자 치료의 대상을 암이나 에이즈 등 소수 질병에만 국한하고 있으며, 인간배아나 생식

세포에 유전자 가위 시술을 하는 연구를 원천적으로 금지하고 있다. 그러나 글로벌 연구 경쟁력을 확보하기 위해서는 인간배아연구를 허용해야 한다는 주장이 있으며, 대통령령이 정하는 희귀난치병 치료 등 일부 조건을 만족할 경우로 한정해 인공수정을 하고 남은 잔여 배아를 이용하여 연구할 수 있게 하자는 규제 완화 의견도 있다. 2017년 배아의 연구범위를 난임 치료법, 근이영양증과 같은 희귀난치병 치료 연구에서 질환을 확대하는 방향으로 개정되었으나 아직 22개의 희귀난치병에 관한 연구만 가능하다.

유전자치료 규제조항이 지금의 네거티브 규제에서 포지티브 규제로 바뀌고, 배아유전자 치료 연구가 가능해진다면, 생명현상에 대한 이해뿐 아니라 유전자치료 연구와 다양한 질환의 치료제 개발이 확대될 것으로 전망되며, 향후 주요한 바이오산업 경쟁력 상승으로도 이어질 것이다. 그러나 생명윤리를 둘러싼 규제나 논쟁이 치열한 만큼 사회적 논의를 통해 지혜로운 해법을 찾는 노력이 이어져야 한다.

맞춤형 아기Designer baby와 디스토피아

유전자 가위의 활용과 관련하여 가장 민감하게 다루어지는 이슈는 '맞춤형 아기'이다. 유전자 가위 기술이 소개되기도 전인 1997년 제작, 상영된 〈가타카Gattaca〉라는 영화에 이러한 소재가 상상력만으로 다루어졌다는 사실은 매우 놀랍다. 이 영화에서는 유전자 조작으로 태어난 사람들이 사회 상층부를 이루고, 그렇지 않은 사람들은 열등하게 취급되며 사회 하층부로 밀려나는 디스토피아의 미래를 그리고 있다. 유전자 가위 기술을 몰랐던 과거에 제작된 이 영화가 유전자 가위 기술에 대해 알고 있는 현재의 우리에게도 적잖은 메시지를 주고 있는 점은 의

미심장하다. 즉, 유전자 가위를 치료 목적이 아닌 형질 강화를 위해 활용할 여지가 있음을 말해주고 있다.

예를 들면, 세계적 운동선수를 인위적으로 만들기 위해 근육 관련 유전자를 조작할 수 있고, 특수요원을 만들기 위해서 고통을 느끼는 데 관련된 유전자를 제거할 수도 있다. 이러한 형질 강화를 목적으로 한 맞춤형 아기의 탄생은, 유전자 가위 기술과 더불어 줄기세포기술, 유전자분석기술, 핵치환기술 등이 더해지면 기술적으로는 충분히 가능할 것으로 여겨지고 있다. 최근 원숭이까지 유전자의 교정 및 복제에 성공하였기 때문이다.

하지만 이러한 과정은 인간의 존엄성 및 자유, 자기결정권, 평등이라는 가치들을 훼손시키는 매우 중대한 문제이다. 생식세포의 유전자 교정 외에는 근본적 치료가 없다고 판단되는 질병에 대해서 수정란 교정이 허용되는 미래사회가 되었을 때, 치료와 강화를 어떻게 구분하여 규제할 수 있을 것인가? 이는 미래에도 여전히 민감한 이슈일 것이다. 이렇듯, 인류가 개발한 유용한 도구로서의 유전자 가위가 인류의 질병을 치료하고 삶을 건강하게 도움을 주는 도구가 아닌, 인류를 디스토피아의 세계로 이끄는 무기로 탈바꿈되지 않도록 사회적 논의, 관련 제도의 보완, 일반 대중의 인식 제고 및 교육 등이 뒷받침되어야 한다.

미래사회와 유전자 가위 기술의 건강한 접목

우리가 사는 현실과 가상이 어우러지는, 이른바 4차 산업혁명의 물결이 거세게 몰려오고 있다. 한동안 알파고와 이세돌의 대결로 세간의 관심을 끌었던 인공지능의 힘이 점점 일상으로 확대되고 있다. 또 생명정보를 분석하는 생물정보학Bioinformatics이 크게 발전하고 있으며, 이것이 질병의 진단 및 치료에 크게 활용될 것이라는 기대를 낳고 있다. 실제로 난치성 질환에 관련된 특정 유전정보 분석에 관한 연구논문이 〈네이처〉나 〈사이언스〉에 심심치 않게 게재되고 있다. 또 유전체 분석 단가가 100만 원 수준 이하로 내려왔고, 향후 관련 제도적 장벽이 제거된다면 모든 사람의 게놈 분석이 이루어져 유전체 기반 헬스산업이 폭발적으로 성장할 것으로 예측된다.

이러한 유전정보는 미래에 가장 주요한 빅데이터가 될 것이고, 사물들과 사람들이 모두 디지털로 연결되어 유기적으로 돌아가는 4차 산업혁명의 시대에서 사람의 생체정보와 이를 디지털로 변환한 신호는 사물인터넷의 매우 중요한 핵심요소가 될 것이다. 그리고 유전자 가위라는 변환기술을 통해 유전체 기반 네트워크가 정적인 것이 아닌 변형 가능한 매우 동적인 네트워크의 성격을 갖게 될 것이다.

이제 나의 유전자는 태어날 때의 상태를 그대로 갖고 가는 숙명적인 것이 아닌, 필요한 상황에서 교정, 변형할 수 있는 유연한 것으로 변화하고 있다. 물론 이러한 개념을 실현하기 위해서는 아직 극복해야 할 기술적 난제들이 남아 있고, 제도 및 가치관의 정립도 필요하다. 이 과정에서 많은 윤리적인 질문들이 우리에게 쏟아질 것이다. 이러한 문제를 잘 극복한다면 인간에게 더 편하고 안전한 건강사회가 펼쳐질 것이다.

10.
신기술의 사회적 수용과
기술문화정책

━━━━━━━━━ 2018년 벽두를 뜨겁게 달구었던 화제는 비트코인이었다. 관점이 다른 학자 간 방송 토론도 폭발적 관심을 불러일으켰다. "비트코인은 실제 거래수단이 될 수 없고 화폐가 아니며 투기를 유발하는 사기일 뿐"이라는 관점과 "그렇게 생각하는 것은 그런 경험이 없기 때문이고, 비트코인은 미래 화폐의 가능성이 있으므로 잡초는 뽑되 거름을 줘서 키워야 할 신기술"이라는 관점이 맞섰다. 전자는 사회적 관점에서 바라본 것이고, 후자는 기술혁신 관점을 강조한 것이다. 논란은 결론 없이 끝났음에도 이후 토론은 계속되지 않았고 비트코인에 대한 범사회적 합의를 이끌지도 못했다. 2017년 말부터 정부가 가상화폐 규제에 나서자 2018년 초 청와대 국민청원 게시판에는 '가상화폐 규제반대 청원'이 올라왔고 한 달 동안 22만 명 이상이 참여했다. 반대로 가상화폐에 대한 규제가 필요하다는 댓글도 적지 않았다. 이에 정부는

"각종 불법투기 및 불투명성은 막고 블록체인 기술은 적극 육성한다"라는 원론적 입장을 밝혔다. "가상통화의 핵심기술인 블록체인은 4차 산업혁명 시대에 중요한 범용기술이므로 기술경쟁력을 제고할 계획"이라는 설명도 덧붙였다. 이렇듯 기술정책은 산업적 파급효과가 크고 사회변화 방향과 직결되기 때문에 신중한 판단이 요구된다.

과학기술의 사회적 수용, 그리고 그 의미와 사례

발명과 발견, 문화전파는 사회변동 및 문화변동의 주요인으로 작용하는데, 이중 발명과 발견은 주로 과학기술 영역에서 이루어진다. 과학과 기술이 사회변동과 문화변동의 주요인이라는 것은 어떤 의미인가. 이는 과학연구와 기술혁신이 사회적으로 수용되면서 생산방식, 업무방식 그리고 사람들의 삶의 방식까지도 변화시킴을 뜻한다. 그런데 기술혁신이나 신기술 개발이 반드시 사회변동을 가져오는 것은 아니라는 점이 중요하다. 혁신적 과학연구와 기술발명이 사회적으로 영향을 미치지 못하고 사라지는 경우도 부지기수이다. 신기술의 경우, 그 기술의 완성도나 수준이 높다고 해서 반드시 상업화에 성공하는 것은 아니다. 또 상업화가 되더라도 사람들의 업무방식, 소통방식 등을 바꿀 정도에 미치지 못하는 경우도 많다. 신기술이 사회 속에 수용된다는 것은 문화가 된다는 것을 의미한다. 신기술의 대표적인 수용사례로는 자동차기술, 인터넷, 스마트폰 등을 들 수 있다. 자동차기술은 마차와 같은 기존 교통수단을 대체할 만큼 혁신적 기술이었고 이를 사람들이 수용했기 때문에 운전이 전파되고 새로운 교통문화가 만들어졌다. 인터넷과 스마트폰 또한 사회적으로 수용됐기에 소통·통신 수단이 되었고 새로운 커뮤니케이션 문화가 만들어졌다. 사회적으로 수용된 기술은 기존 기술을 대체해 새로운 일자리를 창출하고, 산업지형을 바꾸며 때로는 업무방식, 소통방식, 삶의 방식까지 변화시킨다. 타자기가 전동타자기, 컴퓨터로 바뀌면서 사람들의 업무방식이 바뀌었고, 편지가 전신, 전화로 바뀌고 다시 휴대전화, 스마트폰으로 바뀌면서 사람들의 소통방식이 바뀌었다.

사회문제 해결을 위해 신기술이 정책적으로 도입되어 사회적으로 수용되는 예도 있다. 인도의 정화조 청소로봇을 들 수 있다. 2014년부터 2016년까지 인도에서 하수구나 정화조를 청소하는 노동자 중 유독가스나 병원균으로 사망한 사람만 1,200여 명이나 된다. 1993년에 인도 정부가 하수구나 정화조에 들어가 청소하는 것을 금지하는 법률까지 제정해 시행했지만 실제로는 카스트 최하층 계급 노동자들이 여전히 불법적인 청소작업에 동원되었다. 이에 인도 남부 케랄라Kerala 주의 로봇 스타트업 젠로보틱스Genrobotics는 맨홀 바깥에서 태블릿 형태의 터치스크린을 보면서 로봇을 맨홀 안으로 집어넣어 하수구 찌꺼기를 수거할 수 있는 청소로봇을 개발했다. 2018년 케랄라 주정부는 50대의 로봇을 이 업체에 발주해 청소현장에 투입했고, 현재 다른 주에서도 로봇의 도입에 관심을 보인다고 한다.[21]

최신 기술로 주목받고 있는 블록체인이 선거에 도입된 사례도 있다. 세계 최초로 대통령선거에 블록체인 기술을 사용한 나라는 아프리카의 시에라리온이다. 언론 보도에 따르면 오랜 분쟁과 내전 끝에 치러진 2018년 3월의 대통령선거에서 시에라리온 정부는 스위스 블록체인 스타트업 아고라Agora가 개발한 프라이빗 블록체인 기술을 도입해 선거에 적용했다. 다만 개표과정은 수동으로 진행한 후 결과만을 블록체인에 기록했기 때문에 완전한 블록체인 선거라고 볼 수 없다는 평가도 있다.[22]

경제정책과 기술정책

"국가는 과학기술의 혁신과 정보 및 인력의 개발을 통하여 국민경제의 발전에 노력하여야 한다." 대한민국 헌법 127조에 나와 있는 과학기술에 관한 항목이다. 과학기술에 관련된 내용이 헌법에 명시돼 있는 것은 과학기술의 중요성 때문일 것이다. 하지만 관련 조항이 제9장 경제 부분에 포함돼 있어 과학기술을 경제발전의 수단으로만 인식한다는 비판이 제기되기도 한다. 헌법 개정 논의와 관련해서 과학기술을 경제발전 수단에 한정하지 말고 학문과 연구, 삶의 질의 차원으로까지 확대해야 한다는 주장이 제기되고 있다. 어쨌든 과학기술이 경제성장과 발전에서 막중한 역할을 하고 있음은 분명하다. '한강의 기적'이라 불리는 한국경제의 고속성장에 가장 큰 기여를 한 것은 과학기술이었다. 따라서 신기술이나 기술혁신에 관련된 정책을 수립하기 위해서는 경제와 과학기술의 관계, 경제정책과 기술정책의 관계에 대한 올바른 이해가 필요하다.

경제는 인간생활에 필요한 재화나 용역을 생산, 분배, 소비하는 모든 활동을 일컫는다. 경제학에서 개별상품 판매자와 구매자의 시장 관계는 수요와 공급으로 이루어진다. 경제가 성장한다는 것은 수요와 공급이 늘어남을 의미하고 그렇지 못하면 불황을 맞는다. 불황에 대한 해법에 있어 두 개의 대립적 정책 관점이 있다. 하나는 불황 원인을 수요포화로 보고 유효수요를 창출하려는 정책이고, 다른 하나는 자본주의 발전의 에너지는 혁신과 창조적 파괴에서 나온다고 보고 혁신파동을 만들려는 정책이다. 전자는 케인스주의 정책이며 일자리 창출, 최저임금인상, 복지확충 등에 주안점을 둔다. 반면 후자는 슘페터주의 정책인데 기업부담경감, 규제개혁, 창업진흥, 공급혁신 등을 우선으로 한다. 성장이 먼저냐 분배가 먼저냐, 시장의 자율성이냐 정부의 적극적 개입이냐는 사회과학계의 오래된 논쟁점이다. 어떤 관점에서 보느냐에 따라 다른 정책이 나올 수 있다. 한때는 낙수효과를 이야기했다. 피라미드 모양으로 컵을 쌓은 뒤 물을 위의 컵에 따르면 가장 위에 있는 컵의 물이 넘쳐 아래로 흘러내리듯, 노동시장 유연화로 대기업이나 소득 상위 계층이 성장하면 중소기업이나 서민층에게도 혜택이 갈 것이라는 논리이다. 경제 전체 파이를 키우는 것이 우선이라는 주장이다. 하지만 대기업 주도의 낙수효과는 그리 크지 않았고 오히려 양극화의 주범으로 지목되자 이번에는 분수효과를 주장하는 측이 목소리를 높였다. 분수에서 아래쪽 물이 위로 솟구치듯 중산층 이하의 소득을 늘리면 소비가 진작되고 그러면 기업실적도 좋아져 자연스럽게 생산과 투자증대로 이어질 수 있다는 주장이다. 문재인 정부의 '소득주도 성장론'이 이런 관점이다. 지난 두 번의 보수정부가 성장과 기업 중심 공급정책을 추진했다면 현 정부는 분배와 수요중심정책을 지향하고 있다.

한편 소득주도 성장정책에서도 슘페터주의적인 공급혁신이 필요하다는 주장이 있다. 경제 관료 출신 변양균의 경제정책 관점이다. 그는 최근 《경제철학의 전환》이라는 책에서 "저성장 장기 불황시대 우리 경제의 활로는 슘페터식의 공급혁신정책이며 이는 4차 산업혁명의 흐름에도 부합한다"고 주장한다. 가령 1900년과 1913년 부활절, 미국 뉴욕 맨해튼 5번가의 같은 위치 길거리 모습 사진 두 장을 비교하면 1900년도 사진에는 마차들이 길거리를 메웠지만 13년 후 길거리는 자동차로 뒤덮인 모습으로 완전히 바뀌었다. 그는 이것이 기업가의 공급혁신으로 이루어지는 새로운 수요창출이라고 설명한다. 공급혁신으로 이루어지는 '새로운 수요의 탄생'은, 마치 컴퓨터 성능이 끊임없이 업그레이드되면서 종전 컴퓨터에 대한 수요는 포화상태가 되지만 새로 개발된 고성

능 컴퓨터에 대한 새로운 수요가 창출되는 과정과 같다는 것이다.[23]

신기술정책의 관점

변화는 보통 과학기술에서부터 시작되지만, 사회라는 프레임을 통해 문화로 뿌리내릴 때 비로소 힘을 발휘한다. 정책은 다양한 가능성을 고려하면서 합리적 균형점을 찾아가는 예술이다. 과학기술정책도 마찬가지이다. 유용한 기술은 장려하고 부작용은 최소화해야 한다. 혁신기술의 미래가치를 키우는 것과 기술이 가져올 부작용의 적절한 규제 사이에서 균형점을 찾는 것이 정책의 핵심이다.

신기술 수용정책의 관점

신기술정책은 기술적 관점에서뿐만 아니라 경제, 사회와의 연관성하에서 살펴볼 필요가 있다. 혁신적 신기술은 사회변동 및 문화변동을 초래할 잠재적 가능성이 크기 때문에 기술을 지원할지 규제할지에 대해 신중한 검토가 필요하다. 가령 논란이 된 비트코인은 P2P 방식으로 거래정보를 분산하는 블록체인 기술 기반의 암호화된 가상화폐이다. 기술 관점에서 보면, 은행에 가지 않아도 자유거래가 가능하고 서버가 필요 없어 해킹 위험이 낮으며 투명한 거래가 가능해 미래화폐로서의 가능성도 있는 혁신기술이다. 하지만 사회적 관점에서는 좀 다르게 보일 수 있다. 희망을 잃은 2030세대가 유일한 신분상승 사다리로 인식해 허황된 꿈을 좇으며 투기를 하고, 자금세탁과 불법거래에 이용될 가능성이 있으며, 화폐로서의 안정성도 떨어지는 등 문제가 있는 것도 엄연한 사실이다. 알프레드 노벨Alfred Nobel의 예를 보면, 원래 광산채굴에서의 인명피해 등을 막기 위한 인도적 목적으로 다이너마이트를 발명했지만, 자신의 의도와 달리 살상무기로 더 많이 사용되면서 '죽음의 상인'이라는 오명을 얻은 바 있다.

선진국에서는 신기술이 사회, 경제, 환경, 문화, 윤리 등 여러 영역에 미치는 영향을 사전에 평가하는 기술영향평가를 수행하고 있다. 인간 게놈 프로젝트 등 사회적 파급효과가 큰 과학기술 연구에 대해서는 윤리적, 법적, 사회적 함의를 뜻하는 ELSI(Ethical, Legal, Social Implications) 평가도 수행한다. 과학기술의 윤리적, 법적, 사회적 영향을 평가함으로써 과학기술정책을 사회적 관점에서 검토하기 위해서이다. 과학기술이 건강하게 발전하려면 과학기술 관점에 머무르지 않아야 하며 다양한 관점이 부딪치는 사회적 이슈로서 논의해야 한다. 이제는 다양한 이해관계자의 의견수렴과 세부적 어젠다가 필요하다. 우리나라에서도 과학기술기본법에 의거해 2003년부터 기술영향평가를 수행하고는 있지만, 시민참여나 공론화는 매우 부족한 실정이다. 시민참여를 기반으로 기술 관점과 사회 관점 간의 더 많은 소통과 더 시끄러운 토론이 있어야 한다. 기술 관점뿐만 아니라 윤리적, 법적, 사회적 함의도 꼼꼼히 살펴야 한다. 다양한 의견이 부딪쳐 시끄러운 소리를 내는 것이 민주주의의 특징이다. 과학기술도 예외가 아니다. 과학이슈에서도 논쟁이 필요하다. 떠들썩한 소통과 토론은 사회적 혼란이 아니라 합리적 방향 도출을 위해 반드시 거쳐야 하는 성장통이다.

2

**전환기
한반도 질서와
미래**

1.
한반도
미래 시나리오

━━━━━━━━ 남북관계의 진전은 남북협력은 물론 통합에 대한 기대까지 모으고 있다. 그러나 한반도의 평화와 공존, 그리고 번영과 통일의 길은 멀고 좁은 길이 될 것이다. 국제정치적 요인이 끊임없이 변수로 작용할 것이고, 남한의 양극화 심화와 북한의 강경세력도 한반도의 평화와 공존에 부정적 영향을 미칠 수 있다. 한반도에 평화와 번영이 굳건하게 자리하기까지 극복해야 할 변수와 장애물은 수없이 많을 것이다.

따라서 미래 전망과 대비가 매우 중요할 것이다. 미래학에서 미래예측이란 '가능한 대안 미래를 만들기 위한 사회적 과정'으로 정의된다. 그 멀고, 좁으며, 거친 길을 완주하기 위해서는, 현재 상황과 환경 변화를 고려한 미래예측이 필요하다는 의미이다. 긴 호흡으로 다양한 미래 가능성을 전망하고, 대화하고, 이해하고, 합의하고, 그리고 준비해야 한다. 한반도의 평화와 통일로 가는 데에는 무수한 갈림길이 있겠지만, 우리가 선호하는 미래를 만들어야 할 것이고, 그 길을 새롭게 지도에 그려야 할 것이다.

한반도의 선호 및 변혁 미래전개도

남북한 종전선언 및 평화협정이 체결될 경우 다양한 변화가 전개될 것으로 예견된다. 이를 STEPPER 관점에서 미래전개도로 작성한 것이 '한반도 미래전개도'이다. STEPPER는 사회Society, 기술Technology, 경제Economy, 정치Politics, 인구Population, 환경Environment 및 자원Resource의 각 관점을 의미한다. 여기서 제시된 한반도 미래전개도는 선호 및 변혁 미래를 대상으로 한 것으로, 완전한 것은 아니다. 다만 긍정적이고 낙관적인 전망을 중심으로 주요 미래전략 흐름을 도출한 것이다.

한반도 선호 미래 시나리오

한반도 미래전개도는 무수하게 가능한 미래상의 하나에 불과하지만, 이를 통해서 한반도 미래에 대한 구체적인 대화를 나누어야 할 때이다. 미래에 대한 구체적인 대화와 인식의 공유, 의지를 모으는 것이 미래를 만들어가는 첫걸음이기 때문이다. 또한, 남북이 주도적으로 만들어가는 한반도의 위대한 정치적 실험과 도전은 21세기 어느 시점에서 완전

| 표 3 | 한반도 미래전개도

구분	단기	중기	장기
사회	• 사회적 갈등 및 진영논리 축소 • 남북한 간 다양한 협의체 조성	• 남북한 상호 유학생 수 점증 • 남북한 청년 결혼 비율 증가 • 남한 종교단체 선교 강화 • 북한 신귀족층 등장 • 남북한 사회적 갈등 증가/폭발 • 중국 및 러시아와 교류 확대 • 새로운 교육 시스템 등장 • 한국사회 사고의 폭 확대	• 남북한 통일세대 등장 • 일부 선진국 Post Capitalism 논의 착수 • 한반도식 탈자본주의 논의 시작
기술	• 과학기술 교류강화 • 남북한 과학기술 협의체 구성 • 북한 의료기술 고도화 • 4차 산업혁명 개념 접목	• 정보통신기술 혁신 강화 • 학제 간 연구 활성화 • 우주기술 등 4차 산업혁명 공동진행 • 북한 디지털 변혁 가속화 • 위성 기반 무선통신 • 북한에 디지털 감시체계 등장 • 우주기술 등 4차 산업혁명 공동진행	• 4차 산업혁명 촉매기술 성숙 • 싱귤래리티 시대 준비
경제	• 개성공단 가동, 금강산관광 재개 • 경제특구 확장 • 북한 경제성장 • 사회간접자본 투자 진행 • 북한에 투기적 자본 유입 • 남한 한계기업 경쟁력 회복 • 외국 기업 투자 확대 • 경의선/동해선 남북한 연결 • 러시아와의 경협 확대	• 해외공장 Reshoring • 개마고원 개발 • 원격근무 일상화 • 북한, 일본 배상금 수령 • 다양한 분야의 경협 확대 • 북한식 경제개방 가속화 • 남한 추가적 경제성장 • 남북한 1인당 GDP 차이 축소 • 남한 양극화 악화 • 한반도 관광산업 활성화 • 북한 양극화 현상 등장 • 플랫폼경제: 세계적 독과점 현상 일반화	• 개마고원 스마트 도시 건설 • 기후변화 대응 사회기반시설 개선 • 단일화폐(암호통화) 사용 • 1인당 소득격차 1:1로 축소

정치	• 이념 갈등 완화
	• 남한 정치지형 변화
	• 지방분권 강화
	• 미국과 중국의 갈등
		• 한반도의 주도적
		  국제영향력 강화
		• 미국 중국과의 균형외교
		• 지방 경제력 강화
		• 북한 인권문제 부각
		• 남북한 평화와 체제경쟁
		  병행
		• 북한의 사회적 변화에
		  대한 저항
		• 남한 내 사회적 저항
			• 자치권을 보유한 도시
			  등장
			• 한반도식 탈자본주의
			  논의 시작(사회, 정치,
			  경제에 공통)
			• 1국가 2체제 실현

인구	• 북한 의료시스템 개선
	• 북한 출산율 증가
	• 남한 저출산 지속
		• 북한 고령화 가속
		• 남한 고령화 지속적 진행
		• 남북한 인구문제 협의
		  시작
			• 저출산/고령화에 대한
			  사회적 대화와 대타협
			  진행
			• 극단적 생명연장 현실화
			• 한반도 장생사회 진입

환경	• 북한 녹화사업
	• DMZ 평화지역/생태지역
	  선언
		• 남북경협 지역의 환경(물,
		  공기, 폐기물) 관리 사업
		• 북한 지하자원 난개발로
		  환경오염
		• 농업지도 재작성
			• 한반도 환경 통합관리
			  전략 수립
			• 북한 농업 생산성 증가
			• 기후 온난화 및 해수면
			  상승

자원	• 북한 지하자원 개발
	  활성화
	• 러시아 가스관 건설
	• 북한 발전시설 확대
		• 한국 에너지 믹스 전략
		  재수립
		• 북한 에너지 문제 해결
		• 에너지 문제 단계적 해소
		• 핵융합 상용화 착수
			• 에너지 문제에 대한
			  대안 확보
			• 나노물질 기술로
			  희토류문제 점진적 해소
			• 북한 지하자원 경제적
			  가치 저하

한 통일국가라는 결실로 이어질 것이다. 통일한국을 향해 펼쳐질 한반
도 미래 시나리오를 단계별로 상정해본다. 이는 곧 단계별로 우리가 무
엇을 준비해야 할지를 말해주는 것이기도 하다.

1단계 시나리오: 평화와 공존

남북, 북미, 북일 간의 극적인 수교를 통해서 평화와 공존이 한반도의

화두로 부상한다. 2018년 하반기 남북한 간 연락사무소가 개성에 설치되고 2019년에는 국교를 맺고 서울과 평양에 대사관이 들어선다. 서울 세종로에 인공기가 날리고 평양의 문수거리에 태극기가 휘날린다. 까다롭긴 해도 남한 국민들이 북한 방문증을 발급받아 육로, 해로 및 하늘길을 통해 북한을 합법적으로 방문하는 일이 가능해진다. 그러나 남북 정권의 상호 불신과 군사적 대치상황이 완전히 끝난 것은 아니다. 오랜 분단체제에서 살아온 남북한 사람들에게 또 다른 세계가 열린 역사적 변혁은 근본적 의식의 변화를 몰고 온다. 이제 화해와 평화의 길로 가야 한다는 역사적 당위성에는 남북의 어떤 주류 정치세력도 저항하기 어려운 분위기가 형성된다.

남북한 정부는 이데올로기 대결 종식에 따라 그 공백을 대체할 통치 이념으로 평화적 민족주의를 강조한다. 같은 민족, 단군의 자손이라는 민족주의적 슬로건과 메시지가 미디어에 자주 등장한다. 남북한의 친인척을 찾는 프로그램도 인기를 얻는다.

2022년 서울과 신의주를 잇는 경의선 고속철도가 완공되고 이듬해 동해선도 뚫린다. 서울에서 평양까지 1시간, 블라디보스토크까지 4시간 만에 주파하는 고속철도의 완공은 남북 주민의 접촉과 경제교류를 활성화한다. 남북한 경협이 확대됨에 따라 일부 한계기업이 수명을 연장할 수 있게 된다. 해외로 공장을 이전한 다수의 기업이 한반도로 공장을 리쇼어링한다. 2023년에는 북한을 경유해 러시아 천연가스를 들여오는 가스관 건설이 완성됨에 따라 전력비용이 낮아지고 탄소 발생량을 줄이게 된다. 또 몽골에 대규모 태양광 발전단지 등이 건설되면서 한반도 에너지 믹스 전략의 변화가 요구된다.

물론 남북한 경협이 진행되면서 예상치 못했던 부작용도 발생하기 시작한다. 1990년대 이후 저임금 노동력을 확보하기 위해 외국인 노동자가 유입되었는데, 이들의 일자리를 북한 노동자가 대체하기 시작했기 때문이다. 외국인 노동자의 실업은 상당한 사회적 문제를 야기한다. 남한의 노동계도 북한 노동자와 북한으로의 공장 이전에 따른 일자리 감소를 체감한다. 또 북한의 저임금은 남한 내 임금의 인상도 정체시키는 요인이 된다.

북한은 초기 개방정책, 경제개혁이 큰 성과를 거두고 남한을 비롯한 외부세계와 경제교류가 늘어남에도 불구하고 고압적인 통치 자세를 유지하는 상황이다.

2단계 시나리오: 공동번영 달성과 갈등의 극복

2020년대에 접어들면서 남북한 관계는 크게 달라지기 시작한다. 교통·통신 인프라가 구축되고 국민 모두 남북 관계개선으로 인한 혜택을 경험하면서 남북한 협력은 거스를 수 없는 대세가 된다. 북한시장의 내수화가 꾸준히 진행되면서 남한경제에서 중요한 비중을 차지하고 북한 공단에서 생산되는 상당수 품목의 가격 경쟁력은 중국, 베트남을 능가한다. 북한의 경제성장률은 상당한 성과를 거두며, 남한도 추가적인 경제성장을 거두게 된다. 남북한의 1인당 국민총생산의 차이는 급속도로 줄기 시작한다.

북한 정권은 김일성주의 색채를 줄이고, 전통 유교, 민족주의, 환경이념 및 반자본주의를 융합한 북한식 사회적 공유경제인 신주체사상을 제창한다. 점점 심해지는 환경재앙과 인공지능 확산으로 인한 일자리 감소 등을 고려할 때 북한이 제시한 신주체사상은 북한의 체제 안정에 기여한다는 대외적 평가를 받는다. 북한은 신주체사상을 근거로 개인주의, 소비지상주의가 팽배한 남한 방식의 생활상을 비판하기도 한다. 남북한은 활발한 교류를 하는 가운데 새로운 선의의 체제경쟁이 시작된다.

2027년 개성과 DMZ 주변에 한국자본이 투자한 실버타운이 들어서 성황리에 분양을 마친다. 북한 토종 AI기업이 세계시장에서 두각을 나타내는 사례가 등장한다.

서해 NLL이 평화수역으로 바뀌고 남북 간에 군사적 긴장은 크게 완화되었지만, 대규모 군축으로까지는 아직 이어지지 못한다. 남북 모두 징병제를 모병제로 바꾸라고 요구하는 여론의 압력이 높아지면서 남북한 당국은 비대한 군조직 정비로 고심한다. 북한은 경제성장에 필요한 인력을 확보하고자 군 복무기간과 군인의 수를 대폭 줄이고, 육해공군의 낡은 무기체계를 바꾸는 첨단화 사업에 나선다. 북한은 통일과정에서 소외감을 느끼는 군부를 달래기 위해 핵무기를 포기하는 대신 재래식 군사력은 일정 수준 유지해야 한다는 명분을 내세웠으나 본격적으로 평화 시기의 군대로 전환한다. 2027년 미국 군함이 원산을 친선 방문하는 역사적 이벤트가 열리는 한편, 북한은 중국으로부터 최신 스텔스 전투기를 구매한다. 국가보다 민족이 상위개념이라는 주장을 공공연히 주장하는 신민족주의 정치세력이 국회에 진입한다.

2037년, 북한은 종전 및 평화협정 이후 20년 만에 1인당 GDP 1만 달러, 구매력 기준으로는 1만 5,000달러를 달성한다. 남한의 1인당 GDP도 북한과의 경제협력에 힘입어 예상보다 빨리 7만 달러를 바라보게 된다.

3단계 시나리오: 변혁과 초월

남북한이 그동안 거둔 경제적 성과에 힘입어 정치적 통일 논의를 시작할 수 있게 된다. 유럽 선진국과 미국에서 탈자본주의에 대한 논의가 본격화한 것도 중요한 원인이 된다. 인공지능을 포함한 디지털혁명, 스마트로봇 기술, 디지털 농업혁명, 가상현실 기술 등은 일자리의 의미를 변화시키고 근본적 생산성의 향상을 가져온다. 남북한 조폐 당국이 공동 발행한 암호통화가 등장하면서 남북한 국민과 기업들의 자유로운 상거래가 가능해진다. 남북 지역의 1인당 소득격차가 점차 감소하여, 거의 1대 1 정도가 된다. 광역시를 중심으로 한 광범위한 자치권을 인정하는 움직임도 남북한 통일에 대한 선택의 폭을 넓히는 여유를 갖게 된다.

특히 일당제를 유지하면서도 성공적 경제개발을 달성한 북한 정권은 자신감을 갖고 남한과의 통일 논의를 진행한다. 개성이 잠재적 통일 행정수도로 거론되면서 남한 자본의 인프라 투자가 집중되고 공단 외곽 지역에 대규모 아파트촌과 공공시설이 들어선다.

1국가 2체제 통일 논의가 시작되고, 그동안 이뤄온 경제성과와 사회통합 분위기를 바탕으로 1국가 2체제가 확립된다. 이에 따라 한반도가 단일국가로서 국제사회에서의 영향력이 배가된다. 지역 정부가 내정을 담당하고 상당한 수준의 치안 병력을 유지한다. 반면 중앙정부는 외교를 담당하고 비교적 소규모의 연방군만 보유한다. 상하원의 연방의회가 구성되어, 제한된 범위에서는 연방 차원의 정책결정과 예산계획 및 법안을 의결한다. 남북한주민들은 자신들이 원하는 체제를 기획하고 선택하거나 바꿔서 살 수 있다는 사실을 이해하고 다양한 국가모델을 스스로 제시하면서, 남북한주민들 사이의 연대가 형성된다.

주한미군의 성격이 변하게 된다. 한미연합사는 유지하고 있지만, 주둔병력의 구성에서 육군보다 공군과 해군 위주로 재구성된다. 남한과 미국, 북한과 중국의 군사동맹은 동북아 안보동맹으로 전환된다.

인공지능 통·번역 기술의 놀라운 발달로 대다수 분야에서 언어장벽은 사라진다. 한국어를 전혀 모르는 외국인이 한국사회에서 지적인 업무를 수행하고 네트워크를 만드는 데 어려움이 없다. 이제 한민족의 개념은 같은 언어를 쓰는 혈연 공동체가 아니라 한반도를 기반으로 문화와 정치적 이해관계를 공유하는 집단으로 점차 의미가 바뀌고 있다.

4단계 시나리오: 한반도 대통합

2049년 단오절에 남북한 정상이 만나 한반도에 1국가 1체제를 추진하는 공동선언문을 발표한다. 남북 각 지방 정부의 자치권을 확대하면서 시·도 정부 기반의 연방정부로 완전한 통일을 이룬다. 한반도가 외세에 의한 분단을 겪은 후 100년 만에 길고, 좁고, 거친 길을 걸어서 드디어 하나의 정치적 공동체를 만든다. 남북한 국민투표가 시행되고, 황해도 행정수도에 중앙정부가 수립된다.

| 표 4 | 단계별 한반도 미래 시나리오

한반도 주요 이벤트	한반도 미래전략	세계 주요 이벤트
• 사회갈등 및 진영논리 축소 • 남북한 과학기술 교류 강화 • 남북 경협토대 마련 및 확장 • 한국 이념갈등 완화 • 북한 출산율 증가 • DMZ 생태지구 선언 • 러시아 가스관 건설 착수	**1단계** **평화와** **공존**	• 4차 산업혁명/디지털 변혁지속 • 미국과 중국의 협력과 갈등 • 디지털 플랫폼으로 인한 양극화 심화 유지
• 남북한 유학생 및 결혼 증가 • 4차 산업혁명 남북 공동진행 • 북한 경제성장 가속화 • 한반도 주도적 외교력 점증 • 남북한 고령화 가속 • 한반도 농업지도 재작성 • 에너지 믹스 전략 재수립	**2단계** **번영과 갈등** **극복**	• 지식사회, 디지털사회 원숙 • 가상현실 등 기술 완성 • 제3세계 디지털 경제화 진행 • 미·중 파워게임 심화 • 지구 온난화 위기 심화 • 핵융합 에너지 상용화
• 남북한 통합세대 등장 • 4차 산업혁명 촉매기술 성숙 • 탈자본주의 본격 논의 시작 • 자치권 보유 지방정부 • 생명연장 현실화 • 기후 온난화로 해수면 상승 • 에너지 문제 대안 확보	**3단계** **변혁과** **초월**	• 선진국 중심으로 후기 자본주의 사회 진입 • 극단적 수명 연장 • 실질적 생산력 증가 • 해안가 침수 도시 증가 • 도시 단위 정치 시스템 강화
• 1국 1체제 헌법 제정 • 장생사회(100세 수명) • 싱귤래리티 사회 • 포스트휴먼 기술 확산	**4단계** **한반도** **대통합**	• 싱귤래리티 사회 • 포스트휴먼 시대 현실화 • 탈 자본주의 사회 일부 실현 • 핵융합 상용화

2.
독일 통일에서 배우는
한반도 통일 전략

━━━━━━━ 지난 20세기에 베트남, 예멘, 그리고 독일이 통일을 이뤄냈다. 특히 독일의 사례는 우리에게 많은 시사점을 준다. 분단시 독일의 상황은 오늘날 한반도의 환경과는 달랐다. 동서독은 동족상잔의 비극을 겪지 않았으며, 통일 이전에도 상품교역, 상호방문, 전화통화, 우편교류, 도시 간 자매결연 등 다양한 분야에서 교류를 계속 추진해왔다. 이처럼 한반도의 상황과는 다르지만, 독일 통일이 주는 가장 큰의미는, 자유민주주의와 시장경제체제에 기반하여 이룩한 유일한 평화적 통일의 사례라는 점이다. 또 주변 강대국들의 반대 등 어려운 여건을 극복하고 이룬 통일이라는 점에서도 적잖은 의미가 있다. 당시 주변 강대국들은 거대한 독일의 등장을 우려하여 강하게 반대했지만, 독일은이를 외교로 극복하고 통일을 이룬 것이다. 통일을 준비했던 과정과 이후의 변화 과정도 우리에게는 중요한 참고자료가 된다. 독일 통일 과정

에서 발생했던 다양한 이슈들, 가령 수십만 동독주민의 서독 이주, 주변국의 지지를 얻기 위한 통일외교 활동, 통일비용 조달 문제, 동독 지역 주민들의 심리적 갈등 문제, 소련 점령기 때 몰수되었던 동독 내 토지의 소유권 문제 등은 우리 통일 과정에서도 그대로 일어날 문제들이다. 이러한 선례로부터 예상되는 문제와 이에 대한 해법을 찾아 한반도 상황에 맞춰 준비하는 것이 우리의 과제이다.

독일의 통일 과정

1989년 여름 동독주민들은 대규모 탈출과 개혁을 요구하는 시위를 하며 분단의 상징인 베를린 장벽을 붕괴시키는 평화혁명을 이루었다. 장벽 붕괴 후 3주가 지난 11월 28일 헬무트 콜Helmut Kohl 서독 총리는 극비리에 준비한 '독일과 유럽 분단 극복을 위한 10개 방안'을 발표하며 통일을 추진했다. 콜 총리의 10개 통일 방안은 ①동독의 정치, 경제, 사회 개혁을 이룬 다음에 ②동서독이 국가 연합적 조직으로 발전하여 ③유럽 국가들과 협력하면서 통일을 이룩한다는 3단계 방안으로 요약된다.

'내부적인 문제'와 '대외적인 문제'의 해결을 통한 통일

독일 통일은 분단 당사자인 서독과 동독의 문제였으나 동서독의 합의만으로는 통일을 이룰 수 없었다. 전승 4개국의 동의가 필요했기 때문이었다. 따라서 독일은 '내부적인 문제'의 해결과 '대외적인 문제'의 해결이라는 '투 트랙' 전략으로 통일을 추진해야 했다.

내부적인 문제는 동서독이 협의하여 해결할 수 있는 문제들이었다. 즉, 동서독 화폐 교환비율 문제, 경제·사회 통합 문제, 기본법 개정 문제, 서독 법의 동독 지역 내 적용 문제, 통일된 독일의 수도 선정 문제, 연방정부와 의회의 소재지 결정 문제 등이었다. 내부적인 문제는 서독이 자유 총선(1990년 3월 18일 실시)에 의해 수립된 동독 민주 정부와 협의, 1990년 5월 18일에 '통화·경제·사회동맹 조약'을, 8월 31일에 '통일 조약'을 체결하여 해결했다.

대외적인 문제는 포츠담 협정(1945년)과 독일 조약(1952년, 1954년)으로 발생된 문제들이었다. 즉 전승 4개국의 '베를린과 전全 독일에 대한 권한과 책임'의 해제 문제, 통일된 독일과 폴란드 간의 국경선 문제, 통일된 독일의 북대서양조약기구NATO 잔류 문제, 동독 주둔 34만 소련군의 철수시기와 철수비용 문제, 통일된 독일의 군 병력 감축과 ABC(핵·생화학) 무기 포기 문제 등이었다. 이러한 대외적인 문제는 동서독이 아닌 전승 4개국이 해결할 문제였기 때문에 통일 여부와 시기는 전적으로 이들 문제를 어떻게 해결하느냐에 달려 있었다. 독일은 통일 과정 내내 미국의 확고한 지지 속에 전승 4개국과 수십 차례의 회담을 했고, 9월 12일 2+4 조약[24]을 체결하면서 대외적인 문제를 해결했다. 결국, 내부적인 문제와 대외적인 문제를 완전히 해결한 독일은 1990년 10월 3일 통일을 이뤄냈다.

독일이 통일을 이룰 수 있었던 요인

분단 시 독일인들은 통일이 20세기에는 어려울 것으로 생각했다. 그 이유는 ①에리히 호네커Erich Honecker 동독 서기장이 서독을 방문하는 등 동서독 교류가 너무 잘 이루어지고 있어 분단이 고착화할 것이고

②소련이 중요한 위성국인 동독을 계속 붙잡고 놓아주지 않을 것이며 ③강대국의 반대로 전승 4개국의 동의를 받기가 어려울 것으로 여겼기 때문이다.

그렇다면 무엇이 독일의 통일을 가능하게 만들었을까? 우선 통일을 이루고자 하는 동서독주민들의 강한 의지를 꼽을 수 있다. 동독주민들은 1989년 베를린 장벽을 붕괴시킨 평화혁명을 이루었고, 서독주민들은 동독주민들의 평화혁명을 통일로 이끌었다. 미국의 조지 부시George H. W. Bush 대통령의 적극적인 지지도 빼놓을 수 없다. 전승 4개국의 동의가 있어야만 통일이 가능했던 상황에서 소련, 영국, 프랑스의 반대로 통일 실현 여부는 불투명했으나, 부시 대통령의 강력한 지지로 통일을 이룰 수 있었다. 또 콜 총리 등 국가 지도자들의 능력과 국가적 역량이 있었기 때문에 가능했다. 베를린 장벽이 붕괴되자 콜 총리는 재빠르게 통일을 추진했고, 콜 총리와 한스 디트리히 겐셔Hans-Dietrich Genscher 외무장관은 1990년에만 전승 4개국 정상 및 외무장관들과 60여 차례의 회담을 하며 대외적인 문제를 해결하고 2+4 조약을 체결했다. 국제 정세 변화도 당시 독일의 통일을 도운 주요 요인이다. 1980년대 후반은 동독의 후견인 역할을 해왔던 소련이 붕괴되던 시기였는데, 소련의 붕괴에 따라 생긴 힘의 공백을 절묘하게 활용한 셈이다. 가령 독일은 재정적 어려움을 겪던 소련에 생필품과 농산품 지원, 마르크 차관 제공, 동독 주둔 소련군 철수 비용 지원 등 여러 차례 경제지원을 하며 소련의 지지를 얻는 데 성공한 것이다.

한반도 통일전략

통일을 이루는 데에는 어려움이 따르고, 또 비용도 소요된다. 그러나 통일한국의 면적은 영국과 비슷하고, 인구는 독일과 비슷해지며 강대국으로 발전할 수 있는 토대를 갖추게 된다. 통일한국은 중국, 러시아, 일본과 교류를 확대하며 이 지역의 경제 발전을 견인할 것이고, 국제 위상도 더욱 높아질 것이다.

통일 의지와 통일 역량 구축

'뜻이 있는 곳에 길이 있다'고 했듯이 통일을 향한 관심과 의지는 통일을 이룰 수 있는 토대이다. 이러한 토대 위에 통일역량이 뒷받침되어야 가능하다. 남북 간 커다란 소득격차를 보면, 통일역량의 중요성을 깨달을 수 있다. 2016년 기준 북한의 국민총소득과 1인당 소득은 각각 남한의 45분의 1, 22분의 1 수준이었다. 더군다나 남한 인구는 북한의 두 배 수준이어서, 남한주민 2명이 경제적으로 매우 어려운 북한주민 1명을 부양해야 하는 상황이다(독일 통일 시 서독주민 4명이 동독주민 1명을 부양했음).

국민총소득GNI 증대도 통일역량을 키우는 일이다. 통일 과정에서 매년 북한으로 일정한 비용을 이전할 경우, 국민총소득이 늘어나면 그만큼 부담이 줄어들게 된다. 또 GDP 대비 국가 채무비율도 낮은 수준으로 유지해야 한다. 우리나라의 GDP 대비 국가 채무비율 39.7%(2017년 기준)는 경제협력개발기구 회원국과 비교해 낮은 편이지만, 통일에 대비하여 가능한 한 낮은 수준으로 유지해야 한다. 채무비율이 낮으면 통일비용 조달이 좀 더 용이하다. 우리는 더 많은 준비로 통일역량을 키워야 한다.

북한의 변화 유도

남북관계 개선, 평화 정착, 그리고 통일의 토대를 마련하기 위해서는 북한이 긍정적으로 변해야 한다. 빌리 브란트Willy Brandt가 추진한 '신동방정책die neue Ostpolitik'의 토대를 마련했던 에곤 바Egon Bahr는 "공산 국가는 스스로 변하지 않기 때문에 꾸준히 접촉하여 변화시켜야 한다"고 강조했다. 폐쇄사회인 북한을 개혁·개방의 길로 이끄는 데에는 어려움이 있더라도 변화시켜야 한다.

북한 변화의 출발점은 '완전한 비핵화'이다. 즉, '완전하고 검증 가능하며 되돌릴 수 없는 핵 폐기CVID'를 이루어야 한다. 무엇보다도 북한이 '완전한 비핵화'로 가는 노선에서 중도에 이탈하지 않도록 잘 이끌어야 한다. '완전한 비핵화'와 연계하여 인도적인 분야(영유아와 산모 지원, 이산가족 상봉), 환경(산림녹화), 보건(말라리아 퇴치), 스포츠(축구, 농구) 등의 분야 교류를 계속 확대해야 한다.

외부정보 유입과 인권문제 제기도 필요하다. 북한을 비방하는 내용보다는 한국과 국제사회 소식, 노래와 드라마는 물론 자유와 인권, 민주주의 기본 개념을 이해할 수 있는 내용의 대북 방송을 하고, 이동저장장치USB 등을 보내 북한주민의 의식을 변화시켜야 한다. 북한의 인권유린 문제는 UN도 해마다 거론할 정도로 국제문제가 되어 있고, 우리는 북한주민의 인권을 개선하기 위해 2016년 '북한인권법'을 제정했다. 인권은 인류 보편의 가치로 북한의 인권유린문제를 제기해야 북한주민의 인권이 개선되고, 변화도 이끌 수 있다.

북한에 관한 정확한 정보 축적

독일 통일 과정에서 서독의 가장 큰 실수는 동독을 잘 몰랐다는 점이다. 특히 동독의 경제와 재정 문제를 올바로 파악하지 못했다. 통일 과정에서 경쟁력을 잃은 대부분의 동독 기업들의 파산으로 실업자가 발생했고, 실업수당과 연금 등 사회보장비로 인해 통일비용이 많이 소요되었다. 통일 이후 20년(1990~2010년) 동안 소요된 통일비용 약 2조 1,000억 유로(약 3,000조 원)의 52.4%가 사회보장비였다.

향후 우리는 북한과의 경제협력과 통일에 대비하여 정확하고 많은 정보를 축적해야 한다. 북한 경제재건의 기초 자료인 인구, 국민소득, 도로·철도 시설, 산업 구조, 전력 수급 및 송전설비 현황, 자원 현황, 주택, 상하수도 시설 등에 관한 정보가 필요하다. 북한에 관한 정보를 많이 축적하면 할수록 통일 과정에서 실수를 줄이고, 통일비용도 줄일 수 있다.

국제사회의 지지와 협조를 얻기 위한 통일외교 추진

한반도 통일의 대전제는 평화통일이다. 북한 핵 위협과 한반도에 대한 주변 강대국의 이해관계에서 안정적이고 평화적인 통일을 위해서는 이에 맞는 통일외교 추진이 요구된다. 우선 통일을 적극 지지해줄 국가를 확보해야 한다. 동맹관계가 있고, 자유민주주의와 시장경제 가치를 공유하고 있는 미국과 확고한 협조체제를 구축해야 하고, 북한과 강한 유대관계가 있는 중국의 지지와 협조를 얻기 위한 외교도 추진해야 한다. 또 러시아, 일본, UN, 유럽연합, 아세안 등의 지지와 협조를 얻기 위한 외교도 필요하다. 한반도 통일을 지지해줄 국가가 많으면 많을수록 좋다.

남북 기본조약 체결

동서독 관계의 발전은 1972년 12월에 체결한 동서독 기본조약이 토대가 되었다. 이 조약으로 동서독은 UN 동시 가입, 상주대표부 교환에 이어 교류와 협력을 꾸준히 추진했다. 남북한 간에도 기본조약 체결이 필요하다. 기본조약은 남북관계를 정립하고 교류와 협력에 관한 토대가 될 것이며, 서울과 평양에 상주대표부 교환과 방송사·신문사 특파원 교류 등 전반적인 교류와 경제협력의 기본내용을 담게 된다. 이 조약은 남북 의회의 비준 동의를 받아 국민적 합의와 지지가 뒷받침되도록 한다.

북한주민들의 심리적 상실감(갈등) 대비

독일이 통일된 지 30년 가까이 되면서 통합 작업은 대부분 완료되었으나, 아직 미진한 분야는 동독주민들의 심리적인 갈등 문제이다. 이는 분단국 주민들이 서로를 이해하고 하나가 되는 데 얼마나 힘들고 많은 시일이 소요되는지를 잘 말해주고 있다. 동독 지역 주민의 상실감이 컸는데, 그 주된 이유는 실직 때문이었다.

한반도 통일의 완성도 북한주민들이 느끼게 될 심리적인 갈등 해소에 달려 있다. 남북한주민들은 70년 넘게 서로 다른 체제에서 지냈으며, 북한주민들은 자유민주주의와 시장경제를 경험할 기회가 없었다. 북한주민들이 갖게 될 심리적인 상실감 또는 갈등을 대비해야 하며, 이 준비는 통일 이후가 아닌 지금부터 해야 한다. 교류 증진, 새로운 사회시스템 적응 교육자료 준비는 물론 일자리 제공과 소득격차 해소 등이 필요하다. 또 이미 정착한 북한 이탈 주민(2018년 3월 기준 3만 1,530명)들이 새로운 사회체제 적응에 어려움이 없도록 지속적인 관심과 지원도 필요하다.

북한주민의 대규모 이주 대비

독일 통일은 수십만 동독주민의 서독 이주로 촉발되었고, 통일 이후에도 동독 지역 주민들이 서독 지역으로 꾸준히 이주했다. 한반도 통일 과정에서도 북한주민들의 대규모 남한 이주가 예상된다. 그 이유는 ①두 지역 간의 소득격차가 크면 클수록, 소득이 낮은 지역의 주민들은 소득이 높은 지역으로 이주하게 된다는 것 ②자신의 장래를 개척하려는 젊은 층(20~40대)의 이주 ③통일이 완전하게 이루어질 것인가에 대한 불안 때문이다. 일부에서 북한주민에 대한 거주 이전의 자유를 제한해야 한다는 주장이 제기되고 있으나 효과는 없다. 중국, 러시아, 또는 동해와 서해를 통해서도 이동할 수 있기 때문이다.

이주 규모는 통일 전후로 약 178만 명(대외경제정책연구원, 2014)에서 250만~300만 명이 예상된다. 북한주민의 대규모 이주는 북한 지역의 공동화를 초래하게 되고, 남한에는 북한주민을 수용해야 하는 문제가 따른다. 따라서 주민들이 북한에 계속 남아 있도록 북한 내 사회간접자본 확충으로 일자리와 거주지 제공 등의 대책을 마련해야 한다. 동시에 북한 이주민을 우리 노동시장에 흡수하는 방안과 거주지 마련 등의 대책도 필요하다.

국가 지도자의 확고한 통일 의지와 능력

독일이 통일을 이룰 수 있었던 요인 중의 하나는 콜 총리 등 국가 지도자들의 의지와 국가 역량이다. 콜 총리는 베를린 장벽 붕괴라는 기회를 적기適期에 잡아 주변 강대국의 반대를 극복하고 통일을 이루었다. 동독과 통일 조약을 체결했던 쇼이블레 당시 서독 내무장관은 "동독과의 협상보다는 서독 내 연정 파트너, 의회, 야당, 주정부, 이익단체 등을 이해시키고 지지를 얻는 과정이 더 힘들었다"고 회고한 바 있다. 이는 한반도 통일 과정에서도 북한과의 협의보다는 한국 내 합의를 이루는 과정이 더 어렵다는 교훈을 주는 것이기도 하다.

대북정책과 통일문제에 대한 국민의 여론이 다양하다. 국가 지도자에게는 다양한 국민 여론을 모아 국민적 합의와 지지를 얻는 노력이 요구된다. 주변국 지도자들의 이해를 구하고 지지와 협조를 얻는 것도 국가 지도자의 몫이다. 또 꾸준한 준비로 통일 역량을 축적하고, 기회가 왔을 때 그 기회를 놓치지 않는 능력도 요구된다. 19세기 프로이센의 통일을 이룩했던 오토 폰 비스마르크Otto von Bismarck는 "역사 속을 지나가는 신神의 옷자락을 놓치지 않고 잡아채는 것이 정치가의 임무이다"라며 통일 기회를 잡는 정치인의 능력을 강조했다.

3.
동질성 회복을 통한
남북 사회통합

━━━━━━━━━ 한반도 통일은 분단을 초래하고 이를 장기간 고착시킨 요인들을 해소하는 과정 그 자체이다. 이 해소가 일거에 이뤄질 수 없다면, 통일은 점진적이면서 단계적인 과정이 되어야 할 것이다. 단기적 통일을 가로막는 요소는 크게 세 가지이다. 첫째, 남북의 뿌리 깊은 정치군사적·이념적 적대, 둘째, 남북의 서로 다른 체제에서 만들어진 문화적 이질성, 셋째, 남북의 현격한 국민소득 격차이다. 이런 요소들이 그대로 남아 있는 상태라면 통일이 되더라도, 그 이후의 과정은 반목, 갈등, 불평등의 심화로 점철될 것이다. 이러한 통일은 자칫 또 다른 분단의 빌미가 될 수 있다.

통일의 전제이자 결과로서 사회통합

준비가 안 된 통일은 북한주민들의 대규모 주거이탈(난민화), 남한주민들의 무분별한 대북 진출, 월남주민들에 대한 배척과 차별, 소득이나 고용 측면에서 남북주민 간 불평등과 같은 사회문제를 후유증으로 남길 수 있다. 남과 북 체제의 통합이 통일의 완성단계라 하더라도, 그 완성도는 실제로 사회통합이 내부적으로 얼마나 이뤄지느냐에 따라 달라진다. 남북은 본래 같은 민족이고 한 국가였기에 통일의 실질적인 과정은 남북이 민족으로서 화합과 유대를 회복하는 사회통합의 과정이 되어야 한다. 사회통합은 그래서 통일의 저항을 줄이는 통일 준비의 조건이면서 통일 이후 사회적 안정을 담보할 통일 결과의 조건이기도 하다.

남북체제의 병존과 단계적 통일

적대, 이질성, 격차의 씨앗들은 남과 북의 체제regime에 배태된 것들이다. 동서독과 같은 흡수통일 방식으로 한반도 통일이 하루아침에 이루어질 수 없는 까닭도 이와 관련된다. 따라서 한반도 통일은 남북의 체제가 일정 기간 병존하면서 체제 간 적대, 차이, 격차를 점진적으로 해소해가는 과정의 결과로 구현될 것이다. 단계적 통일은 '통일 준비→전면통일→통일 이후'와 같은 시간적 의미만 아니라 '사회통합→경제통합→정치통합'과 같은 내용적 의미까지 함축한다. 한반도 통일은 민족nation의 틀 내에서 분열국가를 통합국가로 역전시켜가는 과정이기 때문에 정치통합이 외형적이면서 최종적 모습이라면, 민족공동체의 통합적 복원이 그 속을 채운다.

사회통합의 원칙과 방법

사회통합은 크게 세 가지 층위를 갖는다. 첫째는 개인 행위자 차원에서 일상적 상호작용의 반복으로 이루는 미시적 수준의 사회적 통합social integration이다. 둘째는 시공간을 넘어서는 제도와 규칙의 상호작용에 의한 거시적 수준의 체제적 통합system integration이다. 셋째는 이 두 가지의 결합에 의한 범사회적 통합societal integration이다. 사회통합은 행위→제도→구조의 차원으로 확장하는 것이면서, 이 모두를 망라하는 것이기도 하다. 통일의 단계적 개념이 적용되는 사회통합은 행위→제도→구조의 단계로 확장하는 것으로 통일의 완성은 구조의 단계에서 이뤄지는 것이다. 부문 개념을 적용하면, 행위는 사회적 통합(일상적 관계를 중심으로 하는 통합), 제도는 경제적 통합(시장경제 제도를 중심으로 하는 통합), 구조는 정치적 통합(통치를 위한 법제도를 중심으로 하는 통합)으로 구분해볼 수 있다. 하지만 남북의 사회통합은 지리적으로 분리된 두 이질적 사회의 개인적, 집단적 연대와 유대를 복원하는 것이기 때문에 초장소적 상호교류의 메커니즘이 매개되어야 한다.

단계별 사회통합의 방향

사회통합은 충분한 시간 속에서 단계별로 진행되어야 할 것이다. 만약 지금부터 30년 후를 통일 시점으로 상정한다면, 단일헌법의 단일국가 목표를 이루기 이전에 초기 1단계 10년간은 개인 차원의 교류와 협력을 통한 상호이해 증진이 필요하며, 2단계 10년간은 문화와 제도의 공유를 통한 이질성 극복이 이뤄져야 한다. 이를 바탕으로 3단계 10년간은 공동관리정부 구성을 통한 제도적 통합을 본격적으로 진행할 수 있을 것이다.

통일준비 1단계: 교류, 협력, 상호이해

남북의 사회통합 출발점은 상호방문과 교류를 허용하고 활성화하는 것이다. 이 모든 것은 단절된 민족공동체 삶의 일상관계를 복원하는 일이어야 한다. 아울러 사회통합을 저해하는 요소들을 사전적으로 차단하는 다면적 대책과 조치를 남북이 공동으로 취해야 한다. 이를테면, 북한주민들의 일시적 과잉 주거이탈에 대한 예방, 남한주민들의 무분별한 북한진출(투기목적 등) 통제, 경제협력이라는 이름으로 이루어지는 무분별한 난개발에 대한 관리 등을 꼽을 수 있다.

1) 상호방문

이산가족 상봉, 친지 초청, 성묘, 연고지 방문 등과 같은 개인과 가족 차원의 자유로운 방문에서 시작하여 일반 주민 사이의 서신교류, 선물교환, 물품배달(택배), SNS 소통 등을 전면 허용하는 것으로 교류를 확대해가야 한다. 역사유적지 관광, 경승지 탐방, 탐방로 순례, 체험관광, 초청 봉사활동 등과 같은 개인 차원의 비경제적 목적의 방문도 활성화되어야 한다.

2) 단체교류

단체 차원의 인적 및 문화적 교류도 다양하게 이루어지도록 허용되어야 한다. 교육단체(학교 등), 봉사단체, 종교단체, 시민단체, 문화예술단체, 연구기관, 지방자치단체 등 공익적 활동을 하는 남북 단체 간의 상호방문, 인적교류, 정보교류, 공동사업 추진이 여기에 속한다.

3) 공동체 협력

남북사회에 뒤처지고 낙후한 각각의 사회 부문(예, 집단, 계층, 지역 등)을 자발성에 기초해 돕고 지원해 차별과 배제의 폐해를 겪지 않도록 해야 한다. 여기에는 크게 세 종류의 협력사업이 있다. 첫째는 사회복지 와 관련된 공동체 협력이다. 남북사회에 함께 살아가는 삶의 영역을 다 채롭게 복원하고 구축하는 것으로, 취약지역과 취약계층(저소득층, 장애 인, 노령자, 노동불능자, 청소년, 여성 등)을 위한 다양한 복지(고용복지, 생활복 지, 의료복지 등)를 확충하는 협력사업이 이에 해당한다. 둘째는 공동체 환경과 관련된 공동체 협력이다. 농촌 및 도시지역의 훼손되고 파괴된 환경 복원(예, 산림녹화, 범람하천의 정비, 자연재해의 예방, 서식지 보호, 전통경 관 복원 등)을 돕는 협력사업이 이에 해당한다. 셋째는 공동체 삶의 복원 과 관련된 공동체 협력이다. 남과 북의 NGO와 주민들이 함께 참여하 는 마을가꾸기, 마을복지(탁아, 육아 등), 커뮤니티 서비스, 커뮤니티 재생 등과 같은 협력사업을 들 수 있다.

4) 남북소통교류센터 설치

남북의 시군 단위로 설치하는 (가칭)남북소통교류센터는 남북주민 간 의 다양한 교류와 소통을 조직하고 지원·촉진하는 역할을 할 수 있다. 지역 주민 혹은 NGO 주도의 소통교류센터 운영은 그 자체로 개인 차 원의 사회통합을 도모하는 것이다.

통일준비 2단계: 문화공유 및 보편권리 보호

이 단계에서는 문화와 제도의 공유를 통한 이질성 극복을 주요 목표로 삼아 전략 방향과 실천방안을 수립해야 한다. 또 단체 차원에서 남북의 전면적인 사회통합을 촉진하고 지원하는 법률적 근거를 마련하는 것도 필요할 것이다.

1) 기초교육

사회화는 대개 사회적 교육으로 뒷받침된다. 따라서 통일준비 2단계에서 남북의 사회통합을 이끄는 핵심 방안으로 남북이 동일한 초등교육(학년제, 교과과정, 학습내용 등)을 제도화하는 것을 들 수 있다. 동일한 초등교육을 채택하게 되면, 사회화 초기 단계부터 남북주민(특히 미래세대)은 동일한 지식과 세계관을 학습하게 되어 사회통합을 이룰 가능성이 그만큼 더 커질 것이다.

2) 민족문화(언어, 역사 등)

남북은 같은 언어를 사용했지만, 분단 이후 말(단어)과 말의 의미가 달라진 게 많아, 통일 후 남북주민 간 소통, 나아가 통합에 적잖은 걸림돌이 될 수 있다. 따라서 통일준비 2단계에서 사회통합 촉진을 위한 방안으로 남북 간 이질화된 말을 같은 우리말로 회복하는 것(공동사전 발간, 방송 표준어 사용, 전문용어 통일 등)과 함께, 민족기원과 정체성에 관한 역사(민족신화, 삼국역사, 식민역사, 근대사 등)에 대한 해석을 하나로 통일하는 사업 등이 주요 사업으로 추진되어야 한다.

3) 미디어 개방

오랜 분단 상황에서 남북주민들은 이념적으로 왜곡된 정보와 이미지를 갖고 있다. 남북 간에 미디어의 상호개방은 이러한 문제를 해결하는 데 가장 중요하면서 효과적인 방법이 될 수 있다. 특히 TV 채널의 상호개방은 남북주민들이 상대의 의식과 태도, 생활방식, 대중문화, 가치관 등을 이해하는 데 크게 도움이 될 수 있다. 미디어의 상호개방은 현실의 시공간 제약을 넘어서는, 즉 가상공간 혹은 초현실공간을 통한 다양한 사회적 상호작용을 이끌어낼 수 있어 지리적으로 분리된 남북의 사회통합을 도모하는 유효한 수단으로 활용되어야 한다.

4) 기초복지서비스 제공

개방적 사회통합 과정에서 남북 어디에서든 배제나 상대적 소외를 겪는 사람, 계층, 집단, 지역이 필연적으로 있게 된다. 저소득층, 실업자, 농촌거주자, 청소년, 장애인, 낙후 지역 주민 등과 같은 취약층에 대해서는 사회적 미니멈social minimum에 해당하는 소득, 교육, 복지, 주거 서비스 등을 받을 수 있도록 해야 한다. 이를 위해 남북은 공동으로 복지 재원을 조성하고 복지전달체계를 남북 모든 지역에 균등하게 구축해야 한다.

5) 남북주민복지지원센터 설치

남북주민 누구라도 인간답게 살 수 있는 보편적 권리로서 기초복지서비스(의료, 주거, 교육 등)를 받는 것은 사회통합 차원에서 대단히 중요하다. 남북이 하나의 복지공동체로서 사회적 통합을 이루는 방안의 하나로 시군 단위로 '남북주민복지지원센터(가칭)'를 설치해 누구나 사는 곳에서 기초복지서비스를 받을 수 있도록 해야 한다.

통일준비 3단계: 관리정부, 연합정치, 공동외교, 화폐통합

체제 차원에서 사회통합을 구현하는 방안으로 남북연합을 구성하되, 그 핵심은 실행위원회 방식의 '공동관리정부' 구성이 될 수 있다. 남북의 정부가 있는 상태에서 구성되는 공동관리정부는 남북의 통합을 위한 실행과제의 선정과 추진을 공동관리하는 협치기구인 셈이다. 또 경제권 단일화를 위한 선행조치로 화폐 단일화가 시행될 수 있도록 해야 한다.

1) 공동관리정부 구성

통일준비 3단계에서 사회통합은 제도와 체제system 차원에서 이루어지도록 해야 한다. 핵심은 남과 북이 공동으로 관리해야 할 부문을 도출해 이를 남북의 (임시)공동관리정부 역할로 구성하는 것이다. 이는 남북체제가 완전히 하나로 통합되기 전에 사회통합 차원에서 추진하는 각종 정책사업(예, 공동기초교육, 사회적 기본서비스, 방송, 표준언어 복원 및 역사연구 등)을 공동관리하기 위한 것이다. 공동관리정부는 남북의 두 정부 위에 꾸려지는 과도기 협치(거버넌스) 기구이다. 일종의 (준)연방정부와 같은 것으로 사회통합에 필요한 공동사업을 남북의 합의에 기초해 추진하는 실행기구이지만, 정치적 통합을 거쳐 태어날 단일국가의 정부 전신이 될 수 있을 것이다.

2) '통일국민회의' 설립

공동관리정부가 사회통합과 관련된 남북의 공동행정을 담당하는 실행위원회 방식의 기구라면, 남북주민을 대표하는 사람들로 구성하는 '통일국민회의(가칭)'는 일종의 통일의회와 같은 대의기구이다. 통일과정에서 필요한 남북 사회통합 관련 의제를 남북 대표들이 모여 논의하고 선정해 남북 정부에 대해 이의 추진을 제안, 권고하고, 나아가 남북 통일 관련 남북의 공통의제를 동시에 제안하면서 추진의 성과를 평가하고 공론화하는 일 등이 통일국민회의의 역할이 된다. 이 또한 남북 간 합의에 기초해야 하지만, 남북 의회가 합의한다면, 각 의회의 구성원(의원), 혹은 각 의회가 추천하는 남북주민대표들로 통일국민회의를 구성, 운영하는 방안도 있다.

3) 정당 교류

정치적 통합에 관한 원칙이나 방법 등을 논의하고 합의 도출까지 남북 간에 지루한 줄다리기가 계속될 수 있다. 따라서 남북의 정당들은 교류를 통해 서로의 정치방식을 이해하면서 정치적 통합, 나아가 통일국가의 성격이나 구성방식 등에 관한 관점과 의견을 공유해가는 과정을 이끌도록 해야 한다. 남북 합의를 바탕으로 하는 남북 정당 교류는 남북의 주요 정치집단 간에 친목, 대화, 상호이해 등을 위한 것이지만, 활동 여하에 따라 남북연합이란 틀 내에서 이루어지는 고도의 정치적 과정이 될 수 있다.

4) '남북지자체연합' 구성

남한의 시군구에 해당하는 남북의 기초자치단체들이 참여하는 연대체를 구성해 지자체 차원의 교류와 협력을 조직적으로 추진하도록 해야 한다. 이는 앞선 단계의 지자체 간 자발적, 공식적, 비공식적 교류와 달리, 통일 이후 통치의 한 단위로 풀뿌리 자치, 참여자치, 기관자치 등을 어떻게 꾸려갈지를 사전적으로 그려보고 논의하는 것을 주된 목적으로 해야 한다.

5) 공동외교 추진

단일국가 출범 이전이라도 남북연합의 틀(공동관리정부, 통일국민의회, 정당 교류, 남북 지자체연합 등)이 갖추어지면, 외교 분야도 남북이 하나의 채널로 통합 운영할 수 있다. 해외 각국에 설치된 남북의 대사관을 하나로 통합 운영하는 것이 이에 해당한다. 통합 대사관은 기존의 남북 외교업무를 각각 처리할 수 있는 업무분장시스템을 일정 기간 가동하더라도, 이후에는 하나로 통합 처리할 수 있도록 해야 한다. 통합공관이 설치되더라도 남북 정부가 완전히 통합되지 않은 상태에서는 외교업무를 통합외무와 비통합외무로 나누어 처리하도록 해야 할 것이다. 미국, 중국, 일본 등 주요 국가에서 남북의 공동외교를 먼저 실시하는 것도 한 방법이다.

6) 화폐 단일화 추진

화폐통합은 남북의 정치체제 통합과 더불어 추진해야 할 사회통합의 핵심 부분이라고 볼 수 있다. 단일화폐의 사용은 상품의 생산과 소비가 이루어지는 경제권을 하나로 만들어내게 한다. 남북 동일경제권의 형성은 행위자 차원의 미시 사회적 통합을 넘어 이익거래와 권리설정을 규칙화하고 제도화하는 거시 사회적 통합으로 나가는 중간지대를 구축하는 것이 된다. 하지만, 남북의 격차(예, 1인당 소득 및 생산액 격차)가 현저하게 남아 있는 상황에서 동일한 화폐의 사용은 '부등가 교환' 메커니즘의 작용으로 부의 지리적 이전과 유출(북에서 남으로)을 자극해 북한경제의 상대적 피폐화를 초래할 수 있다. 따라서 영국에서 잉글랜드와 스코틀랜드가 '파운드'라는 화폐단위를 공유하면서도 각각의 화폐를 발행해 사용하듯이, 남북도 화폐단위를 통일하더라도 일정 기간 독자 발행한 화폐를 사용하면서 하나의 경제권을 점진적으로 만들어가야 할 것이다. 이와 함께 부의 유출(북에서 남으로)을 막는 제도들을 남북이 동시에 마련해야 한다.

4.
단계별
남북 경제협력

━━━━━━━━ 남북의 지리적 분단은 한국경제를 분단경제이
자 섬나라 경제로 만들었다. 바다를 건너지 않고는 외국으로 나갈 수 없
는 대한민국은 대륙과 해양을 잇는 지리경제학적 요충지임에도, 휴전선
을 중심으로 북한의 대륙과 물리적으로 차단되어 실질적으로는 섬나라
경제의 모양새가 되었다. 아시아와 유럽을 잇는 유라시아대륙에 위치함
에도 불구하고 이를 활용할 수가 없었다.

분단은 구조적으로 경제적 저발전의 직접적 배경이었다. 분단이 유발
하는 직간접적인 분단비용은 수치화할 수 있는 규모와 범주를 벗어난
다. 통일비용은 아무리 큰 비용을 치르게 된다 하더라도 분단비용과 비
교하면 매우 미미한 수준일 것이다. 결국 대한민국은 지리적, 물리적으
로 섬나라 경제인 분단경제를 넘어 대륙과 해양을 실질적으로 잇는 한
반도 평화경제로 나아가야 한다. 그렇게 된다면 5,000만을 넘어 남북

7,500만, 약 8,000만의 내수시장을 확보하면서 남북 간 상호 유무상통하는 경제협력을 통해 시너지효과를 극대화할 수 있다. 이렇듯 남북의 평화적 통일과정은 기존의 분단경제와는 차원이 다를 뿐 아니라 엄청난 폭발성을 가진 평화경제를 구현해갈 것이다.

남북평화와 통일의 과정

남북경협의 과정을 보려면 평화와 통일의 과정을 추정할 수 있어야한다. 남북평화와 통일의 과정은 큰 틀에서 대한민국의 국가통일방안과 남북이 이미 합의한 통일방안을 토대로 추론할 수 있다. 사실 대한민국에는 국가가 정립한 공식 통일방안이 있다. 바로 '민족공동체 통일방안'이다. 지난 2000년 6월에 남과 북은 통일방안을 합의한 바 있다. 그 통일방안은 '민족공동체 통일방안'에 입각해 있음은 물론이다.

통일: 평화의 오랜 제도화 과정

'민족공동체 통일방안'은 1989년 9월 노태우 정부 시절 국회에서 공포한 통일방안이다. 통일을 '화해협력→남북연합→완전통일'의 3단계로 설정하고 통일을 실질적으로는 '평화의 오랜 제도화 과정'으로 설명한다. 즉 평화공존을 실질적 통일로 보는 것이다. 그 과정은 남북이 상호 체제와 제도를 인정하고, 적대·대립 관계를 공존·공영의 관계로 발전시키기 위해 교류협력을 지속하면서 남북연합으로 나아가는 것이다.

북한의 통일방안인 '연방제' 방안은 단계를 달리할 뿐 우리의 '국가연합제'와 유사하다. 그래서 남과 북은 '낮은 단계 연방' 개념과 '연합제'가 유사하다고 보고 그 방향에서 통일을 지향해가기로 합의했으니, 2000년 6·15공동선언 2항이 바로 그 합의이다.

| 6·15공동선언 2항 |

"남과 북은 나라의 통일을 위한 남한의 연합제안과 북한의 낮은 단계의 연방제안이 서로 공통성이 있다고 인정하고 앞으로 이 방향에서 통일을 지향시켜나가기로 하였다."

상기 합의에서 보면, 남북경협은 1단계 화해협력 시기의 신뢰구축을 위한 과정에서 바로 시작되어 이후 계속 고도화되어간다. 즉 경제협력 자체가 신뢰구축의 한 방편이고 신뢰가 심화될수록 경제협력도 심화되는 선순환을 갖게 된다. 이러한 경제협력은 결국 남북의 경제공동체와 평화경제, 통일경제를 만들어가게 된다. 그 과정은 남한의 자본주의와 북한의 사회주의가 서로의 결합력을 높여가는 과정이 될 것이다.

남과 북의 경협전략

OECD 사무국이 2013년 발표한 한국의 경제전망 보고서에 따르면, 한국의 잠재성장률은 계속 하락하다가 2031년이 되면 0%에 이를 것이라고 내다봤다. 현 상태로 가다가는 한국의 경제성장 엔진이 꺼진다는 뜻이다. 이런 상황에서 남북 경제협력은 남과 북 모두에게 경제 번영을

| 표 5 | 민족공동체 통일방안

화해협력 (1단계)	화해협력, 교류심화, 경제협력 → 정치/군사적 신뢰구축 → 종전선언, 평화협정 체결, 북미관계 정상화 등 * 화해협력의 완성 상태를 '평화체제' 완성으로 칭함

↓

남북연합 (2단계)	정치 · 군사 · 외교권 지역정부 독자 보유 상위에 민족통일기구 결성 국가연합은 북한의 '낮은 단계 연방'과 유사

↓

완전통일 (3단계)	체제와 제도를 하나로 합치는 명실상부한 완전통일은 화해협력, 국가연합을 거치는 실로 오랜 평화의 과정 이후에 비로소 완성

가져다줄 수 있다. 세계 최대 투자금융기관인 골드만삭스도 2009년 내놓은 보고서에서 남과 북이 점진적·평화적 통일 상황으로 간다면 한국은 30년 뒤에 독일과 일본을 제치고, 40년 뒤에는 미국 다음으로 세계 2위의 경제대국이 될 것이라고 전망한 바 있다.

남측의 경협전략: '한반도 신경제지도' 구상

우리의 경협전략은 문재인 정부의 '한반도 신경제지도' 구상이다. 신경제지도 구상의 핵심개념은 분단으로 제한된 우리 경제의 영토를 남북경협 활성화를 통해 북한 및 동북아와 유라시아로 확장하여 한국 경제의 새로운 성장동력을 창출하고 나아가 한반도 및 동북아의 평화정착과 공동번영을 이루자는 것이다.

1) 한반도 신경제지도 기본구상: '3대 경제/평화벨트' 구축과 '하나의 시장' 협력

• 3대 경제/평화벨트 구축(H자형): 한반도 균형발전과 북방경제와의 연계 강화

   ① 환동해경제권: 부산-포항-강릉-원산-청진-나선-동북3성-블라디보스토크-니가타

   ② 환황해경제권: 목포-평택-인천-해주-개성-남포-신의주-동북3성-대련

   ③ 접경지 평화벨트: DMZ 접경지역에 평화, 환경, 생태, 관광 중심의 교류협력

• 하나의 시장: 사람과 물자, 제도의 격차를 해소하고 장애가 되는 것을 제거해가는 과정으로서의 시장협력, 이후 이러한 시장을 매개로 남북의 경제공동체, 생활공동체 형성

2) 환동해경제권

한반도의 동해와 중국 동북3성, 러시아 극동지역을 연결하는 에너지, 자원, 관광, 농수산 해양식품 중심의 경제벨트이다. 금강산-설악산, 원산, 단천, 청진-나선을 남북이 공동개발한 뒤 동해안과 러시아를 연결한다는 구상이다. 또 중국의 일대일로 및 중·몽·러 경제회랑과 러시아 협력을 강화해나간다.

3) 환황해경제권

남북의 서해안과 중국 환보하이권을 중심으로 첨단제조업과 물류 중

심의 경제벨트를 구축하는 것이다. 환황해경제권의 주요방향은 첫째, 수도권, 개성공단, 평양, 남포, 신의주를 연결하는 서해안 경협벨트 건설, 둘째, 서해평화협력특별지대와 연계한 해주-개성-수도권 연계 접경지역 발전, 셋째, 해주, 남포, 평양, 신의주 지역에 중국과 연계한 산업 네트워크 구축 등이 있다.

① 개성공단권: 개성공단 우선 재개와 수도권 접경지역 연계 개발

② 서해경제권: (가칭)서해평화경제지대 조성(해주-개성권, 남포-평양권, 신의주권)

③ 고속교통권: 한반도-동북아 고속철도 및 교통물류망 건설, 서울-동북아 1일 생활권

④ 항만거점권: 항만 거점도시 간 협력네트워크 구축을 위한 환황해 항만도시 얼라이언스 및 복합 물류 네트워크 추진(인천, 웨이하이, 청도, 남포 간의 항만도시 협력)

4) 접경지역 평화벨트

DMZ와 한강하구의 생태, 환경, 평화 관광지구 개발이다. 접경지 생태자원, 관광자원, 수자원을 활용한 평화협력지대 형성을 도모하고 DMZ 공동개발 및 평화기능을 복원하는 방향이어야 한다.

① DMZ 환경관광권: 접경지역 생태, 환경, 관광의 Green 3각 협력

② 통일경제특구 건설: DMZ 인근에 개성공단과 연계한 통일경제특구 건설

③ 한강하구권: 한강하구 생태, 역사, 관광벨트 조성 및 공동시장 개발

북측의 경제전략: 사회주의경제와 시장화의 결합

북한은 2013년 5월 최고인민회의 상임위 정령을 통해 '경제개발구법'을 채택하여 국가적 차원의 경제특구와 경제개발구 조성을 적극적으로 추진하였다. 이후 2013년 12·1조치를 통해 '기업독립채산제'를 실시했다. 그 결과, 경제의 전 부문과 생산 단위에 자율성이 강화되어 자율책임과 독립경쟁이 크게 확대되고 있다. 외형적으로는 평양과 주요 도시에 아파트(신축 살림집) 건설 붐이 일고 있다. 평양시를 비롯한 주요 도시에 영업용 택시가 등장하고 일부 구간에서는 교통체증이 발생하기도 하며, 신규 구매층이 증가하는 등 국가사회주의 계획경제에 시장경제를 접목하는 과정에서 매우 역동적인 경제적 변화들이 북한 사회에 번져가고 있다.

북한은 또 2016년 열린 노동당 7차 대회에서 경제 강국 건설을 위한 '국가경제발전 5개년 전략'을 발표하였다. 주목할 부분은 대외경제 분야이다. 북한은 수출 위주의 산업구조가 아니어서 대외경제 부문이 차지하는 비중이 크지 않지만, 경제발전을 위해서는 무역보다 외국자본의 투자가 필요하다. 따라서 가공품 수출과 기술무역·서비스무역의 비중을 높이는 등 무역구조 개선을 강화하고 아울러 석탄, 철광석, 희토류 등의 광물자원을 가공하여 부가가치를 높이려 하고 있다. 나아가 합영·합작과 같은 경제협력을 통해 선진기술을 도입하고, 경제개발구에 있어서도 유리한 투자환경과 조건을 보장하는 데 중점을 두면서 관광 사업을 적극적으로 추진할 것을 강조하고 있다. 이런 모든 상황이 그동안은 미국의 대북경제제재와 봉쇄에 막혀 있어 실효성에 한계가 있을 수밖에 없었으나 이후 정상적 관계가 열린다면 큰 성과를 낼 수 있을 것으로 전망된다.

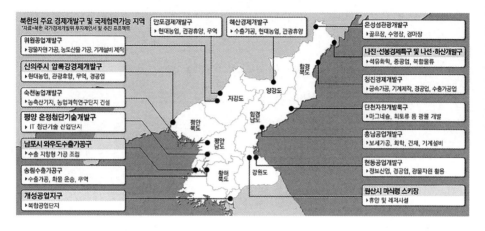

| 그림 3 | 북한의 경제개발구

북한의 주요 경제개발구 및 국제협력가능 지역
*자료=북한 국가경제개발위 투자제안서 및 추진 프로젝트

위원공업개발구
▶ 광물자원 가공, 농토산물 가공, 기계설비 제작

신의주시 압록강경제개발구
▶ 현대농업, 관광휴양, 무역, 경공업

숙천농업개발구
▶ 농축산기지, 농업과학연구단지 건설

평양 은정첨단기술개발구
▶ IT 첨단기술 산업단지

남포시 와우도수출가공구
▶ 수출 지향형 가공 조립

송림수출가공구
▶ 수출가공, 화물 운송, 무역

개성공업지구
▶ 복합공업단지

만포경제개발구
▶ 현대농업, 관광휴양, 무역

혜산경제개발구
▶ 수출가공, 현대농업, 관광휴양

온성섬관광개발구
▶ 골프장, 수영장, 경마장

나진·선봉경제특구 및 나선·하산개발구
▶ 석유화학, 중공업, 복합물류

청진경제개발구
▶ 금속가공, 기계제작, 경공업, 수출가공업

단천자원개발특구
▶ 마그네슘, 희토류 등 광물 개발

흥남공업개발구
▶ 보세가공, 화학, 건재, 기계설비

현동공업개발구
▶ 정보산업, 경공업, 광물자원 활용

원산시 마식령 스키장
▶ 휴양 및 레저시설

함경북도 / 양강도 / 자강도 / 함경남도 / 평안북도 / 평안남도 / 황해북도 / 강원도

남북경협의 고도화 단계

남-북-미 간의 비핵화, 종전선언, 평화협정이 가시화된 이후, 남북관계의 심화는 결국 경제협력의 고도화로 향하게 될 것이다. 구조적 저성장에 빠져 있는 대한민국 경제가 지속가능한 신성장동력을 구조적으로 확보하는 방법은 바로 남북경협이다. 한반도 신경제지도 구상의 경협 과정 자체가 새로운 경제적 기회를 창출할 것이기 때문이다.

남북자원협력과 북한의 SOC 건설

가장 먼저 남북의 자원협력으로 확보한 재정수익금으로 북한의 SOC(Social Overhead Capital, 사회간접자본)와 국가산업 인프라를 구축해 나가는 유무상통을 전개할 수 있다. 남북자원협력은 남북경제의 대도약을 위해 가장 기대되는 분야이다. 북한에는 희토류, 우라늄, 마그네사이트, 텅스텐, 흑연 등 희귀 광물자원이 풍부한 것으로 알려져 있다. 특히 북한의 석유는 적잖은 경제적 가능성을 내포하고 있다. 북한의 자원 가치는 추정치가 일정하지 않지만, 분명한 것은 산업적 수요가 큰 주요 광물자원들이 풍부하게 매장되어 있다는 것이다. 우선 채굴할 수 있는 광산자원부터 산업화·상업화의 속도를 높이고, 자원협력의 고도화를 위해 남북공동 탐사·개발·산업화를 구조화, 제도화할 수 있을 것이다. 초기 남북의 자원협력은 남한의 자원산업 수급 차원을 넘어 공동개발·채굴·제련까지 나아갈 수 있도록 전력, 교통 등을 SOC 개발과 함께 추진해야 할 것이다. 그래서 북한의 SOC 투자와 자원개발을 유무상통의 방식으로 상호 주고받는 사업으로 진행하면 남과 북이 함께 윈-윈할 수 있다.

남북자원협력과 북한 SOC 건설의 유무상통 사례를 들어보면, 북한의 도로를 남한의 도로율 기준으로 70%까지 확보하는 데 시설비만 약 1,052조 원이 소요된다. 국내 도로건설시장은 연간 9조 원밖에 되지 않는다. 1980년대 중동특수가 약 12조 원이었다. 북한의 미개발 상태인 도로를 신설, 개보수, 현대화하는 데에 국내 토목·건설사들이 뛰어든다고 하면 수십 년 이상 성장세로 진입하게 될 것이다. 또 북한의 주택 시장도 경제적 기회이고 가치이다. 철도 현대화에도 약 40조 원이 소요되고 고속철도로 건설할 경우 더 큰 규모의 재정이 들어간다. 이 모두가 유무상통의 남북 경제협력이 가지는 기회이자 가치들이다.

남북 산업협력: 남한의 자본·기술과 북한의 토지·노동의 결합
남북경협의 전통적 모델은 남한의 자본·기술이 북한의 토지·노동력과 결합하는 개성공단 방식이었다. 개성공단 방식은 북한의 저임금노동

력을 활용한 매우 성공적인 사업이다. 단순한 결합임에도 불구하고 세계 최고의 경쟁력을 담보할 정도로 비교우위를 지닌다.

개성공단으로 상징되는 남북경협이 가지는 비교우위는 사실 북한의 것이다. 저임금, 양질의 노동력, 고품질을 구현하는 생산성, 낮은 이직률로 인한 숙련공, 노동제도, 조세제도 등의 측면에서 확실히 비교우위가 있으며 거기에 무관세, 단시간의 물류와 생산과 공급의 짧은 기간, 동일언어와 문화 등으로 더 많은 비교우위를 가진다. 세계 어디에도 개성공단과 비교할 수 있는 공단은 없다. 기업들의 여러 실증적인 통계들도 동남아에서 최적지로 평가받는 베트남보다도 개성공단이 압도적 비교우위에 있음을 입증한다.

개성공단을 확장하면 그것이 바로 남북경협이다. 남북경협은 그만큼 막강한 경쟁력이 있다. 개성공단에는 주로 산업경쟁력이 떨어졌던 한계업종의 영세한 기업들이 입주했다는 사실을 고려하면 경쟁력 있는 업종과 중견기업들이 남북경협을 통해 북한과 만날 경우, 더 큰 잠재력을 기대할 수 있을 것이다.

남북의 과학기술협력과 생산인구의 상보성

남북의 평화경제는 남과 북의 사회 전 분야에 걸쳐서 상생과 협력의 시너지 효과를 크게 고양시킬 것으로 기대된다. 분야별로 그것은 세계적 수준에서 상당한 파괴력을 지니기도 하고, 또 괄목할 만한 신장을 불러오기도 할 것이다.

과학기술 측면에서의 남북협력은 상호 보완과 발전의 시너지 효과를 발생시킬 것이다. 북한의 과학기술은 기초과학, 줄기세포 등의 생명과학분야, 군사분야, 위성분야에서 강한 역량을 보유하고 있는 것으로 평가된다. 남북이 과학기술협력을 통해 이러한 기초과학과 줄기세포, 위성, 로켓과 군사 분야의 기술력을 산업기술로 변환시키는 작업을 진행한다면, 그 효과는 상당할 것이다. 북한이 군수과학기술을 민수산업으로 전환하는 과정에서, 남한의 제조업기술들과 축적된 경공업기술이 결합하면 매우 큰 시너지 효과를 낼 것이다.

한편 저출산 고령화로 상징되는 인구문제도 남과 북의 평화경제 속에서 새로운 해법을 모색할 수 있다. 인구문제의 핵심은 우리 사회에서 생산인구가 감소되고 있다는 것이다. 북한 인구는 약 2,500만 명인데 규모와 구성에 있어 우리 사회가 안고 있는 저출산 고령화의 비정상 구조와 다르다. 오히려 향후 경제성장이 가시화되면 보편적으로 나타나는 인구 증가도 기대해볼 수 있다. 그렇게 된다면 북한의 인구 성장세가 생산인구의 확대를 가져옴으로써 남북 평화경제의 틀 속에서 인구절벽을 상쇄할 가능성도 있다.

5.
4차 산업혁명 시대
남북 과학기술협력

━━━━━━━━ 최근 남북관계가 화해무드로 선회하면서 바이오 분야, 철도연결사업, 광물자원개발 등을 중심으로 남북 과학기술협력에 대한 논의가 다시 시작되고 있다. 이처럼 남북 과학기술협력은 기본적으로 남북의 정치적 관계에 크게 의존해왔다. 정치 상황에 따라 협력의 물꼬를 트기도 했지만, 반대로 협력이 정체되거나 중단되는 상황도 맞이했다. 그러나 동시에 과학기술협력은 비정치적 대북협력 모델의 대표적인 수단이자 가교가 될 수도 있다. 문화나 스포츠와 마찬가지로 비정치적 차원에서 협력을 논의할 수 있고, 이를 바탕으로 교류가 확대되는 기폭제가 될 수 있기 때문이다. 그런 점에서 한반도 정세가 화해와 통합, 그리고 통일을 향해 급물살을 타고 있는 지금, 남북 과학기술협력은 그 어느 때보다 중요한 기로에 서 있다. 파급효과가 큰 과학기술을 통해 남북 간 신뢰를 구축하고 협력을 확대해간다면, 통합과 통일을 위

한 기반을 마련하고 급변하는 세계 정치경제 환경 속에서도 미래의 번영으로 이어가는 선제적 대응이 될 것이다. 그러나 통합은 장밋빛 전망만으로 해낼 수 없다. 과거의 경험을 바탕으로 하여 체계적이고 미래 지향적인 로드맵 수립이 필요하다.

남북 과학기술협력의 시작과 추진 현황

남북의 정치 상황이 남북 간 과학기술협력에도 영향을 미치면서 과거의 20여 년은 협력과 단절을 모두 경험한 시간이었다. 남북 과학기술협력 무드가 조성된 것은 1990년대로 거슬러 올라간다. 1991년 노태우 정부 당시 채택된 남북기본합의서를 토대로 상호협력이 처음으로 가시화되었다. 물론 당시의 협력은 직접교류 방식보다는 중국과 일본을 우회하는 형식으로 해외 거주 동포들이 중개하는 학술회의 중심이었다.

본격적인 직접교류 방식으로 남북의 과학기술협력이 도약기를 맞은 것은 김대중 정부 출범 후인 2000년 6·15남북공동선언이 나오면서부터이다. 이전의 기본합의서에는 과학기술 등의 분야에서 교류와 협력을 명시했으나, 2001년 제정된 과학기술기본법에는 남북 과학기술협력 사업의 추진 근거가 명시되었다. 또 정부출연 연구기관을 벗어나 대학과 기업 등으로 협력기관이 확대되었다. 북한의 경우에는 인력과 설비가 집중되어 있는 최고의 과학기술기관인 국가과학원을 비롯해 농업과학원, 평양정보센터 등이 협력의 파트너로 중심 역할을 했다. 협력 내용을 보면, 농업 분야 공동연구에서 〈남북공동 과학기술용어 비교조사연구〉, 〈컴퓨터 요원 양성 시범협력〉, 〈한반도 식물지 작성〉 등의 협력연구

| 표 6 | 남북 과학기술협력 전개과정

	협력의 근거	교류 내용
1991	남북기본합의서(노태우 정부)	해외 거주 동포의 학술교류
2000	6·15남북공동선언(김대중 정부)	과학기술협력 도약기
2001	과학기술기본법	남북 과학기술협력 사업의 추진 근거 명시
2006	민족과학기술토론회(평양)	과학기술협력의 결실
2010	남북관계의 위축	협력 논의 사실상 중단
2018	판문점 남북정상회담(문재인 정부)	과학기술협력의 새로운 전기 마련

로 이어졌고, 화학과 에너지 등 다양한 분야로 협력연구 과제들이 확산되어왔다. 2006년 평양에서 열린 '민족과학기술토론회' 등도 협력과정의 결실이었다.

이명박 정부가 들어선 이후에는 과학기술부와 교육부의 통합에 따라 두 부서에 나뉘어 있던 관련 사업이 '남북 과학기술 및 학술협력사업'으로 합쳐지는 등의 변화가 있었다. 그러나 2010년부터 남북관계가 위축되면서 남북 과학기술협력의 허브로 추진되었던 남북과학기술협력센터 설립안을 비롯해 다양한 협력 논의와 공동연구의 추진이 사실상 중단되고 말았다.

북한의 과학기술협력 특성과 남북 간 차이

북한의 과학기술협력 특성을 이해하기 위해서는 북한 사회에 대한 이해가 전제되어야 한다. 즉, 북한은 국가 경제와 연관된 자력갱생을 위한 협력과 사회주의 국가에 한정된 협력에 치중해왔다. 중국, 구소련, 그리고 체제 전환 이전의 동유럽 등과의 기술 협력을 통해 사회주의 체제에 맞는 과학기술과 산업을 육성해왔다고 볼 수 있다.

물론 1990년대 말부터 북한의 과학기술정책 기조가 변화해온 점도 있다. 경제성장 측면에서 과학기술을 강조하며 지식경제 체제로 전환해 왔고, 인민경제의 정보화와 과학화도 강조해왔다. 그러나 남북 간에는 지향점의 차이가 존재해왔다. 우선 주력 중점과제 설정 측면에서, 우리가 첨단기술 개발과 미래 먹거리 산업 육성에 중점을 둔다면, 북한은 자력갱생을 위한 생산현장 중심의 과학기술 연구에 치중하는 식이다. 또 연구의 중심기관도 우리가 정부출연 연구기관, 대학, 민간기업 등으로 다양하다면, 북한은 기초연구부터 응용연구까지 모두 국가과학원 중심으로 집중되어 있다. 이는 결국 북한의 과학기술 인력구조, 정책 방향, 기술 수준 등을 가늠할 수 있는 토대이자 향후 남북 협력을 추진하는 과정에서 특수성으로 고려할 부분이다.

김정은 체제의 출범과 과학기술 동향

북한은 사회주의 계획경제를 견지하면서 자립적 민족경제를 확대·발전시키는 것을 경제의 기본 목표로 내세우고 있으며, 김정은 체제 또한 기존의 정책을 계승하고 있다. 과학기술발전 계획의 경우, 1998년부터 3차에 걸친 5개년 계획을 추진해왔다. 주력과제는 에너지와 기간산업 정상화 등 인민경제의 기술적 개조, 식량문제 해결을 포함하는 생활 개선, IT, 물리, 우주 등 기초·첨단과학을 아우른다. 추세적 특징이라면, 생활 개선에서 미래기술 개발로 무게중심을 조금씩 옮겨온 점이다. 또 별도의 에너지 수급계획과 산림복원 계획을 수립해 추진했지만, 기술과 비용 문제로 눈에 띄는 성과를 거두지는 못했다.

김정은 체제는 출범 초기부터 '과학기술에 의한 지식경제 육성'과 '전민 과학기술 인재화'를 강조하며 사회주의 계획경제에서 지식경제로의 전환을 추진해왔고, 이 과정에서 과학기술의 중요성은 더욱 부각되고 있다. 한 예로 2016년 새해 첫 공식 활동으로 김정은은 평양 대동강 쑥섬에 들어선 과학기술전당 준공식에 참석했으며, 신년사에서 과학기술로 강성국가의 기초를 굳건히 다지고 과학기술의 기관차로 부강조국 건설을 밀고 나가자고 강조했다. 김정은은 2018년 신년사에서도 "인민경제 모든 부문과 단위들에서 과학기술 보급사업을 강화하며 기술혁신운동을 활발히 벌여 생산확대에 이바지해야 한다"며 향후 정책 추진에서 과학기술을 발판으로 삼겠다는 의지를 강하게 드러냈다. 그 밖에도 평양을 과학자 우대 정책의 상징 도시, 과학기술 인재화 중심 도시, 친환경 기술 확산의 본보기 도시, 지식경제 건설을 선도하는 도시로 육성하고 있다. 실제로 과학기술전당과 함께 미래과학자거리, 위성과학자주택지구 등은 평양을 과학도시로 만들 랜드마크 역할을 하고 있다.

한편, 한국은행의 북한 과학기술통계에 따르면 2012~2016년 5년간 특허출원 건수는 6,706건으로 매년 200건 정도 늘고 있다. 논문과 특허출원의 주요 생산기관인 국가과학원의 특허출원 내용을 보면 식료품, 측정, 재료금속, 화학공학, 전기 에너지 분야가 상위권을 차지하고 있다. 해외출판 논문도 2015년부터 부쩍 늘어나면서 한 해에 10~20편 수준이던 논문 수가 지난해에는 100편 규모로 증가했다. 우리와 비교하면 미미한 수준이지만, 북한에서도 국제 협력연구와 해외 논문 출판에 대한 관심이 커지고 있다는 것을 보여준다. 또 국제학술지에 실린 북한의 논문들은 주로 물리학, 수학, 재료과학, 화학 분야에서 나오고 있지만, 최근에는 인공지능과 나노기술 등 첨단기술 연구도 많이 늘어나고 있는 것으로 알려져 있다.

아울러 북한은 연구행정기관인 국가과학기술위원회를 2009년에 재설립했다. 국가과학원과 통합했다가 다시 분리, 독립시킨 것은 국가 전반의 과학기술정책을 조정하고 기능을 강화하겠다는 의미로 풀이할 수 있다. 핵심 연구기관인 국가과학원도 재편하면서 역할을 크게 강화했다. 국가과학원은 생물공학, 수산과학과 같은 전문 분원과 130여 개의 연구소, 평양석탄공업대학 등의 직속 기관을 보유하고 있다. 최근 들어 IT분야 연구역량을 강화하고, 생물다양성센터나 도로과학연구소 등 첨단 연구 추세를 반영한 연구소를 신설한 것이 특징이다. 또 핵무기-경제 병진건설 전략을 내세운 뒤에는 국방과학원(제2자연과학원)의 연구역량을 강화해왔고, 2013년에는 국가우주개발국을 설립하여 관련 연구를 총괄토록 해왔다.

대북 협력모델의 다변화

지금까지 대북 경제협력(좁게는 과학기술협력)은 주로 대학, 민간, 국제기구의 네트워크를 통해 이뤄졌다. 그러나 최근 들어 북한의 개혁·개방의 분위기가 감지되면서 새로운 형태의 협력모델이 모색되고 있다.

대표적인 모델로 톱다운 방식의 협력모델을 들 수 있다. 예를 들어 2018년 5월 9일 일본 도쿄에서 열린 한중일 정상회담에 이어 개최된 중국과 일본의 지역 대표들이 참석한 경제협력 포럼이 이러한 방식이다. 북한의 광역지방자치단체장(노동당 시도당위원장)들이 친선관람단이라는 이름으로 중국을 방문, 경제현장을 학습한 것도 톱다운 방식의 협력모델로 볼 수 있다. 두 번째로는 다양한 접점 확보형의 미국식 협력모델이다. 미국 시라큐스 대학과 북한 김일성종합대학이 컴퓨터 교육을 통해 대학 간 협력관계를 맺은 사례, 미국 스탠퍼드 대학의 주선으로 실리콘밸리를 탐방한 북한 관리들과 경제인들에게 IT기업 등 디지털경제 현장을 소개한 사례, 세계보건기구와의 건강·의료 관련 광범위한 협력, 미국의 공적개발원조(ODA, Official Development Assistance)를 통한 재해 및 재난방지와 인프라 건설과 같은 정부자금 주도형 협력 등이 모두 여기에 속한다.

독일 통일에서 본 과학기술협력과 시사점

독일 통일 이전의 서독과 동독은 남북한과 마찬가지로 서로 다른 과학기술 체제와 문화를 지니고 있었다. 자본주의 시장경제 체제인 서독과 달리 동독은 사회주의 기반의 국가 주도 과학기술 체제였다. 그러나 1990년 독일 통일이 급격하게 이뤄진 후, 동독의 과학기술 체제는 서독식으로 빠르게 전환되었다. 기초-응용-산업연구 등 기능별로 연구기관을 재배치하고, 대학에 넘쳐난 인력을 조정한 뒤 연구기능을 강화했으며, 서독 출신 위주의 관리자를 채용하고, 산업의 민영화를 추진했다.

그러나 외형적인 변화는 이뤄냈지만, 실질적으로 성공한 전환은 아니었다. 이는 독일 통일 후 20여 년이 지난 현재, 구동독 지역의 인적 역량이나 연구개발 역량이 구서독 지역과 여전히 큰 격차를 보이는 점에서도 확인된다. 이러한 실패의 원인은 몇 가지 있다. 우선 동독 고유의 특성이나 과학기술 문화를 고려하지 않고, 서독 체제를 그대로 옮겨놓았기 때문이다. 특히 서독의 평가 시스템 위주로 인력을 조정하면서 유능한 인재들이 제대로 평가받지 못한 채 이탈하게 했으며, 이는 구동독 지역의 연구 역량을 떨어뜨리는 결과를 불렀다. 또 젊은이들 사이에서 과학기술인에 대한 인식이 낮아지면서 많은 젊은 층이 구서독 지역으로 이주하게 되었고, 구동독 지역은 상대적으로 고령화와 함께 신기술 창업기업이 탄생하기 어려운 곳이 되었다.

이처럼 통일독일 정부가 추진한 구동독과 구서독의 과학기술 체제 통합정책의 실패는 통일을 준비하는 우리에게 시사하는 바가 크다. 어느 한쪽의 시스템을 일방적으로 이식하는 것은 바람직하지 않으며, 통합에 앞서 더 면밀한 분석이 선행되어야 한다는 점이다. 우리와 다른 과학기술 문화나 특성산업에 대한 이해가 불충분한 상태에서 우리 식의 시스템을 강조하려 한다면, 통합의 시너지를 얻을 수 있는 것이 아니라 오히려 북한의 과학기술 역량을 떨어뜨릴 수 있다.

남북 과학기술협력의 바람직한 방향

지난 20년간의 남북 과학기술협력은 한마디로 10년간의 탐색과 10년간의 단절로 요약된다. 본격적인 협력이 많지 않았다는 얘기이기도 하다. 2014년 설립된 통일준비위원회 회의를 통해 북한산 지하자원 공동개발 및 활용, 철도와 도로 연결, DMZ 생태공원 조성 등이 제안되기도 했지만, 가시화된 성과로 이어지지는 않았다. 문재인 정부는 2017년 발표한 '국정운영 5개년계획'에서 남북융화의 노선을 선명히 했다. 한반도 평화무드는 그 연장선에 있다. 따라서 한반도의 신경제지도가 그려지는 데 있어 과학기술의 역할은 한층 강조될 것이고, 그 기회를 놓쳐서도 안 된다.

남북 과학기술협력의 실현은 남북의 정치적 관계와 밀접히 연관될 수밖에 없다. 이는 곧 급변하는 한반도 정세를 전망하면서 다양한 시나리오를 상정하고, 시나리오별 협력방안과 전략이 필요하다는 것을 의미한다. 과학기술정책연구원이 제시한 바 있는 시나리오에는 남북대화 활성화 단계와 대북 포괄적 협상타결 상황을 상정한 것이 있다. 이에 따르면, 남북대화 활성화 단계에서는 분야별로 남북 과학기술 관련 기관과의 연계 강화, 협력창구 개설을 토대로 천연물 공동조사와 활용, ICT인력 양성 및 활용, 재난예측과 방지, 개성공단 등 특정 지역 중심 공동사업 추진 등을 제안한다는 것이다. 또 포괄적 협상타결 단계에 이른다면, 인프라 구축형 협력과 거점을 마련하고 국내기업은 물론 다국적기업 등 국제공조를 통한 협력 추진이 가능할 것으로 내다봤다.

현 단계에서 중요한 것은 협력 네트워크 복원을 비롯해 범정부, 공공기관, 민간차원에서의 폭넓은 과학기술협력 방안이 다시 구체화되고 실현되는 것이다. 정부는 우선 남과 북이 공동으로 당면한 문제, 예를 들면 감염병, 산림병충해, 홍수 등을 과학기술에 기반하여 해결해야 한다. 당면과제와 비정치적 분야에서의 협력을 시작으로 점차 다양한 분야에서의 협력이 가능해질 것이다. 무엇보다 협력의 시너지 효과를 만들어내기 위해서는 남과 북 각각의 특성을 분석하여 비교우위 과학기술을 파악해야 하며, 새로운 기술변화의 흐름을 반영하는 다차원적 노력이 이어져야 한다.

그러나 통일독일의 초기 사례에서도 배울 수 있는 것처럼, 북한의 특성과 문화를 먼저 고려하지 않고, 우리 식의 일방적 과학정책이나 시스템으로 전환하려는 시도는 바람직하지 않다. 연구기관과 연구인력 평가 측면에서도 우리의 기준과 잣대만 적용해서는 안 될 것이다. 구서독의 하드웨어 시스템을 구동독에 이식하고 인력 구조조정을 단행함으로써 구동독 지역 내 인재유실과 경쟁력 약화로 이어졌던 동서독 사례의 교훈을 기억해야 한다.

남북 과학기술협력을 위한 미래전략 과제

북핵문제가 해결되면, 남북한 신뢰 증진도 뒤따라야 한다. DMZ 평화적 이용과 같은, 비교적 실천이 수월한 프로그램을 필두로 현실적이면서도 당면과제 해결을 위한 협력을 생각해볼 수 있다. 협력과제 도출을 위해서는 남북과학기술혁신 수요에 기반을 두고 국가혁신체제 관점의 정책 우선순위 도출이 이뤄져야 하고, 과학적 기법인 품질기능전개(QFD, Quality Function Deployment)를 적극적으로 활용해야 한다. 전문가의 정성적 의견을 정량화하는 방법으로 널리 사용되는 QFD 기법으로 과학적이고 수요에 맞춘 과제를 도출할 수 있을 것이다. 남북 과학기술혁신체제 구성 요소를 도출한 뒤 국내외 경제사회 환경 변화에 맞춰 남북과학기술정책 수요를 발굴하는 것이 바람직하다. 예컨대 산림생태계 복원, 천연물 연구개발, 백두산 화산 분화 공동연구, 황사와 미세먼지 공동대응, 기상이변 공동대응, 광물자원연구, 철도기술과 에너지기술 협력 추진 등을 꼽을 수 있다. 또 농업, 보건, 의료 등 비정치적인 분야에서 협력 재개를 우선 모색해야 한다.

그러나 장기적 관점에서 보면, 통합 이전과 이후로 나누어 협력방안을 마련해야 한다. 또 통합 이전이라고 하더라도 남북과학기술협력에 재시동을 거는 관계 복원 시기와 본격적인 통합 준비기를 나누어 접근하는 것이 효과적일 수 있다. 아울러 과학기술은 단순히 기술과 산업 분야에 한정되는 동력이 아니라 정치사회 전 분야에 영향을 미치는 점에서 다른 분야와의 연계 논의도 병행되어야 한다. 나아가 4차 산업혁명이라는 새로운 기술혁신의 흐름에 뒤처지지 않기 위해서는 과거의 방식이 아니라 새로운 기술변화를 수용하고 선도할 수 있는 남북 과학기술협력이 완성될 수 있도록 추진해야 한다.

협력 1단계: 전문가 네트워크 복원과 활성화 시기
- 중단되었던 '남북과학기술협력센터' 논의 다시 구체화
- 양측의 과학기술협력 컨트롤타워 지정 및 '사이언스 서밋' 정기적 개최
- 분야별 과학기술 협력 수요조사 및 협력사업 구체화
- 농업, 보건, 의료 등 비정치적 분야와 개성공단 등 경제특구 중심의 협력 추진
- 각종 협력기금 조성과 프로그램 설립
- 청소년들의 소통과 창의력 함양을 위한 남북청소년창의재단(가칭) 설립

협력 2단계: 본격적인 남북 통합 준비기
- 남북의 각계 전문가가 참여하는 통합추진기구 설립
- 과학기술과 ICT 관련 제도와 표준, 법제, 인프라 통합 준비
- 남북 정부출연연구소 통합을 위한 별도의 관리기구 구성
- 북한의 우수 신진연구자 육성을 위해 우리 연구기관과의 공동연구 및 지원 확대

- 인프라 구축형 협력사업 강화
- 4차 산업혁명에 대응하기 위한 남북 각각의 비교우위 첨단기술개발 계획 수립

협력 3단계: 통일 이전의 남북통합기
- 남북 과학기술 체제 통합을 추진하되 각각의 특성과 과학문화를 고려한 개편 추진
- 방송망과 정보통신망 인프라 및 제도 통합
- 남북한 정보통신망 연계를 통한 지식공유 시스템 구축
- 기술이전과 지식재산권 등에 관한 협의체 구성
- 4차 산업혁명을 선도하는 첨단기술 공동개발 및 연구

협력 4단계: 남북통일 이후
- 과학기술정책 행정기구와 연구기관 재분류 및 통합
- 북한 지역 우수 연구인력 유지 및 인력양성체제 통일
- 남북 대학 학과별 수준과 수요에 맞춰 개편 및 교환 프로그램 마련
- 기술개발을 통해 북한 지역의 자생적 발전 유도
- 비교우위의 북한 특화산업 육성
- 단계별 통합전략에 대한 평가를 바탕으로 중장기전략 지속적 수정 보완

6.
한반도
정치체제 디자인

━━━━━━━ 한반도는 70여 년이라는 오랜 분단체제를 겪어 통일이 된다고 할지라도 공유할 수 있는 이전의 정치체제가 존재하지 않는다. 남북이 조선왕조시대의 정치체제로 돌아가지 않는 이상, 통일한국의 새로운 정치체제를 설계해야 한다. 일부 논자들은 남한의 정치체제가 통일한국의 원형이 되어야 한다고 주장하지만, 남한의 정치체제는 200년도 더 된, 낡은 서구식 시스템일 뿐이다. 오늘날 우리가 사용하고 있는 정치체제는 18세기에 발명된 것이며, 21세기의 현실과 조화를 이루지 못하고 있다. 이러한 측면에서 한반도의 통일은 새로운 정치체제를 실험해볼 수 있는 전례 없는 기회일 수도 있다. 따라서 21세기의 기술적·문화적·사회적 현실과 가치를 반영한 정치체제가 설계되어야 한다. 통일한국의 새로운 정치체제는 궁극적으로 직접민주주의와 분권·분산된 정치권력을 근간으로 설계되어야 한다. 그러나 통일한국의

정치적 실험이 성공하려면 점진적이면서도 단계적인 전략과 실행이 이뤄져야 할 것이다.

남북 체제 현황과 비교

남북한의 정치체제는 여러 이질적이고 대립적인 이념을 기반으로 성립되었다. 1948년 남한에는 자유를 강조하는 자유민주주의 체제가 수립되었고, 북한에는 평등을 강조하는 사회주의 체제가 수립되었다. 경제적으로는 남한이 시장경제에 입각한 자본주의 체제라면, 북한은 생산수단의 사적 소유를 인정하지 않는 공산주의 체제를 표방하고 있다. 남한의 자유민주주의 체제는 의회민주주의를 기반으로 견제와 균형을 원리로 하는 대통령제를 채택하고 있으며, 북한의 공산주의 체제는 중앙집권적 공산당의 정치권력 독점을 그 특징으로 하고 있다. 남북한의 정부가 수립된 이후 남과 북은 정치적 환경변화에 따라 지배구조에 대한 수정과 발전이 몇 차례 있었으나, 남한은 시장경제에 입각한 자유민주주의 체제를, 북한은 통제적 계획경제에 입각한 공산주의 체제를 정치체제의 근간으로 유지하고 있다.

통일한국을 위한 새로운 정치체제 비전

지금까지의 통일 논의는 주로 남한의 자본과 기술, 그리고 북한의 노동력과 자원을 결합할 때 커다란 시너지 효과를 볼 수 있다는 경제적 관점에 치우쳐 있던 것이 사실이다. 현재 진행 중인 한반도의 평화 분위기 조성과 통일로 향한 남북의 노력은 새로운 정치체제를 설계하는 데 있어 특별하고도 귀중한 기회를 제공해줄 것이다. 통일 시점을 30년 후로 상정했을 때, 지금부터 필요한 단계별 목표와 비전을 10년 단위로 설정해본다.

1단계 목표: 통일한국의 정치체제 구상을 위한 기본원칙 수립

통일한국의 새로운 정치체제 구상을 위해 세워져야 할 첫 번째 기본원칙은 서로 공유할 수 있는 가치체계와 이념의 정립이 될 것이다. 기본이념과 가치의 출발은 무엇보다 인간으로서의 존엄과 자유롭고 평등한 삶의 보장에 있다. 이러한 원칙과 가치를 토대로 통일헌법과 연계한 정치체제가 구상되는 것이 두 번째 원칙이다. 통일한국의 정치체제가 절차적 정당성과 당위성을 획득하려면 통일헌법 구상과의 연계가 필수적이다. 세 번째 원칙은 오랜 분단에서 비롯된 남북한 차이에 대해 인식하는 것이다. 오랜 분단의 역사는 민족의 동질성을 떨어뜨리고 다양한 분야에서 차이를 만들어냈다. 따라서 서로 다른 가치관, 세계관, 인구의 양과 질, 기술 숙련도 등에 대한 차이를 명확히 인식하고, 이를 발전적으로 융합해 정치체제에 녹여내야 할 것이다. 마지막 네 번째 원칙은 21세기의 사상과 기술에 기반한 정치체제의 구상이다. 현재 세계 국가들 대부분과 우리나라의 정치체제는 16세기의 기술과 18세기의 사상에 기반하고 있다. 통일한국은 낡은 패러다임의 정치체제와 형태를 맹목적으로 복제할 것이 아니라 21세기의 새로운 사상과 최첨단 기술에 기반해 새로이 판을 짜는 접근이 필요하다.

2단계 목표: 남북한이 공유할 수 있는 기본 이념과 가치 형성

남북한의 이념과 가치를 간단히 말하면 자유와 경쟁이냐 평등과 분배나의 문제로 귀결된다. 이러한 이념과 가치관은 18세기 서양에서 발현된 가치들이다. 물론 이러한 가치와 이념은 지금도 중요하며, 향후 상호 보완적으로 통일한국의 정치체제에 담아야 한다. 그러나 또 다른 한편으로는 근대에 형성된 자본주의, 민주주의, 사회주의 모두 현재 우리가 직면한 난제들을 해결하는 데 많은 한계와 문제점을 드러내고 있다. 자본주의의 끝 없는 탐욕과 성장 추구는 극심한 양극화를 낳고 인류의 지속가능성을 위협하고 있으며, 대의민주주의 또한 다수의 횡포와 현세대 중심의 의사결정 구조라는 문제점이 있다고 지적된다.

따라서 통일한국의 정치체제에는 21세기가 요구하는 새로운 가치들이 반영되어야 한다. 그중 하나가 바로 '지속가능성'일 것이다. 현재 인류는 기후변화, 환경오염, 자원고갈 등 지속가능성을 위협하는 많은 요인에 노출되어 있다. 또 고령화도 지속가능성을 위협하고 있다. 특히, 남북한의 빠른 고령화 속도는 국가의 재정과 경제를 파탄으로 내몰 수도 있다. 무엇보다도 현세대와 미래세대 간의 공평한 자원 배분의 심각한 왜곡을 가져올 수 있다. 따라서 통일한국의 정치체제에 세대 간 정의를 포함한 '지속가능성'의 가치는 반드시 고려되어야 한다. 이 외에도 소유에서 공유를 기반으로 하는 '공유의 가치', 사회와 공공의 행복 속에서 개인의 행복을 추구하는 '공공의 가치', 개인의 자유와 공동체적 책임을 동시에 강조하는 '공동체적 가치' 등이 통일한국의 정치체제에 주요한 이념으로 정착될 필요가 있다.

3단계 목표: 북한지역의 정당 형성과 선거제도 도입

미래에는 ICT나 블록체인과 같은 기술의 발전으로 정치중개 기관인 정당과 직업정치인이 사라질 것이라는 많은 예측과 논의들이 전개되고 있다. 이러한 논의는 오랜 민주주의의 역사와 대의제 민주주의의 한계를 직접 경험한 국가에서 시민들의 정치참여 욕구 증대와 함께 나타나는 현상이다. 그러나 자유민주주의를 전혀 경험해보지 못했고, 스스로 대표자를 선출해본 적이 없는 북한주민들에게 직접민주주의를 통한 정치참여를 요구하면 많은 혼란이 생길 수 있다. 물론, 정치체제의 판을 새로이 만든다는 측면에서 새로운 실험을 북한 지역에 적용해볼 수도 있으나, 그러기에는 북한주민들의 민주주의 의식이 뒤처져 있다. 따라서 향후 남북한 전 지역에 적용될 직접민주주의는 우선 북한의 인민민주주의를 보완하는 방식으로 진행되어야 한다. 즉, 북한주민들이 자신들의 대표자를 선출하는 예행연습이 필요하다. 이를 위해 북한지역의 정당 형성과 선거제도를 도입하는 것이 중장기적 목표로 설정되어야 할 것이다.

통일한국의 정치체제 미래전략

통일한국의 진정한 통합을 위한 정치체제는 남북한의 차이를 인정하는 데서부터 시작되어야 한다. 남한의 자유민주주의와 시장경제와 북한의 공산주의가 지닌 각각의 장점을 조화롭게 정치체제 안에 수렴해야 할 것이다. 또 통일한국의 새로운 정치체제 설계는 21세기의 이념과 가치, 그리고 첨단기술에 기반해야 한다. 이러한 과정을 통해 지구상의 그 어느 나라도 아직 구현해보지 못한 새로운 정치체제의 출현이 한반도에서 이뤄질 수 있어야 한다.

1단계 전략: 남북의 정치체제가 지닌 장점의 조화로운 조합

남북한주민들이 공유할 수 있는 가치체계와 이념 정립을 위해 사회주의가 강조하는 평등과 자유주의가 강조하는 자유를 적절하게 조화시키는 전략을 모색해야 한다. 자유와 평등은 인류의 가장 보편적인 가치로 여겨지고 있으나, 자유와 평등은 상호보완적이면서도 상충적이라는 딜레마를 갖고 있다. 개인의 자유가 확대되면 사회적 평등은 축소되고, 사회적 평등이 확장되면 개인의 자유는 위축되기 때문이다. 소련 붕괴 이후 체제 전환국이나 북유럽의 사민주의 사례들을 검토해, 남북한이 공유할 수 있는 최적의 가치와 이념을 도출할 필요가 있다. 특히 남북한 차이에 대한 명확한 인식을 위해 북한지역의 면밀한 실태조사가 선행되어야 할 것이다.

또 통일헌법과 연계한 정치체제를 구상하기 위해서는 남북한 공동의 대표들로 구성된 '통일헌법준비위원회(가칭)'를 구성할 필요가 있다. 통일헌법준비위원회는 남북이 공유할 수 있는 가치와 이념을 정립함은 물론, 원활한 사회통합을 견인할 수 있는 대안적 정치체제도 함께 논의하는 역할을 담당해야 한다.

21세기의 사상과 기술에 기반한 정치체제 구상을 위해서는 현재 급속히 발전하고 있는 최신 기술들의 정치적 활용 방안 연구가 수행되어야 한다. 아울러 뉴턴 역학에서 파생된 기계론적 세계관과 계몽주의에서 파생된 합리주의를 대체할 수 있는 새로운 세계관과 이념을 연구하고, 이를 정치체제에 적용할 방안을 찾아야 할 것이다.

2단계 전략: 다양한 민주적 가치의 우월성 증명

북한주민들을 포용하고 진정한 사회통합을 이루기 위해서는 남한의 경제적인 우월성보다는 남한이 가지고 있는 민주적인 다양한 가치를 보여주는 것이 필요하다. 이러한 가치에는 자유와 민주적 가치는 물론, 지속가능성, 공유와 공공, 공동체, 세대 간 정의 등의 가치가 포함될 수 있다. 사회주의 주체사상에 물들어 있는 북한주민들에게 이러한 가치들은 매우 생소할 수 있으며, 당장에는 동의하거나 공유되기 어려울 수도 있다. 따라서 북한주민들에게 다양한 가치를 확산하고 또 공유하기 위해서는, 교육적 방안 마련뿐 아니라 건강한 공론문화의 조성을 통해 토론과 합의의 기회를 확대해가야 한다.

3단계 전략: 원만한 통합을 위한 최적의 정치체제 모색

통일한국의 정치체제와 관련해 완전한 통일부터 연방제, 내각제, 대통령제 등에 이르기까지 다양한 형태가 논의되고 있다. 남북연합이나 연방제같이 하위 단위의 자율성 보장도 고려할 수 있으나, 완전한 통일을 전제로 할 때 정치체제를 대통령제로 할 것인지, 의원내각제로 할 것인지, 혹은 이원집정부제로 할 것인지의 문제가 남는다. 의회제도에 있어서 단원제로 할 것인지, 양원제로 할 것인지에 대한 문제도 고려의 대상이다.

그러나 어떤 방식을 채택하든 정당의 역할이 중요하다. 정당은 계층, 지역, 연령, 성별 등 다양한 사회의 이해관계자들을 대변하고, 또 이를 정치 제도권 안으로 흡수하는 역할을 한다. 문제는 북한이 정당정치를 전혀 경험해보지 못했다는 데 있다. 따라서 초기에는 남한 정당의 주도 하에 북한의 주민들을 기존 남한 정당에 편입시키거나, 필요하다면 북한 지역을 기반으로 한 새로운 정당 창설도 필요할 것이다. 이러할 경우 북한 지역에 민주주의 선거제도를 도입하고 총선을 실시해 북한 인구

비례에 맞게 대표자를 선출하도록 한다.

한편, 통일의회를 단원제로 운영할 경우, 인구가 남한의 절반밖에 되지 않는 북한의 경우 지역적 이해관계가 걸린 사안에 대해서는 절대적으로 불리할 수 있다. 따라서 양원제로의 전환을 통해 남과 북에 동등한 정치적 대표성을 보장할 필요가 있다. 하원은 인구수에 비례해 의원을 선출해 남북 전반적인 이해를 대변하도록 하고, 상원은 남북 동수로 의원을 선출해 북한의 지역 대표성을 강화하는 것이다. 양원제에 더해 하원, 중원, 상원으로 구성된 3원제를 운영하는 것도 고려해볼 수 있다. 3원제는 '세대 간 정의'라는 가치의 정치적 실현을 그 목적으로 한다. 예를 들어, 하원은 현세대를 대표하고, 중원은 지역을 대표하고, 상원은 미래세대를 대표하도록 하는 식이다.

최종단계 전략: 온오프라인 조합으로부터 '정부 없는 지배구조'로

통일한국의 정치 시스템 아래에서는 우선 온라인 시민참여 플랫폼과 오프라인 기존 정당의 조합을 구상해볼 수 있다. 이러한 정당은 기존의 규칙에 따라 행동하지만, 시민과 협력해 의회에서 결정을 내리는 방식이다. DemocracyOS와 아르헨티나의 'Net Party(Partido de la Red)'는 이러한 조합의 대표적인 사례라고 할 수 있다. DemocracyOS는 오픈소스 투표 및 토론 플랫폼을 통해 토론하고 정치적 이슈에 대해 온라인상에서 투표할 수 있다. 아르헨티나의 Net Party도 DemocracyOS와 관련된 시민들의 결정에 따라 의회에서 의사결정을 수행하겠다고 공표한 바 있다. 스페인 정당 포데모스Podemos의 '아고라 보팅Agora Voting'도 블록체인을 기반으로 한 전자투표 시스템을 활용하고 있다.

'정부 없는 지배구조governance without government'에 대한 실험도 제

안해볼 수 있다. 신뢰의 기술이라고도 불리는 블록체인 기술은 중재자 없이 거래나 계약을 진행할 수 있으며, 분산화된 장부 형태로 기록되어 중앙 집중형 정부보다 안전하다. 즉, 블록체인 기술에 기반해 금융 거래가 이루어지게 되면 중앙의 신뢰할 수 있는 기관이 필요 없게 된다. 블록체인의 작동원리는 중앙정부에도 충분히 적용될 수 있다. 블록체인 기술에 기반한 '탈중앙화된 자율조직Decentralized Autonomous Organization'은 경영자 없이도 회사조직을 운영할 수 있게 하는 시스템이다. 탈중앙화된 자율조직 방식을 정부에 적용할 경우, 국가의 국정 방향을 국민이 직접 결정할 수 있게 될 것이다. 행정부가 시스템의 실행을 주관하고, 사법부가 이를 감시하는 구조가 된다면, 굳이 기존의 정부와 같은 거대 조직은 필요가 없을 것이다. 의회와 정당이라는 정치중개 기관도 물론 필요가 없게 될 것이다. 다만 자율적인 방식으로 국정 방향을 국민이 결정한다는 것은 포퓰리즘의 함정에 빠질 우려를 안고 있다. 따라서 국민 모두 합리성과 전문성을 더욱 확고히 갖추고 있어야 한다는 전제가 있다.

2

나와 대한민국을 위한
미래전략

1

사회 분야
미래전략
Society

KAIST Future Strategy 2019

1.
문화

━━━━━━━ 독일의 대문호 괴테는《파우스트》에 "모든 이론
은 회색이고 오직 영원한 것은 저 푸른 생명의 나무"라고 썼다. 영원불
멸하는 것은 없다. 인간도 사회도 영원할 수는 없다. 흐르는 물속에 발
을 담갔다 꺼낸 뒤 다시 담그면 이미 전의 그 물이 아니듯이 만물은 시
간과 함께 흘러가고 변화한다. 사회도 끊임없이 변화한다. 10년 전, 5년
전의 사회와 오늘날의 우리 사회는 각각 다른 모습이다. 사회는 어떻게
변화하고 변화의 요인은 무엇인가. 사회변동은 사회과학에서 다루는 중
요한 주제 중 하나이다. 사회학 교재에는 사회변동과 문화변동 부분이
따로 있다. 제도, 질서 등 외형의 변화를 사회변동이라 하고 가치관, 생
활방식 등 비물질의 변화는 문화변동이라고 한다. 하지만 이 둘은 동전
의 양면처럼 불가분의 관계이다.

사회변동 또는 문화변동의 요인으로는 1장에서 설명한 '발명', '발견'

그리고 '문화전파'를 든다. 이중 가장 중요한 것은 발명과 발견이다. 과학연구를 통한 발견, 그리고 과학 원리를 바탕으로 이루어지는 발명은 사회와 문화를 변화시키는 일차적 요인이다. 현대사회로 오면 올수록 발명과 발견이 사회변화에 기여하는 비중이 점점 커진다. 가령 컴퓨터와 인터넷, 스마트폰의 발명은 단순한 기술적 발명이 아니다. 사람들 간의 소통방식, 삶의 방식, 업무방식까지 바꿔놓는다. 신기술은 으레 문화변동으로까지 이어진다.

지금 우리는 급속한 기술발전의 시대를 살고 있다. 이 변화의 물결을 '4차 산업혁명'이라 부르고 있다. 4차 산업혁명 담론의 진원지는 세계경제포럼이다. 이 포럼의 창립자이자 회장인 클라우스 슈밥Klaus Schwab은 4차 산업혁명에 대해 "변화의 속도, 범위, 영향력으로 미루어볼 때 과거 인류가 겪었던 그 어떤 변화보다 거대한 변화가 될 것"이라고 예견하고 있다. 변화의 요인은 인공지능, 빅데이터, 사물인터넷 등 첨단기술이다. 기술 변화는 우선은 산업구조나 직업세계에 변화를 불러오지만 거기서 멈추지 않는다. 사람들이 기술을 수용해 일상에서 사용할 때 그것은 문화가 된다. 기술에서 변화가 시작되지만 인간에게 더 의미 있는 것은 문화변동이다. 인간의 가치나 인식, 생활방식과 관련되기 때문이다. 이제 4차 산업혁명이라는 변화도 문화 관점에서 생각해볼 필요가 있다.

문화 관점에서 바라본 4차 산업혁명

한국과학기술단체총연합회가 2017년 과학기술인들을 대상으로 '4차 산업혁명에 대한 인식조사'를 실시한 바 있다. 조사결과에 따르면 응답자 2,350명 가운데 89%가 "현재 4차 산업혁명이 진행되고 있다"고 답했다.[25] 적어도 과학기술계는 대부분 4차 산업혁명의 변화를 인지하거나 인정하고 있다는 의미로 해석될 수 있다. 문제는 변화를 어떤 관점에서 인식하느냐이다. 현재의 4차 산업혁명 논의들을 보면 대부분 기술, 직업, 경제에 초점이 맞춰져 있다. 한국사회에 인공지능 열풍을 일으킨 알파고 사건 이후 등장한 일련의 4차 산업혁명 담론들이 수용자인 시민의 관점을 배제한 채 공급자인 정부의 관점을 비대칭적으로 반영하고 있기 때문이다. 그 결과 새로운 산업과 비즈니스 창출의 기회로 바라보는 '산업적 담론industrial visions'과 사회구성원 모두가 자기계발을 통해 여기에 적응해야 한다는 '생존기술의 담론personal development techniques'만이 지배적으로 되어버렸다.[26]

또한 '4차 산업혁명'을 키워드로 출간도서를 검색해보면 4차 산업혁명 관련 테크놀로지, 플랫폼, 직업변화, 마케팅 등을 다루는 책이 압도적으로 많은 반면, 4차 산업혁명과 문화를 다룬 책은 거의 없다. 4차 산업혁명은 문화와는 별개의 영역일까. 절대 그렇지 않다. 인간사회에서 문화의 영역을 벗어나는 것은 아무것도 없다.

기술변동, 사회변동, 그리고 문화변동의 관계

현생인류 호모 사피엔스가 출현한 지는 20만 년이나 된다. 오랜 기간 인류는 스스로 의식주를 해결하고 도시와 사회를 건설하고 제도와 가치, 사상 등을 만들며 살아왔다. 인류학자 에드워드 타일러Edward Tylor는 문화를 "지식, 신앙, 예술, 법률, 도덕, 관습 그리고 사회의 구성원으로서의 인간에 의해 얻어진 모든 능력이나 관습들을 포함하는 복합적

총체"라고 포괄적으로 정의했다. 한 사회의 구성원들이 후천적인 학습을 통해 함께 지니게 되는 행동양식과 사고방식까지 포함한다.[27] 이러한 관점에서 과학기술도 문화의 한 부분이라고 할 수 있다. 과학기술이 문화가 되기 위해서는 사회구성원이 그것을 인지하고 수용하고 활용함으로써 사회 속에 뿌리를 내려야 한다. 4차 산업혁명의 첨단 테크놀로지도 기술변동에서 그치지 않고 인간의 삶과 사회문화에 크고 작은 영향을 미치면서 변화를 일으킬 것이다. 인공지능 기술이 발전해 인간노동을 대체하면 직업에 대한 인식변화가 생길 것이며, 자율주행자동차가 상용화되면 차를 운전한다는 개념이 사라지고 작동한다는 개념으로 바뀔 것이다. 혁명이란, 관습이나 제도, 방식 따위를 무너뜨리고 질적으로 새로운 것을 급격하게 세운다는 의미이다. 4차 산업혁명도 '혁명'이라는 단어를 달고 있는 이상 기술적 변화만을 이야기하지 않는다. 혁명적 변화에는 반드시 문화적 변화도 수반된다. 따라서 문화적인 관점을 배제하는 것은 결국 중요한 변화 동인을 잃게 만드는 것일 수도 있다. 문화 역시 고정불변이 아니라 끊임없이 변하기 때문이다.

4차 산업혁명은 문화 영역의 기회

문화 관점에서 볼 때 4차 산업혁명은 위험일까, 기회일까. 기회가 될 수 있는 그 근거는 다음과 같다.[28]

첫째, 문화예술은 창의성, 감성의 영역이므로 4차 산업혁명으로 인한 자동화의 위험으로부터 상대적으로 안전하다. 미래예측보고서들을 보면 대체로 단순반복 작업, 연산, 금융, 행정 등과 관련된 일자리는 자동화 위험이 크고, 문화예술 분야는 상대적으로 덜 위험하다는 분석이 많다. 알파고 쇼크 직후 한국고용정보원이 발표한 연구결과에 따르면, 자동화 대체 확률이 높은 직업은 콘크리트공, 제품조립원, 조세행정사무원, 경리사무원, 부동산중개인 등 주로 단순 반복적이고 정교함이 떨어지는 일이나 사람들과 소통이 적은 업무이다. 반면 자동화 대체 확률이 낮은 직업은 화가·조각가, 사진작가, 지휘자·연주자, 만화가, 가수, 패션디자이너 등 대부분 문화예술 관련 분야이거나 창의성, 감성, 사회적 소통과 협력 등을 필요로 하는 직업이다.[29] 또 통계청이 2017년 고시한 개정 '한국표준직업분류'에서도 4차 산업혁명으로 인한 직업의 변화추세를 읽을 수 있다. 10년 만에 개정한 표준직업분류에 신설된 직업에는 데이터 분석가, 모바일 애플리케이션 프로그래머, 로봇공학시험원 등 4차 산업혁명과 직접적 연관을 가진 정보통신기술 기반의 직업들도 있지만, 미디어콘텐츠 창작자, 사용자 경험 및 인터페이스 디자이너, 공연·영화 및 음반기획자 등 문화콘텐츠 분야 직업도 포함되어 있다.[30]

둘째, 기술문명이 발전하면 인간은 변화로 인한 문화적 충격을 겪게 되고 문화에 대해 더 많은 관심을 갖게 될 것이다. 인공지능과 같은 첨단기술이 지배하는 세상이 오면 인간은 '기계 vs 인간'이라는 갈등 구도로 인해 자존감이 위축되고 소외감이 커질 수 있으며 때로는 가치관과 윤리의식의 혼란을 느낄 수 있다. 이런 사회심리적 위기에서는 자아성찰을 위한 인문학과 인간적 가치에 기반한 문화에 주목하게 될 것이다. 마음의 안정과 행복감은 기계가 주는 편리함에서가 아니라 문화예술이 가져다주는 여유에서 찾을 수 있다.

셋째, 4차 산업혁명은 특정 기술이 이끄는 변화가 아니라, 여러 가지 첨단기술들이 융합되어 변화를 일으키는 혁신이다. 여기에서 변화의 글로벌 트렌드는 창의융합이다. 문화콘텐츠나 문화기술은 콘텐츠와 기술, 문화와 기술, 하드와 소프트의 융합으로 이루어지므로 가장 창의적인 영역이며, 변화의 트렌드에도 걸맞다. 기술에 대한 인문학적 감수성을 강화하는 것은 단지 감각적인 차원의 접근만을 의미하지 않는다. 그것은 문화적 감수성이고 당대의 문화 정신이라고 할 수 있다. 기술과 문화는 상호 피드백을 통해 공진화된다.[31]

기술혁명에 대비하는 문화전략

가장 중요한 것은 문화 관점과 어젠다를 지속적으로 유지하는 것이다. 첨단기술로부터 촉발되는 혁명적 변화가 기술변동에서 그친다면 그 의미가 반감될 수밖에 없다. 인간이 발명하고 개발한 모든 기술의 궁극적 목표와 지향점은 인간이고, 인간이 체감하는 가장 중요한 변화는 문화변동이다. 문화는 단기간에 가시적인 성과를 낼 수 없기 때문에 일관성있고 지속적인 투자를 필요로 한다. 이러한 점을 간과한다면 정책 추진자가 이끌어가는 기술정책과 일반 시민이 원하는 기술이 어긋나는 괴리현상이 나타날 수도 있다.

4차 산업혁명 시대 문화적 가치의 프레임 정립
- 과학기술에는 과학기술문화가 필요하고 정보통신에는 정보통신문화가 필요. 따라서 4차 산업혁명 전략에는 기술문화 전략이 포함되어야 하고 관련 전문가의 참여 필요
- 문화를 어젠다로 가져간다는 것은, 단지 문화과제를 포함한다는 의미를 넘어 기술중심이 아닌 사람중심의 관점으로 4차 산업혁명을 바라봐야 한다는 것을 의미

- 4차 산업혁명의 변화를 수용할 대다수 시민에게 소구할 수 있는 바람직한 미래가치를 제시하고 공유
- 시민들의 참여와 협력적 창의성을 통한 삶의 질 고양의 방향으로 정책적 전환 필요

문화지체를 막는 제도와 인프라에 대한 정비 필요

- 제도, 인프라, 의식, 가치관 등 비물질적인 문화는 변화의 속도가 더디며 물질적인 것과 비물질적인 것의 변동 속도 차이로 나타나는 부조화 현상을 사회학자 윌리엄 오그번William Ogburn은 '문화지체cultural lag'라고 지칭
- 인공지능, 드론, 사물인터넷 등 첨단기술 도입에 따른 법과 제도의 정비, 변화에 대한 국민의 이해 제고, 가치관 확립 등이 필요
- 과학기술의 윤리적, 법적, 사회적 함의를 고려하는 기술영향평가 강화
- 기술영향평가에는 시민단체나 인문사회학계의 적극적 참여 및 독임제가 아닌 복수 기관에서의 수행 필요

4차 산업혁명이 뿌리내리기 위한 인본적 토양 구축

- 과학적 문화와 인문학적 문화의 단절을 가져왔던 현대 서구문화의 경고 인식
- 4차 산업혁명의 격변이 기계 대 인간, 과학 대 문화예술의 대립과 긴장으로 이어지는 기술과 인문 간의 균열 방지
- 첨단기술이 인간과 사회에 미치는 영향과 의미에 대해 성찰하는 것이 인문학의 역할

- 기술변화에 대한 사회구성원들의 주체적 수용이 가능하도록 창의적 교육방식으로 전환
- 지능정보기술의 윤리성과 책무성을 보완해줄 수 있는 교육 콘텐츠 제공

인간 행복에 기여하는 문화기술 모색
- 4차 산업혁명은 문화부흥을 위한 기회
- 문화기술culture technology과 문화콘텐츠산업 진흥 정책 추진
- 인간의 시각, 청각, 미각, 후각, 촉각 등 인간 감각의 한계를 넘어서는 것이 과학기술이라면, 문화기술은 인간의 본능적 욕망 충족에 기여하는 감성적 접근임
- 미래사회에서 기계가 더 많은 일을 하게 되면, 인간의 노동시간이 줄고 여가가 늘면서 놀고 즐기는 데에서 일자리와 산업 창출의 기회 증가. 따라서 문화기술은 새로운 여가산업과 유희활동 발굴에 주목하는 것이 필요

2.
노동

━━━━━━━━━ 사회변화와 함께 풀어야 할 노동문제는 다양하지만, 특히 4차 산업혁명과 관련해서 가장 뜨거운 주제 중 하나는 기술진보가 일자리에 미치는 영향에 관한 것이다. 전문가의 토론장에서조차도 여전히 유토피아와 디스토피아를 대조하는 논의가 이루어지고 있다. 올바른 미래전략과 대응방안을 마련하기 위해서는 일어나고 있는 현상을 제대로 이해하고 직면한 도전을 잘 정의해야 한다. 과연 로봇과 인공지능으로 인해 일자리가 현저하게 줄어드는 것이 우리가 당면한 도전의 요체일까. 현재 진행 중인 기술진보는 직업 세계와 고용에 어떤 변화를 가져올까. 변화의 요체는 무엇이고 그에 대응하는 노동 분야의 대응전략은 어떠해야 할까.

기술진보와 일자리 변화의 요체

기술진보로 일자리에 무슨 일이 일어나는지를 이해하기 위해서는 기술진보가 직무(업무, 일), 직업, 고용(일자리)에 미치는 영향을 구분해서 들여다보아야 한다. 디지털 기술에 더하여 지능정보기술의 발전은 기존 상품과 서비스의 전통적 가치사슬을 해체했다. 자동화 범위도 현저하게 확대되었다. 가치사슬 해체는 기업들의 경쟁우위 패러다임을 변화무쌍하게 바꾸고 있으며, 그 과정에서 일하는 방식과 직무와 업무에서 변화가 일어나고 있다.

직무, 직업, 고용에 미치는 상이한 영향

자동화에 의한 노동 대체가 어떤 '직무'의 대량소멸을 의미할 수 있다. 또 일부 직업을 파괴할 수도 있다. 하지만 전반적으로 고용파괴를 의미하지는 않는다. 하나의 직업이나 한 사람의 일자리는 여러 직무로 이루어져 있기 때문이다. 인공지능이 직무와 직업과 고용에 미치는 영향도 이러한 자동화 영향의 연장선 속에 있다.

기술이 어떤 일자리의 직무 중 일부를 대체하더라도 다른 일부와는 보완관계에 있는 경우가 일반적이다. 기술과 보완되는 업무가 있다면 기술이 업무 일부를 대체하더라도 보완관계에 있는 업무의 생산성은 늘어난다. 그렇게 해서 해당 일자리의 생산성이 올라가면 그 일자리는 없어지지 않고 오히려 수요가 늘어날 수도 있다. 그러므로 일자리가 없어지고 줄어드느냐, 즉 고용이 파괴되느냐는 자동화 기술에 달려 있지 않다. 사람과 제도가 변화에 어떻게 적응하느냐에 달려 있다.

변화는 정책적·제도적 적응의 결과

인공지능의 발달과 자동화로 특정 직무가 대체된다면 그런 직무로만 이루어진 직업은 기계로 대체될 가능성이 크다. 하지만 대부분의 직업은 그 안에 기계와 협업하여 생산성을 높일 수 있는 직무 또한 포함하고 있다. 기술이 내 업무의 일부를 대체하더라도 내가 하는 다른 업무가 그 기술과 보완관계에 있다면, 그 일자리의 생산성은 늘고 이러한 직업들은 일반적인 예상과 달리 소멸하지 않을 것이다. 줄어드는 일자리는 정형화된 업무로 이루어진 직업이겠지만 이러한 일자리도 해당 직업의 직무가 변화하면 살아남을 수 있다. 오늘 내가 하는 일의 자동화 확률이 50%쯤 된다고 하더라도 내년에 내 일의 자동화 가능성이 반드시 50%를 넘는 것은 아니다. 기술진보에도 불구하고 자동화 가능성은 오히려 떨어질 수도 있다. 실제로 미국의 직업정보시스템O*Net의 직업별 자동화 가능성을 보면, 2006년에서 2016년 사이 거의 변화가 없거나 오히려 감소한 직업을 다수 발견할 수 있다. 그 이유는 바로 기술진보와 함께 해당 직업의 직무가 변화했기 때문이다. 이런 점에서, 일자리의 양이나 질 모두에 결정적 영향을 미치는 요인은 기술 자체라기보다는 변화를 수용하고 대응하는 정책과 제도 또한 큰 부분으로 작용하고 있다.

노동의 미래 전망

기술진보에 대해 제도적·정책적으로 어떻게 적응을 하는지가 일자리 공급과 일자리의 질에 결정적인 요인이라는 사실은 일자리 정책과 노동정책에 중요한 시사점을 준다. 지난 10년을 돌이켜보면 정부는 새로운 비즈니스 활동이 활발해지는 데 적합한 규제방식을 마련하지 못했다. 대기업들은 지능정보기술을 활용한 국내 스타트업에 효과적으로 플랫폼을 제공하지 못했다. 근로자들은 지나치게 수동적이거나 장기적 이익에 무심했다. 노사는 모두 신뢰를 구축하지 못했다. 이러한 반성은 정부와 기업과 노조가 앞으로 해야 할 일을 자연스럽게 정의해준다. 노동시장 제도 개혁의 시급성을 인식하고 공동의 노력을 기울여야 한다는 점이다.

인간과 기계의 협업 노동

기술진보의 영향은 단순히 직무 변화에 그치지 않는다. 기술진보를 생산성 향상으로 이어지게 하는 과정에서, 신기술의 잠재력을 충분히 활용하는 방식으로 작업조직이 변화할 것이다. 테일러리즘Tailorism이나 포디즘Fordism은 장인匠人을 저숙련 공장노동자로 대체하는 기술변화가 일어나는 과정에서 과학적 관리시스템으로 정착되었다. 인공지능 기술 시대의 작업방식은 인간-네트워크, 인간-기계 사이의 역동적 협력 형태를 포함하는 작업방식일 것이다. 이미 '인간과 함께 일하는 로봇' 개념을 구체화한 제조용 로봇 개발과 상용화가 진행되고 있다. 이뿐만 아니라 네트워크에서 빅데이터를 생산하고 가공하여 부가가치를 만들어내는 과정에서도 인간과 인공지능이 협업하고, 제조과정에서도 인간과 기계(전통적 공장에서 보던 기계설비는 물론 인공지능 알고리즘을 체화하고 있는 로봇 포함)가 협업할 것이다.

고용형태와 근로형태의 다양화

디지털 기술의 발전은 생산방식의 거래비용을 혁명적으로 낮추었는

데, 특히 밖에서 외부자원을 사올 때의 거래비용을 크게 낮추었다. 이에 따라 프로젝트형 고용계약 형식이 늘어나고 있다. 기술진보가 제공한 거래비용 감소를 이용하여 많은 스타트업들이 비즈니스 모델을 혁신하고 있기도 하다.

확산되고 있는 비즈니스 모델에서 주목할 만한 현상 중 하나는 취업형태가 다양화되고 비전통적 고용계약 형태가 늘어나고 있는 점이다. 주문형 거래의 확산으로 임시직, 파견, 재택근무, 파트타임 등 다양한 취업형태가 나타나고 있다. 지난 10년간 미국에서 창출된 일자리는 바로 이러한 대안적 근로형태alternative work arrangement에서 많이 창출되었다.[32] 디지털 기기가 실시간으로 연결되면서 시간과 장소에 매이지 않고 일하는 클라우드 워커cloud worker처럼, 온라인근로, 재택근로, 원격근로 등이 확산되어 근로시간과 여가시간의 구분, 근로공간과 비근로공간의 구분이 모호해지는 것도 변화의 일부이다. 일하는 날과 휴일의 구분이 모호해지고, 모여서 일하는 것이 아니라 각자 맡은 업무를 장소와 상관없이 알아서 완성하는 방식이 늘어나고 있다. 한 사람의 근로자가 여러 고용주와 함께 일하는 사례도 늘어나고 있어 전통적 고용관계가 느슨해지거나 해체되고 있다. 지휘와 명령을 받는 고용관계가 아니라 상호 약속한 업무를 스스로 결정하고 통제할 수 있는 환경에서 처리하여 넘기는 관계로의 변화도 적지 않다.

이에 따라 산업화 과정에서 확립된 기업조직과 노동규범(예컨대, 1일 근로시간, 휴게시간, 감시감독 등의 근로기준)의 변화도 불가피해지고 있다. 기업조직이 핵심인력 중심으로 축소되고 임금근로자-자영업자 성격이 혼합된 계약형태가 확산되는가 하면, 감시감독, 보안, 사생활 침해가 모두 새로운 차원에 직면하고 있다. 2018년부터 시작된 주당 근로시간

52시간 상한제는 일과 가정의 양립 및 조직적 노동으로부터 직무 중심 노동을 유인하는 계기도 될 것이다.

비즈니스 패러다임의 변화

현재 선도적인 기업 중에는 ICT 서비스업이 압도적이다. 기업가치가 높은 세계 10대 기업 중 대다수가 ICT 서비스업이다(애플, 알파벳, 마이크로소프트, 아마존, 페이스북 등). 또한, 기업가치가 아직 크지 않더라도 시장에서 인정받고 있는 상당수의 기업들도 ICT 기술을 이용한 비즈니스와 관련이 깊다.

예를 들어 유통기업 아마존이나 동영상 스트리밍 서비스사인 넷플릭스는 빅데이터에 주목하여 사업을 성장시킨 대표적 기업이다. 숙박시설 공유기업 에어비앤비나 차량공유기업 우버는 아이디어로부터 시작했지만, 빅데이터 활용을 통해 기업의 지속가능성을 높이고 시장지배력을 확대했다. 나이키, 아디다스와 같은 스포츠용품 기업들도 데이터를 이용한 비즈니스 생태계를 구축하고 있다. 인도에 있는 GE의 스마트팩토리는 높은 생산성을 자랑하면서도 자동화보다는 빅데이터를 활용하여 생산과정에 응용하는 것이 특징이다. 가령, 이곳에서는 종업원들이 제품의 사진을 찍어 클라우드에 올리고 고객의 반응을 보는 것과 같은 실험에 한없이 관대하다. 이렇듯 ICT 기술을 활용한 새로운 비즈니스 모델이 만들어지거나 이를 적용한 기업의 경쟁력이 두드러지고 있는 점은 향후 인력양성 측면이나 고용시장 전망에서 고려해야 할 사항이다.

노동 미래전략

4차 산업혁명이 패러다임 전환의 성격을 갖는 것이 사실이라면, 적응력 제고를 위한 변화는 공장에 로봇과 자동화 시스템 도입 여부나 얼마나 빨리 도입할 것인지보다, 사람과 로봇, 사람과 인공지능이 어떻게 협업할 것인지에 대한 전망과 향후 전략에 대한 논의가 선행되어야 한다.

논의 플랫폼과 이해당사자의 신뢰 구축

• 독일에서 'Industrie 4.0' 이니셔티브가 시작된 후 노조가 그에 맞는 'Arbeit 4.0'이 필요하다며 관련 논의의 필요성을 제기하고 기업들과 함께 논의를 시작한 사례 참조 필요
• 논의 플랫폼을 구축하는 것은 정부가 주도하며 일방적으로 지시하기보다는 기업과 근로자가 협의하고 중앙정부와 지방정부가 협의하는 방식으로 바뀌는 것이 바람직함
• 노사협의의 전통이 미흡한 한국적 상황에서는 최근 새롭게 개편한 경제사회노동위원회와 일자리위원회를 중심으로 논의 플랫폼을 확장하고 신뢰를 구축하는 것이 급선무

대안적 노동규범 모색과 합의

• 근로의 형태와 방식의 변화로 기존 노동규범의 존립 근거가 송두리째 흔들리고 있는 상황 인식 필요
• 사회보험의 경우, 복수의 사업장에서 일하는 임금근로자나 한 사업장에서 월 60시간 미만 근로하는 단시간 근로자 등도 적용대상에서 제외되지 않도록 기존의 행정방식 보완

- '종속성을 갖고 일하는 1인 자영업자' 현상에 대처하는 규범을 마련하고, 이러한 범주의 노동시장 참여자를 포함하는 사회보장 시스템 재구축
- 근로기준법 등 중요한 노동관계법은 모두 임금근로자를 대상으로 함. 그러나 기업은 노동비용과 관리비용을 절감하기 위해, 또는 급변하는 산업환경 변화에 유연하게 적용하기 위해 아웃소싱을 활용하는 경향이 강해짐. 따라서 노동시장 변화를 고려하여 근로기준법의 기존 획일성과 경직성을 보완 대체하는 작업이 필요함
- 근로계약법으로 노동시장 내 노무거래 일반을 규율하되 사안별로 고용·근로형태 다양화에 대응하여 계약관계의 공정성, 투명성, 예측가능성을 확보하는 것도 고려. 복합적이고 다양한 고용관계를 모두 법제도로 규율하는 것에는 한계가 있으므로 기업, 지역, 산업, 국가 수준에서 노사정이 사회적 대화와 협약을 통해 사회적 자본을 늘려가는 여건 조성

인력양성제도의 혁신

- ICT 기술을 활용하고 산업 간 융합을 선도하는 기업들이 성장을 주도하면서 창의적 인재와 융합인재의 중요성 더욱 부각
- 단순히 따라 하기나 정답을 말하는 교육이 아니라 창의력 교육, 즉 질문할 줄 아는 교육, 나아가 가설적 주장을 할 줄 아는 교육으로 전환
- 구직과 구인이 어려운 이유 중 하나는 인력과 노동의 미스매치. 인력의 미스매치는 전공 분야 간에도 있고, 학력 수준 간에도 발생. 따라서 사회에서 필요한 인재를 기를 수 있는 교육 여건 마련

- 4차 산업혁명의 또 다른 특징은 생산의 개방화. 즉 소프트웨어적 기술을 가진 사람은 누구나 하드웨어를 생산할 수 있다는 의미. 플랫폼만 갖춰지면 소프트웨어 개발자가 하드웨어 개발자로서 동시적인 역할을 할 수 있기에 모든 산업에서 소프트웨어를 다룰 수 있는 인력양성 필요

로봇세와 기본소득 신설

- 과거에는 하드웨어인 기계가 노동을 대체했지만, 미래에는 소프트웨어인 인공지능이 노동을 대체할 가능성 증가. 그런데 하드웨어와 달리 소프트웨어 생산에는 추가 노동이 거의 들어가지 않으므로 줄어들 일자리 문제를 다각적으로 논의
- 일자리가 줄어 실업자가 늘면 납세자도 줄어든다는 의미. 세금 수요를 충당하기 위하여 세율을 높이면서 우려되는 저항, 즉 납세자들의 '불만사회' 대처 필요
- 로봇세 신설은 새로운 세원을 발굴하는 하나의 방안. 인간의 노동을 대체하는 기계에 세금을 부과하고 정부는 이렇게 생긴 돈을 기본소득 재원으로 삼아 실업자 부양 자금으로 활용

3.
복지와
사회안전망

━━━━━━━━ 4차 산업혁명은 기술혁명이자 사람 중심의 문화이며 경제·사회적 현상으로 파생되는 패러다임의 전환이라고 볼 수 있다. 이러한 새로운 패러다임으로의 전환 속에 4차 산업혁명이 가져올 장밋빛 미래와 동시에 일자리 감소에 대한 불안감이 나타나고 있어 국가의 중점 해결과제로 '인간중심의 4차 산업혁명 완성'이 더욱 주목받고 있다. 한국사회에서 1997년 외환위기 이후 지속하여 제기되어온 고용유연성 문제는 아직도 해결이 쉽지 않은 상태인데, 가장 큰 원인은 낮은 사회안전망과 복지의 문제라고 볼 수 있다. 즉, 고용유연성을 높이기 위해서는 이의 반대급부로 사회안전망이 더욱 튼실하게 보장되어야 한다. 한국사회가 4차 산업혁명에 선제적으로 대응하고 새로운 도약의 기회로 삼기 위해서 지능정보기술 발전과 복지생태계 구축이 공존하는 사회안전망에 대한 논의가 먼저 이뤄져야 하는 이유이다.

복지와 사회안전망의 당면 과제

우리나라는 2000년대 초반에 사회보험과 공공부조로 구성되는 사회보장제도의 기본적인 골격을 완성했고, 산재보험, 건강보험, 국민연금, 고용보험 등 4대 사회보험제도의 적용 범위 측면에서 보편성을 강화하는 등의 중요한 성과를 일궈왔다. 그러나 여전히 실질적인 결과 측면에서 여러 문제가 대두되고 있으며, 이는 사회보장제도의 구조뿐만 아니라 노동시장의 문제와도 밀접히 관련되어 있다.

국민기초생활보장제도와 사회보장제도의 명과 암

우리나라는 2000년 이후 국민기초생활보장제도를 통해 사회적 약자들과 저소득층에게 어느 정도의 최저생활을 보장해오고 있으며, 최저생계보장을 사회적 책무이자 '수급권'으로 인정함으로써 복지정책에서 시민권이 대폭 강화되어왔다고 볼 수 있다. 그러나 여러 가지로 개선해야 할 점들이 많이 남아 있는데, 대표적으로 부양의무 규정과 재산평가액의 반영 등으로 인해 저소득층 가운데 상당수가 수급대상에서 제외되는 문제가 있다. 이로 인해 기초생활보장제로 직접 도움을 받는 계층은 전 인구의 3.3%이지만 우리나라의 빈곤율은 대략 10% 이상으로 나타나고 있다.

또 국민기초생활보장제도의 도입과 더불어 사회보험의 적용 대상이 대폭 확대되어온 것도 중요한 성과라고 볼 수 있다. 사회보험은 1998년 이후 급속한 변화가 이뤄졌는데, 국민연금 확대(1994년), 의료보험 통합(1999년), 고용보험 대상확대(1998년), 산재보험 적용확대(2000년) 등 사회보험제도의 내실화 및 사회복지서비스 확대가 추진되어왔다. 그러나 이러한 성과에도 불구하고 근본적으로 우리나라의 사회보험제도는 외양으로는 국가적 제도이지만, 사실상 모두 개인적 해결수단에 머무르는 한계를 지니고 있다. 즉, (부분적) 사회적 해결방식의 제도인 국민기초생활보장제도를 제외한 사회보험제도가 모두 국가가 운영하는 개인적 해결수단이라고 볼 수 있다. 실제로 국민연금의 소득대체율[33](국민연금 지급률)은 40% 이하 수준이며, 2016년 통계청 기준, 전체 임금노동자 가운데 약 20%인 370만 명의 노동자는 고용보험 혜택을 전혀 받지 못하고 있다.

고령화 문제 극복

준비되지 못한 고령화는 고통스러운 결과를 초래할 수 있다. 특히 연금과 같은 노후생활 대비책이 없는 상황에서 맞이하는 노후는 곧 빈곤을 의미한다. 우리나라 노인빈곤율은 OECD 국가 중 최고인 49.6%(2016년 기준)에 이른다. 노인 두 명 중 한 명은 중위소득의 50%에 못 미치는 수입으로 생활하고 있다는 뜻이다. 따라서 우리 복지 시스템은 이 문제를 해결하는 데에서 시작해야 한다.

저출산 문제 극복

저출산 문제의 원인과 결과는 매우 복합적인데, 일종의 생활양식 변화에서부터 양육과 교육비 부담, 여성 일자리 연속성 부담 등 다양한 분야에 걸쳐 있다. 그 원인이 어떠하든 저출산 문제는 필수 노동력 확보 차원만이 아니라, 적절한 시장 규모 유지를 위한 인구 규모 차원에서도 해결되어야 한다. 특히 소수의 청년이 다수의 노인을 부양하는 부담을 낮추기 위해서는 적절한 인구 규모가 필수적이다. 따라서 출산율을 높이고 인구를 늘리는 차원의 복지정책은 국가 미래를 위한 투자이기도 하다.

성장에 기여하는 복지

이제 복지가 소모적이거나 낭비적인 지출이 아니라는 점에는 많은 사람이 동의하고 있다. 저출산과 고령화의 문제점을 해결하기 위해서라도 복지투자와 지출은 불가피한 것이다. 그러나 선진국들과 비교하면 우리의 고용 분야 중에서 가장 취약한 부문이 사회서비스업이다. 보건, 복지, 보육 등 복지 확대와 밀접한 분야에서 상대적으로 고용이 저조하고 처우가 열악하다. 특히 보육, 복지 분야의 처우 개선이 매우 절실하다. 고용환경만 적절히 개선된다면, 이 분야는 고용이 늘어날 수 있는 잠재력이 충분하다. 복지 확대가 곧 일자리 확대와 내수증진으로 이어질 수 있다.

지속가능한 복지 재정

복지를 늘려야 하는 당위성이 분명하고 그것이 국가의 경제와 고용구조 개선에도 기여할 것이라는 기대도 타당하다. 하지만 복지 확대가 국가재정이 감당할 수 있는 범위를 넘어서는 것은 안 된다. 복지지출의 낭비적인 요소를 줄이고 고용 확대와 고용의 질 개선에 기여하는 영역에 집중 투자를 해야 한다. 이와 함께 복지재정 중 국민부담률을 점진적으로 높여감으로써 적정부담 적정혜택의 규범이 지켜져야 한다.

문제는 이 과정에서 복지가 당장 필요한 현세대는 부담을 지지 않고 이를 미래세대에 떠넘기려는 정치적인 태도이다. 즉, 지금 복지를 확대하는 데 소요되는 재정을 다음 세대에 부채로 남기는 방식은 반드시 개선되어야 할 과제이다.

미래 복지국가를 향한 혁신 방향

지속가능한 복지재정을 위해서는 조세·국민부담률을 점진적으로 높여가는 것이 중요하다. 현재 우리나라의 조세부담률(GDP에서 국세와 지방세 등 세금이 차지하는 비율)은 2000년대 들어 17~19%대에, 그리고 국민부담률(GDP에서 조세와 사회보장기여금이 차지하는 비중)은 2016년 기준 26.3%를 기록하고 있다.

하지만 복지지출 수요 충족을 위해 무조건 조세부담률 수준과 국민부담률 수준을 높이는 데에는 한계가 있다. 조세증가가 경제에 미치는 영향을 고려할 필요가 있으며, 무엇보다 국민적인 합의가 이루어질 수 있는가도 문제이다. 이와 같은 막대한 재정수요에 대응하기 위해 우선순위를 선정하고 수요의 특성에 맞는 재원 연계가 필요하다.

- 임금노동자 성격이 불명확하더라도 종속적 지위에 있는 취업자들을 대상으로 고용보험 적용 범위 확대
- 국민연금 상한액 인상을 통한 재정안정
- 공적연금 외에 개인연금을 연계한 노후보장의 다층보장체제 구축
- 국민기초생활보장제도의 수급 체계 세분화(생계급여, 주거급여, 의료급여, 교육급여, 자활급여 등)로 맞춤형 지원 확대 및 다양화
- 실업급여 혜택에서 제외된 청년들의 구직 지원을 위해 한국형 청년 안전망 도입

- 기본소득Basic Income 제도의 도입 및 이에 기초한 사회보험서비스 통합화 모색
- 중부담-중복지 모델을 중심으로 사회적 논의를 통해 적정 복지지출 수준 합의

통일을 대비하는 복지국가전략

통일시대 복지전략에서도 재정적으로 지속가능한 공정복지라는 기본원칙은 매우 중요하다. 확대되는 복지수준에 따라 복지비용을 적절하고 공정하게 분담하는 데 우선순위를 두어야 한다. 한국의 경우에는 통일준비라는 특유의 상황 때문에 통일 이전부터라도 복지국가 확장의 속도 조절이 필요하다. 통일비용은 특히 북한주민의 복지를 증진하는 사회보장성 비용과 관련된다. 독일식 통일이 현실화된다면, 가장 낮은 단계의 공공부조 프로그램인 국민기초생활보장제도만 적용할 경우 북한 지역 GDP의 약 300%, 통일한국 GDP의 약 8%가 소요될 것으로 추산된다. 장기적으로는 편익이 비용을 상쇄할 수 있을지도 모르지만, 적어도 단기적으로는 급격하고 막대한 복지비용 발생이 예상된다. 이렇게 보면, 통일 이전 남한의 복지 확대는 증세에 기대는 것이 옳고, 만약 국채를 통해 복지를 할 여지가 있다면 통일 이후 북한 지역 복지 확대를 위한 최후의 보루로 남겨야 할 것이다.

한반도의 예상 통일비용

통일비용은 통일을 저해하는 허들이다. 이런 면에서 완전한 통일까지

들어갈 비용을 고민하는 것도 전략에 포함되어야 한다. 이런 면에서 우리보다 앞서 통일을 이룬 독일의 경험은 우리의 미래전략 마련에도 큰 시사점을 지닌다. 독일 통일에 들어간 경제적 비용은 최소 1조 유로(약 1,490조 원)에서 최대 2조 1,000억 유로(약 3,129조 원) 정도로 알려져 있다. 이 중에서 초기 13년간 동독 지역 주민에 대한 연금, 노동시장 보조금, 육아 보조금 등을 포함한 사회보장에 들어간 비용은 전체 통일비용의 49.2%를 차지한다. 통일비용 중 복지국가를 위한 사회보장 지출 비중이 가장 높았던 셈이다.

한반도의 평화 정착에 필요한 비용 또한 만만치 않을 것이다. 영국의 자산운용사 유리존 SLJ가 발표한 보고서에 따르면, 향후 10년간 필요한 비용이 2,167조 원에 이를 것이라는 전망이다. 이 계산은 독일 통일 과정을 참고로 이루어진 것이다. 또 동독보다 훨씬 낮은 수준의 북한 경제를 견인하려면 독일 통일 때보다 비용이 더 필요할 것으로 예상했다.

통일 & 4차 산업혁명 시대 복지국가의 방향성

지속가능한 복지국가의 방향성, 특히 4차 산업혁명 시대에 줄어드는 일자리 문제를 고려할 경우 전략적으로 근로동기 침해 효과가 있는 현금복지보다는 고용친화적 사회복지서비스를 강화하는 것을 추구해야 한다. 이는 통일시대의 복지국가 확대 과정에서도 동일하게 적용해야 할 문제이다.

사회서비스를 중심으로 생산과 복지가 결합되어야 하는 이유는 다음과 같다. 첫째, 사회서비스는 전통적 가족의 맥락에서 여성이 전담하던 일들을 사회가 떠맡아주는 것을 의미한다. 이는 교육받은 여성의 노동시장 참여를 도와 사회 전체의 생산성 제고에 기여하게 된다. 둘째, 근로빈곤층의 경우 다양한 복지문제와 결부된 경우가 적지 않다. 현금급여와 더불어 다양한 부가적 사회복지서비스, 예컨대 약물남용 상담, 건강서비스, 자녀교육서비스 등이 있어야 직업훈련이나 근로시간 확보 등이 수월해질 수 있기 때문이다. 따라서 현금급여만으로 해결되지 않는 문제들을 사회서비스를 통해 해결할 수 있게 된다. 셋째, 복지혜택에서 제외될 것을 우려해 제대로 된 노동시장 활동을 회피하는 현상인 '빈곤의 덫'과 같은 근로동기 침해를 예방하는 데 사회서비스가 현금복지보다 우월한 효과를 지닌다. 특히 적극적 노동시장서비스는 그 자체로 고용친화성이 높다.

4.
교육

━━━━━━━━━━ 교육은 4차 산업혁명 시대에 가장 주목해야 할 분야이다. 특히 고용시장의 변화를 고려해야 한다. 우수한 인적자원이 고용을 새로이 창출하는 측면도 있지만, 일반적으로 고용시장의 수급 상황에 따라 학교교육이 영향을 받지 않을 수 없기 때문이다. 인공지능과 자동화에 따라 고용시장의 급변이 예상되는 4차 산업혁명 시대에 교육과 고용문제는 밀접한 관계일 수밖에 없다. 따라서 이를 고려한 교육 혁신전략이 마련되어야 한다.

교육혁신이 필요한 배경

4차 산업혁명 시대에 요구되는 인간-기계 협업의 특성은 인공지능이 지식을 제공하여 문제를 해결하는 역할을 하고, 인간은 창의적인 사고를 하고 질문을 하거나 문제를 만드는 일에 주력할 것이라는 점이다. 현재 자동차와 달리기 시합을 하는 사람이 없듯이, 미래에는 인공지능과 잘 정의된 문제를 해결하는 일을 경쟁하는 사람이 없을 것이다. 데이터를 기반으로 분석하는 일, 반복적이거나 잘 정의된 업무는 가장 먼저 인공지능에 의해 대체될 가능성이 크다. 예를 들어, 전화로 상담하는 일, 병원에서 병을 진단하는 일, 법원의 판례를 분석하는 일, 회계 자료를 분석하는 일 등이다. 하지만 업무가 잘 정의되어 있지 않은 복합적인 업무를 대신하는 인공지능 프로그램은 개발하기 어렵다. 항상 새로운 것을 탐구하는 연구개발이나 인간의 감성을 필요로 하는 창작이 이러한 예가 될 것이다. 전형적인 플롯에 따라 재미있는 스토리를 만들어내는 것은 인공지능이 충분히 할 수 있지만, 상상력을 요하는 완전히 새로운 이야기를 창작하는 것은 여전히 인간의 영역으로 남게 될 가능성이 크다. 따라서 미래의 노동은 인간과 기계가 각자 주특기를 살려서 협동하는 방향으로 전개될 것이다.

미래에 요구되는 교육의 특성

교육의 역할은 사회가 필요로 하는 인재를 길러내는 것이다. 그러면 현재 사회는 어떠한 인재를 원하고 있는가. 당연히 조직의 목적을 달성해주는 인재를 원한다. 조직의 임무를 원만히 수행하는 사람은 어떤 사람일까. 일반적으로 회사에서 원하는 인재는 첫째, 업무 수행에 필요한 지식이 있고, 둘째, 협동심이 있으며, 셋째, 창의적으로 일을 추진하는 사람일 것이다. 그러면 4차 산업혁명 시대에는 어떠할 것인가. 인공지능과 공존·협력하게 될 미래사회에서는 아마 다음 세 가지에 중점을 두게 될 것이다.

첫째, 컴퓨터나 인터넷에 존재하는 지식을 이해하고 활용하는 '지식 활용력'이다. 지식을 암기해 머릿속에 넣을 필요는 없다. 그러나 기본 원리를 이해하고 있어야 한다. 둘째, 인간은 물론 기계와 함께 일하는 '협동심'이다. 셋째, 문제를 만들 수 있는 '창의성'과 복잡한 문제를 해결할 수 있는 역량이다. 특히 주어진 문제를 해결하는 것보다, 문제를 만들 수 있는 능력이 필요하며, 이것은 인공지능이 해내기 어려운 분야이다.

한편, 4차 산업혁명 담론의 진원지인 다보스 포럼은 21세기 학생들에게 필요한 스킬 16가지를 제시한 바 있다. 기초소양Foundational Literacies으로는 문해력, 산술능력, 과학소양, ICT소양, 금융소양, 문화적 시민소양 등 6가지, 역량Competencies으로는 비판적 사고력 및 문제해결능력, 창의력, 소통능력, 협업능력 등 4가지, 그리고 성격적 특성 Character Qualities으로는 호기심, 진취성, 적응력, 리더십, 사회문화적 의식 등 6가지이다.[34]

4차 산업혁명 시대에 필요한 교육 방향

과학기술을 수용하고 활용할 수 있는 역량은 물론이고, 인간 본연의 정신역량을 강화하는 교육혁신이 필요하다. 학습자들이 물리적 공간 위주의 전통적 학교제도에서 벗어나 자유롭게 온라인-오프라인을 함께 활용할 수 있도록 해야 한다. 그리고 디지털 공간이라는 새로운 장에서 성숙한 시민으로 활동할 수 있는 윤리의식과 책임성에 대한 역량을 함양할 수 있도록 해야 할 것이다.

변화대응력 중심의 통합교육

전통적 학교체제의 개혁을 위해서는 물리적 공간 중심의 학교를 다양한 주체가 참여하는 협업 가능한 형태로 유연하게 운영할 수 있어야 하며, 맞춤형 학습이 가능한 형태로 재구조화해야 한다. 또한, 현행 교육과정을 미래사회에 필요한 역량 중심으로 개편하기 위해서는 현재의 교과 중심으로 분절된 교육과정을, 미래사회가 요구하는 변화대응력 중심의 통합교육방식으로 개편해야 한다. 이와 관련하여 4차 산업혁명 시대의 학교 교육에 필요한 혁신적인 방법론으로서 빈번하게 논의되는 것이 창의성 함양교육 및 융합 인재교육, 즉 STEM(Science, Technology, Engineering, and Mathematics) 교육이다. STEM 교육은 1990년대 미국과 유럽에서 시작된 과학교육 혁신의 방법이며 우리나라에서는 교육부와 한국과학창의재단이 여기에 Arts를 더해 'STEAM 교육'을 하고 있다. 이는 기본적으로 탄탄한 기초과학교육을 바탕으로 문제중심학습(PBL, Problem-Based Learning), 협업 프로젝트 수업 등을 교실에서 활용하는 것을 의미하며, 그에 합당한 교육과정의 제시와 교원의 사전 준비가 있어야 가능할 것이다. 결국, 미래 교육의 큰 방향은 창의, 질문과 토론, 인성, 그리고 융합이 될 것이다. 질문을 통하여 새로운 생각이 나오고, 질문과 토론을 통하여 다른 사람과의 협동이나 배려도 배우게 된다.

인공지능 시대에 적합한 ICT 기반의 교육

컴퓨팅 사고력을 바탕으로 한 프로그래밍과 정보통신기술 능력, 정보윤리 등 기초정보 소양과 코드 리터러시Code Literacy 강화에 초점을 두어 교육내용을 체계화해야 한다. 우리나라는 높은 수준의 정보화 기반을 갖추고 있음에도 불구하고 학교현장에서의 정보화기기 활용도는 매우 낮다. 따라서 앞으로는 학령인구의 감소를 공교육의 여건 개선과 교육제도 개선의 기회로 활용할 수 있어야 하며, ICT와 인공지능 로봇공학을 활용해 개별화된 완전학습이 가능한 수준으로 교육의 질을 획기적으로 높여야 한다.

사회변화에 대처하는 평생교육

이 밖에 4차 산업혁명 시대에는 첨단 인공지능기술을 선도할 엘리트 교육뿐 아니라, 기술변화에 뒤처진 일반 사회인들에 대한 재교육, 평생교육 체제의 마련도 함께 요구될 것이다. 이 기회를 통해 주요 선진국에 비해 취약한 평생교육과 직업교육을 강화함으로써 기업이 필요로 하는 기술과 역량을 적시에 학습할 수 있게 하는 서비스 복지 차원의 성인교육 체제도 구축해야 한다. 이를 토대로 학위취득을 중심으로 한 학력주의 모델에서 벗어나, 개개인의 실질적 역량이 강조되는 실력주의 모델을 사회 전반으로 확산시켜 미래사회가 요구하는 다양한 분야의 전문가 그룹을 양성할 수 있도록 해야 한다.

교육혁신을 위한 전략

크게 세 가지로 나누어볼 수 있다. 인공지능 활용역량 강화를 위해 교육환경을 지능형 맞춤학습 체제로 바꾸어야 하고, 전통적인 물리적 공간중심의 학교제도 및 그에 바탕을 둔 교육과정도 유연하게 바꾸어야 한다. 또 학습과 고용의 연계체제를 강화해야 한다.

커넥티드 러닝connected learning을 통한 지능형 맞춤학습

4차 산업혁명 시대의 근간인 초연결은 교육 분야에서도 커넥티드 러닝으로 진화를 촉진하고 있다. 즉 사물인터넷과 인공지능 등의 기술을 바탕으로 지능형 맞춤학습 체제를 구축해야 한다. 이는 ICT와 인공지능 로봇공학이 접목된 지능형 맞춤학습 체제를 구축하여 개별화된 학습을 지원하는 교육 인프라를 확충한다는 의미이다. 4차 산업혁명을 주도하는 STEM 교육을 기반으로 한 통합교과 중심으로 시스템을 구축하여 개인별로 맞춤학습 지원체제를 마련하는 것이다. 이는 데이터에 기반하여 비선형적 학습지도와 처방을 제안하고, 학습자의 성취 수준과 상호작용에 맞춰 예측, 조정하여 궁극적으로 학습자의 학습능력을 개선하는 지능형 맞춤학습 체제를 마련하는 전략이다.

유연한 교육체제와 역량 중심의 교육과정

전통적인 학교체제 및 교육과정에 대한 전면적 개편도 검토해야 한다. 기존 단선형 학제를 산업계의 수요에 맞게 복선형 학제로 개편하고, 학점제, 무학년제 도입 등을 통해 교육과정 운영의 유연성을 확보하는 것이 필요하기 때문이다. 기초역량 강화 중심의 교육과정 운영을 위해서는 기존 교과 중심의 교육과정을 미래사회 역량 중심으로 전면 개편해야 한다. 현 교과 중심 체제에서 미래 노동시장과 사회에서 필요로 하는 범용적인 역량을 기를 수 있도록 역량 중심 교육과정competency-based curriculum으로 개편하고, 4차 산업혁명 시대를 살아가기 위한 디지털 윤리, 코드 리터러시 등 시민으로서 갖추어야 할 기본 덕목과 역량에 대한 교육을 강화할 필요가 있다. 예전에는 공부하는 방법을 배우지 않고서 무작정 공부부터 해왔다고 할 수 있지만, 앞으로는 좋은 학습 방법을 스스로 터득하게 하는 수용성 교육의 적용이 필요하다.

아울러 인공지능이 수행하기 힘든 영역(연구, 예술, 등)에 대한 감수성과 역량을 함양하기 위해 사회문화적 인프라 확충과 교육과정의 연계 운영이 확대되어야 한다. 학교제도 역시 법령에 의한 학교뿐만 아니라, 다양한 형태의 학교가 운영될 수 있도록 규제를 과감하게 개혁해야 한다. 다양한 학교체제의 도입을 확대하고, 기업이나 민간이 참여하는 형태의 교육이 제공될 수 있도록 기반환경을 개선해야 한다. 대안학교, 학점제, 온라인 교육, 홈스쿨링 등 다양한 형태의 교육체제를 운영할 수 있도록 하는 학점 및 학력 인정 규정 제도를 정비하고, 교원 임용제도의 개선을 통해 다양한 분야의 전문가들에게 입직을 유도하는 것이 필요하다.

학습과 고용의 연계체계 강화

학습과 고용의 연계를 강화하기 위해서는 고등교육 체제의 혁신이 필요하다. 대중화된 고등교육 체제를 활용하여 직업교육과의 연계성을 강화하고, 인공지능 등 첨단 분야에 대한 전략적 투자가 집중될 필요가 있다. 온라인 공개수업 MOOC 등 온라인 교육을 활용해 기존의 대학체제를 유연화하고, 학제적 협력 강화, 직업교육과의 연계 확대를 추진해야 한다. 고등교육에 대한 촘촘한 규제를 개혁하고, 인공지능 로봇, 디자인, K-pop 한류문화 등 첨단산업 분야 인재 양성을 위한 재원 확충과 관련 분야의 세계 선도적 교육기관 설립·운영이 필요하다. 또한, 교육 분야에서의 공적개발원조 등 고등교육 인력을 활용한 국제 교육교류 활성화를 통해 새로운 돌파구를 마련함으로써 국내지향적 교육을 세계 속에서 함께하는 글로벌 교육으로 수준을 끌어올려야 할 것이다. 아울러 평생교육을 위한 투자 확대가 필요하다. 기존의 대학진학 중심의 교육체제에서 평생직업형 교육체제로 전환해야 하는데, 먼저 초·중등교육 단계에서의 교육목표와 내용 및 방법을 미래역량 중심으로 최적화하고, 고등교육 단계에서의 투자를 높여 직업세계에 적응을 위한 학습지원을 강화해야 한다. 이러한 변화를 효과적으로 추진하기 위해서는 고등교육과 평생교육을 위한 교육투자 비중 확대와 예산 집행, 관리의 효율화가 필요하다. 현재와 같이 여러 부처에서 분산하여 집행 중인 교육 관련 투자 예산을 국무총리실 등에서 효율적으로 통합, 관리하는 방안도 고려할 필요가 있다.

단계별 실천방안

아래에 제시한 것과 같이 행위(교육활동)와 제도(교육제도), 행위자(교원) 간의 유기적인 연계를 통해 실천에 옮길 수 있다.

행위(교육활동) 차원
- 4차 산업혁명 시대에 부응하는 창의적 교육 활동이 목표
- 교수- 학습 방법에 있어서 지능형 맞춤학습 체제 구축
- 획일화된 교육에서 벗어나 개인의 특성과 재능이 반영된 맞춤형 교육

교육제도 차원

- 교과 중심에서 역량 중심으로 교육과정 개편
- 국가는 기준 역량을 제시하고, 평가는 시도교육청과 단위학교에 위임
- 학교 및 학교 밖 교육을 융합하는 학교제도
- 입시제도의 다양화와 자율화
- 진학 중심에서 평생직업 중심으로, Job(직업) 중심에서 Work(직무) 중심으로 대학체제 전환
- 상대평가의 실질적 균형(현장 교원의 역할 강화)

행위자(교원) 차원

- 교수자의 역할에 티칭teaching, 멘토링mentoring, 코칭coaching 포괄
- 교대·사대 교육과정 및 양성체제를 교육전문대학원 체제로 개편
- 교원양성기관 평가지표에 창의적인 교원양성 능력보유 및 활용에 대한 비중 확대
- 교원·교장 평가지표에 창의적인 능력보유 및 활용에 대한 비중 확대

5.
양극화 해소

━━━━━━━━ 여전히 우리 사회의 양극화 지표는 우울하다. 통계청에 따르면 2018년 1분기 '균등화 처분가능소득 5분위 배율'은 전국 2인 이상 가구 기준 5.95배로 2003년 통계 집계 이후 최악인 것으로 드러났다. 각종 지원정책에도 효과가 낮게 나타난 것은 저소득층이 시장에서 벌어들인 소득이 낮아졌기 때문이다. 실제로 소득 하위 20% 가구의 월 평균소득(2인 이상 가구, 명목 금액 기준)은 2017년도 1분기의 139만 8,400원보다 약 11만 원 줄어든 128만 6,700원으로 집계되었는데, 그중에서 근로 및 사업소득은 79만 9,000원에서 66만 원으로 13만 9,000원 감소하였다.

우리 사회의 양극화 현상이 심화된 원인으로 시장에서의 1차 분배 악화, 재분배 정책을 이용한 2차 분배의 더딘 대응을 들 수 있다. 시장경제에서 승자와 패자가 나뉘고, 그 결과 불평등한 상황이 발생하는 것은 구조적으로 불가피하다. 1차 분배 과정의 공정성을 확보하는 것과 더불어, 1차 분배의 불평등이 지나치면 이를 보정하는 것이 필요하다. 양극화와 불평등은 경제적 분배의 문제를 넘어 사회적 통합을 가로막고 분열과 불안을 초래하는 복병이기 때문이다.

양극화 이슈의 부상

한국사회에서 저성장과 함께 양극화가 경제와 사회의 핵심 문제로 떠오른 지 이미 10여 년이 지났다. 초기에는 양극화라는 사회적 의제를 설정하는 단계에서, 지금은 양극화를 해결하기 위한 적극적 대안 모색에 나서고 있다. 시장의 분배가 불공정해지고 있는가, 그에 따른 양극화가 실재하며 개입이 필요한 수준인가가 초기 단계의 논의였다. 그러나 이제는 의제의 수용을 넘어 다각도의 적극적 대응을 요구하고 있다. 이는 근로조건, 임금수준, 고용안정성 측면에서 양호한 1차 시장과 열악한 2차 시장으로 나뉜 이중적 구조의 한국 노동시장이 여러 사회집단 사이의 격차를 벌리고 있다는 사실이 명확하기 때문이다.

양극화의 근원적 원인

양극화의 원인을 보다 근원적으로 나눠보면 세 가지 정도로 요약할 수 있다. 첫째는 산업구조가 변화하면서 산업 간 임금격차가 확대되고 있는 점을 지적할 수 있다. 높은 고용 비중에도 급여격차가 크지 않았던 제조업 분야의 일자리 증가는 정체되고 있고, 급여격차가 큰 폭으로 존재하는 서비스업에서 일자리가 늘어나고 있다. 2009년부터 2017년까지 전 산업에서 연평균 4.35%의 일자리 증가가 있었지만, 제조업은 2.97% 늘어나는 데 그친 반면, 서비스업은 5.21% 증가하였다(고용노동부, 고용형태별 근로실태조사). 최근 상대적으로 일자리의 증가가 있었던 사업서비스업과 보건사회복지서비스업에서 2017년 월 급여가 160만 원 미만인 종사자는 각 산업 종사자의 20~30%에 이른다.

둘째는 이중적 노동시장처럼 기업규모와 고용형태에 따른 노동시장의 구조적 격차 문제를 지적할 수 있다. 대기업과 중소기업 종사자 간에 급여 차이가 존재하며, 정규직과 상용직에 비해 비정규직과 임시직의 급여가 낮다는 특징을 보인다. 유연한 인사관리의 필요성, 고용비용을 줄이려는 기업의 시도와 불안정성 증가에 따른 노동자들의 대응은 이러한 이중구조를 강화하였다.

셋째는 하위 일자리에 대한 노동시장 공급이 늘어나고 있다는 점에서 원인을 찾아볼 수 있다. 가계소득 증가가 정체함에 따라 부족한 소득을 보충하기 위한 고령층 및 여성의 노동시장 진입이 이뤄지면서 하위 일자리 진입이 늘어났다. 이는 서비스업 일자리 증가와도 맥락을 같이한다.

노동이 아니라 자산을 통한 소득증가

노동시장의 양극화는 결국 축적된 자산의 차이를 낳게 된다. 그리고 점차 자산을 통한 소득이 노동을 통한 소득을 초과하게 되면서 부의 편중에 대한 경고도 커지고 있다. 통계청이 한국은행, 금융감독원과 공동으로 발표한 가계금융·복지조사 자료에 따르면(2017.12), 우리나라에서 순자산 10억 원 이상을 보유한 가구는 2017년 기준 전체 가구의 5.1%이다. 이는 전년 대비 0.5% 포인트 증가한 수치이다. 전체 가구의 순자산은 2016년 대비 4.1% 증가한 데 비해서 소득 5분위에서는 3.1% 증가했다. 주로 실물자산인 거주주택 부동산의 가격상승이 영향을 미쳤다. 한편 국세청 국세통계연보에 따르면 2016년 연간 금융소득이 2,000만 원을 초과하여 금융소득 종합과세가 이뤄진 사람이 약 9만 4,000명이며, 이들의 이자·배당 소득은 약 12조 3,000억 원이었다.

노동을 통한 소득 확보의 지속가능성도 적어지고 있다. 자영업자 소득을 고려한 추정에서 1996년과 2012년 사이 노동소득분배율이 하락하였으며, 이는 서비스 산업화의 진전에 따른 것이 아니라 자본과 노동 간의 분배에서 자본이 가져가는 몫이 더 많아진 결과였다.[35] 이러한 상황에서 4차 산업혁명에 따라 기계 및 인공지능에 의한 인간 일자리의 대체 가능성도 커지고 있다. 노동을 통한 소득의 상대적 가치 절하에 충분히 대응하기도 전에 그 전략 자체의 지속가능성에 대한 의심도 제기되는 것이다.

한국 노동시장의 현황

경제 양극화란, 우리 사회의 허리라고 할 수 있는 중간층이 엷어지는 대신 부자와 빈곤층이 늘어나면서 상·하층이 많아지는 현상이다. 불평등은 사회통합을 저해하는 주요한 원인이 된다. 그보다 정책적으로 더 심각한 것은 불안정한 고용구조와 임금격차에 따른 근로 빈곤층의 문제이다.

고용구조와 임금격차 실태

그동안 한국 노동시장에서 비정규직 비율이 높다는 것이 양극화와 고용불안정성의 주요 원인으로 지적되었다. 문재인 정부의 비정규직 해소 정책에 따라 공공 부문 중심으로 변화가 나타나고 있기는 하나, 지난 10여 년간 고용형태별 고용비율의 추이를 살펴보면 비정규직 비중이 조금 줄어들었지만(2004년 8월 37%→2017년 8월 32.9%), 그 규모는 361만 1,000명에서 372만 5,000명으로 크게 줄어들지는 않았다.[36] 안정성, 임금, 근로시간, 능력개발, 산업안전 5개 항목을 이용하여 측정한 고용의 질 측면에서도 개선은 되고 있지만, 아직 OECD 국가 평균에 미치지 못하는 것으로 나타났다.[37]

고용 측면에서 가장 큰 특징이 불안정성이라면, 임금 측면에서는 정규직 근로자와 비정규직 근로자 간 임금격차이다. 고용노동부가 2018년 4월 발표한 〈고용형태별 근로실태조사〉(2017년 6월 기준)에 따르면, 정규직 근로자의 월 급여를 100으로 잡았을 때 비정규직 근로자의 월 급여는 44.8로, 전년도 44.0보다 조금 개선되었지만, 여전히 낮은 수준이다. 중위임금의 3분의 2 미만 임금을 받는 저임금 근로자 비율은 22.3%로 나타났다. 비정규직 근로자의 시간당 임금총액이 정규직 근로자의 69.3% 수준에 그치는데, 상대적으로 짧은 근로시간의 특성이 반영된 결과이다. 대기업과 중소기업 간 임금격차도 큰 것으로 드러났다. 고용노동부의 고용형태별 근로실태조사(2017년 기준)에 따르면, 제조업에서 300인 이상 사업체의 상용근로자 월평균 임금총액은 594만 4,000원이었지만 5~299인 사업체의 상용근로자 월평균 임금총액은 334만 3,000원이었다. 전체 산업 분야에서도 비슷한 수준으로 2017년 기준 5~299인 사업체 상용근로자 임금 수준은 300인 이상 대기업 상용근로자 임금수준의 64% 수준에 그쳤다.

소득불평등을 심화시키는 비경제적 요인

소득불평등income inequality을 가져오는 요인은 다양하지만, 최근 한국사회에서 나타나는 주목할 만한 요인은 바로 '인구구조의 변화'라는 비경제적 요인이다. 우리나라는 2018년 고령사회(65세 이상 인구비중 14% 이상)로 본격 진입한 가운데, 최근에는 특히 은퇴자가 급증하며 고령자들이 저소득층으로 급속하게 편입되는 현상이 나타나고 있다. 통계청〈가계동향조사 자료〉에 따르면 66세 이상 노인집단의 빈곤율은 2000년대 이후 지속적인 증가를 보이면서 2013년에는 49.6% 수준까지 높아졌고, 기초연금의 도입이 이뤄진 2014년에서야 48.8%로 하락 반전하였다. 고령자 중 상당수는 국민연금 도입 전에 이미 은퇴했거나 도입 직후 은퇴했기 때문에 사회보험 소득은 극히 낮은 수준에 머무를 수밖에 없는 상태이다. 또 노인집단의 고령화 추세도 계속되고 있어 이들의 근로소득 활동의 수행 가능성도 점차 낮아진다. 이는 한국사회의 고령화 정도가 진전될수록 사회 전반의 소득불평등 정도는 더욱 증가할 수 있다는 점을 시사한다.

소득분배의 불평등 정도를 나타내는 지니계수Gini's coefficient를 통해 소득불평등도 변화 추이를 살펴보면, 1960년대에 경제개발이 시작되면서 불평등이 커지는 것을 의미하는 지니계수 상승국면에 들었다가 1980년대부터 1990년대 초반까지 하락세를 보였다. 그러나 1990년대 중반부터 2000년대 중반까지 지니계수는 다시 가파르게 상승했으며 이후 2013년까지는 비교적 안정적 패턴을 보였다. 하지만 가구별 특성에 따라 소득불평등 정도가 상당히 다르게 나타나고 있음을 알 수 있다. 즉, 2인 이상 가구 대상의 시장소득 지니계수는 소폭 하향 안정화 추세이지만, 1인 가구를 포함한 전국 가구의 시장소득 지니계수는 상대적으로 높다. 이것은 이혼 등 가족해체에 따른 1인 가구 증가뿐 아니라 인구 고령화로 인한 노인 단독가구 비중 확대가 소득불평등도를 확대하고 있다는 것을 의미한다.

사회안전망의 한계: 사회보험과 공공부조

우리나라는 2000년대 초반에 사회보험과 공공부조로 구성되는 사회보장제도의 기본적인 골격을 완성했고, 장애, 실업, 은퇴에 따른 소득상실의 위험에 대처하기 위해 산재보험, 국민연금, 고용보험의 적용범위와 보장원리 측면의 보편성을 강화해왔다. 그러나 여전히 실질적인 성과 측면에서 여러 가지 문제가 있으며, 이는 사회보장제도의 구조 및 구체적인 설계뿐만 아니라 노동시장의 문제와 밀접히 관련되어 있다.

구체적으로 살펴보면, 우선 사회보험제도의 실효성을 가늠할 수 있는 사각지대의 문제이다. 특히 문제가 되는 것은 사회보험의 사각지대가 2차 노동시장의 저소득층 노동자들에 집중된다는 점이다. 2017년 고용보험과 공적연금의 미가입률은 각각 28.8%와 31.0%에 이른다(경제활동인구조사 부가조사). 그렇지만 고용보험과 공적연금 가입실태는 고용인 수가 1~4명인 규모부터 300명 이상까지 다양한 사업체의 규모, 상용직·임시직·일용직 등의 종사상의 지위, 정규직 또는 비정규직과 같은 고용형태에 따라 커다란 차이가 있다. 예를 들어, 2017년 기준 정규직의 고용보험 가입률은 85.9%이지만, 비정규직의 가입률은 44.1%였다. 비정규직 가운데서도 시간제 근로자의 경우에는 국민연금, 건강보험, 고용보험과 같은 사회보험 가입률이 매우 낮은 상황이다.

또 실업과 은퇴에 대응하기 위해 발전한 사회보험의 적용은 임금근로자 중심으로 발달해왔다. 그리하여 과거부터 문제가 되어왔던 '특수형태근로종사자', 최근 정보화의 발전에 따라 증가하고 있는 '플랫폼노동자'와 같이 임금근로자와 자영업자 사이에서 명확히 성격을 규명하기 어려운 고용형태가 늘어나면서 사회보험의 실효성에 대한 의심이 커지고 있다. 업무의 유연화를 특징으로 하는 특정 업태에서는 변화하는 고용지위에 따라 사회보험의 적용이 달라지기도 한다.

그 밖에도 작업장 재해가 아닌 질병에 따른 소득상실의 위험을 보장하는 질병 급여가 없고, 장애에 따른 소득상실의 위험을 보장하는 국민연금상 장애연금은 소득대체율이 낮고 가입 기간 중 발생한 장애에 대해서만 보장한다는 문제가 있다.

사회안전망의 한계: 고용보험

고용보험의 실질적인 보호 수준도 문제이다. 글로벌 경제위기 이후 한 번 미끄러지면 멈추지 못하고 바닥까지 추락하는 '미끄럼틀 사회' 현상이 우리에게도 유효하다고 볼 수 있는데, 현재 고용보험의 보호를 받지 못하는 취약계층은 대부분 실업급여는 커녕 변변한 퇴직금조차 받지 못하여 실직상태가 가구빈곤으로 이어지는 상황이 나타나고 있다. 고용안정망의 보호를 받지 못하고 실직과 빈곤이라는 동반위험에 노출된 근로빈곤층이 크게 늘어나고 있는 것이다.[38] 이미 낮은 고용보험 가입률을 높이기 위해 2012년 '두루누리 사회보험 지원제도'가 도입되었다. 그러나 저임금일자리 지원 정책이라는 태생적 한계가 있으며, 건강보험을 포괄하지 않음으로 인해 취약계층의 정책 순응도가 높지 않다는 한계를 가지고 있다. 한편 특수형태근로종사자 등에 대한 고용보험 적용방안이 마련될 필요가 있다.

한편 고용보험의 실업급여 지급 기준은 자발적 실업 제한 외에도 실업 전 가입기간 요건 등이 존재하며 지급기간도 짧은 편이다. 고용보험으로부터 배제되거나 실업급여를 소진한 장기 실업자를 보호할 수 있는 한국형 실업부조 정책이 필요하다. 도덕적 해이에 대한 우려를 불식하기 위해서 노동시장 정책에 성실하게 참여하는 실업자에게 조건부 현금급여를 제공하는 방식을 도입하여, 더 나은 일자리로의 이동을 지원할 수 있는 방향이어야 할 것이다.

경제 양극화 및 소득불평등 개선을 위한 전략

양극화 문제의 해결은 노동시장에서 상대적으로 불리한 처우를 받는 집단에 대한 구조적인 차별장치를 제거하는 것에서부터 시작해야 한다. 노동시장의 고용안정성을 높여야 하고, 정규직과 비정규직 간, 그리고 대기업과 중소기업 간 임금격차를 해소하기 위해 부단한 노력이 병행되어야 한다. 그러나 시장경제의 한 부분인 노동시장에 대한 개입은 제도에 의한 규율 외에도 자율적인 노사관계하에서의 건강한 체질개선을 이루는 것도 필요하다. 적절한 고용보호 수준 확보, 특히 비정규직 보호와 간접고용 규제, 근로기준법의 적용범위 확대 및 최저임금 현실화와 제도 순응률 제고, 노동조합의 연대임금정책과 이를 뒷받침할 수 있는 노사관계 기반 정비 등이 이루어져야 한다. 아울러 노동시장 격차의 근원적 원인이 되는 산업구조 양극화를 해소하려는 노력이 뒷받침되어야 한다. 그 밖에도 양극화와 불평등 심화로 인한 저소득층 확산, 경제성장동력의 파괴, 그리고 사회적 갈등으로 이어지는 악순환에서 벗어나기 위한 몇 가지 전략 방안을 살펴보면 다음과 같다.

정규직과 비정규직 사이의 '중간직' 신설

- 정규직과 비정규직으로 양극화된 고용형태 사이에 다양한 고용형태 제시
- 고용안정성 외에도 노동방식, 산업환경 변화 등 미래 고용형태 관점에서 유연한 접근 필요
- 비정규직 근로자의 공정한 처우 확립
- 차별시정제도 활성화 외에 노사협의회 등에 비정규직의 참여 기회를 제도적으로 보장
- 기간제 근로자의 임금 등 근로조건의 집단적 결정 가능성(기업 단위)과 파견근로자의 임금 기준에 대한 집단적 결정 시스템(산업, 업종, 지역 단위) 도입 추진

직무급 임금체계로의 전환

- 연공 중심의 속인적 임금체계, 소위 호봉제 임금체계에서 직무급 임금체계로의 전환 필요
- 직무급은 같은 직무에 종사하는 근로자에게는 근속연수, 나이 등의 조건과 관계없이 동일 임금을 지급하는 방식임
- 직무급 임금체계가 정착되려면 기업별로 서로 다른 직무급 임금체계가 아니라 직종별 숙련도와 역량을 고려한 광의의 직무급 체계 필요
- 직무급 표준화를 위해서는 노사와 정부가 함께 사회적 합의 도출

사회안전망 체계 확대 및 강화

- 사회보험 사각지대를 줄이기 위한 두루누리 사회보험 제도의 실효성 지속적 제고
- 두루누리 사회보험과 건강보험료 지원 연계방안 마련
- 실업급여를 이용한 국민연금 보험료 지원제도와 같이 사회보험 제도 간의 적용 및 징수의 연계 수준 강화
- 특수형태근로종사자 등 임금노동자 성격이 명확하지 않더라도 종속적인 지위에 있는 취업자들을 대상으로 사회보험의 적용 범위를 확장하는 방안 검토

4차 산업혁명에 대처하는 개선 방안 마련

- 기술혁신이 주도하는 4차 산업혁명 환경에서는 기술과 자본 중심의 부의 편중 가능성 증가
- 교육 후 노동시장 참가, 그리고 은퇴로 이어지는 노동시장 중심의 생애주기 분배방식이 아니라 각 개인의 다양한 사회적 활동 참여 경로에 맞춘 새로운 분배방식 모색 필요

6.
사회이동성
제고

━━━━━━━━━ "기회는 평등할 것입니다. 과정은 공정할 것입니다. 결과는 정의로울 것입니다." 문재인 대통령이 18대 대선후보 수락 연설(2012년 9월 16일, 민주통합당 대통령 후보) 때부터 표방해온 방침이다. 공정한 기회 제공은 기울어진 운동장에서 우리 사회의 역동성을 확보하기 위한 최소한의 안전장치이다. 그러나 끊임없이 제기되고 있는, 지역별로 편중된 서울대 진학 비율, 로스쿨 학생들의 금수저 출신 논란, 그리고 은행권과 공기업의 채용 비리 등은 단순한 사건이 아니라 우리 사회의 역동성을 확보하기 위한 전제, 즉 사회의 공정성에 대한 믿음을 위협하는 요인이다.

최근 '금수저·흙수저', 연애, 결혼, 출산의 포기를 의미하는 '3포'에서 집과 인간관계, 꿈과 희망 등을 포기하는 'N포 세대', '이생망(이번 생은 망했어)' 등 한국사회를 자조적으로 드러내는 신조어들이 많다. 금수저·

흙수저가 세대 간 이동성의 문제를 보여주는 것이라면, N포 세대나 이 생망은 세대 내 이동성의 문제이다. 낮아진 세대 간, 세대 내 계층이동성은 사회의 양극화 고착으로 귀결된다. 그리고 다시금 소득양극화는 부의 양극화, 교육 기회의 양극화, 결혼과 출산의 양극화로 연결되어 계층이동성을 낮춘다. 2012년 앨런 크루거Alan Krueger가 소개한 '위대한 개츠비 곡선'은 성장기에 소득불평등이 낮은 나라일수록 계층이동성이 높음을 보여준다. 성장기의 소득불평등은 교육 기회의 불평등한 분배로 이어지고, 그것이 부모와 자식 간 계층의 고착화로 이어질 수 있다는 것이다. 최근 발표된 OECD 보고서에 따르면 한국의 세대 간 사회이동성은 0.40으로 OECD 24개 국가 중 15위를 기록했다.[39] 우리 사회의 양극화가 만들어내는 다차원적 균열은 아무리 노력을 해도 안 된다는 의식을 키우고, 이는 다시 사회의 역동성을 저해하여 희망 없는 사회를 만든다. 따라서 사회이동성의 문제를 짚어보고, 이를 해결하기 위해 모두의 지혜를 모아야 할 시점이다.

사회이동성의 의미와 현황

역동적 사회는 열심히 노력하면 성공할 수 있다는 믿음과 이에 대한 제도적 지원을 토대로 한 실제의 이동성으로 만들어진다. 그러나 개천에서 용이 나기 어려워졌다거나 흙수저·금수저 논쟁은 우리 사회에서 성공하기 위해서는 부모의 경제력과 사회적 지위가 뒷받침되어야 한다는 것을 의미한다. 과거 한국사회에서 교육은 계층사다리를 올라가는 기회를 제공하였고, 교육 기반의 급속한 확대에 따라 많은 이들이 이러한 교육을 받을 수 있었으며, 또 이러한 교육 이수자들이 더 많은 임금을 받을 수 있는 다양한 일자리가 존재하였다. 그러나 이제 일반적인 수준의 교육으로는 선별의 기회를 얻지 못하고 있으며, 가능성을 높이기 위해 시도하는 일정 수준 이상의 교육단계에서는 과다한 교육비 부담이 필요하다. 그러나 높아진 교육비를 감당할 수 있는 계층은 한정돼 있기 때문에 교육이 새로운 형태로 계층을 고착화하고 있다는 비판도 일어나고 있다.

사회이동성의 의미

사회이동성이란 복수의 계층으로 분화된 사회에서, 특정 계층에 소속되어 있던 사람이 다른 계층으로 이동하는 정도를 의미한다. 즉, 계층 간 이동의 정도를 말하며, 이때 계층 간 이동은 상승과 하락 모두를 포함한다.

사회이동성은 한 세대 내에서 이동을 바라보느냐, 아니면 세대를 넘어선 이동을 바라보느냐에 따라 세대 내 이동성Intra-generational Mobility과 세대 간 이동성Inter-generational Mobility으로 구분된다. 세대 내 이동성은 한 사람의 일생에서 발생하는 계층이동을 말하는데 소득분위가 이동했거나, 직업 지위가 이동하는 것을 뜻한다. 세대 간 이동성은 부모와 자식 세대에서 계층 간 변화가 발생하는 정도를 말한다.

한국의 사회이동성 현황

세대 내 소득 지위의 이동은 전년도 소득분위와 올해의 소득분위를 비교하여 어느 정도의 이동이 있었는지 확인할 수 있다. 빈곤계층이 계속 빈곤계층에 머무르는 경향, 고소득계층이 계속 고소득계층에 머무르는 비율이 어느 정도인지를 통해서 확인하는 것이다. 한국사회에서 '세대 내' 소득 지위의 이동은 국제적인 수준에서는 높은 편이지만, 점차 낮아지고 있다.[40] 소득분위를 이동하지 않고 같은 소득분위에 머무는 비율도 점차 늘어나고 있다.[41] 소득분위의 고착이 나타나는 것이다. 세대 내 사회적 지위의 이동도 쉽지 않은 것으로 나타난다. 말단 사원에서 시작하여 점차 직무능력을 키워가면서 관리자로 성장해나가는 과정은 직업기술을 충분히 쌓을 수 있는 안정적 고용관계에서나 가능한 것이다. 저임금 노동시장과 고임금 노동시장, 정규직 노동시장과 비정규직 노동시장 사이에 단절이 있는 상태에서는 한번 저소득층이면 계속해서 저소득층에 머무를 가능성이 높다.

'세대 간' 소득 지위의 이동도 낮아지는 것으로 확인된다. 그동안 아버지와 아들 세대 간 소득 이동성을 뜻하는 경제적 탄력성의 40.9%는 교육의 결과로 설명되었다.[42] 아버지의 임금 수준이 아들의 교육 연한에 영향을 주고, 이것이 다시 아들의 임금상승이라는 성과로 나타나는 관계가 있다는 것이다. 그러나 1990년대 말 외환위기 이후 소등불평등도가 높아지면서 아버지 세대의 소득 수준이 아들 세대의 교육 기회에 미치는 영향이 커지면서 계층의 상향이동이 아니라 계층 대물림으로 이어지기 시작했다. 즉, 높은 사교육비 부담과 지역별 교육격차는 교육이 더는 계층상승을 위한 통로가 되기 어렵다는 것을 보여주는 것이다. 세대 간 사회적 지위의 이동에서도 젊은 세대로 가까워질수록 아버지의 직업지위와 본인의 직업지위 간 고착화가 발견된다.[43] 한국사회가 산업구조의 급격한 변동에 따라 사무직과 관리직이 폭발적으로 증가하던 시기를 지나면서, 제한된 성공의 일자리를 놓고 경쟁하게 되는 단계에서 부모의 사회경제적 지위가 영향을 미치게 되는 것이다.

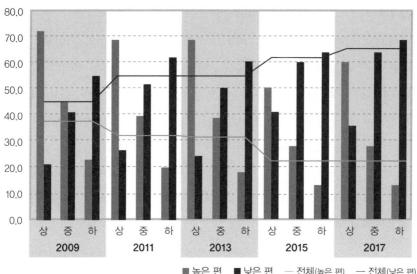

| 그림 4 | 본인 세대 계층이동 가능성 인식

• 자료: 통계청 사회조사

이러한 현상들은 결과적으로 한국사회에서 사회이동성을 불신하는 경향으로 이어지고 있다. 위의 그림은 계층이동 가능성에 관한 통계청 사회조사 결과이다. 이에 따르면, '본인 세대'의 계층이동 가능성이 높은 편이라는 응답은 2009년 37.6%에서 2015년에는 22.8%로 크게 하락하고, 2017년에는 22.7%로 그 수준을 유지하였다. 가능성이 낮다는 부정적 응답은 2009년 45.6%였지만, 2015년에는 61.3%로 크게 늘었고, 2017년에도 65%로 하락추세는 계속되었다.

'다음 세대'의 계층이동 가능성에 대한 조사에서도 비슷한 양상을 보이고 있다. 다음 세대의 계층이동 가능성에 대해서 '높은 편'이라는 긍정적 응답은 2009년 48.3%에서, 2011년 41.4%, 2013년 39.6%로 점차 낮아지다가, 2015년에는 30.1%로 크게 하락했으며, 2017년에도 29.5%로 낮아졌다. '낮은 편'이라는 부정적 응답은 2009년 29.8%였지만, 2011년 42.7%, 2013년 42.8%로 늘어났으며, 2015년에는 51.4%로 크게 증가했고, 2017년에도 55%로 악화되었다.

사회이동성에 대한 한국사회의 부정적 인식은 구조적 조건의 변화에 부응하는 사회적 환경을 조성하지 못한 데에서 비롯된 측면도 있다. 과거 한국사회의 높은 세대 간 이동성을 지금 시점에서 기대하기는 어렵기 때문이다. 우리의 목표를 모두가 '용'이 될 수 있는 사회로 설정할 것인지, 계층과 계층 간의 격차가 적은 '앉은뱅이 격차' 사회로 설정할 것인지의 기로에 서 있는 셈이다.

사회이동성 제고 방안

사회이동성을 다시 높이려면 무엇이 바뀌어야 할까? 우선 계층 간 이동을 활발하게 만들기 위해서는 계층 간 거리를 가깝게 만들 필요가 있다. 앞서 소개한 OECD 보고서에 따르면 우리나라의 소득 하위 10% 집단이 현재의 세대 간 소득탄력성을 유지한다고 할 때, 평균 소득수준으로 올라가기 위해서는 5세대의 기간이 필요하다. 여기서는 부모와 자식 간의 소득탄력성은 0.40으로 1위 국가인 덴마크의 0.12에 비해 낮은 편이기는 하지만 심각한 정도는 아니다. 여기서 중요한 것은 소득 하위집단과 다른 집단 간의 격차이다.

다음으로, 특히 젊은이들에게 계층이동의 기회를 만들어주어야 한다. 구직단계에 있는 청년층에게는 직업능력 개발을 위한 경제적 지원과 일자리 소개를 적극적으로 실시할 필요가 있다. 청년의 다양한 재능을 활용할 수 있도록 취업이 아닌 창업을 지원하는 것도 필요하다. 취업을 선택한 청년이 경험할 수 있는 정규직과 비정규직 간의 부당한 차별을 줄여서 비정규직도 입직의 창구가 될 수 있도록 만들어야 한다. 대기업과 중소기업의 공정한 관계 형성 등을 통해 중소기업에서도 능력을 키우고 성공기회를 잡을 수 있도록 해야 한다. 구직단계 및 취업 초기단계에서는 특히 경제적 부담을 키우는 주거문제를 해결할 필요가 있다. 주거문제는 경제적 부담뿐 아니라 삶의 질과도 밀접한 관련이 있다.

균등한 기회 제공을 통한 고용안정성 확보

- 채용비리 등 차별적 요인 방지를 위한 강력한 제도 구축
- 직업능력 계발을 위한 경제적 지원과 일자리 소개
- 정규직과 비정규직 간의 부당한 차별 축소
- 실제 일자리와 청년층의 희망 직업군 불일치 해소를 위해 교육과 직업세계 연계 강화
- 정부 주도의 직업교육과 창업 인프라 조성 등의 미래투자 확대
- 사회 전반에 걸쳐 공정하고 균등한 기회를 제공하는 문화 조성

사회이동성 복원과 사회통합을 위해 교육정책 재검토

- 지역균형선발 등 사회경제적 취약계층 배려. 진학정책뿐 아니라, 근원적으로는 공교육을 강화하여 사교육에서 비롯되는 교육격차 해소
- 취약계층 대상으로 교육비 지원정책, 교육을 통해 상향이동을 촉진할 수 있는 사회적 자본 확충 정책, 부모의 관심을 받을 수 없는 환

경에 있는 아동들에 대한 정부의 조기 개입 정책 등을 상호보완적
으로 설계
- 맹목적인 대학 진학 장려가 아닌, 대졸 학력이 아니더라도 각자의
직업능력을 최적화하고 사회적 지위를 인정받을 수 있는 교육과
직업군 연계

교육 이외의 분야에서도 다차원적 격차를 줄이는 정책 필요
- 사회이동성과 관련하여 가장 필수적이고 직접적인 영향을 미치는
주거문제 해결 필요
- 보다 적극적이고 전면적인 개입을 통해 1인 가구, 대학생, 신혼부부
등을 위한 소형 주택 마련 등 맞춤형 공급 확대
- 사회이동성에 대한 부정적 인식의 근원에는 한국사회 전반에 대한
불안감이 자리하고 있다는 상황 인식 필요. 따라서 사회안전망 장
치를 확대해가고 좋은 일자리를 만드는 등 지속적인 양극화 완화
정책 마련

2

기술 분야
미래전략
Technology

1.
기술지형
변화에 따른
연구개발(R&D)

━━━━━━━━━ 연구개발은 미래사회에 대한 전략을 구상하고 설계하는 데 있어 가장 기본적이고 핵심적인 분야이다. 인간의 축적된 지식을 바탕으로 현재의 기술적 난제들을 풀어가는 과정의 연속이며, 곧 미래를 만들어가는 과정이다. 농경사회, 산업사회, 그리고 정보사회로 이어진 인류의 발전은 기술진보에 의한 것이었으며, 미래의 발전 또한 기술혁신으로 이루어질 것이다. 이런 관점에서 보면, 초연결화와 초지능화 사회인 4차 산업혁명의 도래와 함께 선두권 다툼이 시작된 세계적인 기술경쟁 물결 속에서 연구개발 전략은 특히 더 중요하다. 우리나라는 인구감소에 따른 생산력 저하, 고령화에 따른 보건의료 수요 증가, 기후변화와 환경문제, 에너지·물·식량 등의 자원부족, 정보통신기술 발달에서 기인하는 사회구조의 변화 등의 현안과제를 떠안고 있다. 결국, 이러한 문제들을 해결하고 국가의 미래 성장동력을 확보하기 위해

서는 연구개발 전략을 재점검하고 혁신하는 노력이 절실하다.

우리가 도달해야 할 연구개발의 목표

미래 메가트렌드 중 연구개발과 직접 관련이 있는 것은 인구구조 변화, 에너지·자원 고갈, 기후변화 및 환경문제, 과학기술의 발달과 융복합화, 통일 등이다. 연구개발을 통한 기술혁신으로 미래 메가트렌드에 얼마나 잘 대처하느냐에 대한민국의 미래가 달려 있다.

패러다임 전환이 필요한 연구개발

국민이 국내외에서 벌어들인 총소득을 인구로 나눈 통계인 우리나라 '1인당 국민총소득'이 3만 달러대로 쉽게 올라서지 못하고 있지만, 1953년 67달러에 불과했던 데에서 2007년 2만 달러를 돌파하고, 2014년에는 세계 7대 무역국가로 성장했다. 압축성장이 가능했던 사회경제적 배경의 중심에는 수출주력, 중화학공업 우선, 과학기술 우대, 추격자전략 등의 정책과 전략이 있었다.

연구개발 분야에서도 이러한 전략은 유효했다. 1962년 제1차 과학기술진흥 5개년 계획이 발표될 당시, 1963년 우리나라 총 연구개발투자(정부+민간)는 12억 원으로 이는 GDP 대비 0.25% 규모였다. 그러나 2016년 GDP 대비 연구개발투자 비중(정부+민간)은 4.24%로 세계 2위를 기록하며 이스라엘과 최상위를 다투는 수준으로 성장했고, 2018년 정부투자 연구개발비는 19.7조 원에 이른다.

연구개발에 대한 집중적인 투자는 우리나라의 위상을 높이는 데 매우 긍정적이고 주요한 영향을 끼쳤다. 하지만 복지 수요나 경제 상황 등을 고려할 때 지금까지와 같은 증가는 앞으로 쉽지 않을 전망이다. 우리나라의 연구개발비 중 4분의 1에 해당하는 정부 연구개발비의 추이를 보면 증가율의 감소세가 뚜렷하게 나타나고 있는데, 2010년까지 10% 이상이던 증가율은 2016년 0.7%, 2017년 2.4%, 2018년 1.1%에 불과했다. 물가상승을 고려할 경우 사실상 정체 또는 감소하고 있다고 볼 수 있다.

한편 GDP 대비 투자규모나 외형적 성과와 달리 실제로 국민이 체감하는 연구성과가 높지 않은 것도 사실이다. 그동안의 연구성과가 우리에게 안겨진 현안과제들을 해결하고 국민의 삶을 개선하는 데에 얼마나 기여해왔는가에 대한 문제의식이기도 하다. 경제 분야 곳곳에서는 이미 추격형 전략의 한계를 여실히 드러내며 선도형 전략으로의 전환이 요구되고 있다. 4차 산업혁명의 급격한 변화 속에서 연구개발 또한 선도형 전략으로 나아가야 함을 의미한다.

다양한 세계 유수 기관들이 발표한 미래사회에 대한 전망을 종합해보면 사회갈등의 심화, 인구구조의 변화, 문화적 다양성 증가, 에너지·자원의 고갈, 기후변화 및 환경문제 심화, 과학기술의 발달과 융복합화, 중국의 부상 등으로 요약된다. 우리나라는 여기에 덧붙여 저출산과 고령화 추세가 그 어느 나라보다도 빠르고, 남북분단의 문제와 통일을 고려해야 하는 특수한 상황에 놓여 있다. 이는 모두 위기요인이 될 수 있다. 그러나 위기를 기회로 만드는 지혜를 발휘해야 하고 그 핵심에는 IT기술과 융합기술을 기반으로 한 혁신이 자리해야 한다.

과학기술의 연구개발 과제

2050년 우리나라 인구는 통일이 되지 않은 상태에서 4,200만 명으로

2018년 6월 기준 약 5,180만 명보다 감소할 것이다. 2026년에는 65세 이상 고령 인구가 전체의 20%를 넘은 초고령사회가 될 것으로 예측되나, 최근 추세라면 초고령사회 진입 시기도 앞당겨질 것이며 2045년에는 약 35%에 달할 것으로 예측된다. 인구감소는 구매력감소, 시장감소, 일자리감소, 경쟁력저하로 이어진다. 또 고령화는 생산성의 저하, 복지 및 의료비용 증가 등을 가져올 것이다. 이를 해결하기 위해서는 로봇기술, 첨단제조기술, 정보통신기술, 바이오융합기술, 맞춤형 의료기술 등의 기술혁신이 필요하다.

에너지부족 문제도 심각하다. 전력수요 증가, 화석에너지 고갈, 중국의 급격한 산업화는 자원이 부족한 우리에게 에너지 안보 위협으로까지 발전할 수도 있다. 특히 원자력발전의 존폐가 논의되고 있는 과정에서 대체에너지, 재생에너지 등 신에너지원 연구와 개발도 더 적극적으로 추진되어야 한다.

기술혁신을 통해 실현해야 할 대한민국의 모습을 제시하면, 구체적으로 지속 가능한 건강장수사회, 신에너지 수급체계 확보를 통한 에너지 독립 국가, 4차 산업혁명 시대를 선도하는 정보·기술의 초연결 글로벌 혁신네트워크 중심국가로 요약된다.

우선 지속 가능한 건강장수사회란 저출산, 고령화, 인구감소로 수반되는 생산력 감소를 해소하고 지속가능한 스마트 제조·생산 시스템을 갖춘 사회를 뜻한다. 이를 위해 전체 인구의 40%에 육박하는 고령인구가 건강하고 행복한 생활을 영위할 수 있는 사회 시스템을 구축해야 한다. 에너지 독립 국가가 되기 위해서는 신에너지원을 확보하고 이를 안정적이고 효율적으로 사용하고 공급할 수 있는 제로에너지 빌딩과 홈 및 에너지 네트워크를 구축해야 한다. 태양광발전, 조력발전, 해양, 풍력 및 스마트그리드와 같이 친환경적이고 지속가능한 에너지 비중을 확대해나가야 한다. 미래 가치와 잠재적 위험을 동시에 갖는 원자력발전에 대한 논의도 충분한 시간을 갖고 합리적으로 풀어야 한다. 또 이러한 미래 대한민국을 구현하는 기초는 사물인터넷, 사이버물리시스템CPS, 빅데이터, 인공지능 등 4차 산업혁명 기반 지능형 ICT 기술이 담당할 것이다.

미래를 위한 연구개발 전략 원칙

실용화 기술혁신은 민간이 주도하고, 정부는 공공분야와 기초연구 분야 및 전략산업 분야의 연구개발 투자를 확대해 상호보완적 연구개발 전략을 추진해나가야 한다. 연구개발에 대한 적절한 투자와 지원이 있어야 미래기술을 선도하거나 추격이 가능할 것이다. 또 출연연 및 공공 연구개발은 새로운 지식과 산업의 출현을 가능하게 만드는 토대로서 혁신생태계innovation ecosystem 전체를 새로운 방향으로 이끄는 역할을 담당해야 한다.

기초 융합연구에 '선택과 집중'

선택과 집중은 자원이 부족한 우리나라에서는 불가결한 전략이다. 그간의 연구개발투자도 전체 60% 이상을 '산업생산 및 기술 분야'에 집중할 수밖에 없었다. 기초 및 원천기술의 토대가 취약하게 되었다는 비판은 있으나, 한정된 자원을 효율적으로 활용해 주력산업을 육성해야 하는 한국의 상황에서는 최선의 선택이었다. 그러나 정부는 '선택과 집중'

을 하되, 선택된 분야의 기초연구를 촉진하는 역할을 해야 한다. 미국의 대표적인 기초연구 지원기관인 국립과학재단NSF은 정부의 전체 R&D 예산 중 약 15%를 기초연구에 투자하고 있으며, 새로운 분야를 창출할 만한 아이디어가 주도하는 변혁적 연구를 강조하고 있다. 우리나라도 4차 산업혁명의 변화에서 뒤처지지 않기 위해서는 스마트 지능형 ICT 기술에 관심을 기울이되 창의적인 원천기술 연구에 집중함으로써 미래 기술을 선점해야 한다. 이 과정에서 정부와 민간 부문의 역할을 나누어 상호보완해가는 지혜가 필요하다.

도전연구, 질적평가, 자율연구로의 개혁

최근 10여 년 동안 많은 투자에도 불구하고 연구개발 성과가 미흡하다는 비판이 적잖다. 이러한 문제의 원인은 크게 세 가지이다. 따라서 이러한 문제의 해결이 곧 미래전략을 수립하는 원칙이 되어야 한다.

첫째, 연구자들의 도전정신이 부족하다. 연구는 해보지 않은 것에 대한 도전이다. 그런데 한국의 연구는 90% 이상이 성공으로 기록되어 있다. 이것은 너무 쉬운 것에 도전하고 있다는 뜻이기도 하다. 90%의 연구가 성공한다는 것은 말이 안 된다. 정부는 실패해도 용인해주는 분위기를 만들고, 연구자는 과감하게 도전해야 한다. 둘째, 연구평가 제도를 바꾸어야 한다. 논문과 특허건수 중심의 양적 평가를 지양하고 질적 평가로 전환할 필요가 있다. 연구가 실제로 어떤 결과를 창출했느냐는 것보다 논문 수로 평가하면 연구 성공률이 높아지지만 파괴력이 있는 큰 결과는 나오기 어렵다. 셋째, 정부의 간섭을 줄여야 한다. 최근 눈에 띄는 연구 결과가 나오지 않는다는 사회적인 압력이 있는 것도 사실이다. 이에 정부는 조급하게 실적을 내놓으라고 독촉을 한다. 대형 장기 연구도 빨리 가시적인 결과를 보여주지 않으면 중단될 위험에 노출된다. 독촉하게 되면 단기성과를 목표로 하게 되고, 단기성과에 매이다 보면 최종적으로 큰 결과가 나오지 않는다. 악순환이 계속되는 것이다.

실행전략

아무리 큰 연구개발 성과가 없다고 비판하여도, 연구개발은 여전히 대한민국의 미래를 밝혀주는 등불이다. 일부에서는 결과가 나오지 않는 분야에 대한 투자를 축소하는 것이 당연하다고 말하는 사람도 있다. 그러나 이러한 시각은 위험하다. 연구제도와 환경을 개선하여 좋은 결과가 나오게 해야 한다. 연구를 축소해버리면 우리의 미래는 누가 밝혀주겠는가.

정부는 기초 · 원천기술 연구, 민간은 기술의 상용화 연구

- 연구개발의 효율성을 높이기 위해서는 정부와 민간의 역할 구분 필요
- 정부는 민간 차원에서 시도하기 어려운 기초연구와 파급효과 spillover effect가 큰 원천기술 연구, 글로벌 지식재산권 확보에 집중
- 민간 부문에서는 기술의 실용화, 상용화, 사업화에 집중
- 출연연구기관들은 중소기업 기술지원이 아니라 민간에서 할 수 없는 기초 및 원천, 공공연구에 몰두
- 대기업에 대한 연구개발 지원 규모는 축소, 중소기업과 벤처기업에 대한 지원 확대
- 대학과 출연연에서 확보된 글로벌 지식재산권의 기술이전 및 공동

상용화를 위한 개방형 혁신 R&D 확대

평가체계 다양화로 도전적인 연구문화 장려

- 논문 수와 국내외 특허 등록 건수는 꾸준히 증가했으나, 기술사업화 실적은 저조. 이러한 역설적 상황을 개선하기 위해서는 연구평가 제도 개선 필요
- 연구 분야에 따라 양적 지표와 질적 수준 평가를 교차하는 평가체계 다양화
- 연구와 개별사업 특성을 반영한 질적 지표의 개발 및 전문가 정성평가 확대
- 과제평가 시 중간·연차 평가 폐지 및 간소화
- 실패를 용인하는 평가를 통해 독창적이고 도전적인 연구 우선 지원
- 도전적 연구를 위해서는 연구 아이디어의 우수성, 신진연구자들의 독창성 등을 고려하는 과제 선정 및 지원

개방형 R&D 혁신 성과 생태계 구축

- '실험실에서 시장으로Lab to Market' 슬로건을 내세우며 실험실에 머물러 있는 기초연구성과들을 빠르게 시장으로 이전해 가치를 창출할 수 있도록 사업화 정책을 적극적으로 추진하는 미국 등 선진국의 생태계 현황 파악
- 기술개발 속도가 빨라지면서 기업 단독의 연구개발로 상용화에 도달하기까지는 많은 시간과 비용 소요. 따라서 산-학, 산-연 개방형 협업 R&D 생태계를 통해 대학과 연구소는 글로벌 지식재산권을 확보하고 기업들은 이러한 연구성과를 효과적으로 연계 활용하

는 정책방안 확대
- 기업 단독의 연구개발 세제혜택(12%)보다 높은 30%의 연구개발 세제혜택을 주어 기업이 대학과 연구소의 연구개발투자를 늘리는 정책을 실행하는 일본의 사례 참조
- 국가과학기술지식정보서비스NTIS와 국가기술은행NTB 등의 특허 기술정보 DB개선과 민간이용 효율 활성화를 통한 국가연구개발의 개방형 R&D 혁신생태계 구축 강화

파급효과를 지닌 군사기술 연구 추진
- 군사·우주 분야는 기술 자체가 중요한 경우가 많아 도전적 연구 추진 경향. 그러나 경제성 문제로 민간에서 추진하기는 어려운 부분
- 미래 전쟁은 인간보다 인공지능 로봇이 싸우는 전쟁으로 기술 패러다임이 전환될 전망
- 지식재산권 문제의 재점검 필요. 현재 정부투자를 받아 개발한 군사 관련 지식재산은 민간이 소유하지 못하게 되어, 기술개발이 되어도 특허출원도 하지 않고 흐지부지되는 상황. 민간 소유를 인정하여 특허관리의 동기 부여가 필요
- 정보보안이 필요하지 않은 기술 분야는 민간으로 확대, 활용하는 스핀 오프spin-off 방식의 민군기술개발 추진 필요
- ICT 융합 등 민간이 앞서 있는 기술 분야는 이를 국방기술에 적용하는 스핀 온spin-on 방식의 연구 및 기술개발 확대

4차 산업혁명을 선도할 수 있는 기술 집중적 연구
- 4차 산업혁명 시대 경쟁력 확보를 위해 사물인터넷, 빅데이터, 인공

지능, 로봇, 3D프린팅, 신소재 등의 연구 집중

- 4차 산업혁명의 초기 물결이 안정적으로 자리를 잡으면 제조업 혁신과 같은 차원을 넘어 시장을 주도할 바이오산업 육성 필요
- 바이오 관련 산업은 뇌 인지공학을 중심으로 재편 가능성 큼. 따라서 바이오연구, 뇌연구, 인지과학연구 등 뇌인지 분야 선도 전략 시급

고령화 사회에 대응하는 기술

- 건강한 장수사회는 고령자가 건강하고 행복한 삶을 살 수 있는 시스템을 갖춘 사회
- 단순히 복지정책만을 의미하는 것이 아니며 생명공학과 의료기술의 융합, 수명연장과 장수과학의 혁신을 통해 만들어지는 시스템 사회
- 원격 질병 관리 및 치료, 모바일 헬스애플리케이션, 개인맞춤형 치료제 등의 기술개발 필요

에너지원을 확보하는 기술

- 세계적으로 대체에너지, 신재생에너지 등 새로운 에너지원 개발 경쟁 심화 추세
- 에너지 수입국인 우리는 태양광발전, 조력발전, 풍력발전 등 대체에너지 개발 시급
- 전력저장Energy Storage System 기술개발 및 혁신 필요
- 에너지원 확보와 함께 지속 가능한 에너지 네트워크 구축
- 중국, 러시아, 일본, 북한 등과의 에너지 네트워크 구축

2.
4차 산업혁명의
원천기술 전략
(1) 빅데이터

━━━━━━━ 근래 화두가 된 4차 산업혁명을 현실세계와 사이버세계의 연결이라고 설명하기도 한다. 빅데이터는 이러한 융합에서 가장 중심에 있는 기술이라 할 수 있다. 인공지능, 사물인터넷, 스마트 팩토리 등 4차 산업혁명의 현상 뒤에는 빅데이터가 있다. 여기서는 빅데이터 산업의 전략을 살펴본다.

빅데이터는 4차 산업혁명의 추동력

인공지능이 빅데이터를 통한 학습 없이 제대로 가동될 수 있을까. 수백억 개가 넘는 디바이스가 센서로 연결되고 그 센서들에서 쏟아질 엄청난 데이터들을 관리할 기술 없이 사물인터넷이 제대로 작동할 수 있을까. 빅데이터는 이처럼 4차 산업혁명의 현상으로 나타나는 결과물들을 움직이는 중요한 동력이다.

빅데이터의 본질

글로벌 시장조사기관 IDC 자료에 따르면 2016년에 생성된 데이터는 16ZB(제타바이트)로 하루에 482억 GB, 초당 56만 GB의 데이터가 만들어졌고, 세계 데이터는 매년 30%씩 증가해 2025년에는 163ZB에 이를 전망이다. 1ZB는 1조 1,000억 GB로 고화질 영화(2GB) 약 5,000억 편에 해당하는 분량이다. 데이터의 원천은 크게 내장형 칩과 웨어러블 센서 등 사물인터넷, 그리고 소셜미디어, 웹사이트, 조사문서 등에서 취합한 빅데이터로 나뉜다. IDC는 2025년에는 전체 생성 데이터의 25%가 실시간으로 수집되고, 실시간 데이터의 대부분은 사물인터넷 센서와 관련될 것으로 예상했다. 시장조사업체 가트너는 네트워크와 연결되는 사물 수가 2017년 64억 개에서 2020년에는 204억 개까지 늘어날 것으로 내다봤다. 연결된 사물 수가 많아질수록 데이터의 양은 더욱 늘어날 것이다. 그리고 이러한 빅데이터의 80%는 비정형 데이터이다. 비정형 데이터는 비구조적 데이터unstructured data로서 숫자 등의 구조적 데이터와 달리 수치화하기 어려운 트위터, 이메일, 문서, 첨부파일, 메모, 이미지, 오디오, 동영상과 같은 데이터들을 말한다.

빅데이터 시대 이전의 데이터들은 분절된 데이터였다. 회계 시스템, 공장자동화 시스템, 그룹웨어 등 개별 시스템이 존재하고 데이터는 개별적인 시스템을 보조적으로 지원하는 방식이었다. 물론 개별 시스템에 속한 데이터들을 연결할 방법은 있었지만 이를 가능하게 하려면 별도의 연동 프로젝트를 통하여 개별 시스템 간의 데이터를 연결해야 했다.

반면, 빅데이터 시대에서는 데이터가 중심이 되고 애플리케이션과 알고리즘이 보조적 수단이 된다. 과거와 달리 데이터가 분절되어 있는 것이 아니라 합쳐진 하나의 데이터로 존재하고, 애플리케이션과 알고리즘은 이러한 빅데이터에 붙어서 필요한 데이터를 활용하는 방식이다.

활용을 위한 빅데이터 처리 과정

이러한 빅데이터의 처리 프로세스는 수집collect, 정제refine, 전달 deliver의 3단계를 거친다. '수집'은 데이터 확보를 의미한다. 적절하면서 일정 규모 이상이 되는 데이터를 확보하는 것이 매우 중요하다. '정제'는 확보된 데이터를 중복제거와 압축, 분류 등을 통하여 분석이 가능한 양질의 데이터로 변환시키는 과정이다. '전달'은 최종적인 단계로서 분석 결과를 이해하기 쉬운 시각적 혹은 수치적 형태의 다양한 방법으로 이해하기 쉽도록 전달하는 과정이다. 이러한 빅데이터 처리 절차를 거쳐 축적되고 합쳐진 어마어마한 양의 데이터에 고도화된 알고리즘과 강화된 컴퓨팅 파워가 결합하면서 이전에는 보이지 않았던 패턴들이 빅데이터의 심연에서 드러나게 되었다. 그 결과 인간의 능력을 뛰어넘는 예측이 가능하게 된 것이다.

인공지능과 빅데이터

빅데이터가 주목받는 이유는 활용가치가 높기 때문이다. 무한대로 생성되는 데이터 속에서 의미 있는 정보를 추출하고 분석해 적절히 활용하는 것이 빅데이터 산업의 핵심이다. 최근 빅데이터를 단시간에 분석할 수 있는 인공지능 기술이 발전하면서 빅데이터 산업도 빠르게 성장하고 있다. 인공지능은 데이터를 이용한 딥러닝을 통해 진화하면서 빅데이터 처리와 해석의 상당부분을 담당할 것으로 보인다. 이렇듯 사물 인터넷, 스마트팩토리 등 많은 변화가 있지만, 인공지능이 4차 산업혁명의 맏형이라는 데에 이의를 제기할 사람은 별로 없을 것이다. 알파고의 등장으로 인공지능이 주목을 받기 시작했지만, 인공지능 연구는 오랜 역사를 거슬러 올라간다. 2차 세계대전 때 독일군 암호를 해독하기 위해 지금의 컴퓨터와 같은 기계장치를 만들어낸 앨런 튜링Alan Turing이나 1956년 다트머스 대학 회의에서 인공지능이라는 말을 처음 사용하고 인공지능 프로그램 언어 개발을 위해 노력한 존 매카시John McCarthy 등 여러 선구자들이 있었다.

그럼에도 불구하고 미국, 일본 등에서 국가 차원의 인공지능 연구와 유명 학교들에서 진행하던 연구들이 실패하거나 성과를 내지 못하면서 1980년대 전후로 소위 인공지능의 겨울AI winter이 시작된다. 인공지능은 아주 오랜 시간이 지난 뒤에야 가능할 것으로 여겨졌다. 하지만 현존 기술로는 불가능할 것 같았던 인공지능 기술이 2016년 알파고를 통해 그 실체를 충격적으로 드러냈다. 가히 인공지능의 귀환이라고 할 만하다.

그렇긴 하지만 알파고에 사용된 알고리즘인 심층신경망기술Convolutional Neural Network은 전혀 새로운 것이 아니라, 1960년대 마빈 민스키Marvin Minsky가 최초로 개발한 신경망 시뮬레이터SNARC로부터 발전된 것이었다. 그러면 이전에는 가능하지 않았던 인공지능이 어떻게 지금은 가능하게 되었을까. 그것은 빅데이터와 고도화된 알고리즘, 그리고 이를 뒷받침하는 컴퓨팅 파워의 발전 때문이다. 심층신경망기술과 같은 진전된 알고리즘이 빅데이터와 만나면서 이전에는 사람들이 보지 못했던 패턴들이 빅데이터의 심연에서 드러나게 되었다.

데이터가 늘어나다가 어느 선에 이르면 성능이 동일 수준으로 유지되는 기존 알고리즘과 달리, 인공지능 알고리즘은 데이터가 늘어남에 따라서 성능이 지속적으로 증가하게 된다. (이것이 인공지능을 가능하게 한 핵심요소인 딥러닝이다.) 인공지능은 인간의 지능을 컴퓨터로 구현하는 것을 말하고, 머신러닝(기계학습)은 이러한 인공지능을 위해 컴퓨터로 모델링(모형구축)하는 모든 행위를 말한다. 딥러닝은 머신러닝 기법 가운데 특히 인공신경망기법을 기반으로 학습의 정밀도를 높이는 알고리즘을 말한다. 이러한 복잡한 러닝(학습) 기법들의 발달로 인하여 이전에는 처리할 수 없었던 대용량의 데이터를 처리할 수 있게 되었다. 이때부터 빅데이터라는 용어가 출현한 셈이다. 바둑의 알파고, 의료 분야의 왓슨, 금융의 켄쇼 등 많은 영역에서 이미 인간의 능력을 뛰어넘는 인공지능은 모두 빅데이터 수준의 데이터로 학습을 거쳤다는 공통점을 가지고 있다. 고도화된 알고리즘과 컴퓨팅 파워만으로는 가능하지 않고 빅데이터가 결합하여야 인공지능도 가동이 되는 것이다.

빅데이터를 활용하여 기존 시장을 파괴하는 선도 기업

빅데이터 시대를 앞서 나가는 선도 기업들의 사례를 살펴보면, 빅데이터의 발전 방향을 가늠해볼 수 있다. 아마존은 온라인 쇼핑뿐만 아니라 알렉사를 활용하는 인공지능, AWS라고 불리는 클라우드 시장 등 IT 산업의 전 영역에서 놀라운 성과를 내고 있다. 특히 4차 산업혁명의 중심에 있는 클라우드 분야에서는 마이크로소프트, 구글, IBM, 오라클 등 후발 주자들과 많은 격차가 있는 압도적인 1위를 유지하고 있다. 이러한 아마존이 2016년에 자사 핵심 경쟁력인 추천 알고리즘을 깃허브GitHub라는 개발 공유사이트에 모두 공개했다. 이제 누구나 아마존의 추천 알고리즘을 활용할 수 있게 되었다. 4차 산업혁명을 선도하는 기업들은 모두 기존 산업의 영역을 일정 부분 잠식하는 파괴적인 속성을 지니고 있다. 이러한 기존 산업 잠식을 가능케 하는 가장 큰 동력은 빅데이터 활용 능력이다.

사례 1: 에어비앤비

숙박 공유업체인 에어비앤비는 이러한 현상을 보여주는 대표적인 기업이다. 대표적인 글로벌 호텔 체인 힐튼호텔그룹의 시가총액(2015년 기준 190억 달러)보다 높게 가치를 평가받고 있다. 2008년에 설립되어 이제 10년을 겨우 넘긴 회사가 100년의 역사를 자랑하는 호텔그룹의 시가총액을 추월한 것이다(2015년 기준 에어비앤비 시가총액 250억 달러). 더 놀라운 점은 힐튼호텔그룹의 부동산 자산이 92억 달러에 달하는 데 반하여 에어비앤비의 부동산 자산은 '0'이다. 부동산 자산은 하나도 없이 '숙박공유'라는 개념으로 세계 최고 호텔그룹을 추월한 것이다. 기존의 호텔업계는 정부로부터 많은 규제를 받는다. 소방법, 건축물, 보건위생, 직원 교육 등 많은 부분에서 규제를 받고 또 청결과 경쟁력을 유지하기 위해 큰 비용과 시간을 들이고 있다. 반면에 에어비앤비와 같은 기업은 데이터를 활용하여 이 같은 문제들을 상당 부분 해결하고 있다. 고객과 숙박 임대자 사이의 상호평가 시스템으로 규제나 특별한 장치 없이도 어느 정도 이상의 질적 수준을 유지하는 것이다.

사례 2: 넷플릭스

미디어 시장을 파괴하고 있는 넷플릭스 역시 마찬가지 경우이다. 사용자의 영화 시청 성향 데이터 등 축적된 빅데이터에 기반한 추천 알고리즘을 활용한다. 즉, 수백만 편의 영화목록 중에서 사용자가 보고 싶은 영화를 적절하게 찾아줌으로써 미디어 경쟁에서 앞서 나가고 있다. 스트리밍서비스를 통해 3,000만 이상 시청자들의 행동을 관찰하고 이에 기반한 빅데이터 분석을 통하여, 시청자가 원하는 맞춤형 콘텐츠인 〈하우스 오브 카드〉라는 드라마를 제작하여 성공한 것이 대표적인 사례이다.

사례 3: 테슬라

테슬라 자동차의 가장 큰 혁신은 에너지원이 전기로 바뀐 것이 아니라, 빅데이터를 활용하는 소프트웨어 기술을 사용한다는 점이다. 테슬라는 운전자의 모든 데이터를 서버로 전송받는다. 이러한 데이터를 활용하여 기존 제품의 성능을 업그레이드하고 다음 제품을 설계한다. 테슬라 자동차는 소프트웨어 자동 업그레이드로 자동차의 속도 등 성능까지 개선하는 방식을 적용하고 있다.

사례 4: 텐센트

중국 빅데이터 산업을 주도하는 민간 기업 중 하나가 바로 핀테크 기업인 텐센트(騰迅, 텅쉰)이다.[44] 중국 국가통계국은 텐센트와 함께 빅데이터 수집·처리·분석·탐색 기술을 개발하는 중이다. 텐센트의 인터넷전문은행 위뱅크는 빅데이터를 이용해 고객이 모바일메신저 등으로 대출 신청을 하면 2.4초 만에 대출심사를 완료하고 40초 만에 대출금을 입금해주는 상품도 개발했다. 텐센트는 중국 구이저우貴州성 구이양貴陽에 빅데이터 백업센터도 건설한다. 빅데이터 산업은 중국 지역 경제에 획기적인 전환을 가져오고 있다. 구이양은 중국 내에서 가장 빈곤한 지역이었다. 구이저우성은 2010년까지 중국 32개 성 가운데 1인당 GDP가 최하위였지만 2014년 빅데이터 특화구로 지정되면서 변화가 시작됐다. 알리바바와 텐센트 등 중국 기업은 물론 구글, 인텔 등 글로벌 IT기업들도 구이양의 빅데이터 산업에 투자했다. 현재 구이저우성은 '빅데이터 수도首都'로 통하며 중국에서 가장 빠른 경제성장률을 나타내고 있다.

사례 5: 바이두

2014년 4월 24일 바이두는 '빅데이터 엔진大數據引擎' 플랫폼 개방을 선언하고 빅데이터 저장, 처리 및 분석 서비스를 제공하기 시작했다.[45] 같은 해 8월에는 유엔과 손잡고 '빅데이터 연합 실험실'을 설립하며 글로벌 문제 해결에 빅데이터 기술을 활용한 선례를 남겼다. 최근에는 딥러닝, 뉴럴 네트워크Neural network 등 AI 핵심 기술을 기존 주력 사업 검색엔진에 도입하며 서비스 업그레이드에 속도를 내고 있다. 현재 바이두는 빅데이터 저장·분석, 마케팅, 비즈니스 분석 등 다양한 빅데이터 기반 서비스를 제공하고 있다. 주요 서비스로 바이두 여론百度輿情 API, 바이두 고객 분석百度客情分析, 바이두 지수百度指數 등이 있다.

4차 산업혁명 선도 기업들의 공통점

에어비앤비의 창업자들은 숙박업계 종사자가 아니었다. 디자인스쿨을 졸업한 이들로 숙박업계와는 전혀 인연이 없는 사람들이었다. 테슬라의 일론 머스크Elon Musk 역시 자동차 업계 종사자가 아니었고 아마존의 제프 베조스Jeffrey Bezos 역시 출판업계와 아무 상관이 없는 사람이었다. 우버와 넷플릭스 역시 마찬가지이다. 이런 사람들이 철옹성 같은 기존 업계의 최강자들을 이겨내고 시장의 판도를 새롭게 만들어나가고 있다. 이 같은 4차 산업혁명 선도 기업들의 공통점은 데이터 기반으로 회사가 운영되고, 데이터를 통해 새로운 기능을 추가하고 하드웨어보다 소프트웨어 역량을 핵심 경쟁력으로 활용한다는 점이다. 미국 제조업의 자존심인 제너럴일렉트릭의 선언도 이러한 변화를 그대로 보여준다. GE는 2016년에 서비스업 중심의 소프트웨어 기업으로 재탄생하겠다고 선언한 바 있다. 그러면서 내놓은 것이 GE의 산업용 운영체제인 '프레딕스Predix'이다. GE는 그동안 팔아왔던 엔진과 기계, 헬스케어 제품의 유지·관리와 컨설팅·금융서비스를 통합한 솔루션 패키지 사업으로 돈을 벌어들이겠다는 계획이다. GE는 또 산업별로 핵심적인 부분에서 1%를 절약하는 '1%의 힘'이라는 캐치프레이즈를 제시했다. 세계 항공 산업에서 생산을 1% 효율화하면 이익이 6%나 증가한다는 것이다. GE는 엔진에 부착된 센서와 산업용 IoT를 통해 다양한 데이터를 실시간으로 분석하는 '프레딕스'라는 플랫폼으로 실현할 수 있다고 강조하고 있다.

빅데이터와 개인정보보호

우리나라에서는 빅데이터 산업의 활성화를 가로막는 규제가 빅데이터 기술의 축적에 큰 장벽이 되고 있다. 사전규제opt-in 방식을 적용하는 우리와 달리 미국과 일본은 사후규제opt-out 방식을 사용하고 있다. 규제의 목적은 개인정보보호이다. 디지털 시대에 있어서 개인정보보호의 중요성은 아무리 강조해도 지나치지 않지만 여기서 따져볼 부분은 그 실효성이다. 우리나라는 대표적인 사전규제방식을 적용하는 나라이지만 많은 사람들의 주민등록번호를 비롯한 개인정보가 이미 해킹이 되어 돌아다니고 있다. 실상은 사전규제방식으로도 실질적인 개인정보보호가 이루어지지 않고 있는 것이다.

미국과 일본의 사후규제방식

사후규제라고 해서 사전규제보다 개인정보보호가 소홀하게 이루어지는 것이 결코 아니다. 사후규제는 빅데이터 활용에 있어서 비식별 정보를 부정하게 사용하는 등 규정을 어긴 점이 사후에 발견되면 강도 높은 처벌을 받게 된다. 오히려 이러한 방식이 개인정보보호에 훨씬 효과적이다. 사후규제방식을 도입하고 있는 미국과 일본에서 개인정보보호가 우리나라보다 훨씬 더 잘 이루어지고 있는 것을 보면 알 수 있다. 미국은 대표적인 사후규제방식[46]으로 개인정보 수집 및 처리에 관하여 우편, 전자우편 등을 통해 정보 주체에게 알리고, 이에 대해 정보 주체가 공식적으로 이의를 제기하지 않으면 개인정보의 활용을 허용한다. 일본은 2015년 개정된 정보보호법[47]에서 개인정보 및 프라이버시는 실질적으로 보호하면서, 빅데이터 활성화 등 개인정보의 이용 및 유통을 촉진하기 위해 개인정보를 가공하여 식별 가능성을 낮춘 정보를 제공할 때에는 본인 동의를 요구하지 않도록 하였다. 물론 개인정보를 오용하면 벌을 강하게 내린다.

한국의 사전규제방식

우리나라는 개인정보보호법 제2조 1항에 따라서 비식별 정보의 이용이 사실상 금지돼 있다. 이 조항에 따르면 개인정보란 "생존하는 개인에 관한 정보로서 성명, 주민등록번호 등 특정 개인을 알아볼 수 있는 부호, 문자, 음성, 음향 및 영상 등의 정보(해당 정보만으로는 개인을 알아볼 수 없어도 다른 정보와 쉽게 결합하여 알아볼 수 있는 경우에는 그 정보를 포함한다)"를 말한다. 여기서 문제는 괄호 안의 내용이다. 이 내용이 굉장히 모호하게 되어 있어서 사용자의 주민등록번호나 성명 같은 개인정보가 드러나지 않도록 비식별화한 내용도 사전 동의를 받아야 하는 것으로 해석될 소지가 많다. 실제로 법원 판례에 따르면 비식별 정보도 사전 동의 없이 활용하여 처벌받은 사례가 있다.[48]

이러한 사전규제방식의 형식적 규제 강화는 실질적인 개인정보보호 없이 빅데이터 관련 산업의 경쟁력 약화만 초래할 수 있다. 비식별화된 정보를 불법적으로 사용할 경우 엄격한 사후처벌을 통하여 시장의 질서를 바로잡아갈 수 있다. 따라서 사전규제방식의 기존 법제도 개정에 대한 사회적 합의가 필요하다.

빅데이터 산업 발전 방안

4차 산업혁명에서 주도적인 국가로 부상하기 위해서는 빅데이터 산업의 발전이 필수적이다. 그러나 우리나라에서는 빅데이터 기술을 이미 확보한 것으로 생각하거나 빅데이터에 의해 가능하게 된 현상에만 관심을 가지는 경향이 있다. 4차 산업혁명 시대에는 데이터를 제대로 활용하는 국가와 그렇지 못한 국가의 경쟁으로 구분될 수 있을 것이다.

규제 혁신을 통한 비즈니스 환경 조성

- 빅데이터를 활용한 다양한 연구와 실험은 산업 활성화를 위해 필수적인 과정. 그러나 비식별화된 정보도 수백, 수천만 명의 동의를 사전에 받아야 한다면 사실상 활용 불가능한 실정
- 개인정보가 보호되면서 동시에 정보들이 활용될 수 있는 법적 환경 마련
- 식별자를 삭제한 개인정보의 경우 목적 외의 이용과 제3자 제공에 있어서 본인의 동의가 불필요하거나 사후 동의하는 방식으로 개정하여 투명성 및 예측 가능성 제고
- 미국의 구글이나 아마존, 페이스북은 비식별 데이터 거래를 통해 많은 데이터를 확보하고 활용해 수준 높은 AI 시스템 구축. 이러한 다른 국가 상황을 고려하면서 규제정책 논의 필요

소프트웨어 제값 주고 사기

- 빅데이터와 알고리즘 기술은 결국 소프트웨어 산업의 영역
- 소프트웨어 기업이 이윤을 확보하면서 성장할 수 있는 산업적 기반 필요
- 한 기업에 사이트 라이선스로 제공되면 기업의 직원 수와 관계없이 사용하는 사이트 라이선스 개념 등 기업용 소프트웨어 시장의 잘못된 관행 개선
- 공공기관의 저가 발주 등 소프트웨어 산업의 열악한 환경 개선

최고데이터책임자CDO 신설

- 효율적인 데이터 관리를 위해 최고데이터책임자(CDO, Chief Data Officer 혹은 Chief Digital Officer) 역할 신설
- 최고데이터책임자는 기업과 기관이 보유하고 있는 데이터를 파악·분류하고 처리하며, 데이터의 잠재적인 가치를 실현하여 이를 성공적으로 활용할 수 있도록 컨트롤타워 역할을 해야 함
- 데이터 활용과 관련해서도 사일로 효과라고 불리기도 하는 부처 간 장벽 해소

공공데이터 개방과 활용 확대

- 개방되는 공공데이터는 인구 10만 명당 미국 59.3개, 영국 66.7개, 한국 48.2개 수준[49]
- 공공데이터는 실시간으로 갱신되어 상호운용성이 높은 오픈 응용 프로그래밍 인터페이스API가 적고 재가공해 사용해야 하는 문서 형태(HWP·DOC·XLS 등) 파일데이터가 대부분
- 공공데이터 개방·활용을 위해 오픈 API 형태의 공공데이터 확대
- 수요를 중심으로 공공데이터 개방
- 민간의 연계활용 지원

빅데이터 기술 연구

- 데이터의 수집부터 정제, 전달에 이르는 기술적 노하우 축적 시급
- 인공지능, 사물인터넷, 스마트팩토리 등 4차 산업혁명에 주도적으로 참여하기 위해서는 무엇보다도 빅데이터 기술 연구가 핵심이라는 인식 아래 기술연구 환경 조성

3.
4차 산업혁명의
원천기술 전략
(2) 인공지능

━━━━━━━━━ 4차 산업혁명은 인간과 사물, 사물과 사물 간 통신으로 발생하는 빅데이터를 바탕으로 인간의 인지능력을 뛰어넘는 초지능성을 구현하는 것이 가장 중요한 특징이라고 할 수 있다. 2016년에는 한국의 이세돌 9단과, 또 2017년에는 중국의 커제 9단과 승부를 펼쳤던 인공지능 바둑 프로그램 알파고의 바둑계 이벤트는 바로 4차 산업혁명의 핵심 기술을 보여준 단적인 예라고 할 수 있다. 이러한 4차 산업혁명 시대를 선도하기 위해서 가장 중요한 것은 하루에도 수없이 쏟아지는 정보를 효과적으로 빅데이터로 구축하고, 이를 이용한 학습을 통해 주어진 문제를 해결하는 인공지능 기술이다.

인공지능의 재조명

인공지능이라는 용어가 처음 등장한 1956년 이래, 인공지능 연구는 관심기와 침체기가 반복되는 부침을 거듭해왔다. 인간의 상상은 공상과학소설이나 영화로 끝없이 이어졌지만, 현실은 이를 따라가지 못했기 때문이다. 이처럼 인공지능이 새로운 개념이나 기술이 아님에도 불구하고 최근 들어 다시 재조명되고 있는 것은 바로 딥러닝이라고 불리는 심층신경망 학습기법과 이를 구현할 수 있게 만든 하드웨어의 발전에 있다. 신경망을 기반으로 한 인식기술의 경우 1990년대 후반부터 꾸준히 연구되었으나, 작은 영상(예를 들어, 32×32픽셀 크기)의 필기체 문자를 인식하기 위한 신경망을 학습하는 데만도 2~3일이 소요되어 실제 적용이 어려운 문제점이 있었다. 그러나 최근 병렬처리에 매우 뛰어난 성능을 보이는 그래픽 처리 장치인 GPU의 급속한 발전으로 단시간 내 대용량 데이터 학습이 가능해졌고, 이를 바탕으로 신경망 계층을 더욱 깊이 만들 수 있어 복잡한 영상 및 음성 인식 성능이 비약적으로 향상된 것이다.

인공지능의 활용 현황

페이스북이 2013년에 심층신경망 학습기술을 기반으로 얼굴인식 성능을 인간 수준의 97% 이상으로 끌어올린 결과를 발표하여 관련 산업계에서 화제를 모았으며, 최근에는 그 성능이 99%에 육박하는 것으로 학계에 보고되고 있다. 이와 같은 심층신경망 학습기술로 인해 기존에 구현이 어려웠던 많은 기술의 실현 가능성이 커지자 산업계에서는 이를 이용해 다양한 신사업을 창출하려고 노력하고 있다. 특히 인공지능 기술은 자율주행으로 대표되는 무인 이동체 산업, 고성능 진단을 기반으로 한 의료산업, 로봇 기반의 개인서비스 및 유통산업에서 획기적인 변화를 가져올 전망이다.

무인 이동체 산업

먼저 자율주행 분야를 살펴보면, 다양한 센서로부터 획득한 정보를 바탕으로 주어진 장면을 이해하는 기술이 핵심이라고 할 수 있는데, 이는 심층신경망 학습을 통해 효과적인 구현이 가능하다. 해외에서는 구글이 이미 영상인식 기술을 바탕으로 상용화에 근접한 수준의 자율주행시스템을 구축하고 있다. 인텔도 운전자 지원 시스템 분야에서 독보적 기업인 모빌아이Mobileye를 17조 원에 인수하는 등 시장을 선점하기 위해 노력을 쏟고 있다. 또 자율주행차뿐 아니라 드론 등 다양한 무인 이동체에 폭넓게 적용할 수 있어 일상생활의 패턴에도 많은 변화를 가져올 것으로 예측된다. 가령 모터사이클로 유명한 피아지오 그룹Piaggio Group은 2017년 주인을 따라다니는 바퀴형 짐꾼 로봇 '지타Gita'를 발표한 바 있다.

의료 산업

IBM의 인공지능 왓슨의 경우, 암 영상에 대한 대용량 학습을 통해 국내에서도 가천대학교 길병원에서 진단을 수행하고 있으며 환자의 만족도가 매우 높은 것으로 보고되고 있다. 이에 많은 주요 병원들이 앞다퉈 인공지능 기술이 접목된 의료진단 기술을 도입하기 위해 힘쓰고 있으며, 관련 스타트업 기업도 활발히 생겨나고 있다. 국내 스타트업 기업인 루닛Lunit의 경우, X-Ray 영상부터 병리학 영상까지 다양한 의료 영상에 대한 학습을 바탕으로 암이나 종양과 같은 병변영역을 확률지도로 표시해주는 시스템을 개발했다. 최근에는 저화질 X-Ray 영상을 기반으로 치아 관련 질병을 판단할 수 있는 알고리즘 개발에도 많은 기업이 연구를 진행하고 있다.

인공지능과 다양한 서비스의 융합

아마존의 음성인식 스피커 에코Echo는 '알렉사'라고 불리는 음성인식 인공지능 플랫폼을 탑재한 것으로, 사용자의 음성명령을 끊임없이 학습하며 인식 성능을 꾸준히 향상시키고 있다. 자동차기업 포드는 싱크3 차량 운행 시스템에 인공지능 음성비서 알렉사를 탑재하여 사용자가 음성 명령만으로 해당 기능을 사용할 수 있게 했으며, 현대자동차 또한 차량원격제어 서비스인 블루링크 시스템에 알렉사를 적용하고 있다. 음성인식 기반 스피커 제품은 스마트홈 시나리오에서도 허브와 같은 역할을 할 것으로 기대되고 있으며, LG전자에서 이미 스마트 냉장고에 알렉사 기반 음성인식 기능을 탑재하여 출시했다.

아마존은 알렉사 SDK(Software Development Kit, 소프트웨어 개발 키트)를 2015년부터 공개함으로써 서드파티가 개발한 연동 앱을 1만 개 이상 확보하는 등 관련 생태계를 선점하는 전략을 가장 먼저 수립했다. 이후 애플의 시리, 구글의 구글 어시스턴트, 마이크로소프트의 코타나Cortana 등 음성인식 인공지능 플랫폼이 공개되면서 경쟁이 심화되고 있다. 국내에서도 SK텔레콤이 누구NUGU, KT가 기가지니GiGA Genie, 네이버가 클로바Clova 등 인공지능 스피커를 출시하면서 경쟁에 합류하고 있다. 앞으로 이 분야는 음성인식 성능, 자연어 처리능력, 대화의 품질(인간의 의도 인식, 에피소드 기억 활용 기술 등) 경쟁으로 발전하여 선택과 도태가 이루어질 것으로 보인다.

인공지능 산업생태계 조성의 선두주자인 아마존은 더 나아가 컴퓨터 시각화, 심층신경망 학습 및 센서 혼합 기술을 기반으로 무인마트 아마존고AmazonGo를 개발하여 시범운영을 거쳐 2018년 초 미국 시애틀에서 개방했다. 오프라인 매장인 아마존고는 스마트폰 앱을 통해 회원가입을 한 이용자가 계산대에서 줄 설 필요 없이 사고자 하는 상품을 골라 매장을 나서면 자동센서 인식으로 자동결제되어 사용자에게 통보되는, 계산대 없는 마트이다. 로봇 기반 서비스 분야를 보면, 일본 소프트뱅크의 인공지능 감성로봇 '페퍼'가 이미 상용화되었다. 소프트뱅크는 최근 미국의 최대 로봇기업인 보스턴 다이내믹스를 인수하면서 스마트로봇 시장 공략에 더욱 박차를 가할 것으로 전망된다.

국가별 대응 현황

인공지능 기술로 인해 산업 전 분야에서 많은 변화가 예상되는 만큼 국가별 대응 방안도 다양하게 나타나고 있다.

미국

미국은 인공지능 원천기술 확보를 위해 2013년 백악관을 중심으로 정부 차원에서 브레인 이니셔티브 정책을 수립하고 인간의 뇌를 중심으로 체계적인 인공지능 기술개발을 추진하고 있다. 이를 위해 대통령

산하 과학기술정책국Office of Science and Technology Policy은 향후 10년 동안 30억 달러 규모로 기술개발을 추진하기 위해 연구개발 예산투자를 확대하고 기술개발과 산업화를 동시에 진행하고 있다. 이 예산은 기초연구(80%)에 주로 투자하고 나머지는 디바이스 연구, 뇌 이미지 분석을 위한 초미니 현미경과 시스템 개발, 뇌 시뮬레이션과 같은 IT 분야 연구에 투입되고 있다.

일본

일본은 인공지능의 발전 가능성과 사회에 미치는 영향을 종합적으로 분석하고 국제경쟁력 강화 대책 마련을 위해 2015년 연구회를 출범시켰다. 이 연구회에는 뇌 정보통신, 사회 지知 해석, 혁신적 네트워크, 인공지능, 인지심리학 분야 등 공학을 비롯해 인문학 등 다양한 영역의 전문가가 참여한다. 또 인공지능 R&D를 기반으로 한 실용화와 기초연구 간의 선순환을 위해 2015년 인공지능연구센터를 설립했다. 일본의 인공지능 R&D 투자는 연간 0.75억 달러 규모로 미국의 투자액(연간 2.6억 달러 이상)과 비교해서 열세를 보여왔지만, 2016년부터 예산을 확대하고 본격적으로 관련 기술개발에 뛰어들고 있다.

유럽

유럽은 뇌에 대한 종합적인 연구를 통해 인간 행동의 근원에 대한 이해와 뇌 관련 질환의 치료법 획득, 혁신적인 ICT 기술개발 등을 실현할 것으로 내다보고 있다. 향후 신기술 분야를 유럽연합이 주도하기 위해 ICT 기반의 뇌 연구를 주요한 전략 분야로 선정하고 이를 위한 촉매 역할을 수행할 수 있는 연구개발 플랫폼R&D Platform 구축을 위해 인간 뇌

연구 프로젝트(HBP, Human Brain Project)를 추진하고 있다. HBP는 신경과학, 의학, 애플리케이션 개발, ICT 플랫폼 개발, 수학적인 모델 개발, 데이터 생성 등으로 구성되어 있다. 인간 두뇌의 인지형태 기반의 지식처리를 위한 HBP는 10년간 약 10억 유로를 투입하여 데이터와 지식의 통합을 구현하고 뇌에 대한 이해, 뇌 질병에 대한 치료방법 개발 및 뇌의 운동을 모사하는 프로그램 기술을 성취하기 위한 기술적인 기반을 준비할 것으로 알려졌다.

중국

중국은 급격히 성장하고 있는 자국 IT기업(바이두, 알리바바, 텐센트 등)을 중심으로 인공지능 전문가를 적극적으로 영입하고 있으며, 인공지능 기술에서 가장 중요한 학습 데이터 축적을 위해 체계적인 시스템을 구축하고 있다. 특히 중국 정부는 2016년부터 인공지능 연구 프로젝트인 차이나 브레인China Brain을 통해 인공지능 개발을 범국가적 지원 아래 추진하면서 인공지능 최강국을 목표로 하고 있다. 이 프로젝트는 국립연구기관과 기업에 산재한 연구를 통합관리하면서 효율적인 시스템을 구축하는 것 등을 포함하고 있다. 이와 같은 노력으로 중국은 2017년 인공지능 관련 기업 수와 지식재산권 수 기준으로 미국에 이어 세계 2대 강국으로 발돋움하였다.

우리의 대응전략 방향

4차 산업혁명은 인공지능 기술로 인해 점점 우리 일상생활의 일부분

으로 다가오고 있다. 인공지능 기술은 기술 간 융합 및 이를 기반으로
한 생산 패러다임의 변화를 이끌 4차 산업혁명의 핵심이다. 그러나 국
내 대비 상황을 보면 아직 부족한 부분이 많다. 인공지능 기술 분야에서
뒤처지지 않기 위해서는 신속한 대응이 이어져야 한다.

양질의 데이터 구축 및 관리

- 인공지능의 핵심 기술인 심층신경망의 인식 성능 제고를 위해 양질
의 데이터 구축과 효과적인 관리가 필요
- 각 분야의 핵심 주체가 영상, 음성, 신호 패턴 등의 정보를 통합적
으로 축적하고 관리하는 것이 중요
- 사물인터넷을 통한 데이터 수집, 빅데이터 처리, 클라우드 컴퓨팅
등 단계별 지원체제 확립으로 인공지능 기술의 효과 극대화
- 정부 차원에서 대용량의 표준 데이터베이스 확보 및 고성능 컴퓨팅
자원체계 구축
- 고가의 슈퍼컴퓨터를 보유할 수 없는 중소·중견기업에 저렴한 비
용으로 인공지능을 개발할 수 있는 여건 제공

소프트웨어에 대한 인식 개선

- 정해진 사양에 맞춰 생산하는 제조업과 달리 문제해결을 위한 소
프트웨어의 알고리즘 정립에는 많은 시간이 소요된다는 것에 대한
이해 필요
- 심층신경망 학습 기반의 인공지능 기술은 대용량 데이터 구축과 학
습에 많은 시간이 소요되므로 개발 과정을 이해하고 개발을 장려
하는 분위기 조성

- 스마트폰 외에 의료, 가전, 전자장비 등 인공지능 기술이 적용될 수 있는 분야 확산

문제해결력을 갖춘 인재양성

- 소프트웨어를 다루는 기술과 데이터를 분석하는 기술에 대한 체계적인 교육
- 한 가지 기술에 대한 특화된 능력보다는 필요한 기술을 적절히 활용할 수 있도록 소프트웨어 구조설계와 오픈소스 활용능력 배양
- 주어진 문제를 효과적으로 해결하는 방법을 생각해내기 위해서는 단순 암기에서 벗어나 관련 배경지식을 기반으로 절차를 수립하는 과정이 중요. 따라서 이러한 절차를 수립하기 위한 수단으로 사용되는 프로그래밍(코딩) 교육이 필수

장기적인 로드맵 구축

- 4차 산업혁명 시대를 대비하여 성장 잠재력이 무한한 인공지능 시장을 선점하고 지속적인 성장을 이끌어가기 위해 장기적인 로드맵 구축
- 재생산성reproducible work을 증대하기 위해 개발 결과를 공유하는 관련 생태계 조성
- 인공지능 관련 산업의 확산은 일자리 감소, 윤리적 문제 등 사회적으로 많은 갈등을 유발하게 될 것이므로 다양한 이슈를 연계하여 미래를 설계하는 전략 병행

4.
4차 산업혁명의
원천기술 전략
(3) 블록체인

━━━━━━━ 기술발전에도 불구하고 아직 금융자산 및 상품 거래의 결제 및 관리에서 해킹과 위조·변조가 빈번히 발생하여 근원적인 해법이 요구되는 상황이다. 게다가 음원, 사진, 영상 등 디지털 자산의 무단복제와 불법유통은 저작권 침해라는 심각한 사회문제를 야기하고 있다. 이런 가운데 블록체인이 초신뢰를 추구하는 혁신기술로서 디지털경제에서 발생하는 상당 수의 문제점을 해결하는 데 기여하고 있다.

그동안 데이터 보안을 강화하기 위해 하드웨어 장비 및 소프트웨어 개발에 대한 투자가 천문학적으로 증가해왔다. 그러나 데이터 보안에 있어서 아직 완전하게 신뢰할 만한 기술은 나오지 않았다. 데이터 위협의 방법들은 끊임없이 진화하는데 기존의 보안대응은 공격에 대해 매번 뒷북만 치고 있다고 해도 무방할 정도로 비효율적이고 수동적인 경우가 대부분이다. 다만 그간 데이터 보안기술의 발전을 위해 산학연관의 끊임없는 연구와 노력이 있었고, 최근 '분산형 데이터 원장 동시 보유'를 기반으로 하는 블록체인 기술이 실용화되고 있어 혁신적 보안 향상에 대한 기대가 커지고 있는 것이 사실이다. 블록체인 기술은 또한 신뢰도 높은 인터넷의 초연결 사회를 견인하는 인프라가 될 것이며 동시에 기존의 관습이나 기득권을 혁신적으로 재편성하고 기존의 사회기능 자체에도 큰 변혁을 몰고 올 것으로 보인다. 이제 우리 앞에는 중간자나 '위대한 챔피언'이 없는 평등한 네트워크 사회가 성큼 다가오고 있다.

블록체인의 특성과 기술경쟁

블록체인은 안전하고 정의로운 디지털경제를 구축하는 데 최적의 대안으로 인식되고 있지만, 현재의 위상은 일부 서비스가 제공됨에도 불구하고 아직 완성도가 떨어진 개발단계에 머물러 있다. 비트코인 이후, 이더리움, 리플 등 다양한 암호통화들이 출시되면서 블록체인 기술은 빠르게 진화하고 있으며, 가트너의 2017년 블록체인 하이프 사이클Hype Cycle에서도 분산원장, 암호통화 지갑, 합의 알고리즘, 영지식 증명 Zero Knowledge Proof 등이 정점을 향하고 있는 것으로 나타났다.[50] 대부분의 컨설팅 기관들은 블록체인이 2~3년 뒤 기술혁신의 정점에 오르고 향후 5~10년 안에 상용화될 것으로 분석하고 있으므로 2025년 전후 안정된 서비스가 제공될 것으로 보인다.[51]

블록체인의 철학적 개념

블록체인은 생존권, 자유권, 재산권의 이념을 지닌 자유지상주의 철학과 정부 간섭을 최소화하고 시장기능을 옹호하는 오스트리아 학파 이론을 상당 부분 수용하고 있다. 기술적으로는 인터넷이 등장하기 이전인 1960년대 초반부터 디지털 네트워크, 암호경제, 합의 알고리즘 등이 연구되어왔다. 즉, 탈중앙 및 분산화는 1962년 폴 배런Paul Baran의 분산 커뮤니케이션 연구에서 제시되었으며, 블록헤더에 포함되어 거래내역을 손쉽게 파악할 수 있는 머클해시(머클루트Merkle Root)는 1979년 랠프 머클Ralph Merkle이 고안해 특허를 낸 것이다. 일부분의 해킹이나 오류 가능성에도 신뢰할 만한 결과를 내는 시스템인, 이른바 합의 알고리즘의 원조인 비잔틴 장군의 문제는 1982년 레슬리 램포트Leslie Lamport가 모델링하였고, 암호학자 애덤 백Adam Back은 1997년 해시캐시HashCache를 제안하고 2002년에 작업증명PoW을 개발하였다. 이 모든 것들이 2009년 1월 비트코인의 탄생에 기여한 것이다.[52]

블록체인의 기술적 방식

일반적인 블록체인은 거래정보를 기록한 원장ledger을 모든 구성원node이 각자 분산 보관하고, 새로운 거래가 발생할 때 암호방식으로 장부를 똑같이 업데이트하여 개념적으로는 익명성과 보안성이 강력한 디지털 공공장부 또는 분산원장이라 말할 수 있다. 금융자산 거래는 이용자가 현금, 유가증권, 지식재산 등을 주고받는 모든 행위과정에 중앙기관이 개입하여 인증 및 승인을 통해 이루어진다. 반면에 퍼블릭 기반의 블록체인은 중앙은행이나 관리기관 없이 다수의 참여자(채굴자, 검증자, 거래자)가 보고 있는 가운데 P2P 기반의 분산구조에서 거래가 수행된다. 비트코인이 나오기 이전에는 P2P에서 구동되는 분권적 금융거래시스템이 불가능하였는데, 그 이유는 신뢰성을 담보하는 중앙기관 없이는 이중지불double spending을 방지하거나 장부의 무결성integrity을 유지할 수 없었기 때문이다. 그러나 블록체인의 작업증명Proof of Work 방식과 분산장부 기술 등으로 문제를 해결하여 안전한 거래를 실현할 수 있게 되었다.

블록체인의 기술적 구분

블록체인은 기본적으로 누구나 참여할 수 있는 구조(탈중앙화·무허가)이지만, 다양한 지식재산 거래의 효율성을 위해 암호·합의 알고리즘 기술이 진화한 혼합형(하이브리드·반허가) 블록체인도 증가하는 추세이다. 블록체인 분류 방식은 합의성, 익명성, 불역성, 확장성 정도에 따라 구분하고, 거버넌스 주체에 따른 공공 및 사설 블록체인, 증명자·이용자의 참여에 따른 무허가형 및 허가용 블록체인으로 나눌 수 있지만, 실제로는 활용 형태에 따라 매우 다양하게 나타나고 있다. 특히 합의 알고리즘의 경우, 전력소모가 많은 작업증명의 PoW 방식보다 지분증명의 PoS 방식이 선호되는 추세이고, 이 밖에 ZNP(Zero Knowledge Proof), DPoS(Delegated PoS), PoET(Proof of Elapsed Time) 등의 채택도 늘고 있다.

블록체인 기술의 이해와 한계

블록체인은 중앙통제자가 없는 P2P 네트워킹을 기반으로 하고 있다. 블록체인은 클라이언트/서버 컴퓨팅을 혁신한 P2P 네트워킹 기술에서 진화한 기술이다. 블록체인을 이해하기 위해서는 우선 P2P 네트워크를 이해해야 한다. 1999년도에 세상에 소개된 토렌트나 소리바다 같은

P2P 서비스는 중앙서버 없이 직접 접속을 통하여 네트워크 참여자들끼리 보유 데이터를 다운로드하거나 전송하는 기술이었다. 이런 서비스는 현재도 사용되고 있지만, 네트워크 참여자들이 보유하고 있는 데이터의 정합성을 인증해줄 신뢰성을 확보할 방안이 없어 범용화하기에는 치명적인 문제를 갖고 있다. 비대면 데이터 교환을 중심으로 하는 인터넷거래는 거래자 간 데이터의 신뢰성이 보장되어야 확산이 될 수 있기 때문이다. 그러나 블록체인은 P2P 네트워크의 데이터 정합성 문제를 해결하여 P2P 데이터의 신뢰성을 극대화할 수 있는 기술이다. 블록체인 기술은 데이터의 무결성을 어떻게 해결하였을까? 블록체인은 데이터나 거래 기록을 동기화된 블록에 기록하여 네트워크 내 모든 참여자가 합의하여 공유케 한다. 일단 합의하여 저장된 데이터는 절대로 변경이 불가하다. 어떤 참여자가 고의로 특정 블록에 있는 데이터의 변경을 시도한다고 해도 전체 참여자들이 동의해주지 않는 한 변경이 불가능하다. 이 점이 블록체인의 핵심 요체로서 해킹을 통한 데이터의 위조·변조를 근원적으로 방지해주는 것이다.

다만 여기서 주의할 점은, 초기에 오류가 있는 데이터를 블록에 기록하게 된다면 이 기록은 영구히 변경이 불가하여 큰 재앙이 될 수 있다는 것이다. 따라서 블록체인 기술이 적용되더라도 원시 데이터나 거래에 대한 진위는 계속 점검되어야 한다. 데이터의 신뢰성에 대한 인증문제는 블록체인이 해결할 수 있는 문제가 아니기 때문이다. 블록체인은 기존에 기록된 데이터들의 정합성을 유지하기 위해 데이터의 위조·변조를 차단하는 기술인 것이지 새로 입력되는 데이터의 진실성까지 검증해줄 수는 없기 때문이다. 따라서 블록체인 기술이 도입되더라도 기존의 비대면 거래에서 요구되는 거래 당사자에 대한 인증은 계속 필요하다. 생체정보, 필적, 지문 및 홍채정보나 공인인증서 등을 통한 입력 데이터의 검증은 블록체인 기술과 함께 데이터의 정합성을 한층 높여 줄 것이다.

국가별 기술경쟁 동향

미국은 스타트업과 기존 ICT 기업들 중심으로 암호 알고리즘, 분산애플리케이션 등 블록체인 전 분야에서 기술혁신 우위를 차지하고 있다. 독일, 영국, 네덜란드 등 유럽은 블록체인 서비스 및 이용 측면에서 크게 활성화되고 있다. 특히 스위스는 추크Zug 지역에 크립토밸리Crypto Valley를 조성하였는데, 현재 약 170개가 넘는 스타트업들이 입주하여 가치사슬 생태계를 형성함으로써 블록체인 성지로 거듭나고 있다. 중국은 자본유출 우려 등으로 암호통화 거래소를 폐쇄하고 불법·편법 투자를 방지하기 위해 ICO를 금지했지만, 블록체인 특허, 투자, 정책 측면에서는 세계 최고 수준의 국가이다. 이 밖에 일본과 호주도 금융, 증권, 거래 위주에서 탈피하여 공공분야에 활용할 수 있는 블록체인 서비스를 위해 지자체, 공공기관, 민간이 경쟁적으로 사업을 추진하고 있다.

블록체인 미래전략과제

〈포브스Forbes〉 기술위원회는[53] 기후변화, 빈곤, 투표, 건강관리 등 사회문제 해결을 위한 기술들을 소개하면서 블록체인을 대안으로 제시하여 초신뢰 사회 구축에 매우 적합한 기술로 평가하고 있다. 최근에는 블록체인 기반으로 사회문제를 해결하는 루트 프로젝트Root Project가 한

| 표 7 | 블록체인 기술의 구분

구분		합의성 Consensus	익명성 Anonymity	불역성 Immutability	확장성 Scalability
공공 Public	무허가형 PoW	높음	높음	낮음	
	허가형 PoS	높음	보통	보통	
	무허가형 FBA	보통	보통	보통	
사설 Private	허가형 PBFT	낮음	낮음	높음	

• 약어 설명: PoW(Proof of Work), PoS(Proof of Stake), FBA(Federated Byzantine Agreement),
PBFT(Practical Byzantine Fault Tolerance)

국에서 소셜임팩트 행사를 개최하여[54] 호평을 받은 바 있다.

특히 블록체인 활용 및 특성을 이용하여 초신뢰를 구축할 수 있는 분야는 개인정보 유출, 저작권 침해, 포털·SNS 불신, 원산지 변조, 금융비용 부담, 미터링 불편, 자산관리 불안, 투표·세금 조작 등 여덟 가지로 제시되며, 그에 따른 문제정의, 해결방안, 문제해결 R&D, 영향 및 효과는 〈그림 5〉와 같다.

또 블록체인 기반 4차 산업혁명을 성공적으로 추진하기 위해서는 국가의 중장기적인 로드맵이 필요하다. 입법, 사법, 행정부 및 산업계가 머리를 맞대고 앉아 수요자 중심의 정책수립을 통해 차세대 글로벌 먹거리 시장을 선점해야 한다. 우수 스타트업을 발굴·지원하기 위한 공공펀드의 확충 및 강력한 세제지원 등의 정책이 필요하다. 그러나 정부와 공공기관의 역할에는 한계가 있으므로 민간 산업체가 주도하는 경제생태계가 조성되어야 한다. 분야별 실천과제를 정리하면 다음과 같다.

| 그림 5 | 국민생활(사회) 문제 해결을 위한 블록체인 R&D의 영향 및 효과

블록체인 활용

암호통화 분야	Cryptocurrencies
공공 보안 분야	Public-Security
산업응용 분야	Industrial-Applications
거래 결제 분야	Transaction & Payments

사이버 분야 국민생활(사회) 문제 / 문제 해결 방안 / 문제 해결 ICT R&D

사이버 분야	블록체인 영향 및 효과	ICT R&D	법 제도	문화 복지	블록체인	네트워크	단말기기	SW서비스
❶ 개인정보 유출	개인 인감정보, 의료 등	●●●●●	●●●●●	●●●●●	★★★★☆	★★	★	★★
❷ 저작권 침해	글, 사진, 음악, 영상 등	●●●	●●●●●	●●●●●	★★★★☆	★☆	★	★★★
❸ 포털 / SNS 불신	어뷰징, 허위 댓글 등	●●●●	●●●●●	●●●●●	★★★★☆	★★	★	★★★
❹ 원산지 위조·변조	생산자, 날짜, 장소 등	●●●●	●●●●●	●●●●●	★★★★	★☆	★	★★★
❺ 금융비용 부담	거래, 송금, 결제 등	●●●●	●●●●●	●●●●●	★★★★	★☆	★☆	★★★
❻ 미터링 불편	전기, 가스, 수도 검침 등	●●●●	●●●●●	●●●●●	★★★★☆	★★	★	★★★
❼ 자산관리 불안	신용 금융, 자산, 인증 등	●●●●	●●●●●	●●●●●	★★★★☆	★☆	★	★★★
❽ 투표, 세금 조작	투표 조작, 세금 포탈 등	●●●●●	●●●●●	●●●●●	★★★★	★★	★	★★

블록체인 특성

합의성	Consensus
익명성	Anonymity
불변성	Immutability
확장성	Scalability

블록체인 R&D 영향 및 효과

사이버 분야	블록체인 R&D 영향 및 효과
❶ 개인정보 유출	개인정보 보호, 유출 방지
❷ 저작권 침해	디지털 가치, 권리 강화
❸ 포털 / SNS 불신	어뷰징, 허위, 가짜 근절
❹ 원산지 위조·변조	신뢰 거래, 안전한 유통
❺ 금융비용 부담	수수료 절감, 편리한 금융
❻ 미터링 불편	검침 정확, 사용 관리
❼ 자산관리 불안	신용 확인, 자산 안전
❽ 투표, 세금 조작	공정 투표, 세수 확대

문제 해결 블록체인 R&D

알고리즘 / 플랫폼 / 콘텐츠 / 서비스

- A. 블록체인 시스템 개발
- B. 알고리즘 플랫폼 개발
- C. 콘텐츠 서비스 개발
- D. 블록체인 ICT 융복합 개발
- E. 블록체인 초학제적 연구

BLOCK CHAIN

• 주 : 문제 해결방안(● 〉◐ 〉○), ICT R&D(★ 〉☆)의 특수문자는 해당분야 비중의 크기를 의미함

지속적인 연구개발 추진

- 디지털콘텐츠의 저작권 보호를 위한 블록체인 인증 플랫폼·앱 개발
- 사물인터넷과 연계한 원산지 증명 시스템 및 인식장치(센서, 디바이스 등) 개발
- 블록체인 기반의 초신뢰 포털·SNS 플랫폼 및 서비스 개발
- 블록체인 기반의 공공 부문 전자문서 유통관리 시스템 개발
- 가치산정에 기반한 블록체인 디지털자산 거래 시스템 개발
- 블록체인 기술을 적용한 국세징수 시스템 및 암호인증 개발
- 부정선거를 방지하는 블록체인 선거투표 시스템 및 결과분석 툴 개발
- 개인정보 보호가 강화된 블록체인 기반의 자율 미터링 플랫폼 개발
- P2P 기반의 분산장부 금융(은행, 주식 등) 거래 시스템 솔루션 개발
- 핀테크 및 암호통화 연계한 디지털 거래용 K-암호통화 개발 등

법제도 개선

- 암호통화(비트코인 등)의 화폐기능에 대한 법적 위상 정립
- 암호통화 사용·거래에 대한 조세 및 수수료 부과 제도 도입과 법제도 마련
- 전자증권제도 실행을 위한 블록체인 기술 적용 규정 마련
- 블록체인(암호통화) 금융거래 사고 분쟁조정체계 수립 등

인프라 구축

- 중앙기관 없는 P2P 기반의 공공 블록체인 금융인프라 구축

- 글로벌 유통의 암호통화 거래소Exchange 및 공용 플랫폼 구축
- IaaS-PaaS-BaaS(Blockchain)-SaaS 연계 거래인증 시스템 구축
- 분야별(산업별) 블록체인 표준화 및 협업환경 구축 등

인력양성

- 블록체인 기술, 암호통화 채굴, 거래인증 분야 전문인력 양성
- 디지털포렌식 기반의 암호통화 불법거래 탐지 수사관 양성
- 블록체인 기반의 비즈니스 모델 및 사회관계 컨설팅인력 양성 등

5.
미래전략산업과 연계한 기술혁신 전략 (1) 자율주행

━━━━━━━━ 자율주행차란 운전자가 직접 조작하지 않아도 자동차가 첨단센서를 이용해 주행환경을 스스로 인식하고 주행경로를 계획하여 스스로 운전하는 자동차를 말한다. 대다수 교통사고가 사람의 실수로 발생하는 데 반해, 자율주행차는 차량의 첨단센서를 통해 교통 상황을 인지하고 내장 컴퓨터가 빠른 속도로 위험상황을 판단하며 위험을 피할 수 있도록 주행을 제어함으로써 교통사고를 사전에 방지하고 도로교통환경의 안전성을 극대화할 수 있는 기술로 주목된다. 또 자율주행차는 운전자가 직접 운전할 필요가 없어 이동수단 이상의 다양한 기능을 지닌 자동차의 등장도 가져올 전망이다. 즉 자동차를 이용해 이동하는 동안 운전 외의 다른 일을 할 수 있어 편의성 측면에서도 큰 효과가 있을 것으로 기대되고 있다.

자율주행차의 국내외 기술개발 동향

보스턴 컨설팅 그룹BCG, ABI 리서치ABI Research, 네비건트 리서치 Navigant Research 등 글로벌 조사기관 등의 발표에 따르면 2025년을 기점으로 부분자율주행 수준의 자율주행차 시장 규모가 급증할 것으로 보인다. 이러한 자율주행차 시장 확대 전망과 더불어, 폭스바겐, GM, 토요타, 현대자동차 등 기존 자동차업체들은 자율주행차 개발에 박차를 가하고 있다. 자동차업체뿐만 아니라 구글, 애플, 엔비디아, 우버 등 IT 기업들도 자율주행차와 자율주행 기반 모빌리티 서비스 개발에 한창이다. 구글은 자회사인 웨이모Waymo에서 자율주행차를 개발하여 최근 운전자가 탑승하지 않은 상태에서 자율주행을 시연했고, 우버는 자율주행차를 활용한 서비스를 제공하는 등 미래 자율주행차 기반 교통플랫폼 서비스 분야 선점을 목표로 자율주행차 개발에 많은 투자를 하고 있다. 우리나라의 경우 현대자동차 외에도 KT와 SK 등 이동통신업체, 네이버랩스와 같은 IT기업, 서울대학교 등에서 자율주행차 개발을 위한 연구를 진행하고 있으며, 자율주행의 기술 주도권을 두고 업체 간 경쟁이 치열해지고 있다.

자율주행과 자율협력주행

'Autonomous Vehicle'이라 불리는 자율주행차는 기본적으로 차량의 환경센서(카메라, 레이더radar, 라이다lidar 등)를 이용해 차량이 스스로 상황을 인지하여 주행한다. 다만, 자율주행차의 환경센서에는 전방에 장애물이 있거나 센서의 시야를 벗어난 상황에 대해서 인지하지 못한다는 한계가 존재한다. 즉, 자율주행차의 센서는 사람의 눈과 같아서 보이지 않는 것은 보지 못한다. 이러한 환경센서 기반 자율주행 기술의 한계를 극복하고 V2X(vehicle-to-everything) 무선통신기술 및 정밀도로지도 등을 이용해 자율주행차가 직접 탐지하지 못하는 상황에 대한 정보와 도로교통 인프라 정보를 공유하여 안전성을 강화하는 자율협력주행Connected-Automated Driving의 개념이 최근 주목받고 있다. 이에 따라 자율주행차의 눈과 귀의 역할을 하는 환경센서들의 연구개발뿐만 아니라 자율주행에 적합한 수준의 고속·저지연 차량무선통신기술과 도로교통정보를 디지털화한 정밀도로지도 및 동적지도에 대한 연구개발이 활발히 진행되고 있다.

자율주행 상용차

승용차 위주의 자율주행차 외에 자율주행셔틀과 같은 대중교통 차량과 자율주행트럭에 대한 연구개발도 마찬가지로 원활히 진행되고 있다. 유럽에서는 시티모빌CityMobil과 같은 실증 프로젝트를 통해 나브야Navya, 이지마일Easymile, 로보소프트Robosoft 등 자율주행셔틀 개발 스타트업을 지원하고, 자율주행셔틀의 상용화 기반을 마련하고 있다. 실제 프랑스 리옹과 네덜란드 로테르담, 그리스 트리칼라 등지에서는 자율주행셔틀을 도입하여 운영하고 있다. 자율주행트럭은 기술개발 측면에서 제동거리 및 차량 환경센서의 탐지거리가 훨씬 길어야 하는 어려움이 있지만, 물류비용 절감(인건비 및 에너지비용 절감) 효과를 통한 물류기업의 수익창출과 직결되면서, 다임러Daimler, 스카니아Scania 등의 자동차업체들과 오토OTTo 같은 물류기업들이 자율주행트럭 개발에 투자를 확대하고 있다.

자율주행차의 역대 사고 현황

자율주행차 및 자율주행기술 기반 모빌리티 서비스에 대한 기대가 높아지고 있고, 자율주행차의 상용화를 위한 연구개발 부분의 투자가 확대되고 있음에도 자율주행차의 안전성에 대한 우려가 존재하는 것이 사실이다. 자율주행차와 관련된 사고는 2017년에 27건이 발생했고, 2018년 3월 기준 테슬라 오토파일럿 사고, 우버 자율주행차 사고 등 7건의 사고가 추가로 보고되었다. 이에 따라 자율주행차에 대한 기대만큼이나 기술적 완전성을 둘러싼 불안도 커지고 있다. 다음은 최근 발생한 대표적인 자율주행차 사고 내용이다.

테슬라 모델S 오토파일럿 사고(미국 플로리다주, 2016년 5월)

고속도로에서 오토파일럿 기능을 이용해 자율주행 중이던 테슬라 차량이 교차지점에서 회전하던 트레일러를 인지하지 못하고 트레일러의 측면과 충돌한 후 도로를 벗어나 운전자가 사망한 사고이다. 연방교통안전국National Highway Traffic Safety Administration에 따르면 테슬라 모델S 차량의 센서가 흰색 계열의 트레일러 측면을 완벽하게 인지하지 못해 브레이크가 작동하지 않은 것으로 드러났다.

구글 자율주행차 사고(미국 캘리포니아주, 2016년 9월)

구글이 자율주행차로 개조한 렉서스 SUV 차량이 교차로에서 우회전하기 위해 방향지시등을 켜고 교차로로 진입하던 중 좌측 차선에서 뒤따라오던 버스와 충돌한 사고이다. 구글 자율주행차는 사고 당시 도로 위 장애물(모래주머니)을 인지하고 장애물을 피해 회전하려고 차선의 왼

쪽으로 향하던 중 사고가 발생했다. 충돌하기 약 3초 전 자율주행차의 시스템과 차량에 타고 있던 모니터링 요원 모두 버스의 접근 사실을 인지하였으나, 자율주행차에 탑재된 자율주행 알고리즘이 버스의 접근에 대해 적절히 대응하지 못한 것으로 나타났다. 즉, 좌측 차선에서 뒤따라오던 버스가 감속할 것이라는 알고리즘의 예측이 맞지 않았다. 이 사고는 구글 자율주행차 사고 중 구글이 자사 자율주행차의 결함으로 발생한 사고임을 인정한 첫 사례이다.

테슬라 모델x 오토파일럿 사고(미국 캘리포니아주, 2018년 3월)

테슬라 모델x가 오토파일럿 기능을 이용해 자율주행 중 캘리포니아 101번 고속도로의 진출 램프 분기점에서 콘크리트 소재의 분리대와 충돌한 사고이다. 사고원인은 공식적으로 밝혀진 바가 없다. 다만 사고 전날 다른 차량과의 충돌로 분리대가 훼손되어 있었다는 점에서 테슬라 차량의 센서가 훼손된 분리대를 완벽하게 인지하지 못했을 것이란 추론이 설득력을 얻고 있다.

우버 자율주행차 사고(미국 애리조나주, 2018년 3월)

미국 애리조나주 피닉스 인근의 한 교차로에서 우버 자율주행차가 자전거를 타고 길을 건너던 보행자를 치어 보행자가 사망한 사건이다. 우버 자율주행차는 보행자의 존재를 센서로 인지하고 있었으나, 시스템 긴급제동이 이루어지지 않았고, 운전자 역시 교통상황 모니터링에 대한 의무에 소홀했던 것으로 나타났다. 사고조사 결과에 따라 이 사고는 자율주행차의 센서 기능뿐만 아니라 그 기능을 어떻게 활용하고 운영할 것인가에 대한 이슈 역시 중요하다는 것을 드러냈다.

자율주행차 안전 향상을 위한 미래전략

2017년 개봉한 〈분노의 질주: 더 익스트림The Fast and The Furious 8〉을 보면, 주인공(도미닉)을 잡기 위해 첨단 테러조직이 도시 내 자율주행차들을 해킹하여 원격으로 조종하는 장면을 볼 수 있다. 비록 영화 속의 한 장면이지만, 자율주행 시대가 오면 발생할 수도 있는 안전과 보안의 문제를 그대로 보여준다. 이러한 사이버 보안 문제를 비롯하여 자율주행차 안전 향상을 위한 미래전략 과제를 살펴본다.

디지털 도로교통 인프라 구축

- 자율주행차의 인식 범위는 약 200m 내외에 불과하므로 도로에서 발생하는 모든 상황을 인지하고 대응하는 것은 사실상 불가능
- 자율주행차의 센서만으로 인지할 수 없는 상황을 인지하기 위해서는 인프라에서 검지한 정보를 공유할 수 있는 디지털 도로교통 인프라 필요
- 디지털 인프라는 교통운영 및 제어에 관련된 정보와 도로에서 발생하는 모든 상황을 실시간으로 검지하고, 이를 차량과 공유하는 데 필요한 기반 디지털 시스템을 의미
- 차량과 차량, 차량과 인프라, 차량과 보행자 등 도로교통 객체 간 정보공유를 가능케 하는 차량무선통신V2X 기술과 노드, 링크, 곡률, 구배 등 도로선형정보와 차선, 노면정보, 표지정보, 시설물 정보, 기상정보 등이 포함된 정밀도로지도 등이 대표적 디지털 인프라 시스템
- 정밀도로지도는 실시간으로 변환하는 도로상태정보 및 교통정보,

돌발상황 등이 포함된 동적지도local dynamic map의 형태로 활용
가능

- 도심의 도로보다 교통상황이 단순한 고속도로를 시작으로 V2X 노
변장치의 통신영역과 정밀도로지도의 정밀도를 고려하여 디지털
인프라 확장

- 우리나라의 도로망은 고속도로 약 4,000km, 국도 약 1만 3,000km.
고속도로를 시작으로 점차 국도로 디지털 인프라를 확대·구축

- SOC 예산을 디지털 인프라 구축에 투입하는 등의 재원조달 방안
마련

고속 · 저지연 차량무선통신기술의 확보

- 차량무선통신기술은 차량과 차량, 차량과 인프라, 차량과 보행자
등을 연결하여 위험 상황을 미리 공유하고 안전을 확보할 수 있도
록 하는 디지털 인프라의 핵심기술

- 차량무선통신기술은 5.9GHz 극초단파의 근거리 전용통신Dedicated
Short-Range Communication 기술을 고도화한 WAVE(Wireless Access
in Vehicular Environment) 통신을 주로 사용하여 첨단교통체계에서
의 주요 안전서비스 지원

- 정보전달을 넘어 자율주행차가 서로 일정한 간격을 유지하며 운행
하는 군집주행과 차량이 서로 충돌 없이 교차하도록 차량을 관제
하는 등의 차세대 첨단교통체계를 지원하기 위해서는 현재 상용화
된 차량 전용 무선통신 기술의 혁신 필요

- WAVE 중심의 차량 전용 통신망과 이동통신 사업자의 V2X망
(Cellular V2X, C-V2X)이 전국의 모든 도로망에 구축되기 힘든 현실

을 고려하여 연구개발하고 있는 연동통신기술Hybrid V2X의 개발 가속화

- 차세대 차량무선통신기술의 상용화를 위해서는 정부와 이동통신 사업자의 투자가 확보되어야 하므로, 기술 신뢰성뿐만 아니라 자율주행서비스의 공공성과 수익성을 모두 담보할 수 있는 기술생태계 마련 및 비즈니스모델 개발 필요

자율주행차 테스트 시설 확보

- 자율주행차는 기본적인 성능시험과 실도로에서 발생 가능한 안전 시나리오 테스트 필요
- 미국 미시간 주립대학교에 2015년 구축된 M-City는 국외의 대표적인 자율주행차 실험시설. M-City는 약 4만 평 규모(약 8km 주행로)로, 신호 및 비신호 교차로, 접근 제한 고속도로, 주차 공간, 지하도, 빌딩 면 등을 갖추고 있고, 대학, 연구기관, 기업 등이 포함된 회원사들이 정기 멤버십을 통해 활용
- 유럽에서는 영국의 호리바 마이라HORIBA MIRA 자율주행차 주행시험장이 있으며, 차량의 성능 및 안전성, 편의성 등의 종합적인 평가를 위해 약 104만 평 규모의 주행시험장(약 93km 주행로)을 확보하여 운영
- 한국교통안전공단 자동차안전연구원에 마련된 K-City는 대표적인 국내 자율주행차 주행시험장 및 실험시설로 고속주행도로, 도심부 도로, 교외도로, 커뮤니티 부도로, 자율주차시설 등을 구비. 이밖에 현대모비스, 자동차부품연구원, 한국건설기술연구원에서 다양한 목적의 주행시험장 보유 및 운영. 그러나 종합적이고 다양한

도로교통 환경에서 자율주행차를 테스트하기 위해서는 지속적인 시설 개선 및 테스트 시설의 확대 필요

- 자율주행기술은 승용차 외에도 버스와 같은 대중교통 차량과 트럭 같은 상용차에도 빠르게 적용되고 있으므로, 차체 크기와 주행 특성이 다른 대중교통 차량과 상용차를 모두 실험할 수 있는 규모의 실험환경 구축
- 대중교통 차량과 상용차의 테스트를 위해서는 충분한 최소평면곡선반지름이 적용된 곡선 구간과 함께 충분한 길이의 직선주행 구간 필요
- 자율주행차는 차량의 환경 센서뿐만 아니라 첨단 인프라로부터 수집된 정보를 활용할 수 있어야 하므로, 실험시설 초기 구축부터 정보통신기술과 빅데이터, 인공지능 등의 기술을 융복합한 실험이 가능하도록 디지털 인프라를 구축하여 운영

복잡한 도로환경의 개선과 도로 시설 유지관리

- 자율주행차의 안전성을 담보하기 위해서는 자율주행차의 환경 센서 성능 향상과 자율주행 인공지능 알고리즘의 개발뿐만 아니라 복잡한 교통환경의 개선 및 도로 시설 유지관리와 같은 기존 도로 환경 개선 노력 병행
- 모호하고 예측 불가능한 도로상황은 자율주행 판단 시스템의 구현을 방해하는 최대 요소. 따라서 복잡한 도로교통 환경을 단순화하고 표준화하는 노력과 함께 도로교통시설이 훼손되었을 경우 그 상황에 대해 정밀도로지도에 즉각적으로 반영하거나 훼손된 시설을 신속히 복구하는 등의 관리체계 확립

법제도 정비

- 자율주행차를 현실에 적용하기 위한 법제도 정비 필요
- 자율주행차 관련 법은 자동차 분야, 도로교통 분야, 개인정보보호 분야로 구분하여 정비
- 자동차 분야에서는 자율주행차의 정의와 분류, 운행과 허가, 안전 기준 등 검토
- 도로교통 분야에서는 자율주행차의 상용화 시대를 대비하여 도로 부속시설의 안전설치기준, 운전자의 면허, 운전의무, 도로교통규칙 등에 대한 검토 필요
- 개인정보보호 분야에서는 개인정보의 이용과 허용 범위 등에 관한 법체계 정리
- 자율주행차 사고 발생 시 책임 소재에 대한 부분과 자율주행차 기반 서비스 제공 시 사업자 면허 및 관리 부분 등 사람이 아닌 기계가 운전하는 자동차라는 새로운 패러다임에 맞춘 법제도 마련

사이버 보안을 위한 기술적·정책적 준비

- 차량의 제어 신호를 공격자가 원하는 신호로 위조spoofing하여 원하는 대로 움직이게 하거나, 센서 정보를 막아 교통상황 인지를 불가능하게 하는 자율주행차 해킹 위험 존재
- 자율주행 기술 수준이 높은 차량일수록 사람보다 시스템의 역할이 커지고, 이는 곧 해킹의 위험도 커질 수 있음을 의미
- 주행 중 창문이 열리고 백미러가 접히거나 오디오 볼륨이 높아지는 등 주행 외의 기능에 대한 해킹도 위험과 불편함 증대. 즉 자율주행차의 사이버 보안 문제는 주행 및 편의 기능을 포함한 전 영역에

해당

- 해킹방지 보안기술 연구개발·확보 및 보안 기능에 대한 차량의 안전 기준 제정 필요
- 해킹이 발생했을 경우를 대비한 차량제조사의 책임 문제와 공격자의 처벌 문제 정립
- 차량 해킹 시 차량의 사이버 보안 및 리커버리 기능 탑재 등의 정책적 준비 병행

6.
미래전략산업과 연계한
기술혁신 전략
(2) 공존현실

━━━━━━━ 디지털 혁신기술은 이제 편의성을 넘어 라이프
스타일을 변화시키고 새로운 소통의 문화를 만들고 있다. '초연결성'과
'초지능화'를 특징으로 하는 4차 산업혁명의 물결이 온라인과 오프라인
의 경계를 허무는 가운데 언제 어디서나 모든 사람이 인터넷 플랫폼과
스마트폰을 기반으로 정교하게 연결되는 세상이 다가오고 있다. 초연결
사회에서는 사람과 사람, 사람과 기기, 기기와 기기가 유무선 네트워크
로 연결되고 소통함으로써 새로운 가치창출과 혁신이 가능해진다. 또
한, 초지능 사회는 컴퓨터와 자율주행차뿐만 아니라 수많은 기기와 장
치들에 인공지능이 적용됨으로써 우리가 보고 듣고 싶은 정보를 기계
가 한발 앞서 제공하는 환경으로의 전환을 뜻한다. 4차 산업혁명의 주
창자 클라우스 슈밥은 이러한 기술변화의 흐름에 따라 2025년에는
"10%의 인구가 인터넷으로 연결된 안경을 쓸 것"이라고 예측한 바 있

다. 바야흐로 현실과 가상의 경계를 허무는 새로운 증강현실 서비스 시대가 도래하는 것이다. 특히, 증강현실(AR, Augmented Reality)과 가상현실(VR, Virtual Reality)은 최근 시장조사기관 가트너나 IDC 등이 손꼽은 미래의 전략 기술 트렌드에 선정되었고, 골드만삭스는 이들 분야가 향후 PC와 스마트폰의 사례처럼 광범위하게 보급되고 가격 역시 하락할 것으로 전망했다. 이제 가상·증강현실은 단순히 '현실의 유한성을 뛰어넘는 놀이'로서의 기술적 기능을 넘어, 교감과 공감적 가치를 구현하는 '공존현실'로 진화할 것인지 기대를 모으고 있다.

가상현실과 증강현실의 기술현황과 시장전망

가상현실, 그리고 증강현실은 사물인터넷, 빅데이터, 인공지능 등 관련 기술과 함께 초연결, 초지능, 초실감 미래사회에서 4차 산업혁명을 주도할 핵심 기술이자 새로운 미디어로 떠오르고 있다. 사물인터넷, 빅데이터, 인공지능, 실감 콘텐츠, 실감 상호작용 등 관련 기반기술의 본격적인 융합이 예상되는 2020년경에는 군사, 의료, 교육, 훈련 외에도 광고, 커머스, 게임, 놀이, 전시, 관광, 제조 등 일상생활 속으로 확산될 것으로 예측된다.

가상현실과 증강현실 구현을 위한 장치

증강현실은 눈앞에 보이는 영상에 부가(증강)하여 컴퓨터에 의해 만들어진 그래픽, 음향 및 기타 정보를 사용자의 위치와 자세에 따라 보여주는 기술이다. 스마트폰과 태블릿에서 주로 활용되었으나 최근 착용형 디스플레이 장치에서도 활용 가능성을 보여주고 있다. 이와 함께 주위 환경의 3차원 형상 모델을 기반으로 가상물체가 현실물체와 함께 존재하는 것처럼 제공하는 혼합현실(MR, Mixed Reality) 기술까지 제시되고 있다. 이를 위한 필수 장비는 헤드 마운티드 디스플레이, 핸드 인터랙션 디바이스, 위치(자세) 추적기, 컴퓨터 등이다.

이런 상황에서 2016년부터 가상현실, 증강현실, 혼합현실을 위한 영상을 볼 수 있는 머리 착용형 디스플레이, 즉 헤드 마운티드 디스플레이(HMD, Head Mounted display)와 전방향 2차원 영상을 촬영할 수 있는 360도 카메라의 신제품들이 폭발적으로 출시되었다. 헤드 마운티드 디스플레이 장치의 경우, 스마트폰을 장착하여 스테레오 영상을 볼 수 있는 케이스형 HMD, 자체 디스플레이와 트래킹 장치 등 입출력부를 탑재한 HMD, 눈으로 실세계를 보면서 증강된 영상을 함께 볼 수 있는 광학적 투과optical see-through 방식의 안경형 디스플레이(EGD, Eye Glasses type Display), 비디오카메라로 실세계를 보면서 증강된 영상을 동시에 볼 수 있는 비디오 투사video see-through 방식 HMD 등이 다수 출시되었다. 구글의 카드보드Cardboard와 데이드림Daydream, 삼성전자의 기어 VR, 레노보의 VR 케이스 등이 대표적인 케이스형 HMD이다. 가격이 저렴하고, 소유한 스마트폰에 앱을 깔아 동영상을 볼 수 있다. 이와 함께, 오큘러스의 리프트Oculus Rift CV1, HTC의 바이브ViVE, 소니의 플레이스테이션PlayStation VR 등의 제품이 시야각 100도를 넘는 고품질 HMD로 출시되어 시장을 주도하고 있다. HMD 자세 트래커, 핸드 콘트롤러 등을 함께 출시하여 사용자의 위치, 자세 및 사용자 인터랙션에 따라 가상세계를 체험할 수 있다.

현재 개발자 위주로 공급되는 증강현실을 위한 광학적 투과 HMD/

EGD도 아직 시야각이 30~40도 이하로 좁지만, 마이크로소프트의 홀로렌즈Hololens(시야각 약 35도)와 엡손의 모베리오Moverio BT-300(시야각 약 23도) 등의 제품이 출시되었고, 다큐리DAQRI(시야각 약 40도)의 스마트헬멧, 오스터하우트 디자인 그룹Osterhout Design Group의 스마트글래스(시야각 약 30도) 등이 개발 중인 것으로 알려졌다.

이와 함께, 가상현실과 증강현실에서 사용되는 공간 인터랙션spatial interaction을 위한 몰입형 휴먼 인터페이스immersive human interface가 기존 개인용 컴퓨터의 사용자 인터페이스를 대체하면, 현실과 가상이 자연스럽게 결합하는 경험을 통해 상호작용 수준을 향상함으로써, 기존 인간-컴퓨터 상호작용의 한계점들을 극복해 갈 것이다. 개인용 컴퓨터의 상호작용 방법이 키보드와 마우스에서 벗어나 혁신적으로 변화되는 매우 큰 기술적 혁신이 일어날 가능성이 제시되고 있다.

시장전망

IT부문 자문기업 디지캐피털Digi-Capital은 가상현실과 증강현실 시장이 2020년에는 1,500억 달러 규모 수준이 될 것으로 내다봤다. 한국과학기술기획평가원도 2018년 7월 보고서에서 전 세계 가상현실과 증강현실 시장 규모가 2022년에는 1,050억 달러에 달할 것으로 전망했다.

가상현실의 주요시장으로는 VR게임, 하드웨어 및 VR필름, 증강현실 주요시장으로는 하드웨어, aCommerce, AR데이터 등을 꼽았다. 소비자 영역에서는 비디오게임, 라이브 이벤트, 비디오 엔터테인먼트 시장을, 공공영역에서는 헬스케어, 엔지니어링, 부동산(중개업) 시장을 주요 시장으로 예상했다. 가상·증강 현실 디바이스를 사용하는 소비자 수도 2018년 말까지 약 1억 7,000만 명에 이를 것으로 전망된다.[55] 디바이스의 판매량에 비례하여 소프트웨어 사용자 수 역시 그 어느 때보다 빠른 증가세를 보일 것이다. 특히, 게임과 엔터테인먼트 분야는 소프트웨어 시장에서 54%를 차지할 것으로 예측되는 만큼 가장 잠재력이 높은 분야로 손꼽히고 있다.

물론 가상현실과 증강현실 시장이 3DTV 시장의 전철을 밟을 수 있다는 지적도 제기되고 있다. 스마트폰 시장의 폭발적 성장 배경에 대해서도 "스마트폰에 무선 인터넷과 소셜 네트워크 서비스가 제공되지 않았다면 현재와 같은 시장을 만들 수 없었을 것"이라는 지적도 유효하다. 즉, 혼자 사용하는 가상현실과 증강현실의 지속적인 성장을 장담하기 어렵다는 의미이기도 하다.

새로운 소통과 협업, 공존현실

혼자 사용하는 가상현실이나 증강현실이 아니라, HMD를 포함한 몰입형 휴먼 인터페이스를 활용하여 서로 다른 곳에 있는 사용자들이 네트워크를 통해 상호 소통하고 정보를 공유하며 자연스럽게 상호작용할 수 있는 '공존현실' 개념도 제시되었다. 최근 불안한 현실과 각박한 삶 속에 지친 대중을 위한 '치유healing'적 프로그램이 유행하고 있다. 이는 경쟁적인 타인과의 관계를 공존의 관계로 대체하고 싶은 우리 내면의 근본적인 욕망을 반영한 것이기도 하다. 이에 따라 가상·증강 현실 역시 함께 살아가고자 하는 인간의 본질적인 욕망을 구현하는 방향으로 발전하고 있다.

공존현실의 개념과 의미

공존현실Coexistent Reality은 서로 멀리 떨어져 있는 다른 사람들과 함께 느끼는 공존감이다. 즉, 현실-가상-원격 공간이 구분 없이 연결된 일체화된 공간을 '실감교류 인체감응 확장 공간coexistent space'으로 새롭게 정의한다면, 이 공간 안에서 다른 사람들과의 실시간 소통 및 협력(협업)을 통해 공존감과 사실감을 느끼게 되는 것을 뜻한다. 이를 위해서는 서로 다른 지역에 있는 사용자들이 네트워크로 연결되어 정보, 복합감각을 의미하는 4D+ 감각,[56] 감성, 의도(운동), 경험 등을 실시간으로 소통하고 공유할 수 있어야만 한다.

예를 들어, 회사에서 업무를 마치고 퇴근해 집으로 돌아온 후 광학 투과 HMD를 착용하면, 자신의 집으로 친구를 초청하여 멀티미디어와 가상게임을 함께 즐길 수 있고 자료를 보면서 토론도 할 수 있는 실감교류 확장공간이 펼쳐진다. 친구는 아바타 혹은 실사의 3차원 영상으로 나타나고, 아바타는 친구와 연결되어 움직여서 친구가 내 앞에 함께 있는 것처럼 실시간 소통할 수 있으며, 내 집에 있는 의자나 소파에 앉을 수도 있다. 사용자는 차원 공간 인터랙션을 통해 자신의 손을 사용하여 미디어와 콘텐츠를 직접 조작하여 즐길 수 있다. 그 안에서 메시지, 3차원 이모티콘과 영상 메시지 등을 상대방과 주고받을 수도 있고, 3차원 정보와 게임을 공유하며 함께 보고 즐길 수 있는, 현실에서 불가능한 접촉들이 가능해진다. 현재 스마트폰에서 실행되는 카카오톡 혹은 페이스북과 같은 소셜 네트워크 서비스의 미래 모습이 될 것이다.

최근 페이스북은 가상환경에서 '소셜 인터랙션 서비스'를 제공할 수 있는 소셜 가상현실 개념을 제시하고, 상용화 테스트를 위한 베타버전을 선보였으며, 세상 사람들을 더욱 가깝게 만들겠다는 메시지를 제시하였다. 마이크로소프트는 소셜 네트워크 서비스 기업인 링크드인을 2016년 인수하였고, 구글은 새로운 소셜 네트워크 서비스에 대한 실험을 계속 진행하고 있다. 이렇듯 글로벌 기업들이 새로운 소통과 인터랙션 방법론 개발을 위해 집중하고 있어 향후 치열한 경쟁이 예상된다.

공존현실을 실현하기 위한 기술

공존현실을 실현하기 위해서는, 광학적 투과 HMD와 4D+ 감각 표현을 위한 몰입형 휴먼 인터페이스 기술, 현실-가상-원격 공간 정합기술, 원격 사용자 간 공간 인터랙션 및 협업기술, 하드웨어 및 소프트웨어 프레임워크(플랫폼) 기술, 인체와 객체 및 환경의 4D+ 모델을 생성할 수 있는 모델링 기술, 동기화 지원 네트워크 기술 등 핵심적인 혁신형 원천기술 확보가 필수적이다. 향후 5~10년 사이 가상현실과 증강현실 시장이 본격적으로 형성될 것을 예상할 때, 여기서 언급된 혁신형 원천기술 개발과 국가 인프라 개선에 적극적인 투자가 필요해지는 배경이다.

한편 무엇보다도 속도의 한계를 극복해야 실감이 나는 가상·증강 현실의 콘텐츠를 즐길 수 있을 것이다. 4G LTE 환경에서도 HD 영상을 실시간으로 공유하는 것은 가능하다. 하지만 고화질 영상 전송에는 한계가 있다. HD를 넘어선 울트라 화질(4k) 3D 영상이나 360도 영상 공유는 5G 환경에서 가능해진다. 정지 상태가 아니라 움직이면서 가상현실 콘텐츠를 경험할 수도 있기 때문이다.

향후 전략 방향

최근 정부의 투자는 가상현실 분야를 중심으로 이루어지고 있고, CPND(Contents, Platform, Network, Device) 생태계 관점에서 보면 콘텐츠 개발에 집중되고 있어 센서를 포함한 하드웨어 디바이스와 플랫폼은 대부분 수입에 의존하고 있다. 그러나 이제 증강현실과 공존현실에 더 주목할 필요가 있다. 다양한 센서와 몰입형 휴먼 인터페이스를 연결하여 사용할 수 있는 임베디드 하드웨어 플랫폼, 다수 사용자 간 인터랙션과 협업을 지원하는 새로운 서비스 앱을 손쉽게 개발할 수 있는 공존현실 소프트웨어 플랫폼, HMD를 포함한 모바일 환경에서 사용할 수 있는 몰입형 휴먼 인터페이스 디바이스 등을 개발해야 한다.

특히 증강현실과 공존현실 구현에 기본적으로 필요한 광학적 투과 HMD, 스테레오 카메라, 공간 인터랙션 센서 및 휴먼 인터페이스, 입체음향 입출력 장치, 디스플레이의 위치·자세 및 GPS 센서, 조명 및 광원 센서, 무선 네트워크 등을 통합하는 임베디드 플랫폼과 운영체제, 개발환경을 포함하는 소프트웨어 플랫폼 등으로 구성되는 기본 플랫폼의 개발이 시급하다.

원천기술 개발과 산업생태계 구축

- 산업생태계가 만들어지고 활성화되기 위해서는 CPND의 통합적인 표준화, 서비스 비즈니스 모델 개발, 서비스 기반 구축 등이 필요
- 고해상도 디스플레이 기술뿐만 아니라 오감의 인터랙션을 위한 기반 기술(초소형 햅틱 센서 및 각종 소자 기술, 어지러움과 멀미를 줄여주는 추적 센서) 확보가 관건

- 인공지능, 빅데이터, 사물인터넷과의 융합적 소프트웨어 생태계 구축

네트워크 인프라 개선

- 5G(5세대 이동통신) 무선 네트워크 서비스 상용화 계획 적극 추진
- 양방향 통신 기반 소셜 네트워크 서비스가 가능하도록 유선 네트워크 인프라를 현재 1G망에서 10G망으로 개선

공존현실 시대의 윤리의식과 교육

- 현실과 가상이 분간이 안 되는 하이브리드 공간에서 현실 세상에서는 얻지 못할 심리적 만족감을 느끼며 살아가는 사람들이 증가될 때 일어날 현상에 대해 사회적 논의 필요
- 사회적 소통 부재에 따른 정신적 피폐와 실제가 아닌 세상에서 나타날 수 있는 폭력성 등 새롭게 나타날 문제 예측과 해결방안 마련
- 새로운 소통 방법론에 대한 윤리적 차원의 교육 필요
- 가상현실 기술을 활용한 실감형 성인 콘텐츠 등 산업의 부작용 예측 및 대비
- 특정인의 외모를 활용한 가상현실 콘텐츠나 아바타 제작 시 초상권 침해 상황 대비

| 표 8 | 공존현실 구현 기술 분류

중분류	소분류
원격 사용자 간 4D+ 실감 소통, 인터랙션/협업 기술	4D+ 휴먼-객체-공간 실시간 모델링/표현 기술
	원격 사용자 간 4D+ 정보-감각 공유, 인터랙션/협업 기술
4D+ 감각 모델링 생성/표현 기술	4D+ 감각 표현 착용형 휴먼 인터페이스/표현 기술
	사용자 의도 인식 착용형 휴먼 인터페이스/표현 기술
비침습 바이오닉 인터페이스 기술	비침습 바이오닉 인터페이스 기반 감각/감성 표현 기술
공존현실 지원 실감교류 확장공간 플랫폼 기술	공존현실 소프트웨어 프레임워크 기술

7.
미래전략산업과 연계한
기술혁신 전략
(3) 드론

━━━━━━━━━ 조종사가 탑승하지 않는 무인항공기는 1차 세계대전이 한창이던 1910년대에 관련 연구가 시작되었으며, 1918년 미국에서 폭탄을 탑재한 일회용 무인 비행기 '캐터링 버그Kettering Bug'를 개발한 것이 드론 개발의 시초이다. 이후 1982년 이스라엘과 레바논 전쟁에서 군사용 드론이 본격적으로 활용되면서 드론 기술개발이 적극적으로 추진되었다. 하지만 우리 주변에 드론이 활발히 보급된 것은 2010년대 들어서면서부터인데, 이는 초소형 컴퓨터, 정밀 센서, 경량 리튬 배터리, 고성능 모터 등 IT기술에 힘입은 바가 크다.

드론 현황과 개발 동향

최근 비약적으로 발전한 드론은 간단히 말해 카메라, 센서, 통신시스템 등이 탑재돼 있으며 무선전파로 조종할 수 있는 무인항공기(UAV, Unmanned Aerial Vehicle)를 뜻하는 것으로, 사전 입력된 프로그램에 따라 조종사가 탑승하지 않고 무선전파 유도로 비행이나 조정이 가능한 비행기나 헬리콥터 모양의 무인기를 총칭한다. 비행 가능한 플랫폼에 자동비행을 가능하게 하는 비행제어장치가 부착되어 자동으로 비행이 가능하면서 탑재된 카메라 등을 통해 다양한 임무를 수행할 수 있다. 벌이 웅웅거리는 것처럼 작은 비행체가 소리를 낸다고 하여 '드론'이라고 불린 이 기기의 명칭은 좀 더 전문적인 용어로는 무인항공기이다. UN 산하 국제민간항공기구ICAO에서는 원격조종항공시스템(RPAS, Remotely Piloted Aircraft System)으로, 미국은 무인항공시스템(UAS, Unmanned Aerial System)으로 규정하고 있다.

드론의 확산

초창기 드론은 군사용으로 개발되어 공군의 미사일 폭격 연습 대상으로 쓰였는데, 점차 정찰기와 공격기로 용도가 확장되었다. 최근에는 DHL, 아마존, 구글 등 민간 글로벌 기업들의 상업적 활용이 늘어나면서 다양한 분야로 확대되고 있다. 용도에 따라 크게 표적드론Target Drone, 정찰드론Reconnaissance Drone 또는 감시드론Surveillance Drone, 다목적드론Multi-roles Drone 등으로 구분된다. 농업용으로는 살충제 및 비료살포뿐 아니라 원격 농장관리 등에 활용되며 농업 생산성 향상에 기여하고 있다. 정보통신용으로는 여러 개의 드론을 이용해 무선으로 인터넷을 중계relay한 다음, 인터넷이 안 되는 지역에 인터넷 서비스를 제공하는 기술이 개발되고 있다. 재해 관측용 드론으로는 재해현장 투입이나 탐사 등 지리적 한계나 안전상의 이유로 가지 못했던 장소에 자유롭게 이동·촬영하고, 태풍 등 기상변화와 환경오염의 정도를 실시간 감시하며, 고속도로 운행 상황 확인 등 교통상황 관측에도 활용이 확대되고 있다.[57] 또 군사용 드론 시장은 미국의 군수 기업들(보잉, 제너럴 아토믹스, 록히드 마틴 등)이 장악하고 있으며, 민간(상업용) 드론 시장은 중국의 DJI가 약 70%에 달하는 시장점유율을 기록하고 있다.

한편 국가정책 차원에서 '드론 시대'를 선언한 미국의 행보도 눈여겨볼 부분이다. 2016년 미국 백악관의 과학기술정책실OSTP은 무인항공시스템UAS을 차세대 국가전략기술로 추진하겠다며 드론 관련 규제완화 정책을 밝힌 바 있다. 여기에는 미 연방항공청의 드론 규정을 개선하는 것도 포함된다. 이를테면 ① '시야 확보'에서 '시야를 넘어'로 완화하고 ② '한 명의 조종사가 한 대의 드론 운영'에서 '수백 대의 드론 운영'으로 확대하며 ③ '사람 위를 날지 말 것'에서 '사람 위를 날아도 됨'으로, 그에 따라 프라이버시 보호privacy safeguard가 중요하며 ④ 현행 고도 122m를 전 공역으로 대폭 확대, 드론의 공역을 국가공역시스템 National Airspace System으로 통합하는 것 등이 포함돼 있다. 미국정부는 2020년쯤에는 미국인 16%가 드론을 수용할 것으로 내다봤다. 또 미국 국제무인기협회AUVSI는 향후 상업용 드론은 2025년까지 미국경제에 820억 달러(약 92조 원)의 경제 효과를 내고 약 10만 개의 일자리를 창출할 것으로 예상했다.[58]

글로벌 드론 특허 분석을 통한 기술 동향 예측

2012년부터 2016년 사이 미국 특허청USPTO.GOV에 등록된 드론, 무인항공기, 혹은 무인항공시스템 관련 글로벌 특허 130건에 대한 분석[59]은 앞으로의 기술적 동향을 예측할 수 있는 근거자료이다.

이에 따르면 글로벌 드론 특허들은 ①사전에 비행구역을 비행하면서 드론에 탑재된 GPS, 관성측정IMU, 레이더, 라이다, 카메라, 마이크로폰, 초음파 등 센서들이 수집한 선행정밀지도Detailed Prior Map와 선행사물데이터Prior Object Data의 스마트 데이터와, 이를 바탕으로 실제 비행하면서 센서들이 실시간으로 수집한 지도와 데이터를 인공지능 센서 융합 알고리즘을 통해 비교 분석하여 충돌을 피하면서 경로를 따라 안전하게 비행하는 것 ②드론 사고가 났을 경우, 테러범이 납치했는지, 인공지능 자율비행장치가 판단을 잘못 내렸는지, 시시비비를 따지기 위한 인공지능 블랙박스를 개발하는 것 ③15~30m의 GPS 오차를 줄이기 위해 다른 센서들을 이용해 오차를 줄이거나, 배송 목적지를 정확히 찾아내는 것 ④드론 시대에 대비해 드론이 날 수 있는 도로 위의 회랑corridors 등 도시 인프라가 새롭게 디자인되어야 한다는 것에 집중되어 있다.

기업별 특허 등록 건수를 보면, 민간용 드론 세계 1위 업체인 중국의 DJI가 전체의 25%를 차지하고 있으며, 뒤를 이어 구글이 전체의 12%를, 그 뒤를 이어 디즈니, IBM, 아마존 등이 올라 있다.

이러한 기술들은 몇 가지 특징을 내포하고 있는데, 그중 하나는 다양한 융합 활용이다. 예를 들어 중국 DJI가 2016년 미국의 특허청에 제출한 '주인 차량 주위 환경을 모니터링하기 위해 차량 위에서 이착륙이 가능한 드론 도킹시스템과 방법'이라는 특허출원서는 배송과 모니터링을 위해 드론과 자동차가 한 조가 되어 융합하는 내용이 담겨 있다. 미국의 배송 전문업체 UPS가 하이브리드 전기차 트럭과 드론을 연동해 화물을 운반하는 테스트를 했다고 보도[60]된 것도 이러한 융합 서비스 사례에 속한다. 한편, DJI는 R&D를 통한 스피드 혁신으로 무인기 제조기술, 비행안전, 무선통신, 제어시스템 등 민간 드론 방면에서 독보적 기술력을 확보하고 있으며 관련 글로벌 특허출원 개수만도 1,500건 이상이 되고, 실제 특허 보유 개수도 400여 건에 달하는 것으로 알려져 있다.

국내 현황

우리나라의 경우 국방과학연구소 등을 중심으로 1980년대부터 무인항공기를 개발하고 있다. 또 항공우주연구원에서도 틸트로터tiltrotor 항공기를 자체기술로 개발하는 등 중대형 무인항공기의 경우 세계 7위 수준이라는 평가를 받은 바 있다. 하지만 2010년대부터 본격적으로 시작된 소형 무인기 분야에서는 신흥 강국인 중국에 열세를 면치 못하는 것이 현실이다.

사실 드론 관련 기술은 우리가 중국보다 앞서 있었지만, 국가가 주도적으로 개발한 기술을 민간이 활용해 산업화할 수 있는 환경이 마련되지 못하면서 기술경쟁력에서도 밀리고 시장 주도권도 빼앗기게 되었다. 지난 2018년 2월 평창동계올림픽 개막식을 빛냈던 1,218대의 드론 군집비행도 미국 인텔사가 담당했다. 우리나라도 2016년 같은 기술을 개발했지만, 각종 규제에 상용화가 더뎌지면서 경쟁에 밀렸기 때문이다.

물론 정부는 최근 드론 시장 육성안을 발표했다. 과학기술정보통신부는 향후 5년간 드론 분야 투자를 통해 시장규모를 확장하고 일자리를 보급하며 부가가치를 창출한다는 방침이다. 현재 700억 원 규모인 국내 사업용 무인기 시장 규모를 1조 4,000억 원 규모로 키운다는 것이 핵심이다. 또 국토교통부는 드론산업 육성을 위해 시범공역에 수도권인 경기도 화성을 추가하는 등 시범공역도 늘렸다. 드론 시범공역에서는 고도제한이나 비가시권 비행 제한과 같은 규제를 적용받지 않고 기술개발이나 드론 비즈니스모델을 실증할 수 있다. 활용 비즈니스 주요분야를 꼽자면, 물품수송, 산림보호 및 산림재해 감시, 시설물 안전진단, 국토조사 및 민생순찰, 해안선 및 접경지역 관리, 통신망 활용 무인기 제어, 촬영, 레저 스포츠, 광고 등이다.[61]

한편 선진국에서는 새로운 아이디어가 스타트업에 의해 제시, 사업화되는 경우가 많다. 나아가 이들 해외 스타트업들은 좋은 기술을 만들어 사업화하고 이를 대기업에 파는 것을 목적으로 하는 경우가 많다. 반면 우리나라는 대기업이 스타트업을 인수하는 데에 법적 제한이 있다. 거꾸로 말하면, 새로운 기술기업을 창업하는데 걸림돌이 될 수밖에 없다.

해외 동향을 통한 시사점과 전략 방안

이제 어떤 기술 하나만을 따로 떼어 연구·개발하는 시대는 끝난 것으로 보인다. 융합의 시대가 도래하였기 때문이다. 드론과 자동차가 융합되고 드론과 로봇이 융합되고 있으며, 여기에 자율주행차 전용도로의 시대가 오면 로봇, 자율주행차, 드론이 합세하여 로봇이 물건을 자율주행차에 싣고 드론이 최종 배송지로 배송하는 시대가 올 것이다.

드론 산업생태계 육성

- 드론 관련 규제를 부분 완화 차원에서 미국처럼 완전히 개선하는 수준으로 확대
- 농업, 물류, 관측 분야에 주로 제한된 드론산업의 범위를 확대하기 위해 기술창업 활성화
- 발상과 상상력을 바탕으로 하는 기술 아이디어의 축적과 교류의 장 구축
- 창의적 아이디어 제시와 기술창업, 인수합병의 선순환 여건 마련
- 규제 완화나 연구지원과 같은 단편적 지원 정책을 넘어 상상력을 펼 수 있는 연구환경부터 미래도시 설계까지 다차원적 접근 필요

드론이 상용화되는 미래를 상상하며 도시 인프라 디자인

- 드론이 날 수 있는 도로 인프라와 공중회랑 인프라를 새롭게 디자인
- 도로의 가로등, 교통 신호등, 전봇대, 디스플레이 모니터, 빌딩, 교량 등을 활용하는 방안을 포함하여 드론과의 통신을 위한 커뮤니케이션 스테이션 구축 방안 논의
- 아마존이 2016년 특허등록한 '기존의 기지국·가로등·전선주·건물을 이용한 드론 도킹·관제 시스템과 차세대 우체통'을 비롯해 '공중 물류센터'를 활용한 낙하산 배송 등의 아이디어 이해 필요
- 비행하는 드론에 도로의 상태, 도로 주변의 빌딩, 드론이 날 수 있는 확정된 회랑 경로, 비행 금지 지역, 임시로 착륙할 수 있는 지역, 도시 주민들에게 공급하는 각종 택배를 풀고 싸는 패키지 허브 지역, 드론의 고도 정보, 가로등의 고도 정보, 빌딩의 고도 정보 등 다

양한 정보를 제공하는 방안 마련

디지털 어시스턴트Digital Assistant로 활용 확대

- 미국의 스카이디오Skydio는 2015년 드론을 '나는 디지털 어시스턴트Flying Digital Assistant'라고 표현
- 공간적으로 하늘 위뿐 아니라 수중, 지하, 인체로의 활용방안 및 기술개발
- 현재 활용 시도가 가장 많은 농업이나 물류뿐 아니라 다른 산업 분야로도 활용 확대
- 제품 성능, 소프트웨어, 사용자 인터페이스 등 다각도의 기술개발
- 융합적 관점에서 소비자의 달라진 트렌드나 요구사항 반영한 제품 개발

드론 상용화가 불러올 문제에 대한 선제적 대응

- 드론이 도로 위와 사람 위를 날면 비약적으로 증가할 사생활 침해 문제 예측 및 대비
- 드론의 무분별한 촬영 등 악용 사례 예측 및 방지책 강구
- 개인 차원을 넘어 화학물질이나 소형폭탄 운반 등의 사회적·국가적 테러 위협 대비
- 여러 나라에서 개발되고 있는 드론 대응용 방어 솔루션Anti-Drone Technology 참조
- 드론 사고를 예방하는 안전체계 구축 및 관리 감독 시스템 마련

8.
미래전략산업과 연계한
기술혁신 전략
(4) 지능형 로봇

━━━━━━━━ 4차 산업의 특징은 연결과 지능으로 요약되며
이를 이루는 기반기술은 인공지능, 로봇, 자율주행, 사물인터넷, 3D프린
터, 가상현실, O2O와 공유경제, 생물공학, 빅데이터, 클라우드, 가상현
실, 증강현실 등을 포함하고 있다. 로봇의 경우, 물리적 세계를 대표하
는 기술로 사람 또는 환경과 직접 접촉하는 일종의 디바이스이다. 로봇
은 인공지능, 빅데이터, 클라우드 등의 디지털 기술과 결합하여 더 똑똑
해지고 있다. 로봇은 점차 독립적인 하나의 시스템을 벗어나 네트워크
를 통하여 연결되고 있으며, 연결을 기반으로 한 대표적인 사례로 스마
트팩토리, 무인배송 로봇, 소셜 로봇 등이 있다.

지능형 로봇의 정의
지능형 로봇이란 외부환경을 인식하고 스스로 상황을 판단하여 자율

적으로 동작하는 로봇을 일컫는다. 보편적으로 지능형 로봇의 핵심요소 기술로는 외부환경을 인식perception하는 기술, 스스로 상황을 판단 cognition하는 기술, 자율적으로 동작mobility & manipulation하는 기술을 들 수 있다. 그러나 최근 로봇기술이 인간과 협업이나 공존하는 형태로 진화하면서 인간-로봇 상호작용human-robot interaction 기술도 핵심기술에 포함된다.

로봇은 또 4차 산업혁명 기술의 변화 속에서는 디지털 세계와 물리적 세계를 연결하는 일종의 디바이스라는 개념으로 받아들여지고 있다. 로봇의 지능이 클라우드상에서 구현되며 사물인터넷으로 주변의 센서 정보를 받아올 수 있기 때문이다. 이처럼 로봇은 컴퓨터, 전기, 전자, 기계, 재료공학 등 다양한 기술이 집적된 융합적 산물이자 하나의 시스템이다. 실제로 최근 다양한 분야에서 로봇기술의 융·복합화를 통해 지능화된 서비스를 창출하는 로봇이 등장하고 있다. 농업용 로봇, 건설로봇, 의료로봇, 배송로봇, 가전로봇 등 기존의 서비스에 로봇기술이 융합되어 기존 산업을 고도화하는 데 기여할 것이다.

로봇 산업 현황

국제로봇연맹(IFR, International Federation of Robotics)의 보고서 (2016)에 따르면 2015년 세계 로봇 시장은 179억 달러 규모였다. 이 가운데 제조용 로봇이 111억 달러로 전체의 62.0%, 전문 서비스 로봇이 46억 달러로 25.6%, 개인 서비스 로봇이 22억 달러로 12.3%를 차지하고 있다. 최근 6년간 연평균 13%의 성장세를 나타내고 있으며 2000년대 초 로봇기술이 다양한 서비스 분야에 적용이 되면서 서비스 로봇의 성장세가 급격하게 늘었다. 특히 제조업이 급격히 성장한 중국 등지에서 제조용 로봇을 산업현장에 대거 도입하면서 다시 크게 성장하고 있다. 시장조사전문기관 프로스트 앤드 설리번도 2022년 이후 인공지능이 로봇기술과 접목되어 시장을 본격적으로 형성할 것으로 전망했다. 시장 규모 현황과 전망치는 다음의 표와 같다.

글로벌 IT기업의 인공지능 로봇 개발 참여와 기술경쟁

글로벌 IT기업들이 인공지능 분야에 이어 로봇시장에 진출함으로써 기술경쟁과 서비스 로봇 제품시장 창출이 가속화되고 있다. 예를 들어, 아마존은 물류 분야에 로봇을 도입하여 물류혁신을 꾀하고 있으며, 인공지능 대화 플랫폼인 알렉사를 로봇, 자동차, 가전 등 다양한 제품에 탑재하며 관련 생태계 구축에 노력하고 있다. 또 일본 소프트뱅크는 2012년 프랑스 알데바란Aldebaran 사를 인수, 2014년 소셜로봇 페퍼를 처음 공개하였으며, 2016년 기준 가정 및 매장용으로 1만 대 이상 판매를 올리기도 했다. 또 2017년에는 구글이 인수했던 샤프트와 보스턴 다이나믹스를 재인수하여 로봇 분야에서 사업 확장 의지를 확인시키기도 했다.

감성로봇의 경우, 기존에도 소니의 아이보나 AIST에서 개발한 파로paro와 같은 형태의 감성로봇이 있었다. 그러나 최근 1인 가구 증가 및 가구원 수 감소에 따른 고립감 심화 등의 사회변화 추세와 대화나 감성을 상호 교환할 수 있는 인공지능 기술의 발전으로 감성로봇이 소셜로봇(인간과 대화나 몸동작 같은 사회적 행동을 통해 교감하는 감성 중심의 로봇)이라는 이름으로 다시 주목받고 있다. 2014년 페퍼와 지보(Jibo, 미국)의 개발 소식에 기대감이 매우 고조되어, 이후 버디(Buddy, 프랑스), 젠보(Zenbo, 대만), 타피아(Tapia, 일본) 등 전 세계에서 다양한 소셜로봇이 출

| 표 9 | 로봇산업 시장 규모

(단위: 억 원, 1달러=1,150원 기준)

	2017년	2022년	2024년
세계 시장 규모	5,836	46,108	100,727
	(로봇 2,846/ 관련 AI 2,990)	(로봇 23,394/ 관련 AI 22,714)	(로봇 51,495/ 관련 AI 49,233)
한국 시장 규모	772	3,905	6,287
	(로봇 352/ 관련 AI 420)	(로봇 1,291/ 관련 AI 2,614)	(로봇 2,057/ 관련 AI 4,231)

• 출처: Frost & Sullivan (2016)

시되었다. 2018년에는 소니에서 아이보의 재발매를 선언하였으며, 국내에서는 아이지니(아이피엘), 퓨로i(퓨처로봇), 허브로봇(LG전자) 등의 소셜로봇이 출시되었다. 리서치앤드마켓에 따르면 2015년부터 확장되기 시작한 소셜로봇 시장은 2017년 2억 8,823만 달러를 기록했으며 2023년에는 6억 9,918만 달러 규모의 성장이 예측된다.

2017년 세계가전전시회CES의 로봇 동향 보고서에 따르면, 향후 로봇의 기술과 제품은 로봇과 모바일, 로봇과 가전, 로봇과 인프라와 같이 로봇 기반의 상호연결 및 융합을 통한 새로운 가치를 제공하는 커넥티드 플랫폼으로 발전할 전망이다. 즉, 공기청정기, 가습기, 에어컨 등의 기존 가전기기가 로봇화될 것이며, 인공지능 기술의 혁신과 더불어 인공지능 홈비서 로봇들의 상용화가 급속히 이루어질 것이다.

로봇 개발의 방향

시장조사기관 가트너가 2017년 발표한 하이퍼 사이클에 따르면 스마트로봇은 부풀려진 기대치의 정점을 향해 달려가고 있다. 이것은 바꾸어 말하면 스마트로봇은 기술의 성숙도에 비하여 사람의 기대를 더 많이 받고 있다는 뜻이다. 이러한 높은 기대 덕분에 많은 기업이 로봇을 출시하고 있지만, 한편으로는 기대에 못 미치는 실망으로 이어질 수 있는 우려도 나온다. 과도하게 포장된 기술은 소비자에게 외면당할 것이고 이러한 경쟁 속에서 살아남는 기업만이 다음으로 발전할 기회를 얻게 될 것이다.

인간을 이해하는 기술로 발전

로봇기술은 작업을 수행하는 기능에서 점차 인간과의 상호작용이 늘어나면서 인간을 이해하는 기술로 발전하고 있다. 예전에는 주로 생산제조현장에서 인간의 육체노동을 대체하였다면, 최근에는 안내, 접객 등 서비스 업무에서 인간의 육체와 지적 노동을 지원하고 대체하고 있다. 이러한 일에서 로봇의 인공지능과 인간-로봇 상호작용 기술이 매우 중요하게 부상하고 있다.

미국의 로봇 전문기업 리싱크 로보틱스Rethink Robotics 사에서 2012년 개발한 로봇 박스터Baxter는 양팔을 가지고 물체를 나르거나 조립과 포장 작업을 할 수 있는 제조용 로봇이다. 이 로봇은 얼굴 부위에 모니터를 가지고 인간의 얼굴과 같은 형태로 감정을 표현한다. 모니터를 통하여 감정을 표현하는 이유는 이 로봇이 사람과 같은 공간에서 작업하는 협업로봇으로 개발이 되었기 때문인데, 얼굴의 표정을 통하여 사람에게 친숙한 방식으로 자신의 상태를 알리기 위함이다.

앞으로 로봇과 사람이 상호작용하는 일이 늘어날수록 로봇은 인간의 감정과 의도를 이해하고 그에 맞게 행동할 수 있는 기능을 갖추어야 할 것이다. 서비스하는 로봇이 서비스 대상인 사람의 의도와 감정을 제대로 이해하지 못하고서는 만족스러운 서비스를 제공할 수 없기 때문이다. 이제 로봇의 기술은 공학을 벗어나 사람을 이해하는 인문학과의 결합을 필요로 한다.

인간 친화적인 로봇 개발

지금까지는 사람이 기계를 배우고 적응을 하였다면, 앞으로는 기계가 사람의 특성을 배우고 사람의 방식대로 커뮤니케이션하는 형태로 발전해나갈 것이다. 외형과 표현능력도 인간의 감성적인 요소를 배려한 형태가 될 것이다. 인간 친화적인 표현능력은 서비스 대상자인 인간에게 친근감, 애착심, 신뢰감을 줄 수 있기 때문이다. 로봇이 사용자 개개인의 표현과 업무지시 방법, 행동 등을 이해하고 주인에 적응하기 위해서는 많은 상호작용 정보를 입력하여 학습하도록 해야 한다. 사람은 유치원과 학교에 다니면서 여러 가지 사회에서 필요한 일들을 배우게 되는데, 로봇도 학습을 위해 다양한 학습데이터를 구축하고 적용하는 일이 필요하다.

한편, 로봇이 학습을 통하여 지능을 획득하는 방식으로 발전해가면서 로봇의 훈련을 위한 데이터를 확보하는 것이 기업의 경쟁력이 될 것이다. 소프트뱅크는 페퍼의 보급을 통해 다양한 데이터 확보에 주력하고 있으며, 토요타에서는 가사로봇 HSR(Human support robot)을 국제 로봇 경진대회World Robot Summit에 표준 플랫폼으로 제공하여 로봇의 데이터 확보와 지능을 축적하는 데 활용하고 있다.

저출산과 고령화 시대에 대응하는 역할 강화

로봇은 사람의 일을 대신한다는 점에서 앞으로 저출산과 고령화 시대의 대응책으로 기대를 받고 있다. 우리나라의 고령화 속도는 OECD 국가 중 가장 빠른 수준으로 2030년에 이르면 65세 이상 고령자의 비율이 전체 인구 가운데 23%, 75세 이상은 9.7%에 이를 것으로 예측된다. 따라서 앞으로 로봇은 고령자의 다양한 특성을 이해하여 개인별 특성에 맞게 행동하거나 서비스를 제공하는 기능으로 발전되어야 한다. 또 공장이나 산업현장뿐 아니라 농업, 서비스업의 인력난, 의료현장에서의 간호 인력 부족 등 인구구조의 변화에 맞춤 대응하는 로봇의 역할은 매우 중요해질 것이다.

물론 로봇이 사람의 일자리를 빼앗을 것이라는 우려, 로봇 도입에 따른 소득격차 및 자원배분 문제, 지능을 갖는 기계의 판단에 있어서 윤리적인 문제 등 해결해야 할 과제들도 많다. 하지만 이러한 문제를 슬기롭게 해결하기 위한 사회적 논의를 함께 이루어간다면, 결국 로봇은 인간의 삶의 질을 높이는 수단으로 활용될 수 있을 것이다.

로봇산업 발전을 위한 전략방안

우리는 '연결'과 '지능'이라는 키워드로 대변되는 4차 산업혁명의 기술적 변혁의 시대에 살게 되었다. 하지만 4차 산업혁명을 단지 기술적인 변화로만 바라보아서는 안 될 것이다. 4차 산업혁명은 기술의 변화일 뿐만 아니라 경제, 사회, 문화 등 여러 방면에서 우리의 삶을 근본적으로 변화시킬 것이기 때문이다. 따라서 기존의 사회적인 틀도 다시 바라보아야 할 것이다.

선구적인 로봇 핵심기술 개발

2016년 우리는 알파고라고 불리는 인공지능 바둑프로그램을 통하여 인공지능이 몰고 올 기술의 혁명과 사회적인 파장에 대하여 고민하는 시간을 갖게 되었다. 이를 계기로 딥러닝으로 대변되는 인공지능 기술에 대한 관심과 연구도 집중되고 있다. 하지만 우리가 여전히 해외에서 개발한 딥러닝 알고리즘을 가져와 응용하는 데에만 집중하고 있는 점은 우려스럽다. 핵심적인 기술개발은 해외의 유수 대학이나 글로벌 IT 기업에서 주도하고 있다. 우리나라도 선구적이고 원천적인 기술 개발에 더 적극적인 관심을 기울여야 한다.

인문학을 포함한 융합연구 활성화

로봇은 사람을 위하여 사람의 힘든 일을 대신하는 도구이다. 사람을 위한 도구이기 때문에 결국 사람과의 관계, 즉 상호작용이 매우 중요하다. 사람이 원하는 대로 움직이고, 사람과의 의사소통이 원활해야 한다. 이를 위하여 사람과의 물리적인 접촉도 대비해야 하며, 사람의 의도와 행동을 이해하고 예측하며 이에 맞는 적절한 행동을 할 수 있어야 한다. 로봇 연구는 인간에 대한 연구와 함께 이루어져야 할 것이다. 생물학, 생리학, 의학뿐 아니라 심리학, 인지과학, 인문학과의 융합연구를 활성화해야 하는 이유이다.

정부 연구개발 방식의 개편

정부의 연구개발 방식 개편은 단지 로봇기술 분야만의 문제는 아니지만, 하루 빨리 추격자 연구개발에서 선구적인 연구개발 방식으로 전환해야 한다. 지금처럼 기술변혁이 급격한 시대에 3년 후의 기술적인 목표와 사양을 정해놓고 그 사양에 도달했는가를 가지고 과제의 성패를 결정하는 방식은 시대에 맞지 않는다. 이런 연구개발 방식은 목표를 도달 가능한 정도로 설정하게 만들고, 그 목표에 도달하는 것만을 성공으로 여기는 결과를 낳음으로써 그 밖의 가능성을 차단시키는 부작용이 있다. 도전적인 기술에 대해서는 정량적인 평가보다는 정성적인 평가를 하는 형태로 바꾸고, 아울러 실패를 용인해야 한다.

원천기술과 응용·제품화 기술 분리 전략

원천기술과 응용 및 제품화 기술을 분리하여 전략을 수립할 필요도 있다. 당장 목표가 보이는 기술만 개발할 것이 아니라, 당장 산업적으로 활용되지 않더라도 장래에 활용이 예상되는 원천기술에는 지속적으로 투자해야 한다. 최근 인공지능의 부흥에 기여한 딥러닝은 인공신경망 기술의 침체기에 꾸준히 한 길을 걸어온 연구자에 의해 되살아났음을 기억해야 한다.

응용 및 제품화 기술은 개발자의 예측이 아닌 철저한 시장 분석과 인간의 생활 행동을 이해하여 제품의 필요성을 발굴하는 것에서부터 시작해야 한다. 이를 위하여 심리학, 경영학, 경제학은 물론 소설과 영화 등을 참조하고 인문학자들과 협력해야 한다. 기술개발 기획은 반드시 인간의 미래상과 소비자에 대한 예측을 기반으로 이루어져야 한다.

또 기존에는 선진국에서 하는 과제를 벤치마킹하여 과제를 발굴할 수 있었지만, 퍼스트 무버가 되기 위해서는 창의적 기획 능력을 강화해야 한다. 특히 잘못된 기획은 잘못된 예산집행으로 연결될 수도 있다. 따라서 기획을 충실히 할 수 있도록 다양한 전문성을 가진 기획전담 인력을 충원하는 것이 예산을 더 효율적으로 사용하는 방법이 될 것이다.

연구인력 양성과 글로벌 기업 육성

로봇기술 개발에 있어 훌륭한 성과를 내는 것은 결국 연구자의 몫이다. 훌륭한 연구자를 키울 수 있는 시스템이 제대로 되어 있는지 살펴보아야 한다. 초등학교 시기에는 로봇 체험 프로그램이나 경진대회에 열심히 참가하지만, 중학교 이후 입시 위주로 공부할 수밖에 없는 현재 제도에 문제점은 없는지 확인해보아야 할 것이다. 앞으로는 암기를 잘하고 문제만 잘 푸는 인재가 아닌, 문제를 정의할 줄 알고 창의적으로 해결하는 능력을 지닌 인재를 키울 수 있도록 교육방식을 바꾸어야 한다.

또 우리나라에서도 기술 기반 글로벌 기업이 탄생할 수 있도록 토대를 마련해야 한다. 기술 기반 창업자들이 2~3년간 마음대로 실력을 다져볼 수 있는 환경을 만들어야 한다. 로봇 분야에서 글로벌 기업이 탄생하고 롤모델이 될 수 있는 연구자가 많이 나온다면 우리나라의 로봇산업이 더욱 활성화될 것이다.

9.
미래전략산업과 연계한
기술혁신 전략
(5) 생체인식

━━━━━━━━━━ 　　최근 초지능, 초연결 사회를 지향하는 4차 산업 혁명 시대에 들어서면서, 인공지능, 사물인터넷, 빅데이터, 클라우드 컴퓨팅, 모바일 등 지능정보기술이 기존 산업과 서비스에 융합되고 있다. 이를 통해 우리는 더욱 편리한 생활을 영위할 수 있는 환경에 도달할 수 있지만, 지금보다 더 많은 해킹이나 개인정보 유출의 위험에 노출되거나 새로운 방식의 위험과 마주치게 된 것도 사실이다. 이에 따라, 높은 보안성과 편리성을 특징으로 하는 생체인식 기술이 새로운 보안기술로 급부상하고 있다.

생체인식 기술과 보안

생체인식 기술은 인간의 신체적, 행동적 특징을 자동화된 장치로 추출하여 개인을 식별하거나 인증하는 기술로, 바이오 인식 기술이나 바이오메트릭스Biometrics라고도 한다. 사람마다 변하지 않는 고유한 생체 특성이 있고, 센서에 의해 획득할 수 있으며, 정량화가 쉽다는 점에서 생체인식 기술의 활용도가 높아질 것으로 보인다. 특히 사람마다 다른 신체 정보를 이용한 인식 방법은 분실이나 망각의 위험이 없고 쉽게 복제할 수 없어, 신분증이나 암호코드와 같은 기존의 인증 방식을 대체할 수 있는 차세대 보안 산업의 핵심기술로 주목받고 있다.

생체인식 방식

생체인식은 신체적 특징을 활용하는 방식과 행동적 특징을 활용하는 방식으로 구분할 수 있다. 신체적 특징을 활용한 방식으로는 각 개인의 얼굴모양face과 얼굴열상thermal image을 이용하는 안면인식 facial recognition을 비롯해 홍채인식iris scan, 지문인식fingerprint, 망막인식retina scan, 정맥인식vein recognition, 손모양인식hand geometry 등의 방법이 있다. 행동적 특징을 활용하는 방식으로는 음성인식voice recognition을 비롯해 걸음걸이나 서명signature scan 등을 이용한다. 또 체취나 유전자 정보를 이용하는 방법도 연구되고 있다. 최근에는 생체인식의 정확도와 보안능력을 높이기 위해 신체적 특징과 행동적 특징을 복합적으로 접목한 다중 생체인식 방법을 활용하기도 한다.

이러한 신체적·행동적 특징을 활용한 인식 시스템은 사용자 특징 추출과 동일인 판정 및 유사도 비교측정 등의 과정을 통해 본인 여부를 파악하게 된다. 즉, 추출된 특징을 검색하거나 조회함으로써 신원을 판별해내는 것이다. 현재 생체인식 기술을 적극적으로 도입하고 있는 분야는 모바일 뱅킹, 전자상거래, 핀테크 분야이다. 그러나 공인인증서 의무사용의 폐지로 인해 새로운 인증 수단의 개발이 요구되는 상황에서 생체인식 기술의 활용도 늘어날 전망이다.

생체인식 기술 현황

생체인식 기술을 기반으로 한 인증방식은 기존의 인증방식과 비교했을 때 ID와 패스워드를 암기하거나 입력해야 하는 불편함이 없고, 공인인증서 사용을 위한 별도의 인증토큰을 소유하지 않아도 된다는 점에서 편리하며, 사용자의 고유한 신체정보가 사용되기 때문에 복제가 어렵다는 점에서 보안성이 높다는 장점이 있다. 여기에 생체인식의 확산을 가로막는 기술적 장벽이었던 센서가 소형화되면서 활용 분야가 빠르게 증가하고 있다.

하지만 인터넷 사용환경이 PC에서 모바일로 넘어가는 상황에서 보안 위협은 더 커졌다. 생체인식 기술 또한 아직 보안 위협으로부터 완벽하지는 않다. 실제로 스마트폰에 생체인식 기술이 널리 보급되면서 이를 겨냥한 공격도 나타나는 추세이다. 독일 해커그룹이 최신 스마트폰에 탑재된 지문, 얼굴, 홍채 등 생체정보에 대한 위조 공격을 시도한 사례도 있었다. 생체정보 위조·변조 방지를 위해 미국 국립기술표준원NIST은 2015년 국제표준인 PAD(Biometric Presentation Attack Detection)를 제정하였다. 국내에서도 한국인터넷진흥원KISA과 한국바이오인식협의회KBID를 중심으로 관련 기술에 대한 국가표준KS 제정과 생체인식 위조·변조 방지 기술을 개발하고 있다. 향후 지문, 심전도, 심박수 등 다중 생체신호 인증 플랫폼이 개발되면 웨어러블 디바이스를 통한 생체신호 측정을 토대로 차세대 인증기술로 발전될 전망이다.

생체인식 활용과 응용 분야

4차 산업혁명 시대로 진입함에 따라, 이전보다 사람과 사물이 서로 더욱 긴밀히 연결되어 소통하는 네트워크 세상이 되었고, 사물인터넷이 기반이 되어 우리를 둘러싼 만물이 경계 없이 서로 통신으로 교감하는 초연결시대가 열리고 있다. 이에 따라, 네트워크를 공격하는 경로가 확대되고 다양해지면서 사이버테러, 인프라 마비 등 초연결 위협에 대응하는 지능형 정보보호 기술의 필요성이 대두된 상황이다.

새로운 인증기술의 필요성과 생체인식

지금까지 국내에서 새로운 인증수단의 도입이 활성화될 수 없었던 것은 정부의 공인인증서 사용 의무화 등의 관련 법규 때문이었다. 취약한 보안을 강화하기 위해 정부는 전자금융거래에서 공인인증서의 사용을 강제했으나, 2015년에 전자금융거래 시 공인인증서의 사용 의무가 폐지되었고, 공인인증서 사용 강제 근거 규정이 개정되었다. 또 비대면 실명확인 방식이 허용되었다. 즉, 금융회사들은 금융보안 수단을 자율적으로 결정할 수 있게 되었다.

이에 따라 본인인증, 거래인증, 상호인증, 지급결제 등에 다양한 인증기술이 도입되고 있으며, 그중 하나가 파이도(FIDO, Fast Identity Online)이다. 이는 국제생체인증표준협회FIDO Alliance가 만든 온라인 환경에서의 생체인증 방식의 기술 표준이다. 생체인증은 보안성과 편리성을 동시에 갖는 장점이 있으나, 인증 과정에서 서버에 개인정보를 저장하는 서버형 운영방식을 사용할 경우 서버가 해킹당하거나 관리자 부주의로 정보가 유출될 우려가 있다. 이에 따라, 파이도는 지문, 홍채, 음성 등을 활용하는 생체인증 시스템이면서 인증 프로토콜과 인증 수단을 분리함으로써 보안 문제를 강화했다.

파이도 기술은 주로 금융권을 중심으로 도입되고 있는데, 현재 추진 중인 파이도 2.0은 모바일 중심에 머물렀던 기존의 파이도 1.0의 한계를 벗어나 웹 환경에서도 생체정보를 사용하여 편리하게 인증이 가능하도록 할 전망이다.

생체인식 기술의 시장 현황

전 세계 생체인식 기술의 시장 규모는 예측 기관에 따라 규모의 차이는 있지만, 매년 큰 폭의 성장률을 보일 것이라는 전망에는 이견이 없다. 미국 시장조사기관인 AMI(Acuity Market Intelligence), 트랙티카 Tractica 등에 따르면, 2024년쯤에는 전 세계 생체인식 시장이 149억 달러 규모로 성장하고 연평균 25%의 성장률을 보일 것으로 예측된다. 또 2020년에는 전 세계 인구의 50%가 생체인식 기술을 사용하고, 모든 모바일 기기에 생체인식 기술이 탑재될 것으로 보인다. 과학기술일자리진흥원도 국내 생체인증 시장 규모가 2013년 1,867억 원에서 2018년 4,147억 원으로 급성장할 것으로 내다봤다.

이런 흐름 속에서 글로벌 IT 기업들의 생체인식 기술 개발 경쟁도 뜨거워지고 있다. 애플의 경우, 2013년에 손가락 하나로 본인확인이 가능한 지문인식 센서를 탑재한 아이폰을 출시한 데 이어 화면에 가해진

압력의 세기를 구분해 인식하는 포스터치 적용 모델을 출시하였고, 최근에는 3D 방식의 안면인식 기술을 선보였다. 이를 위해 얼굴의 굴곡을 측정할 수 있는 초소형 프로젝터(도트 프로젝터)를 디바이스에 탑재했으며, 애플페이 등 보안이 중요한 모바일 결제 서비스에 활용하고 있다. 구글은 2015년 출시한 안드로이드 M 6.0과 안드로이드페이에 지문인식 기능을 추가하였고, 2017년에는 블루투스를 이용하여 사용자가 매장 계산대 앞에 서면 자동으로 얼굴을 촬영해 구글에 등록된 사진과 비교하여 일치하면 결제가 이루어지는 핸즈프리 서비스를 공개하였다. 아마존도 스마트폰으로 얼굴 사진을 찍으면 얼굴 특징을 인식하는 생체인식 소프트웨어를 활용해 사용자 인증을 하는 특허를 출원하였으며, 사용자가 스마트폰을 귀에 가까이 대면 전면 카메라가 사용자의 귀 모양을 인식해 잠금을 해제하는 특허를 취득하였다. 또 음성인식 인공지능 에코를 통해 음성을 인식함으로써 상품주문, 결제, 배송서비스를 제공하고 있다. 알리바바의 경우, 간편 결제서비스인 알리페이에서 얼굴인식을 통해 결제를 진행하고 있다. 또 삼성전자는 스마트폰 갤럭시 S6에 지문인식 기능을 탑재했고, 이후 노트7에 홍채인식을 적용해 모바일 뱅킹 이용 시 본인인증 수단으로 활용할 수 있게 했다.

이러한 서비스는 향후 스마트폰이나 가전제품뿐만 아니라 원격의료, 출입관리, 행정서비스 등으로도 확대될 전망이다. 또 운전자의 눈동자 움직임, 얼굴 방향 등을 인식하여 운전자가 졸고 있는지를 판단하여 조기 경고하는 졸음운전 방지시스템이 개발되는 등, 생체정보를 텔레매틱스 분야에도 적용하고 있다. 생체인식 기술을 활용하는 주요 분야를 정리하면 다음과 같다.

- 금융: ATM, 키오스크, 모바일 뱅킹, 증권거래, 전자상거래, 지불 및 결제수단 등
- 보안: 정보 보안(시스템 및 데이터 접근), 사용자 인증(PC, 휴대전화, 노트북, 자동차) 등
- 출입관리: 공항(출입국 심사, 불법 입국자 확인), 기업(출입통제, 근태관리) 등
- 의료복지: 환자 신분확인, 기록 관리, 원격진료, 무인 전자처방전 등
- 공공: 범죄자 식별(지문대조, 성문분석), 전자주민증(신분증), 선거관리(본인확인) 등
- 검역: 감염자 식별 등
- 엔터테인먼트: 인물 사진 분류 및 관리, 닮은 사람 찾기 등

생체인식 기술 확산 과제

생체인식 기술은 간편하면서도 개인정보 보호에 대한 요구가 커질수록 금융, 의료, 보안, 공공 등 다양한 부문에서 활용될 것이다. 그러나 편리함을 늘리고 보안과 안정성을 높이기 위해서는 지속적인 기술혁신과 대응전략이 필요하다.

- 신체 상태에 따라 달라질 수 있는 점을 고려한 생체정보 인식 기술 수준 개선
- 사용자 경험UX, 인지공학 등 관련 기술의 연구 개발을 통해 생체정보 등록에 대한 사용자의 심리적 거부감 및 불안감 해소
- 생체정보 보호를 위한 기술·정책적 제도 마련
- 센서, 소자, 보안, 소프트웨어, 통신 등 다른 기술과의 융·복합 활

성화
- 생체인식 기술 확산을 위한 전후방 산업과의 연계. 즉 모바일 인증, 지문자동식별시스템 등 전방산업과 홈네트워크, 텔레메틱스 등 후방산업과의 연결 모두 확대
- 인공지능 적용 등 복합인증을 통한 인식의 정확도 및 안정성 제고 기술 개발
- 글로벌 경쟁력 확보를 위한 정부의 연구지원과 관련 법규 및 제도 정비

3

환경 분야
미래전략
Environment

KAIST Future Strategy 2019

1.
환경생태

━━━━━━ 4차 산업혁명 기술(사물인터넷, 인공지능, 빅데이터 등)이 환경생태 분야에 도입될 경우 생물다양성, 기후변화, 생태계 서비스, 지속가능한 발전과 생태복지 등에 매우 지대한 영향을 끼칠 수 있을 것으로 기대를 모으고 있다. 이는 구체적으로 사전예방적 환경관리 가속화, 환경정보 쌍방향 소통 및 협업 기반 확대, 그리고 환경산업 혁신을 통한 고부가가치 창출 등의 기대효과를 가져올 것이라는 희망적인 전망을 보여주고 있다. 다른 한편으로는, 통일을 대비하는 차원에서 남한의 환경생태뿐 아니라 녹색 한반도를 염두에 둔 장기 전략도 마련되어야 한다.

환경생태계의 현황

환경생태문제는 오염물질 배출에 따른 환경오염과 생태자원의 무분별한 사용에 따른 생태파괴, 두 가지 방향에서 나타난다. 생물자원을 균형 있게 이용하여 생태계를 보호하고 지속가능성을 확보해야 한다.

생물다양성 감소 위기

생물다양성이 중요한 이유는, 생태계가 에너지와 자원을 공급해주는 것은 물론, 환경을 정화하고 조절해주기 때문이다. 인간은 다양한 생물종을 이용하여 생산품을 만들고 생태계 서비스를 받고 있다. 인간이 받는 생태계 서비스는 유지, 조정, 공급, 문화의 네 가지가 있다. 유지서비스는 광합성에 의한 산소의 생산, 토양형성, 영양순환, 물순환 등 모든 생물종이 존재하기 위한 환경을 형성하고 유지하는 것을 말한다. 조정서비스는 오염과 기후변화, 해충의 급격한 발생 등 변화를 완화하거나 홍수가 발생하기 어렵게 만드는 것, 물이 정화되는 것 등으로 인간사회에 대한 환경의 영향을 완화하는 효과를 말한다. 공급서비스는 식량, 목재, 연료, 의복, 의약품 등 인간이 일상생활을 살아가기 위해 생태계에서 얻는 다양한 서비스를 의미한다. 문화서비스는 정신적인 충족, 미적인 즐거움, 환경학습의 기회 제공 등 생태계가 만들어내는 문화 및 정신적인 생활의 윤택함을 의미한다.

우리나라의 경우, 약 10만여 생물종이 있는 것으로 추산되며 이 중 4만 2,756종(2014년 12월 기준)을 발굴·관리하고 있다. 그런데 지난 30년간 1인당 녹지면적이 25.2헥타르에서 17.3헥타르로 감소했다. 또 전국 산림의 0.8%(1991~2010), 개펄의 22.6%(1987~2008)가 줄어들었다.

생물종의 서식지가 빠르게 사라진다는 얘기이다. 산림면적은 2003~
2010년 사이에 여의도 면적의 44배인 375km²가 줄었다. 생물이 살아
가면서 이동하는 경로인 생태축이 단절된 곳도 987개소이다. 생물의 이
동이 원활하지 못하게 되면 생물종 보존이 어려워진다.

생물다양성 감소는 특히 생물종 하나가 사라지는 것이 아쉬운 것에서
그치는 단순한 문제가 아니다. 국가적 차원에서는 생물자원의 손실이자
인류문명으로서는 생존 기반이 약화되는 것을 의미한다. 생물다양성이
훼손되는 것은 생태계 서비스와 같은 복합적인 기능의 훼손을 뜻한다.
그리고 생물자원을 이용하여 다양한 가치를 창출하는 경제산업 활동에
심각한 지장을 받게 될 수도 있다.

기후변화에 따른 생태계 변화 심각

지금까지 육상생물의 다양성 손실의 원인으로 산림 훼손이나 토지이
용 변경 등이 지목되었으나, 앞으로 2050년까지 추가적인 생물다양성
손실의 40% 이상이 기후변화에서 기인할 것으로 전망되고 있다. 지구
온난화로 평균기온이 올라가 생물 서식지가 북상하고 있다. 현재 우리
나라 남해지역도 아열대로 바뀌면서 어류와 해조류의 분포가 달라지고
있다. 제주지역에서 잡히던 자리돔은 이미 독도지역에서도 볼 수 있게
되었다. 한편 남해에서는 볼 수 없던 아열대 어종인 청새치, 귀상어, 노
랑가오리를 볼 수 있게 되었다. 기후변화는 그 속도가 빨라서 생태계가
적응할 시간적 여유가 부족하기 때문에 생물다양성이 감소하게 된다.

반면 생물다양성을 유지하면서 생태계의 복원력을 높이는 경우 기후
변화의 속도를 완화할 수도 있다. 지구온난화의 원인물질로는 이산화탄
소가 56%, 메탄이 18%, 프레온가스가 13%, 오존이 7%, 질소산화물이

6% 비중을 차지하고 있다. 만일 산림생태계를 충분히 복원시켜 이산화탄소가 광합성에 많이 쓰이도록 한다면 기후변화 물질을 줄이는 결과를 낳을 것이다. 그리고 산업체 등에서 배출하는 이산화탄소의 양을 줄일 수 있도록 녹색기술을 개발·보급하는 것도 효과적인 대응방안이 될 것이다.

각국의 추진 전략

생물다양성 감소에 대응하는 국제적 노력으로 생물다양성협약이 있다. 생물다양성협약은 생물다양성의 보전, 생물다양성 구성요소의 지속가능한 이용, 유전자원 이용으로 인한 이익의 공정하고 공평한 공유를 목표로 하며, 194개 회원국이 가입되어 있다. 세계 각국은 생물다양성에 대한 보호와 생명연구자원의 확보 및 관리를 위해 적극적으로 전략을 추진하고 있다. 미국의 경우 국가 바이오경제 청사진 실현을 위한 생명연구자원 분야 연구개발을 강화하고 있다. 미국의 국가과학기술위원회는 2014년 식물 게놈 계획National Plant Genome Initiative을 발표했다. 이 계획은 1998년 이후 5년마다 수립되고 있는 것으로, 식물 게놈의 체계와 기능에 대한 기초 지식을 배양하고, 이러한 지식을 바탕으로 잠재적으로 경제적 가치가 있는 중요한 식물 및 식물공정에 대한 이해를 광범위하게 넓히기 위한 것이다.

EU는 2011년 생물다양성 전략을 수립하여 2050년까지 생태계와 생물다양성이 인간에게 제공하는 생태계 서비스의 보존, 평가, 회복 비전을 제시했다. EU의 생물다양성 전략은 생물다양성 보호를 위한 관련 법안의 총체적 실현, 생태계 보호 및 녹색 인프라 사용 증대, 지속가능한 농업 및 임업, 어류에 대한 체계적 관리, 외래종에 대한 엄격한 통제, 생물다양성 보전을 위한 국제활동 강화 등의 내용을 포함하고 있다.

일본의 경우 국가생물자원프로젝트와 생물다양성국가전략(2012~ 2020)을 추진하고 있다. 국가생물자원프로젝트는 세계적인 생명과학 연구기반 정비, 국제 주도권 확보를 목표로 생물자원의 수집, 보존, 제공과 기술개발을 위한 프로그램 간 연계를 도모하고 있다. 또 생물다양성의 주류화, 사람과 자연 관계 재구축, 숲·마을·강·바다의 연계 확보, 과학기반 정책 강화 등의 방안을 포함하였다.

한편, 세계 각국에서는 생물다양성에 경제적 개념을 접목한 프로그램도 운영하고 있는데 대표적인 예로 '생물다양성 오프셋offsets'과 '생태계 서비스 지불제도'를 들 수 있다. 생물다양성 오프셋이란, 어쩔 수 없이 생태계가 파괴되었을 경우 훼손 정도를 정량화하여 이를 다른 곳에서 회복, 창출, 개선, 보전하는 방식으로 파괴를 상쇄시켜 생물다양성(서식지, 종, 생태학적 상태, 서비스 등)의 손실을 제로로 만드는 것이다. 생태계 서비스 지불제도는 자발적인 계약에 근거하여 특정 생태계 서비스의 수혜자가 공급자에게 서비스 이용에 대한 일정액의 대가를 치르는 형태의 계약을 총칭하는 말이다. 보이지 않는 자연의 가치를 시장경제에서 시각화시켰다는 점에서 중요한 의미를 지닌다. 생태계 서비스가 이뤄지기 위해서는 서비스 수혜자와 공급자의 자발적인 매매, 서비스의 명확한 정의, 서비스 구매자 및 공급자의 존재, 지속적인 서비스 공급의 보장이 필요하다. 이 제도는 1990년대 중반부터 도입되어 세계적으로 300개 이상의 프로그램이 운영되고 있다.

환경생태 미래전략 방안

전 지구적으로 기후가 변화되는 측면과 생물다양성 감소에 따라 온실가스가 증가하여 기후변화가 가속화되는 측면, 양방향의 상관관계에 대해 통찰하는 실효성 있는 접근이 필요하다.

생물다양성 모니터 및 사전예방적 관리시스템 구축
- 한반도의 자생 생물종 적극 발굴 및 DB 구축
- 생물다양성과 국가 생명연구 자원정보에 대한 통합 DB 구축과 해외 DB와의 연계를 통해 유전자원 접근 및 이익 공유에 적극적으로 대처
- 한국생명공학연구원의 국가생명연구자원통합정보 시스템과 국가적 차원에서의 생물다양성 정보공유체계를 연계하여 통합 시스템으로 확장
- 인간의 생산, 소비, 여가 활동이 생태계에 미치는 영향을 구체적인 수치로 환산한 지표인 생태발자국ecological footprint 작성으로 생물다양성 훼손 모니터

생물자원보전과 생물자원 다양성 활용정책 강화
- 자연환경 보호지역 확대 및 규정 강화 등 적극적인 보호정책 수립
- 멸종위기종 복원사업뿐 아니라 생물다양성 증진을 위한 서식처 복원사업 본격화
- 기후변화에 따라 유입되는 외래종에 대해 다양성 측면에서 긍정적인 태도로 접근하여 새로운 활용방안을 찾는 노력 병행

생물자원 관련 4차 산업혁명 과학기술 접목

- 바이오시장에서 생물자원의 확보는 매우 중요
- 우리나라의 바이오시장 규모는 2020년 16조 원 규모로 성장할 전망
- 생물자원 이용에 대한 연구개발과 다양한 생산품의 고부가가치화를 위한 기술개발 필요
- 유전자변형생물체(LMO, Living Modified Organism) 기술개발이 바이오경제시대의 핵심 영역으로 부상하는 상황을 고려, LMO 안전성 연구와 이해 확대 등 다각적 대처방안 필요

통합적 정책 추진과 규제의 적절한 활용

- 부처별로 나뉘어 있는 생물자원 보전관리와 활용정책을 통합·조정하는 제도적 장치 필요
- 중앙과 지방정부 간의 업무에서도 일관되고 효율적인 거버넌스 체제 구축
- 정부, NGO, 민간기업, 대학 등의 정보 공유 및 다양한 이해관계자와의 논의 확대
- 경제적인 보상 등을 적절하게 활용하여 환경생태계 문제에 대한 시민참여 유도

국제협력 및 협약 대응체제 구축

- 인접 국가 간 협력을 강화하는 국제생태네트워크 개념 정립 및 활동 확대
- 국제적 차원에서 생물다양성 전략 수립과 집행에 필요한 과학기술

정보 공유

- 생명연구자원 관리, 보전시설 구축과 인력양성 지원, 기술교류, 노하우 이전 등 공적개발원조 사업 추진을 통해 개도국 자원의 공동 발굴사업 참여

녹색 한반도 전략 마련

- 북한의 산림복원, 이를 통한 남한의 온실가스 감축 효과 등 녹색 한반도에 대한 인식공유
- 수자원, 기상과 기후, 환경과 생태계 변화에 관한 남북한 정보교환과 공동연구
- 미세먼지를 비롯해 백두산 화산활동에 대응하는 남북한 자연재해 공동연구
- 임진강, 북한강 등 남북한이 공유하는 하천에서 협력 증진. 즉, 기상, 수문 관측망 설치, 홍수 예보와 경보 시스템 구축, 농경지 정비 등 시범사업 추진
- 에너지 안보의 관점에서 북한과의 재생에너지 협력 우선적 추진
- 향후 북한지역 개발이 본격화될 경우 전력인프라 구축 필요. 따라서 동북아 슈퍼그리드의 구체화로 전력연계 추진
- 남북한, 나아가 동북아의 환경·경제공동체 논의 및 구상 구체화

2.
기후변화와
저탄소 사회 전략

━━━━━━━━━ 2015년 열린 제21차 유엔기후변화협약UNFCCC 당사국총회에서 타결된 파리협정은 기후변화를 방치할 경우 국제사회가 공멸할 수 있다는 위기의식의 산물이다. 1992년 브라질 리우에서 기후변화협약이 채택되어 전 지구적 차원에서 온실가스 감축의 필요성에 공감한 이래, 1997년 교토의정서 채택을 통해 선진국을 중심으로 온실가스 감축 노력이 본격적으로 시작된 바 있다. 23년의 세월이 흐른 후 채택된 파리협정은 진정한 의미의 전 지구적 차원의 온실가스 감축의 선언이다. 2020년 만료되는 교토의정서를 대체할 파리협정은 이제 전세계가 신기후체제에 돌입해야 함을 의미한다. 기존의 합의문인 교토의정서가 선진국에만 적용되었다면 2020년 이후의 기후변화 대응을 담은 파리협정은 선진국뿐 아니라 개도국에도 온실가스 감축 의무가 보편화되는 국제적 합의라는 점에서 차이가 있다. 결국 저탄소 사회로의 전환

을 의미한다. 이를 기회로 활용하지 못하면 새로운 경제성장의 동력을 확보하지 못한 채 국제사회에서 도태되는 위험에 직면하게 될 것이다.

온실가스 감축과 에너지 전환의 전 지구적 흐름

교토의정서 공약 기간인 2008년부터 2012년까지 설정했던 선진 국들의 온실가스 배출량 감축 목표는 사실 초과 달성되었다. 그러나 IPCC(Intergovernmental Panel on Climate Change, 기후변화에 관한 정부 간 협의체)의 제5차 기후변화보고서에 따르면, 2000년부터 2010년까지 전 세계 온실가스 배출량은 연평균 2.2%씩 증가하여 1970년 이후 2000년 까지의 연평균 배출량 증가율 1.3%를 훨씬 초과하였다. 이처럼 선진국 들이 온실가스 배출을 적극적으로 감축해옴에도 불구하고 전 세계적으 로 온실가스 배출량이 증가한 원인은 중국, 인도, 브라질 등 신흥공업국 들의 온실가스 배출량이 급증했기 때문이다. 1990년대에는 미국의 온 실가스 배출량이 전 세계 온실가스 배출량의 20% 이상을 차지하였지 만, 2000년대 중반 이후부터는 중국이 전 세계 온실가스 배출량의 20% 이상을 차지하고 있다. 인류가 감당할 수 있을 수준으로 기후변화를 제 어하기 위해 효과적으로 온실가스를 감축하려면 선진국뿐만 아니라 개 도국들도 선진국에 상응하는 실질적인 온실가스 감축이 필요하다는 공 감대가 형성되었다. 그러한 인식 하에 모든 국가가 온실가스 감축에 참 여하는 파리협정이 체결된 셈이다. 또 파리협정과 제21차 유엔기후변 화협약 당사국총회 결정문에는 국가별로 향후 5년 단위로 현재 제시된 온실가스 감축 목표보다 강화된 감축 계획을 제시하도록 하였다.

신기후체제의 의미

이처럼 파리협정에 담긴 신기후체제의 의미를 정리해보면 다음과 같다. 첫째, 모든 국가가 온실가스 감축에 참여하는 파리협정은, 현재 제시된 산업혁명 이전의 지구 평균온도 대비 2도 이내로 상승을 억제하는 것보다 낮은 수준, 즉 1.5도 이내 억제에 가까운 온실가스 농도의 안정화를 궁극적인 목표로 추구한다. 둘째, 2015년 제출한 국가별 온실가스 감축 기여 방안(INDC, Intended Nationally Determined Contributions)의 감축 목표는 개별 국가의 온실가스 감축의 종착점이 아니라 출발점이다. 파리협정 결정문에서는 2020년까지 각국이 이미 제출한 온실가스 감축 목표를 대체할 수 있는 새로운 감축 목표를 자발적으로 제출하도록 권장하고 있다. 또 더 강화된 온실가스 감축 목표를 5년 단위로 제출하도록 요구하고 있다. 따라서 각국은 2030년 온실가스 감축 목표보다 강화된 2040년, 2050년 그리고 그 이후의 온실가스 감축 목표를 제출해야 하며, 장기적인 온실가스 감축 경로를 자체적으로 준비해야 한다. 셋째, 거의 모든 국가가 참여하는 파리협정 체제 속에서 온실가스 감축으로 에너지 효율 개선, 재생에너지 대규모 확대 등과 같은 구조적 변화를 유도하면서 저탄소 사회로의 전환을 추구한다.

우리나라의 온실가스 감축 로드맵

우리나라는 2015년 6월에 온실가스 배출 전망치 대비 37% 감축 목표를 담은 2030년 온실가스 목표배출량을 유엔기후변화협약 사무국에 제출했다. 그리고 2016년 12월에 2030년 국가 온실가스 감축 로드맵을 발표했다. 그러나 국내외로부터 감축 의지가 약하다는 비판과 구체적인 감축수단 제시가 미흡하다는 지적을 받아왔다. 이에 따라 로드맵 수정작업이 진행되었으며, 2018년 7월 〈2030 국가 온실가스 감축 기본 로드맵 수정안〉이 확정되었다. 국정과제인 미세먼지 감축과 에너지전환 정책을 반영하고, 국내 온실가스 감축 잠재량을 재평가하여 국가 온실가스 감축 목표의 이행 가능성을 높이려 한 것이 수정안의 특징이다. 2015년에 발표한 배출량 목표는 그대로 유지하지만, 감축 목표의 3분의 1을 차지하는 국외감축량 이행방안이 불확실했던 만큼 이를 최소화하는 대신 국내감축량을 늘려 보완하였다.

구체적으로 살펴보면, 전환 부문에서는 노후 석탄발전소 조기폐쇄 등을 담은 〈미세먼지 저감 종합대책〉(2017)과 전력수요관리 강화 등을 담은 〈제8차 전력수급계획〉(2017)을 반영하되, 에너지세제 개편과 환경급전 강화 등을 고려한 추가 감축방안을 2020년 국가가 결정하는 감축 기여분NDC 제출 전까지 마련하기로 했다. 산업 부문에서는 에너지 이용 효율 제고 및 산업공정 개선, 친환경 원료와 연료로의 대체 등을 추진하되, 현재 업종별로 채택되고 있는 고효율 감축 기술, 온실가스 냉매 대체 등 우수사례를 2030년까지 해당 업종 전체로 확대하는 등의 내용이 있다. 건물 부문에서는 신축 건축물 허가기준 강화, 기존 건축물 그린 리모델링 활성화, 도시재생 연계사업 모델 발굴 및 재생에너지 확대 등을 고려하였다. 수송 부문에서는 2030년까지 전기차 300만 대 보급 등 친환경차 보급을 확대하고, 자동차연비 기준 강화와 선박·항공기 연료 효율 개선 등을 적용하였다. 폐기물 부문에서는 생활·사업장·건설 등 폐기물 배출원별 감량화와 재활용 강화, 매립 최소화와 메탄가스 포집·자원화 등을 강구하였다. 이를 기존 로드맵과 비교하면 다음 표와 같다.

| 표 10 | 2030 국가 온실가스 감축 로드맵

(단위: 백만톤, %)

부문		배출 전망 (BAU)	기존 로드맵		수정안	
			감축후 배출량 (감축량)	BAU 대비 감축률	감축후 배출량 (감축량)	BAU 대비 감축률
배출원 감축	산업	481.0	424.6	11.7%	382.4	20.5%
	건물	197.2	161.4	18.1%	132.7	32.7%
	수송	105.2	79.3	24.6%	74.4	29.3%
	농축산	20.7	19.7	4.8%	19.0	8.2%
	폐기물	15.5	11.9	23.0%	11.0	28.9%
	공공기타	21.0	17.4	17.3%	15.7	25.3%
	탈루 등	10.3	10.3	0.0%	7.2	30.5%
감축수단 활용	전환	(333.2)[1]	− 64.5	−	(확정 감축량) − 23.7 (추가 감축 잠재량) − 34.1[2]	−
	E신산업/ CCUS	−	− 28.2	−	− 10.3	−
	산림 흡수원	−	−	−	− 22.1	4.5%
	국외 감축 등	−	− 95.9	11.3%	− 16.2	
기존 국내 감축			631.9	25.7%	574.3	32.5%
합계		850.8	536.0	37.0%	536.0	37.0%

- 출처: 〈2030 국가 온실가스 감축 로드맵〉, 2018.
- 전환 부문 배출량은 전기 및 열 사용량에 따라 부문별 배출량에 포함되어 합계로 산정됨.

저탄소 사회로의 전환

국제에너지기구International Energy Outlook에서 매년 발간되는 〈세계 에너지 전망World Energy Outlook 보고서〉에 따르면 세계 에너지 시장은 2010년 이후 급격한 구조적 변화를 겪고 있다. 즉, 화석연료 중심에서 재생에너지 중심으로 구조적인 변화가 급속히 이루어지고 있음을 알 수 있다.

탈석탄

우선 2014년부터 신규로 건설된 발전설비 중 석탄발전소보다 재생에너지 발전원의 비중이 높게 나타나고 있다. 2016년에는 신규 태양광 발전설비 용량이 74GW로 신규 석탄 발전설비 용량 83GW에 근접하고 있다. 이는 태양광 등 재생에너지원 보급의 증가와 발전단가 하락이 상승작용을 하며 시장에서 경쟁력을 확보한 결과이다. 이러한 추세는 앞으로도 계속 진행되어 재생에너지 보급이 급격히 늘어날 것이라 예상할 수 있다.

발전에 있어서 큰 비중을 차지하던 석탄발전은 2015년을 기준으로 서서히 감소하고 있다. 중국에서도 지난 40년 기간 중 2015년에 처음으로 석탄발전량이 감소하였고, 미세먼지 문제 등 환경문제 해결을 위해 조금 더 급속히 석탄발전의 비중이 낮아질 것으로 전망된다. 미국은 2005년에 석탄발전이 최고점에 도달했던 것으로 파악되고 있다.

2017년 12월에는 유럽연합 국가 중 19개 국가가 석탄발전을 종식하겠다는 계획을 발표하였다. 대표적으로 프랑스는 2022년까지, 영국, 이탈리아 등은 2025년까지, 덴마크, 핀란드 등은 2030년까지 석탄발전을 폐지하기로 하였다. 유럽연합 국가 이외에도 2017년 11월에 독일 본 Bonn에서 개최된 제23차 기후변화협약 당사국총회에서는 멕시코, 캐나다를 포함한 20개 국가가 석탄발전 폐지를 위한 협력체 구성을 발표하였다. 현재 인도, 중국 등 급속한 경제성장을 경험하는 국가에서 늘어난 석탄발전을 제외하면 석탄발전은 점진적으로 전력생산에 있어 선도적 지위를 잃게 될 것이다.

탈석유

20세기 시작과 더불어 석유시대 도래의 큰 축이었던 자동차의 탈석유도 급속히 진행될 것으로 보인다. 2015년에 전기자동차의 누적 판매량이 100만 대를 초과하였으며, 2016년에만 75만 대가 판매되어 누적 판매량은 200만 대를 넘었다. 국제에너지기구의 2017년 〈세계 에너지 전망 보고서〉에 의하면 파리협정에서 목표로 하는 2도 이내의 온도상승 억제를 달성하기 위해서는 2025년까지 전기자동차 판매량이 매년 39%씩 증가해야 한다. 그렇게 된다면 2040년을 기준으로 전 세계의 전기자동차 보급 대수는 약 9억 대에 이를 것으로 전망되고 있다.

또 전 세계 자동차의 약 3분의 1이 휘발유, 경유와 같은 석유제품을 연료로 사용하지 않고 전기를 동력원으로 사용할 것이다. 이미 노르웨이는 2025년까지, 스웨덴과 스코틀랜드는 2032년까지, 그리고 영국, 프랑스 등은 2040년까지 내연기관 자동차 판매를 금지하기로 했다. 볼보는 2018년 이후 전기자동차만 생산하겠다는 계획을 발표했으며 GM, 폭스바겐, 아우디 등의 제조사도 전기자동차 위주로 자동차 생산체제를 전환할 계획을 발표한 바 있다.

에너지 효율 개선

탈석탄, 탈석유뿐만 아니라 4차 산업혁명의 진행과 더불어 에너지 효율도 빠르게 높아질 것으로 예측된다. 스마트홈, 스마트그리드, 스마트빌딩 등의 사례에서 볼 수 있듯 건물에서 사용되는 열과 전기의 사용량을 IT 기술과 빅데이터 분석 등을 토대로 상당량 줄일 수 있다. 유럽연합에서는 이미 이러한 새로운 차원의 에너지 관리시스템을 통해 건물의 에너지 소비를 2030년까지 30% 이상 감소시킨다는 목표를 설정하였다. 즉, 적극적인 에너지 효율 개선으로 에너지 사용 자체를 계속해서 줄여나가는 것이 전 세계적인 추세이며, 이를 통한 에너지 절약의 잠재력은 매우 크다고 할 수 있다.

우리나라의 저탄소 전략을 위한 방안

저탄소 사회 전략을 수립하는 데 있어서 우선 살펴보아야 하는 것은 전 지구적 차원에서의 온실가스 감축 목표와 이러한 목표를 달성하기 위한 경로이다. IPCC 제5차 보고서에서는 2050년까지 전 세계적으로 2010년 온실가스 배출량 대비 40~70% 배출량을 감축해야만 대기 중 온실가스 농도를 430~480ppm 수준으로 안정화하여 온도상승을 2도 이내로 억제할 수 있다고 밝혔다. 또 지역과 경제적 상황을 중심으로 국가를 5개 그룹으로 분류하여 1990년 기준 OECD 회원국들은 2050년 기준 배출량을 2010년 대비 80~95%를 감축하는 대안을, 그리고 우리나라가 속한 아시아 국가들에 대해서는 평균적으로 2010년 대비 30~50%를 감축하는 대안을 제시하였다.

그러나 우리는 아시아에 속할지라도 1996년부터 OECD 회원국으로서 경제규모나 1인당 소득수준에서 상위에 속하므로, 이에 걸맞은 감축 노력이 필요하다. 우리나라의 국제적인 위상을 고려할 때 설정할 수 있는 최소한의 감축 목표는 아시아 국가 감축 목표 중 가장 높은 감축률, 그리고 전 세계 평균 중 상위에 속하는 수준이 되어야 할 것이다.

이러한 관점에서 우리가 저탄소 사회로 가기 위해서는 첫째, 2015년에 우리나라가 제출한 감축 목표인 전망치 대비 37% 감축을 국내에서 실현하는 방안을 구체화하는 노력이 이어져야 한다. 경제학적인 측면에서 해외의 저렴한 온실가스 감축을 들여오는 것도 고려할 수 있다. 그러나 이러한 해외구매는 지난 교토의정서에서 경험하였듯 실질적으로 전 지구적인 온실가스 감축을 실현하는 대안이 되지 못했으며, 관리에서도 많은 문제점이 지적됐다. 또 파리협정에서 합의한 것처럼 각국의 온실가스 감축 목표는 일회적인 목표가 아니라 계속 강화되는 것이다. 이를 위해서는 우선 국내적으로 점차 강화되는 온실가스 감축 목표를 이행할 수 있도록 구조적인 변화와 새로운 기술의 개발, 이러한 기술의 빠른 확산이 필요하다. 해외의 온실가스 감축분을 들여오는 것은 지속가능성이 없을 뿐만 아니라 국내적으로 저탄소 기술을 개발·보급하여 새로운 경제성장의 동력으로 활용할 기회를 상실하는 것이기도 하다.

둘째, 장기적인 감축 목표와 이에 상응하는 기간별 배출량 목표가 설정되면 이를 위한 기술보급 목표 혹은 정책의 내용과 목표가 사전에 제시되어야 할 것이다. 전기차의 보급을 확대하기 위해서는 기술개발과 함께 충전소 등 사회기반시설의 설치가 필수적이다. 단지 목표만을 제시하고 실천하려는 의지가 불확실할 때, 시장은 전혀 반응을 보이지 않을 것이다. 정부는 확실한 목표를 제시하고 그 목표를 이행하기 위한 구체적인 계획과 이를 실행에 옮길 수 있는 예산, 인력 등을 확보해야 한다.

셋째, 능동적인 경제 주체들의 대응을 유도하여야 한다. 현재에도 LED 조명, 고효율 전동기, 건물의 단열 강화 등은 투자비용 대비 에너지 비용의 절약효과가 커서 온실가스 감축 효과뿐만 아니라 경제적으로도 이익을 발생시킨다. 그럼에도 불구하고 이러한 기술들의 보급이 활성화되지 못한 것은 여러 가지 제도적, 관행적 장애요인이 있기 때문이다. 정책당국은 단기적으로 경제적 이득이 되는 기기, 기술 등의 보급이 활성화될 수 있도록 건축물 설계기준을 강화하거나 이러한 기기 사용을 의무화해야 할 것이다. 그리고 초기 투자 부담을 완화할 수 있는 녹색 투자재원을 마련하여 이를 적극적으로 활용할 수 있도록 해야 할 것이다.

마지막으로 온실가스 감축을 성공적으로 이행하기 위해서는 시장의 실패를 상쇄할 수 있는 가격정책이 시행되어야 한다. 온실가스 감축 정책은 온실가스 배출에 따른 피해뿐만 아니라 부수적으로 미세먼지와 같은 대기오염물질이 유발하는 피해도 줄일 수 있다. 이러한 온실가스 감축과 대기오염물질 감축을 동시에 진행하기 위해서는 화석연료의 가격에 온실가스와 대기오염물질 배출로 인한 피해 비용이 충분히 반영되어야 한다. 즉, 세제개편을 통하여 화석연료에 의한 피해 비용이 반영되도록 하는 것이다. 다만 에너지 가격의 단기적인 급등은 경제에 커다란 충격을 줄 수 있으므로 장기적이지만 확실한 에너지 세제개편의 목표와 일정을 제시하고 이를 반드시 이행해야 한다.

3.
스마트시티

━━━━━━━━━━ 문명의 산물인 도시는 인류와 기원을 같이하며 유기체로서 끊임없이 변화하고 있다. 17세기 후반 1차 산업혁명 이후 도시로 인구가 집중되었고, 2015년 기준 지구 인구의 54.2%가 지구 면적의 2%에 불과한 도시에 밀집하여 살아가고 있다. 도시 인구비율을 의미하는 도시화율urbanization ratio은 2050년 70%에 이를 것이며, 아시아와 아프리카에서 폭발적인 도시인구 증가가 예상된다(UN, 2014). 도시화로 인해 기반시설의 부족, 교통 혼잡, 에너지 소비량의 증가 등 다양한 도시문제가 발생하고 있다. 이러한 도시문제를 해결하기 위한 수단으로 정보통신기술을 활용하는 스마트시티가 4차 산업혁명의 물결과 함께 더 주목받고 있다.

4차 산업혁명과 스마트시티

4차 산업혁명은 IT 및 전자기술 등 디지털혁명(3차 산업혁명)에 기반하여 물리적 공간, 디지털적 공간 및 생물학적 공간의 경계가 희석되는 기술융합의 시대를 의미한다(WEF, 2016). 3차까지의 산업혁명이 그러했듯이, 4차 산업혁명의 공간적 배경도 도시가 될 것이다. 스마트시티에 대한 다양한 정의가 존재하는 가운데, 위키피디아는 '도시의 ICT를 융합하여 각종 도시 서비스를 구현하고 이들이 상호 유기적으로 작동하여 효율적으로 유지, 관리되는 도시'로 규정하고 있다. 즉, 스마트시티는 4차 산업혁명이 진행되는 공간적인 플랫폼으로 이해할 수 있다. 안드로이드와 같은 스마트폰 운영체계가 다양한 서비스 개발을 유도했듯이, 스마트시티가 플랫폼이 되어 데이터를 상호 연계하고 새로운 서비스를 창출하게 된다는 의미이다. 스마트홈, 자율주행자동차, 공간정보 등 새로운 산업의 체계적인 육성을 돕는 플랫폼으로서 스마트시티의 중요성은 더욱 커지고 있다.

기술 동향과 시장전망

IT 시장조사업체 가트너(2014)는 도시를 '미래기술 적용의 중요한 플랫폼'으로 판단하였고, 향후 5년 이내에 빅데이터를 이용한 의사결정, 기계학습 등이 가능할 것이며, 10년 이내에 자율주행자동차, 커넥티드 홈 구현이 가능할 것으로 전망하고 있다. 스마트시티 최고의 브랜드파워와 기술력을 가진 IBM, 지멘스SIEMENS, 시스코CISCO, 구글 등도 인공지능 컴퓨팅, 빅데이터 솔루션, IoT 기반기술 등에 집중하고 있다. 전반적으로 스마트시티에 대한 미래기술 방향은 ICBM(Internet, Cloud, Big Data, Mobile)이며, 최근에는 인공지능이 급부상하고 있다.

시장조사기관 프로스트 앤드 설리번은 세계 스마트시티 시장이 중국, 인도 등 신흥국을 중심으로 2020년에는 1.6조 달러, 2025년에는 3.3조 달러에 이를 것으로 전망하고 있다(2013). 그 규모는 정부 및 교육(20.9%), 에너지(16.7%), 헬스케어(15.3%), 안전(14.1%), 인프라(13.8%), 건물(10.2%), 교통(9.1%) 순이며, 그중 스마트 에너지 분야의 성장률이 가장 높을 것으로 예측된다. 또 다른 시장조사기관인 ABI리서치, 마켓앤드마켓Marketandmarkets, 파이크 리서치Pike Research 등 다른 분석기관에서도 미래의 스마트시티 시장이 급증할 것으로 전망한다.

스마트시티 국내외 동향

국토교통부에 따르면 2014년 기준으로 전 세계에서 600여 개 이상의 스마트시티 프로젝트들이 진행되고 있으며, 매우 빠른 속도로 확산되고 있다. 2008년 무렵 추진된 스마트시티 프로젝트들이 초고속 통신망 구축 등 기반시설 구축사업과 새로운 ICT 검증을 위한 소규모 테스트베드 사업이었던 반면, 2014년 프로젝트들은 국가나 지방정부 주도의 대규모 투자를 동반하고 있다. 특히 중국, 인도 등 개발도상국들이 대규모 투자를 동반하는 스마트시티 프로젝트를 발표함에 따라 글로벌 기업들의 관심도 커지고 있다. 전체 스마트시티 프로젝트 가운데 중국, 미국, 일본, 유럽, 한국 등 5개 국가의 비중이 84% 이상이며(Nikkei, 2013), 전체 프로젝트의 약 70%가 에너지, 교통, 안전 등 3대 스마트시티 요소에 집중될 것으로 전망되고 있다(IDC, 2013).

중국

중국은 국가 차원의 신형도시화 일환으로 2012년부터 지혜성시智慧城市를 추진하고 있다. 주택도시농촌건설부 총괄 기획을 기반으로 국가발전개혁위원회, 공업정보부, 과학기술부 등 다양한 정부 부처에서 스마트시티를 진행하고 있다. 주택도시농촌건설부는 2020년까지 500여 개 시범 도시 사업을 추진하며, 총 1조 위안(약 182조 원)을 투자할 계획이다(제13차 경제개발 5개년 계획).

중국의 통신장비와 스마트폰 업체인 화웨이는 인도네시아 반둥 등 세계 20개국, 60여 개 도시(2015년 기준)에서 지방정부와 협력해 스마트시티 사업을 진행하고 있다. 화웨이는 정저우鄭州, 난징南京 등 주요 대도시에서 교통망, 도시 인프라 관리시스템 등을 운영 중이며, 영국 히드로 공항에도 자사의 통신과 빅데이터 기술을 적용하고 있다. 또 싱가포르 국립대와 손잡고 향후 싱가포르와 동남아시아에 적용할 수 있는 스마트시티 기술을 개발하고 있다.

미국

2015년 미국 연방정부는 '뉴 스마트시티 이니셔티브New Smart City Initiative'를 발표하고, 교통 혼잡 감소, 범죄 대응, 기후변화 대응을 통한 일자리 창출을 위해 약 1.6억 달러 규모의 R&D를 스마트시티에 지원하고 있다. 이를 위해 테스트베드 지역 선정, 민간기술 분야 및 도시 간 협력 강화, 스마트시티 기술 지원, 국제협력 추진 등 4대 추진전략을 설정하고, 도시의 문제를 해결하기 위해 시민, 기업, 대학, 연구소, 정부가

협력하는 거버넌스 모델을 만드는 중이다.

미국 교통부도 2016년 '스마트시티 챌린지Smart City Challenge'를 통해 안전한 도시 운송체계 마련을 위한 공모 프로젝트를 진행했다. 공모 결과, 자율주행자동차, 스마트가로등, 스마트카드 등의 사업을 제안한 콜롬버스Columbus가 최종 선정되기도 했다.

네덜란드

네덜란드 암스테르담은 유럽연합 최초로 스마트시티를 추진하였다. 그 기반은 2006년에 수립된 '지속가능한 발전을 위한 환경도시 계획'이다. 암스테르담의 본격적인 스마트시티 추진은 2009년부터 시작되었으며, 주민, 정부, 기업 등이 공동으로 200여 개 프로젝트를 진행하고 있다. 암스테르담 스마트시티를 주도하는 곳은 암스테르담 스마트시티 ASC이다. ASC 홈페이지에 따르면, ASC가 주도하는 스마트시티 플랫폼은 정부 기관 비중이 14.2%, 기업 비중은 40.1%, 스타트업이 14.9%, 연구기관이 13.9%, 재단이 4.6% 수준으로 민간 부문이 주도하는 구조이다. 이는 한국을 포함해 많은 도시에서 정부가 주도하고 필요한 부분을 민간 부문이 조달하는 방식과는 달리 민간이 주도하고 정부가 이를 도와주는 것이다. ASC는 '인프라 스트럭처와 테크놀로지', '에너지, 물, 쓰레기', '교통Mobility', '순환도시', '거버넌스와 교육', '시민과 생활' 등 6개 분야로 나눠 스마트시티 프로젝트를 진행 중이며, 4,900여 명의 시민, 전문가, 기업인들이 암스테르담을 바꾸는 데 참여하고 있다.

영국

영국은 2007년 스마트시티를 본격적으로 추진하기 위해 국가기술전략위원회TSB를 설치하였고, 2012년 스마트시티 프로젝트에 대한 지방정부 제안서를 공모하였다. 국가기술전략위원회는 공모에 참여한 30여 개 도시 타당성 조사와 제안서를 분석하여 보고서를 발간한 바 있으며(Solution for Cities, 2013), 교통, 범죄, 에너지, 환경 등의 도시문제 해결에 스마트시티를 활용할 계획이다. 공모 결과 최종적으로 글래스고Glasgow가 선정되어 2,400만 파운드(약 390억 원)를 지원받게 되었으며, 교통, 범죄, 에너지, 환경 등의 도시문제를 해결하는 데 스마트시티를 활용할 계획이다.

싱가포르

서울과 행정구역 면적이 유사한 싱가포르는 국가 차원의 '스마트 네이션Smart Nation' 프로젝트를 출범시켰다(2014). 스마트시티 정책을 포괄적으로 추진하기 위해 총리 산하에 프로젝트를 주도하는 정부 기구를 설치했고, 빅데이터를 공유할 수 있는 시스템을 구축하였다. 특히 싱가포르 국립대학, 싱가포르 디자인기술 대학뿐만 아니라 MIT로부터 기술을 지원받고 있으며, 정부투자 기업인 싱텔Singtel뿐만 아니라 IBM 등 다국적 기업들도 참여하고 있다.

스페인

바르셀로나는 스마트시티 구현과 관련하여 많은 도시의 모범사례가 되고 있다. 특히 바르셀로나는 생태, ICT, 환경, 에너지 분야 등에 ICT 기술을 활용하여 시민의 편의성을 높이고, 에너지절감 및 정책적인 비전을 달성하는 것을 목표로 하고 있다. 바르셀로나의 스마트시티는 도시의 기능을 마치 신경, 뼈, 근육 등의 유기적인 생태구조인 인간의 몸처럼 유기적으로 분류하고, 사물인터넷 등의 기술을 활용하여 도시의 복합적인 성장을 추진하고 있다는 점에서 다른 도시들과 구분될 수 있다.

한국

우리나라는 2000년대 초반부터 세계적 수준의 ICT를 기반으로 스마트시티 전신인 U-City를 추진해왔다. U-City는 언제 어디서나 시민들이 편하게 행정, 교통, 복지, 환경, 방재 등의 도시정보를 얻고 활용할 수 있는 여건을 제공한다는 차원에서 유비쿼터스ubiquitous 도시환경을 강조한 개념이다. 2003년 인천 IFEZ의 '송도정보화신도시 U-City 모델 연구'와 LH의 '흥덕 디지털도시 연구'가 시초가 되었으며, 실제 구축은 화성동탄지구가 최초이다(2004). 2008년에는 유비쿼터스 도시의 건설 등에 관한 법률을 제정하였으며,[62] 2009년에는 국가 차원의 장기적인 청사진과 발전 방향을 종합적으로 제시하는 유비쿼터스 도시 종합계획을 수립하였다. 또 정부 차원의 U-City 국가 R&D가 2007년부터 진행되고 있다.

국내 지자체 중에서는 서울과 부산, 대전이 스마트시티 사업을 비교적 활발하게 진행하고 있다. 서울의 경우 휴대전화 기지국 통화량, 택시요금 결제 결과 등의 빅데이터 분석을 토대로 심야버스 노선을 확정하였고, 이는 스마트시티의 대표적인 사례로 손꼽히고 있다. 또 서울 북촌지역 사물인터넷 실증단지 등에서 사물인터넷 기술로 불법주차와 쓰레기 문제를 해결하고, 화재감지 센서를 통한 화재예방, 공공와이파이 제공, 스마트폰 앱 다국어 관광안내 등을 시범적으로 실시하고 있다. 부산은 해운대 지역에서 사물인터넷 시범단지를 운영 중이며, 자체 개발한 사물인터넷 플랫폼 '모비우스'를 적용하고 있다. 또한 스마트가로등, 시민안심 서비스, 스마트건널목 등의 시범운영을 추진하고 있다. 대전은 광역시 최초로 스마트시티 통합센터를 구축하였으며, 스마트시티 통합플랫폼을 활용한 안전망 연계 서비스를 구축하여 운영하고 있다. 그 결과, 국토교통부와 과학기술정보통신부에서 주관하는 스마트시티 서비스 우수사례 경진대회에서 2년 연속 대상을 받았고, '119 긴급출동 지원서비스'는 글로벌 시장분석 전문기관인 IDC가 주최하는 평가 (2017)에서 아시아·태평양 지역 스마트시티 공공안전 분야 최우수 프로젝트로 선정되기도 했다.

한국의 U-City와 스마트시티 비교

한국은 U-City 서비스 및 플랫폼 등을 세계에서 가장 빠르게 구현한 나라이고, U-City 서비스 정의 및 플랫폼의 기능도 매우 우수하다고 할 수 있다. U-City 개념과 스마트시티의 차이점을 꼽자면, 우선 U-City 는 도시의 기능을 통합, 관제하는 데에 가장 큰 목적이 있었고, 이를 위하여 각종 서비스를 연계하는 것이 U-City 플랫폼의 핵심이었다고 할 수 있다. 반면, 스마트시티는 도시를 하나의 유기적인 플랫폼으로 생각하여 데이터, 특히 사물인터넷을 기반으로 하는 서비스를 오픈데이터 및 개방형 생태계 중심으로 제공하고, 이를 통해 얻은 데이터를 바탕으로 도시의 기능 연계를 추진하는 데에 그 핵심이 있다고 할 수 있다.

한국의 U-City 플랫폼은 도시기능의 관제를 목표로 하다 보니 다양한 서비스의 통합관제를 위하여 플랫폼이 무겁고 한국 이외의 국가에 적용하기에는 한계가 있었다. 이와 달리 바르셀로나, 암스테르담의 스마트시티 플랫폼은 매우 가볍고 개방형 구조를 취하고 있으며 더 포괄적인 상위의 대형 플랫폼City OS으로 확대되고 있다. 또 사전 단계부터 국제도시들, 민간기업 및 학계 등과 소통하며 개발하고 있다는 점이 한국의 U-City 사례와는 다른 점이자 한국이 배워야 할 부분이다.

스마트시티 미래전략

미래도시 전망에서 공통된 키워드는 저출산·고령화, 개인화, 기후변화 등으로 요약되며, 이를 위한 대응전략으로 포용적 성장inclusive growth, 회복탄력성resilience, 시민참여 등이 제시되었다. 이러한 국제적 추세와 UN 차원의 노력은 2015년 지속가능한 개발 목표UN SDGs와 2016년 해비타트 3차 총회Habitat III에서 채택된 '새로운 도시 어젠다New Urban Agenda'에서도 확인되고 있다. 이러한 스마트시티의 국내외 동향, 미래도시의 전망, 우리나라의 스마트시티 흐름을 고려하여 향후 발전전략을 제시하면 다음과 같다.

스마트시티즌Smart Citizen, 스마트시티Smart City, 리빙랩Living Lab

미래의 스마트시티에서는 4차 산업혁명의 개념에서도 중시하듯이, 주체인 시민의 역할이 확대되어야 한다. 정부가 주도하는 기존의 공급자 중심 서비스 전달체계에서 시민이 공감할 수 있는 정책적 체감도가 떨어질 수밖에 없었다. 스마트시티에서 시민은 단순한 수혜자가 아닌 혁신적인 프로슈머prosumer가 되어야 한다. 4차 산업혁명과 스마트시티로 인하여 기존 생활방식에 상당한 변화가 올 수밖에 없다. 결국 시민들이 이러한 변화를 수용하고 생활의 변화를 이끌어가는 주체가 되어야 스마트시티가 작동하게 된다.

시민(사용자)이 적극적으로 서비스를 요구하고, 기획에 참여하는 사용자 주도 개방형 혁신 생태계가 리빙랩이다. 생활현장real-life setting 속의 실험실을 의미하는 리빙랩은 2006년 헬싱키선언Helsinki Manifesto을 계기로 확대되었다. 유럽 리빙랩 연합체인 ENoLL은 2006년 15개 리빙랩으로 시작하여 2016년 기준 400여 개로 늘었으며, 유럽뿐만 아니라 아메리카, 아시아 등으로 확대되었다. 리빙랩 적용 분야는 건강과 웰빙, 사회혁신, 사회적 포용, 스마트시티, 에너지, 전자정부 등인데, 이들은 폭넓은 의미의 스마트시티 범주에 포함될 수 있다. 스마트시티 리빙랩은 도시공간이 스마트시티가 실증되는 플랫폼으로 역할을 하며, 시민(사용자)과 기업(생산자)이 개발 및 운영의 주체로 참여하는 PPPP(Public-Private-People-Partnership) 방식이다.

개인화된 생활밀착형 서비스

U-City 등 기존 방식에서는 시민 전체, 즉 공공에 제공되는 일반적인 서비스로 한정되어 있었다. 스마트시티의 서비스는 포용도시 개념에서 시민들에게 공평하게 제공되는 것이 기본적이다. 그러나 이러한 보편적인 서비스만으로는 미래사회 시민들을 만족시키기 어려울 것이다. 시민들은 스마트폰 등 개인 모바일기기를 통해 개인화된 서비스를 원한다. 예를 들어 스마트쓰레기 서비스를 비교해보자. 사물인터넷 기술을 적용하여 공공장소에 배치된 쓰레기통을 효율적으로 관리하는 서비스와 개인주택의 음식물을 처리해주는 자동화된 서비스 중에서 어떠한 서비스

를 선호할 것인가? 스마트시티에서는 개인화되고 생활밀착형의 고도화된 서비스가 더 필요하다. 이미 CCTV 방범서비스, 대중교통 안내서비스 등 공공의 일반서비스는 기본적이며 당연한 것이 되고 있다.

스마트 도시재생

기존 도시의 활력을 되찾는 도시재생사업에서도 스마트시티를 적용할 필요가 있다. 물론 스마트시티 인프라를 통합적으로 구축하는 데에는 한계가 있지만, 기존 지역에 맞는 요소기술을 발굴하고 사회적 자원을 적절히 활용해야 한다. 도시재생지역의 여건을 고려하고, 지역주민이 요구하는 적정기술을 적용하여 해당 지역의 활성화를 도모하는 것이 필요하다. 도시재생지역에 적용될 수 있는 스마트시티 솔루션으로는 스마트 안전·방범(스마트가로등, CCTV 등), 스마트파킹, 스마트에너지그리드(전력, 수자원), 스마트리사이클링(음식물처리, 생활쓰레기), 사회적 약자지원(미아, 치매노인, 독거노인), 크라우드 펀딩을 활용한 공공시설물 확대 등이 검토될 수 있다.

빅데이터를 활용한 융복합 솔루션 개발

스마트시티에서 활용되는 근본적인 자원은 해당 도시에서 발생하는 정보라 할 수 있다. 수많은 정보를 체계적으로 수집하고, 이를 가공, 분석하여 혁신적인 융복합 솔루션을 만들어내는 노력이 필요하다. 현재까지 우리의 도시는 정보를 수집하는 수준이며, 가공·융복합하는 기술력은 부족하다. 빅데이터를 분석, 활용할 수 있는 소프트웨어와 데이터 사이언티스트와 같은 전문인력을 양성해야 한다.

맞춤형 해외 진출

물리적, 디지털적, 생물학적 공간의 경계가 희석되는 융복합시대를 의미하는 4차 산업혁명 시대에는 스마트시티 실현 공간이 국가적 경계를 넘어서게 될 것이다. 이미 제품 및 기술이 국경을 넘어섰듯이, 도시개발의 현장도 해외로 확대되고 있다. 정부(국토교통부)가 마련한 스마트시티 수출 전략(2016)에서 제시된 패키지형 인프라 해외진출을 지원하기 위해서는 일본의 '해외 교통·도시개발사업 지원기구JOIN'와 같은 체계적인 행정적·재정적 중앙정부 지원도 좋은 사례가 될 수 있다. 마침 2018년 6월 우리나라에서도 해외인프라도시개발지원공사KIND를 발족하여 해외진출을 도모하고 있다. 또 바르셀로나 스마트시티는 한국의 맞춤형 해외 진출과 관련하여 시사하는 바가 크다. 바르셀로나는 스마트시티의 기획단계부터 세계화를 염두에 두고 국제표준화, 기업 생태계 조성 등을 고려하여 추진하고 있다.

스마트시티 미래

2000년대 초반 개념적으로 제안되었던 스마트시티는 이제 세계가 주목하는 도시 패러다임이 되고 있으며, 이를 새로운 성장동력으로 활용하고자 하는 시도들이 나타나고 있다. 한국은 신도시 U-City 사업으로 스마트시티를 선도하였으며, 기술적인 기반을 충실히 다져왔다고 평가된다. 그러나 스마트시티를 도시 관제를 위한 정보 시스템으로 이해하는 틀 안에서는 기술개발의 속도에서 정체될 수밖에 없었다. 이제 한국은 도시가 지향하는 다양한 가치를 포괄하며, 사람 중심의 도시를 구현하겠다는 스마트시티 미래방향을 제시하고 있다(4차산업혁명위원회). 또 지속가능하고 시민과 민간에게 열린 도시를 지향하는 혁신적인 변화를 시도하고 있다. 첨단기술의 변화는 가히 상상하기 어려울 정도로 빠르다. 그러나 우리 도시에서 필요로 하는 것은 적정 수준의 기술이며, 상당한 적응기간과 이에 대한 사회적 합의가 전제되어야 한다. 도시는 계속해서 진화·변화하겠지만, 스마트시티에서 진정 우리가 추구해야 하는 것이 무엇인지 다 같이 고민해야 할 때이다. 스마트시티는 효율적인 수단이며 방식이지만, 궁극적인 도시 운영의 목표는 삶의 질 향상과 지속가능성이기 때문이다.

4.
사이버 보안

━━━━━━━━━ 인간의 무한한 상상력은 사이버 세상을 창조해
냈다. 끊임없이 진화하는 인류의 상상력은 앞을 향해 질주하고 있다. 디
지털기술의 눈부신 발달은 사이버공간과 현실공간의 희미한 경계마저
무너뜨리고 있다. 그러나 디지털혁명이 우리 삶에 혜택으로만 나타나지
는 않는다. 얽히고설킨 네트워크와 디지털기기의 연결은 엄청난 생산성
향상을 가져다주지만, 반대로 가늠하기조차 어려운 위협으로 다가올 수
있다. 디지털혁명의 역기능이라 할 수 있는 사이버위협은 정보유출과
금전탈취의 범죄 수준을 훨씬 뛰어넘고 있다. 서로 갈등 관계에 있는 국
가들은 공격주체를 파악하기 어려운 틈을 이용해 상대의 국가기반시설
을 마비시키고 사회 혼란을 가져올 공격을 시도한다. 그런데 4차 산업
혁명 시대에 접어들면서 사이버공간은 더 가공할 위협의 진원지가 되
고 있다. 디지털기기들이 갈수록 자율기능을 더해가는 상황에서 불특정

사이버공격에 의한 폐해의 규모와 영역은 예측하기 어려울 정도로 광범위하기 때문이다.

4차 산업혁명 시대의 보안 패러다임 변화

세계 각국은 사이버위협을 국가의 부수적인 위협 수준에서 생존 차원으로 끌어올리고 있다. 세계에서 가장 치열하게 전개되고 있는 사이버 분쟁을 꼽으라면 미국과 중국, 유럽과 러시아, 이스라엘과 범아랍국, 그리고 최고의 인프라를 갖춘 대한민국에서의 교전이다. 우리는 역설적으로 통신 인프라가 고도로 집적돼 있어 그만큼 외부 사이버 공격에 취약하다. 따라서 국가 행위자를 포함한 적대세력의 사이버 활동을 주의 깊게 관찰하고 추적, 대응해야 한다.

상상력이 무기가 되는 세상

사이버테러가 물리적 공격으로 이어지면서 상상력 자체가 무기가 되는 세상이 됐다. 원자력발전소와 같은 기반시설을 겨냥한 악성코드 malware는 소프트웨어를 수단으로 한 상상력의 산물이다. 테러리스트가 장난감 무인비행기에 사제폭탄을 탑재하고 자동항법장치GPS 기능을 추가한다면, 장난감이 인명을 살상하는 무기로 둔갑하게 된다. 테러리스트가 무기를 밀수하거나 폭발물을 가지고 국경을 넘나들 가능성도 사라진다. 홀연히 공격할 현지에 나타나 3D 프린터로 다기능 무기를 찍어내고 사제폭탄을 만들어낼 수 있다.

네트워크와 소프트웨어, 그리고 물리적 파괴력의 만남으로 지구촌은 완전히 새로운 위협을 맞게 됐다. 우리는 머잖아 인명 살상을 결정하는 무인 시스템이 등장하고 자율로봇이 해킹당하는 치명적인 위협을 목격하게 될지도 모른다. 다가오는 디지털 위험은 사회공동체가 피해갈 수 없는 현실이며 이를 해결하는 것이 국가안보와 경제성장을 위해 정면 돌파해야 할 국정과제이다.

4차 산업혁명 시대에 더 커질 디지털 위험

사물이 가진 특성을 더욱 지능화한 사물인터넷이 오작동하면 사람의 생명을 위협할 정도이며 수도 없이 연결된 기기 중 어느 하나의 부실한 접점이 해킹의 경로가 될 수 있다. 사물인터넷 설계단계에서부터 안전성이 담보되어야 하며 공급망 전 단계의 위험관리를 위한 관리체계가 수립되어야 한다. 또 임무수행을 위해 로봇에 설치한 프로그램, 즉 알고리즘을 아무리 훌륭하게 설계하고 광범위한 확인 절차를 거쳐도 로봇이 지금껏 보지 못한 사건에 맞닥뜨리면 예상치 못한 끔찍한 사건을 일으킬 수도 있다. 인공지능 알고리즘은 인간보다 더 빠른 속도, 저렴한 비용, 더 높은 정확도를 보여준다. 이는 거꾸로 말하면 더욱 위험이 잠재되어 있다는 의미이기도 하다.

사이버 영역으로 넓히는 테러집단

사이버 공간의 끝없는 확장으로 범죄, 테러, 전쟁 간의 개념적 구분이 점점 희미해지고 있다. 국경이 따로 없는 사이버 공간은 테러범들에게 더 많은 수단과 기회를 제공할 것이다. 가장 손쉽게 획득할 수 있는 테러 도구는 악성코드이다. 이를 사고파는 암시장이 있고, 여기에서는 사이버 청부 공격도 가능하다. 더욱 저렴한 용병이 규정에 얽매이지 않고 값비싼 정규군을 대체하듯이, 용병을 고용해 사이버 테러를 감행하는 방식이다.

사이버 위협의 유형

국가의 지원을 받는 해커들은 발신지 추적이 어려운 틈을 이용해 상대국 기밀을 탈취하고 주요 기반시설을 마비시킨다. 2010년 미국과 이스라엘은 이란 핵시설에 악성코드를 침투시켜 통제 시스템을 오작동시킴으로써 전폭기를 동원한 공습에 버금가는 효과를 거뒀다. 2016년 러시아는 우크라이나 수도 키예프에 정전사태를 일으킨 바 있다. 물리적 충격만이 아니다. 2014년 러시아의 크림공화국 합병과 이에 즈음한 우크라이나 분쟁 개입은 기존의 전쟁과 다른 복잡한 형태로 진행됐고 사이버 여론조작으로 정치·사회적 혼란을 가중시켰다. 사이버 위협의 유형과 내용은 다음 표에서 보듯 다양하다.

사이버 위협 대응전략

사이버 공격의 주요 표적은 정부기관은 물론 극심한 사회혼란을 불러올 수 있는 금융, 에너지, 교통과 같은 국가기반시설이다. 공격양상이 기술적 요소와 심리적 요소가 복합적으로 맞물려 경제적 피해와 심리적 충격을 함께 노리기 때문이다. 하지만 이렇게 기습적이고 무차별적인 공격에 비해 대응은 상당히 제한적인 실정이다. 따라서 각계각층의

| 표 11 | 4차 산업혁명 시대의 보안 패러다임 변화

구분	As-Is	To-Be
공격주체	북한 · 중국 해커	주변 국가와 비국가 · 비인간 행위자
공격대상	불특정다수	특정소수(금융 · 기반시설)
공격목적	자기과시 · 정보유출	경제피해 · 사회혼란 · 정치의도
보호대상	단말 · 네트워크 (정보 시스템과 데이터 보호)	디바이스 · 네트워크 · 플랫폼 (사람과 환경에 대한 안전)
보안주체	정부 · 기업	정부 · 기업 + 전 국민
보안정책	정부 규제 위주	시장역할과 민간역량 활용
위협대응	침해사고 개별 대응	예방 · 탐지 · 대응 · 복구의 선제 대응
정보공유	부문별 제한된 정보획득	민 · 관 · 군 공조체계 + 국제협력
경쟁우위	데이터 수집 · 분석	빅데이터 + 알고리즘
기술개발	(필요성) 기술 중심의 추격형 하드웨어 · 프로젝트 중심	(즉시성) 사람 중심의 선도형 소프트웨어 · 프로세스 중심

부단한 이해와 노력이 어느 때보다 필요한 시점이다.

사이버 위협은 이처럼 국민의 재산과 기본권뿐만 아니라 국가안보와 직결되어 있지만, 새로운 위협에 체계적으로 대응할 수 있는 기본법이 없다. 그나마 있는 것도 사이버 테러를 당하고 사후약방문식으로 보완하다 보니 숱한 법규가 생겨났고, 이마저도 일관성이 부족해 유사시 혼선이 우려된다. 미국의 경우 2001년 9 · 11테러 이후 국토안보법을 필두로 사이버 안보와 관련한 사이버정보공유법, 사이버안보법 등을 마련해오고 있다. 영국은 사이버공격을 테러나 군사적 충돌과 같은 1급 국

| 표 12 | 사이버 위협 유형과 주요 내용

유형	주요내용	사례
사이버 첩보	정보 시스템 침투 → 정보유출	2016년 북한, 인터파크 고객정보 유출과 금전 요구 2015년 중국 해커, 미국 공무원 정보 대량 탈취
사이버 테러	국가기반시설 마비 → 경제피해	2016년 러시아, 우크라이나 전력 시스템 마비 2013년 북한, 남한 방송·금융기관 시스템 공격
사이버 심리	거짓·기만정보 유포 → 국론분열	2017년 러시아, 유럽 선거개입 및 여론조작 2010년 북한, 천안함 폭침 사실 왜곡
사이버 작전	물리전과 연계한 공격 → 군사작전	2009년 이스라엘, 시리아 방공망 전자교란 2008년 러시아, 조지아 디도스 공격

가안보 위협으로 간주하고 있으며, 2016년 정보당국이 특정 휴대전화나 컴퓨터를 검열할 수 있도록 했다. 일본은 2014년 사이버시큐리티기본법을 제정해 후속 전략을 마련했고, 중국은 '사이버 주권 수호'를 명시하고 사이버 통제를 강화하는 포괄적 인터넷안전법을 만들어 2017년 6월 시행에 들어갔다. 반면, 우리는 대통령 훈령인 국가사이버안전관리규정이 전부이다. 따라서 관련법을 재정비하면서 국가 차원에서의 보안 사각지대를 해소해나가야 한다.

사이버 안보 컨트롤
- 사이버 안보 이슈에 과감히 대응하는 디지털 리더십 필요
- 사이버 위협의 중대성을 국민에게 알리고 모두가 동참할 수 있도록 사회적 공감대 형성

- 모든 행위 주체가 연결된 네트워크에서 유기적 대응이 가능하도록 국가 차원의 접근
- 다양한 주체의 이해를 조율하고 협력을 이끄는 실제적인 수행체계와 거버넌스 구축
- 디지털 시대에 걸맞은 사이버 안보 관련법 정비

사이버 보안 전방위 교육

- 사이버 침해사고의 90%는 기술적 요인이 아니라 인간적 요인에서 비롯된다는 점 인식
- 사이버 세상에서 안전하게 살아가는 방법을 가르치는 기본교육 제공
- 4차 산업혁명을 둘러싼 다양한 기술의 작동방식과 보안 도구 활용 교육
- 교육기관과 지자체가 연계한 조기·평생 보안교육시스템 구축

사이버 국제협력 및 공조

- 사이버 범죄 공조수사 확대를 위해 국제적 사법체계와 절차에 대한 국제협력 논의 참여
- 인터넷 거버넌스, 사이버 주권, 사이버 위협 수준 등 우리와 다른 국가와의 차이점 인식
- 사이버 안보는 정통의 안보와 그 구조적 성격을 달리한다는 점에 대한 이해
- 국제안보 관점에서 일관된 원칙과 기조를 정하고 이를 뒷받침하기 위한 지역, 국가, 민간의 다차원적 국제공조 전략 마련

사이버 방위산업의 전략적 육성

- 소프트웨어를 중심으로 한 사이버 방위산업의 전략적 육성
- 일상의 사물인터넷으로 인해 편의성도 커지겠지만, 의도적·비의도적 행위로 예기치 못한 결과를 초래할 수 있으므로 설계 시점부터 보안 문제 고려

4

인구 분야
미래전략
Population

KAIST Future Strategy 2019

1.
저출산 대응
인구전략

━━━━━━━ 인구절벽이라는 표현이 과장이 아닐 만큼 한국
의 저출산 현상은 심각하다. 2017년도에 출생아 수가 30만 명대로 떨어
지면서 관련 통계가 작성된 1970년대 이후 최저치를 기록했다. 2005년
저출산·고령사회 기본법이 제정된 이후 역대 정부들은 막대한 자금을
쏟아부으며 저출산 대책을 펴왔다. 그러나 출산·양육에 대한 사회적 책
임(노무현 정부), 일과 가정의 양립 일상화(이명박 정부), 청년 일자리, 주거
대책 강화 및 맞춤형 돌봄 확대(박근혜 정부) 등을 표명했지만, 그 성과는
실패나 마찬가지였다. 이에 문재인 정부는 2018년 7월 일과 생활의 균
형을 강조하며 고용·주거·교육에 대한 구조개혁 방침을 발표했다. 하
지만 결혼과 출산 흐름이 정책의 개입으로 금세 바뀔 수 있는 것이 아
닌 만큼 저출산 대책은 여전히 절실하고 시급하다.

저출산과 고령화 현상은 당연히 4차 산업혁명을 거치며 변화될 미래

의 지속가능한 발전도 저해할 수 있다. 우선, 생산가능인구 감소로 노동력이 부족해지고, 노동력의 고령화로 노동생산성도 낮아질 것이다. 노인인구 증가는 사회보장 부담도 높이게 된다. 국가적으로 중요하게 보아야 할 것은 저출산의 장기적 추세이다. 이는 인구에서 가임여성의 규모 자체가 감소하고, 여기에 경제적 여건과 문화적인 요인들이 작용하여 나타나는 현상이다. 그러나 정책의 개입을 통해 구조적 변화를 꾀하기는 쉽지 않다. 따라서 '극복'의 관점이 아니라 '적응'의 관점이 더 요구된다. 인구구조와 관련한 정책의 시계를 보다 확장하여 장기적 관점에서 저출산 현상을 일으키는 사회·경제·문화적 요인들에 대한 개선이 이루어져야 한다.

인구 현황

한국은 급격한 인구변천을 겪어왔다. 한국전쟁 이후 베이비붐 현상이 나타나고, 보건의료수준의 향상으로 사망률이 빠르게 감소하면서 1950년대 후반과 1960년대 초에 인구가 매우 빠르게 증가했다. 당시 인구증가율은 거의 연평균 3% 수준에 육박했다. 1960년대 초 경제 발전을 도모하기 위해 인구증가를 억제할 필요가 있었으므로, 제1차 경제개발 5개년 계획부터 가족계획 사업이 실시되었다. 그 결과, 경제사회 발전과 더불어 정책의 효과로 출산율이 급격하게 낮아지기 시작했다. 1960년 당시 6.0명에 이르렀던 합계출산율은 1983년에는 인구대체 수준 이하인 2.08로 낮아졌으며, 1998년에는 처음으로 1.5명 미만으로 낮아졌다. 21세기에 들어서도 합계출산율은 계속 낮아져 2001년에 처음으로 1.3명 미만으로 낮아졌고, 2005년에는 1.08명으로까지 떨어졌다. 이후 합계출산율은 다소 높아졌으나(2014년 1.21명, 2015년 1.24명),

2016년에 다시 1.17명으로 하락하고 2017년에는 1.05명을 기록하는 등 초저출산(1.3명 이하) 현상을 벗어나지 못하고 있다.

출생아 숫자로 봐도 감소세가 두드러진다. 1970년대에는 매년 90만 명 이상이 태어났고, 1980년대에는 80만 명, 1990년대에는 60만~70만 명이 태어났다. 2000년대에는 40만 명대로 급감하여, 2016년에는 40만 6,300명이 태어났고, 2017년에는 더 감소하여 35만 7,700명이 태어났다. 저출산 현상은 필연적으로 인구규모 감소와 고령화로 이어진다. 우리나라 인구는 2018년 6월 기준 약 5,180만 명에서 2031년 5,296만 명까지 증가 후 감소세로 전환하여, 2065년에는 4,302만 명으로 줄어들 전망이다. 총인구 중 노인인구(65세 이상)의 비율은 2018년 14%(고령사회)를 지나 2026년 20%(초고령사회), 2058년 40%를 초과할 것으로 예측된다. 특히, 85세 이상 초고령인구는 2015년 1%에서 2065년 11.7%로 증가할 전망으로, 고령화는 더욱 심화될 것이다

저출산 현상에 대응하는 단계별 인구전략

장기적으로 지속되는 저출산 현상은 일차적으로는 인구학적인 측면에 영향을 주지만, 이는 결국 노동력 부족과 사회보장 부담을 촉발하게 될 것이다. 따라서 인구학적 접근과 경제·사회·문화적 접근이 통합적이고 체계적으로 이루어져야 한다. 노동력 부족과 그로 인한 내수시장 위축, 경제성장 둔화, 노동계층의 사회보장 부담 증가, 사회갈등 등을 방지하거나 완화하기 위해 현재의 시점에서, 그리고 중장기적으로 실천해야 할 과제들과 이행전략을 살펴본다.

단기 전략

단기적인 관점에서의 인구전략은 출산력을 회복하여 적정인구나 안정인구를 유지할 수 있는 수준의 합계출산율(인구대체 수준)을 지속시키는 것이다. 한국사회가 존속하는 한(또는 미래에 로봇 등 기술이 발전하더라도) 필요한 노동력을 항시적으로 유지하기 위해서는 적정 수준의 출산율이 유지되어야 하기 때문이다. 관련 연구들은 적정인구 유지를 위해 2045년까지 합계출산율을 1.8명으로 회복시켜야 하며, 궁극적으로 인구감소와 고령화를 방지하기 위해서 인구대체 출산율인 합계출산율 2.1명으로까지 높여야 한다고 제시하고 있다.[63] 이러한 전략의 사례는 일본에서도 찾아볼 수 있다. 2015년 아베 신조 일본 총리는 2050년까지 일본 인구를 1억 명 수준으로 유지하기 위해 합계출산율 목표를 1.8명으로 설정한 바 있다. 그러나 합계출산율이 단기간에 급격하게 높아진 사례는 세계적으로 거의 찾아볼 수 없다. 따라서 이 전략은 지금부터 본격적으로 시행해야 하는 단기 전략이자, 장기적으로 일정한 목표 출산율에 도달하려는 목표를 이어나가야 한다는 점에서 중장기적인 관점도 내포하고 있다.

중기 전략

중기적 관점에서의 인구전략은 우리 사회가 보유한 유휴 잠재인력을 적극적으로 활용한다는 측면에서 여성과 고령자의 고용률을 높이는 것이다. 이것은 앞서 살펴본 단기적 관점에서의 합계출산율 제고전략이 미래에 요구되는 수준까지 달성하지 못할 경우, 채택할 수 있는 보충 전략이라고 할 수 있다.

우선, 한국 여성의 고용률(15~64세)은 2017년 기준 50.8%로, OECD

국가들 가운데 하위권이다. 여성의 유휴 잠재인력을 활용하는 전략은 노동력 부족 문제에 대응하는 보충 전략으로서 매우 중요한 의미를 지닌다. 여성 고용률이 상대적으로 높은 선진국의 경우, 출산율과 여성 고용률 간에 정(+)의 상관관계가 나타나고 있는 것으로 조사된 바 있다. 여성의 경제활동 참여를 진작시키기 위한 정책적 노력이 출산율 회복에도 효과를 거둘 수 있을 것이다.

또 다른 전략은 고령자를 보다 오랫동안 노동시장에서 활동할 수 있도록 하는 것이다. 대규모(약 1,700만 명)의 베이비붐 세대(1차: 1955~1963년생, 2차: 1974년생까지 포함)는 학력, 취업, 건강 등의 측면에서 상대적으로 월등한 것으로 평가되고 있다. 현재 대다수가 노동세대로 남아 있는 가운데 청년세대의 실업 상황과 맞물리면서 문제가 발생하고 있으나, 이들 베이비붐 세대가 일을 그만두기 시작하면 노동력이 급격하게 줄어들게 된다. 따라서 경제활동 의지가 높은 미래 고령자 세대들을 노동시장에 더 오래 남아 있도록 하는 전략이 유효할 수 있다. 고령자들이 연금, 건강보험 등 사회보장 부담을 가중시키지 않고 대신에 노동활동을 계속 유지함으로써 노동력 부족을 완화할 뿐 아니라 세금과 보험료를 내고, 개인적으로는 육체적·정신적 건강을 유지할 수 있다는 점에서 매우 중요한 의미를 지닌다.

장기 전략

보다 장기적 관점에서 저출산 현상으로 인한 노동력 부족에 대응하기 위한 인구전략으로 이민정책을 들 수 있다. 이 전략은 이민자 유입의 사회문화적 파급효과를 고려하면서 다른 조건들과 결부하여 채택 여부를 신중하게 결정해야 한다. 중소기업의 인력난을 고려하면 지금부터

라도(이미 과거부터 산업연수제도, 고용허가제 등을 통해 단기적으로 유입된 바 있는) '외국인 근로자 유입'을 추진할 필요가 있다. 그러나 이민자의 대규모 유입정책은 당장 필요한 현실적인 문제라기보다는 미래 출산율 회복 수준과 국내 유휴 잠재인력 활용도 등의 상황을 면밀하게 관찰하면서 결정해야 할 사안이다.

또 하나 장기적으로 고려해야 할 사안은 통일시대의 인구 예측과 인구전략이다. 통일로 가는 과정 및 통일한국에서 시기별, 단계별로 모든 가능한 시나리오에 따른 인구전략을 지금부터 논의할 필요가 있다. 이와 관련하여 한국사회를 구성하고 있는 '인구의 질'에 대한 관심도 병행되어야 한다. 한국 및 통일한국에서의 적정인구에 대한 예측은 인구전략의 기초가 될 것이다. 현재 한국이 경험하고 있는 초저출산 현상의 심각성에 대한 우려는 있지만 이를 단기간에 극복하기란 쉽지 않다는 점을 고려할 때, 출생인구의 질을 높여 다방면으로 생산성과 창의성을 높이는 노력도 함께 추진해야 한다. 인구의 질은 인구의 규모 못지않게 한 나라의 국가경쟁력을 결정하는 중요한 요소이기 때문이다.

실행방안

앞서 살펴본 단계별 인구전략을 실현하기 위해서는 구체적인 실행방안이 뒤따라야 한다. 무엇보다 적정인구 혹은 안정인구를 유지할 수 있는 수준까지 출산율을 높이기 위해서는 지금부터 적극적인 투자(예산 투입)가 이뤄져야 한다. 출산율 제고를 위한 재정부담은 복지 차원의 비용 지출이 아닌 미래를 위한 투자로 인식되어야 할 것이다.

출산은 가정이, 보육은 국가가

- 다자녀 가정을 우대하는 다양한 아동수당 지급 방식 설계
- 보육시설이 부족한 지역을 파악하여 보완하고, 보육의 실질적 품질 제고
- 결혼·출산을 저해하는 만혼 현상의 사회환경적 문제 대폭 개선(결혼비용 및 주택문제 등)
- 결혼과 연계한 청년층의 주택정책, 현실적 확대

일·가정 양립, 일·생활 균형 지원책

- 자녀양육 관련 공공서비스 이용비용을 무료화 또는 최소화
- 일-가정 양립제도의 사각지대 파악 및 지원 확대
- 보육 지원체계와 일-가정 양립제도 간 연계 강화
- 가정-기업-국가의 삼각 연대 보육 지원체계 강화
- 결혼, 출산 및 양육을 통해 삶의 질을 높이는 사회문화와 고용문화 조성
- 정규 교육과정의 단계마다 적절한 프로그램을 개발하여 국민적 문화와 인식 변화 도모

국내 유휴 잠재인력 활용 극대화

- 여성들과 고령자들의 노동시장 진출을 돕는 사회문화 조성
- 일-가정 양립제도의 강화로 유자녀 여성 인력의 비자발적 이탈(경력단절) 방지
- 양성평등 고용환경 구축
- 시간제 차별 해소 및 남녀 동등처우 보장을 위한 법제 정비

- 기간제와 통상근로자 전환제도, 안정된 상용직 시간제 일자리 활성화를 위한 법제도 마련
- 고령 인력 확대를 위해 기업의 연공서열 체계를 성과 중심으로 개선
- 청년–고령자 세대 간 공생 발전 여건 조성
- 시간제 근로전환 지원 등 점진적 퇴직 활성화
- 퇴직(예정) 근로자에 대한 전직 교육 강화 및 공공 전직 지원 서비스 활성화
- 개별 경력을 고려한 재교육, 사회기여 및 재능 나눔 활성화

해외동포 등을 포함한 외국인 인력 활용
- 미래의 노동력 부족량에 연동하여 방문 취업 체류 기간 연장
- 외국인 인력 활용은 필요인력 충원과 우수 인재 유치라는 이중적 차원에서의 접근 필요

2.
초고령사회
대응전략

━━━━━━━━━ 우리나라의 65세 이상 고령인구는 2008년
500만 명을 돌파한 후 2017년 700만 명을 넘어섰다. 전체 인구대비 고
령인구 구성비는 2015년 13.2%에서 2018년 14%, 2026년 20%, 2058년
40%로 예상된다. 우리나라의 인구 고령화 속도는 세계에서 유례없이
빠른 속도이다. 다른 국가의 추세를 보면, 미국의 경우 고령화 사회(전체
인구대비 노인인구 비율 7% 수준)에서 고령사회(노인인구비율 14% 수준)가 되
기까지 73년이 걸렸고, 초고령화 사회(노인인구비율 14%에서 20% 수준) 진
입에 21년이 소요되었다. 대표적인 고령국가인 일본의 경우, 고령화 사
회에서 고령사회로 전환되기까지 24년이, 초고령화 사회로 진입하는
데에는 12년이 소요되었다. 반면 우리나라는 고령화 사회에서 고령사
회로 진입하기까지 17년이 소요되어 세계 최고속의 고령화 현상을 나
타내고 있다.

고령화 사회의 현황과 의미

고령화는 생활 전반에 큰 파급효과를 갖는 현상이다. 동시에 사회 운용 패러다임의 대전환을 의미한다. 한국의 인구 고령화가 세계 다른 나라들과 같이 100여 년에 걸쳐 서서히 진행된다면, 사회는 변화한 인구구조에 맞춘 새로운 패러다임에 서서히 적응하고 변모할 것이다. 그러나 한국의 고령화 속도는 지나치게 빠르다. 한국보건사회연구원에 따르면, 2015년 우리나라 노인의 49.7%가 빈곤상태에 처해 있는 것으로 조사되었다. 한국은 OECD 회원국 중 '노인빈곤율 1위', '노인 자살율 1위'를 차지하였고, 노인의 삶의 질 수준은 OECD 평균에도 미치지 못하여 슬로바키아, 체코 등의 나라보다도 낮은 수준을 보였다. 이러한 현상들은 인구 고령화라는 새로운 패러다임 전환에 대비하지 못하여 나타난 필연적인 결과라고 할 수 있다.

일부 전문가들은 한국의 2050년 노인인구 비율은 38% 가까이 되며 세계 최고령 국가가 될 전망이므로 앞으로 더 많은 문제가 등장할 것이라고 경고한다. 가령, 생산가능인구(15~64세)의 감소에 따라 우리 경제의 성장잠재력이 떨어질 것이라는 예측이 그러하다. 한국의 생산가능인구는 2016년 3,763만 명을 정점으로 이후 계속 감소하여 2065년에 이르면 2,062만 명 수준에 머물 전망이다.[64] 이로 인하여 2040년에서 2050년 사이 우리나라의 잠재성장률은 1.4% 수준으로 하락할 것으로 예측되고 있다.

또 생산가능인구의 감소는 국가재정 부족 문제와도 연결된다. 고령화로 인한 노인인구 증가에 맞추어 의료비를 비롯한 각종 복지지출이 확대되어야 하는데, 근로인구가 감소하면 세입기반이 위축되어 국가재정

건전성에 적신호가 켜질 수밖에 없기 때문이다. 이는 자연스럽게 국민연금, 건강보험 등 주요 제도의 지속가능성에 위협을 가하게 되고, 세대 간 갈등을 악화시키는 원인이 될 것이다.

성공적인 고령사회 대응을 위한 미래전략

인구의 상당 비중이 65세 이상인 사람들이 사는 사회가 고령사회인데, 우리는 지금까지 너무 '고령자' 개개인이 갖는 삶의 애로사항에 집중하는 경향이 있었다. 고령사회 대응 방향은 크게 두 가지로 볼 수 있다. 첫 번째는, 사회의 전환 과정에서 생기는 문제에 대응해야 한다. 즉, 고령인구 증가로 인해 발생하는 사회적 문제에 대한 대응이 필요하다는 것이다. 예상되는 사회문제들은 노동인구 감소로 인한 생산성 저하, 연령주의로 인한 고령자 배제, 고령자 재교육의 부재로 인한 인구의 질 저하, 교통인프라 낙후성으로 인한 접근성 저하 등이다. 두 번째는, 사회변화 과정에서 고령인구의 삶의 질 저하가 초래되지 않도록 하는 방안을 모색하는 것이다.[65] 생산 시스템의 변화에 적응하지 못하는 저소득 고령자의 빈곤, 디지털 사회에서 고령자의 사회활동능력 저하, 전통적 가족붕괴로 인한 돌봄(케어)의 약화, 단독거주 고령자의 안전사고 위험 등이다.

이 두 가지 방향에서의 다각적 대안들이 실효를 거둔다면, 고령사회에서 노인이 직면하는 '노후 4고품(빈곤, 질병, 고독, 무위)'와 같은 문제들을 시의적절하게 해결할 수 있을 것이다. 또 고령화에 따른 사회구조 개선이 잘 이루어져 새로운 기회와 발전적 가치를 발견할 수도 있을 것이다. 무엇보다 고령화로 인해 필연적으로 삶의 질에 대한 관심이 증대될 것이며, 양적 성장보다 질적인 가치를 중심으로 화두가 이동할 것이다. 가령 현재와 비교했을 때 고령사회에서는 건강, 여가, 배움 등 삶의 질을 높이는 분야가 더 중요해질 것으로 보인다. 그리고 노년에 대한 준비도가 높아진다면 노인들은 새로운 소비주체로 등장할 수 있다. 이뿐만 아니라 고령화에 따른 라이프스타일의 변화에 맞춰 고령사회형 신규 일자리도 창출될 것으로 전망할 수 있다. 실버문화 콘텐츠개발자, 노후설계 상담사 등 지금까지 부각되지 못했거나 존재하지 않았던 새로운 형태의 직업들이 그러한 예이다.

단기적 대응전략

단기적인 차원에서는 무엇보다 노후소득과 고용영역의 기초적인 사회토대 확충에 주력해야 한다. 노인자살의 원인 가운데 가장 큰 부분을 차지하는 것이 경제적 어려움이다. 경제적인 안정이 선결되지 않는다면 여가, 삶의 질 등 노후생활을 윤택하게 만들기 위한 다른 노력은 무용지물이 될 것이다. 노후의 경제상황을 개선하기 위해서는 세 가지 차원의 노력이 필요하다. 먼저 안정된 공적 노후소득보장체계를 구축해야 하며, 두 번째로는 연금수급 이전까지 안정된 경제활동을 보장할 수 있도록 중고령자 고용 관련 제도를 정비해야 한다. 세 번째로는 개인 차원에서 노후를 대비할 수 있도록 노후준비제도를 활성화해야 한다.

우리나라의 공적 노후소득보장 제도인 국민연금제도의 소득대체율은 2018년 39.3%인데 이는 OECD 평균 48.7%보다 낮은 수준이다.[66] OECD의 가장 최근 통계치인 2012년도를 기준으로 보았을 때 우리나라 국민연금의 소득대체율은 복지국가로 알려진 북유럽국가 중 스웨덴(33.7%)이나 덴마크(30.1%)보다 높은 수준이지만, 이 국가들도 한때는 연금 소득대체율이 80~90%에 달했으며, 소득을 비롯한 제반 복지 여건이 튼튼히 갖추어진 상황에서 연금개혁을 통해 소득대체율을 낮춘 것이다. 아직도 다수의 유럽 국가들은 안정된 고령사회를 유지하기 위해 연금의 높은 소득대체율 수준을 유지하고 있다(독일 50.9%, 프랑스 60.5%, 핀란드 62.8% 등).[67]

우리나라는 2008년 기초노령연금 도입을 비롯해 퇴직연금, 개인연금, 주택연금, 농지연금 등 다양한 노후대비 수단을 마련해왔으나 포괄하는 대상층이 낮아 안정적인 노후소득보장 제도로 기능하는 데 한계가 있다. 이를 위해 정부는 60세 정년을 법제화하고 2016년부터 공공기관 및 300인 이상 사업장 적용을 시작으로 2017년부터는 300인 이하 사업장으로까지 확대되었다. 그러나 법정 정년제가 제대로 이행된다고 하더라도, 국민연금 수급 시기와 정년 사이에는 여전히 괴리가 있어 소득 공백기가 존재하게 된다. 따라서 중고령자들이 퇴직에 가까워진 나이에 더 안정적으로 경제활동을 할 수 있게 만드는 제도적 장치에 대한 고민이 필요하다. OECD 회원국의 GDP 대비 노인에 대한 공적 사회복지지출 비율(2013년 기준)을 보면, 한국은 2.2%로 OECD 평균인 7.7%에 미치지 못하고 있으며, 일본(10.7%), 스웨덴(9.6%), 미국(6.3%), 영국(6.5%) 등과의 격차가 매우 큰 상태이다.

우리나라 국민이 노후준비에 특히 취약한 사회구조적, 관습적 환경을 고려해 정부에서는 2015년 12월부터 국민의 노후준비를 국가 차원에서 지원하기 위한 노후준비지원법 시행에 들어갔다. 그러나 아직 이 법에 대한 국민의 체감도가 매우 낮아, 노후준비지원서비스에 대한 정책적 실효성이 크게 미흡한 상황이다. 따라서 형식적인 입법으로 끝낼 것이 아니라 국민에게 실효성 있는 서비스로 전달될 수 있도록 내실을 기해야 할 것이다.

중기적 대응전략

중기적 차원에서는 '복지'에서 '시장'으로 무게중심을 이동해야 한다. 즉 고령화를 부담에서 기회로 전환하기 위해 본격적으로 노력해야 한다. 이를 위해서는 국가 중심의 복지적 대응만으로는 한계가 있으며, 고령화를 적극적인 성장동력으로 활용하기 위해 고령사회의 특성을 반영한 새로운 시장을 형성해야 한다.

향후 '노년 서비스 시장'은 새로운 성장동력이 될 수 있을 것으로 전망되며, 특히 고령자 적합형 주택시장, 금융시장, 여가 관련 시장 등이 경제력을 갖춘 새로운 노인세대의 소비를 진작시킴으로써 경제 활성화에 기여할 수 있는 영역으로 기대되고 있다.

또 복지 차원에서는 그동안 확립된 복지정책을 정비하는 작업이 중기 과제로 진행되어야 한다. 즉 지난 2000년대 중반 이후 노인과 관련된 복지정책 및 인프라는 빠른 속도로 확대되어왔는데, 이처럼 급속한 팽창은 필연적으로 역할과 기능의 측면에서 중첩되거나 사각지대를 발생시킨다. 따라서 중기적 과제로 노인복지 분야의 공공 인프라 기능과 역할을 종합해 새롭게 재편성하는 체계개편 작업이 진행되어야 한다.

장기적 대응전략

장기적 차원에서는 근본적인 사회 시스템의 조정과 변화가 필요하다. 여기에 해당하는 대표적인 영역이 교육이다. 현재 노년 교육은 평생교육, 복지관 등을 중심으로 진행되지만 이러한 교육에 접근성을 가지고 있는 국민은 소수에 불과하다. 따라서 더 구체적으로 의무교육 기간이 과연 고령사회 생애주기에 적합한 교육 시스템인지에 관한 재검토와 조정이 필요하다.

근본적인 사회 시스템의 조정과 변화가 필요한 또 다른 영역이 대안적 가족공동체에 대한 고민이다. 가족의 형태는 산업화를 거치면서 대가족에서 핵가족의 형태로 변화해왔는데 고령사회의 진전과 함께 예측되는 새로운 가구 형태가 1인가구이다. 특히 수명이 길어지면서 노인부부 단독가구 가운데 사별 등의 이유로 노인 1인가구는 더욱 증가할 것으로 예측된다. 이러한 가족 형태가 보편화할 경우 가족의 개념에 대한 새로운 정의와 대안적인 가족 형태에 대한 범사회적 고민이 필요할 것으로 보인다. 다시 말해 기존의 혈연중심 가족관계를 대체할 수 있는 새로운 형태의 공동체에 대한 고민이 진행되어야 한다.

노인인구가 전체 인구의 20%가 넘는 초고령사회에서 노인은 더 이상 특별한 집단이 될 수 없다. 따라서 고령사회에 적응해가는 과정에서는 노인과 고령화에 특화된 대책들이 필요하지만, 장기적 관점에서는 모든 연령 구분을 없애고, 연령에 관계없이 지속가능한 사회적 환경 조성에 관한 구상이 마련되어야 한다. 노인의 연령 기준 변경도 함께 논의되어야 한다.

단기적 실행방안
- 노후의 경제적 안정화에 초점
- 1인 1국민연금 체제 확립
- 기초연금 내실화를 비롯해 국민연금 소득대체율과 연금보험료 상향조정 논의 필요

- 공적연금 이외의 다양한 노후준비를 위한 금융상품 개발
- 현금 흐름을 개선할 수 있도록 주택·농지연금 활성화
- 정년과 연금수급 연령을 일치시키기 위해 정년제도의 실효성 제고
- 국민연금공단 행복노후준비지원센터 등 개인이 대비할 수 있는 노후준비지원 인프라 확충

중기적 실행방안

- 노인 서비스 분야 시장 육성을 위해 정부 차원의 실버산업 지원체계 강화
- 관광, 식품산업 등 현존하고 있는 시장 가운데 노인의 일상생활에 밀착되어 있지만, 노인에 특화된 서비스 제공에 한계를 보이는 시장 영역 중심으로 발전 모색

장기적 실행방안

- 은퇴 이후 교육의 기회 제공 등 생애 전체를 고려한 교육 시스템 재구조화
- 1인가구를 위한 각종 법제도 정비
- 비혈연 가구끼리 모여 사는 공동체 지원 정책 강구

3.
다문화사회 전략

━━━━━━━ 오랫동안 정서적 동질적 구성을 유지해온 한국 사회는 최근 다문화사회로 변화하고 있다(여기서 다문화는 북한 이주 동포를 포함하는 개념임). 이러한 변화의 직접적 원인은 이민자의 유입이다. 1980년대 후반 외국인 근로자의 국내 진입에서 시작된 이민자 유입은 1990년대 초에는 결혼 이민으로, 2000년 무렵에는 외국인 유학생으로 증가하는 모습을 보여왔다. 법무부에 따르면 국내 체류 외국인 수는 2007년 100만 명을 돌파하였고, 2016년에는 200만 명을 넘어섰다. 이러한 규모는 총인구의 3.9%에 해당하는 비율이다. 또 머지않은 2021년쯤에는 300만 명을 넘어설 것으로 전망되고 있다. 과거 한반도에 들어온 이민자는 거의 전원이 중국과 일본 등 국경을 맞댄 이웃나라에서 온 사람들이었지만, 1980년대 말 이후 한국에 들어온 이민자의 출신국은 가까운 중국이나 일본뿐 아니라 동남아시아, 서남 및 중앙아시아, 유럽

각국과 북미, 중남미 등 다양하다.

한국인과 국제결혼을 한 이민자들의 정착 또한 변화의 한 축을 이룬다. 배우자 쌍방의 국적, 민족, 종족, 인종이 다른 종족외혼 또는 인종 간 결혼이 활발하게 진행되고 있다. 최고 수준을 기록한 2005년의 경우, 국내 전체 결혼 건수의 13.6%인 4만 3,121건이 국제결혼이었다. 2013년 국제결혼 건수는 2만 5,963건으로 전체 결혼 건수의 8.0%였다 (2017년에는 2만 835건으로 다소 줄었다). 국제결혼은 이미 10년 이상 총 결혼 건수의 5%를 웃돌고 있다.

한편, 한국의 문화적 다양성을 증대시키는 주요한 요인이 되는 이들은 결혼이주민, 외국인 유학생보다는 외국인 근로자와 같은 경제이민자들이다. 이들은 특정 지역에 밀집하여 거주하며 한국 내 문화적 다양성에 기여하고 있다. 다른 문화권의 이민자를 수용한다는 것은 인구결손을 보충하거나 경제적 이해뿐만 아니라 문화의 도약을 위해서도 필요한 일이다.

인구 고령화와 이민 수요

한국사회가 당면한 저출산·고령화 문제에 따라 이민자 유입은 계속될 전망이다. 통계청이 2010년 인구주택총조사 자료를 토대로 작성한 장래인구 추계에 따르면, 한국의 총인구는 2010년 4,941만 명에서 2030년 5,216만 명까지 성장하다가 그 이후 감소할 것으로 예측된다. 한국의 생산가능인구(15~64세)는 2016년 3,704만 명(72.9%)으로 정점에 도달하고, 그 후 급속히 감소한다. 전체 인구보다 노동력이 먼저 감소하는 것이다.

현재의 출생률과 사망률을 고려할 때, 한국의 고령화 추세를 몇 년 안에 반전시키기는 매우 어려우며, 인구 고령화에 대응하고 인구 구조조정 시간을 벌기 위해 생산가능인구 중 여성과 이민자 노동력을 수용하는 현실적인 대안이 필요한 상황이다.

미래 이민정책의 방향

이민정책을 통해 교육과 기술 수준이 높은 노동력을 확보하고, 이민으로 인한 긍정적 효과를 극대화하는 동시에 부정적 효과를 최소화하기 위해서는 정부가 장기적 그림을 갖고 능동적 역할을 담당해야 한다. 정부의 이민정책 설계와 운용에 대한 검토가 그 첫 작업이 되어야 한다. 외국인과 더불어, 해외 거주 한인과 그 가족의 국내 유입을 고려해야 하며, 이 경우 한국의 국적법을 수정하여 국내 이주를 활성화해야 한다. 또 북한 거주민들을 수용할 정책을 병행하여 입안할 필요가 있다.

두뇌유출 방지 대책 필요

정부는 우선 '나가는 이민'의 중요성을 인정하고 이를 적극적으로 관리해야 한다. 청년층과 전문기술직 종사자의 해외 취업은 언제든지 정주형 이민이나 가족이민으로 발전할 가능성을 갖고 있다. 가족형 정주이민으로 전환될 경우, 인재를 잃어버리고 인구가 감소한다. 정부에서 적극적으로 재외동포 정책을 추진하고 해외 인재와 기업가를 한국으로 유치하려는 정책을 펴지 않는다면, '두뇌유출'에서 '두뇌순환'으로 전환되는 현상을 기대하기 어려울 것이다. 그러한 점에서 한국인의 해외 진출을 장려하되 두뇌유출을 방지하기 위한 다각적 정책을 개발하여 추진해야 한다.

다각적 이민정책 추진

다음으로 '들어오는 이민'이 국내 사회와 경제에 미치는 효과를 고려하여 이민정책을 정비해야 한다. 정책 논의의 초점을 이민자의 숙련수준과 국내 노동시장 상황 등을 고려하여 어느 분야에서 얼마만큼 어떤 방식으로 이민자를 받아들여야 하는지를 설정해야 한다. 저숙련 이주노동자와 전문기술인력 및 결혼이민자 등을 받아들이는 방식은 달라야 하며, 정책에 대한 고민이 필요하다.

일반적으로 이민자 유입은 국내시장을 확대한다. 이민자들이 장기 거주하는 경우, 소비자 역할도 한다. 또 이민자들은 노동비용이 낮아 그로 인해 제품 공급이 증가하고, 제품의 가격이 하락하면, 내국인들은 저렴한 비용으로 제품을 소비할 수 있게 된다. 그뿐 아니라 이민자 유입이 사회의 문화적 다양성을 고취하는 효과도 크다.

그렇지만 이민자의 노동생산성이 지나치게 낮아 노동생산성 수준이 전반적으로 낮아지거나 이민자에 대한 공적이전지출이 급격히 증가할 경우에는 이민자 유입에 따른 1인당 GDP의 상승효과는 기대할 수 없다. 이민자들은 보통 단신으로 이동하는 것이 아니라 가족을 동반하므로 국가는 이민자 가족에게 사회복지 혜택을 제공해야 한다. 이민자도 은퇴하면 사회복지 혜택을 받아야 하므로, 늘어난 기대 수명을 고려할 때 정부는 이민자들이 경제활동을 하며 유입국 사회에 기여한 것보다 더 많은 비용을 그들의 사회보장비로 지출할 수도 있다. 더구나 현재 이민자들이 얻는 일자리가 대부분 저임금 직종이라는 점을 고려하면 그들의 기여도는 더욱 낮을 것이다. 이런 점에서 한국이 이민자 유입 효과를 극대화하기 위해서는 이주노동자와 같은 '교체 순환형'과 영구 정착이 가능한 '정주형' 이민을 병행하여야 한다.

우수인력 확보를 위한 이민정책

이민정책은 우수인력을 확보하는 방안으로 활용될 수 있다. 흔히 기업의 미래는 우수인력 확보가 관건이라 말한다. 국가도 마찬가지이다. 내부 인력을 우수인력으로 잘 길러내는 것 못지않게 외국에서 우수인력을 유치해오는 방법도 필요하다. 이런 방법은 미국, 캐나다, 호주가 사용하고 있다. 어차피 인력 부족을 해결하기 위해서 이민을 받아들인다면, 공부 잘하고 성실하고 머리 좋은 사람을 받아들인다는 전략이다. 현재 한국에 와 살기를 원하는 외국인들이 적지 않다. 그래서 한국으로 유학을 오고, 대학 졸업 후에는 한국에 체류하기를 희망한다. 예를 들어서 한국 대학에서 이공계 박사 학위를 받는 유학생에게는 비교적 쉽게 국적을 받아 정착할 수 있게 해준다면, 선순환의 유학 이민제도가 정착될 수 있을 것이다.

이민자 유입에 따른 지원과 대처

정주형 이민자의 경우 사회통합정책을 통해 국내에서 성공적으로 정착하도록 지원하여야 한다. 국가는 이민자들이 사회적, 경제적, 정치적 권리를 공정하게 누리고 의무를 이행할 수 있도록 그들의 시민권 제도부터 정비해야 한다. 아울러 정부는 이민자 유입으로 초래된 사회적 갈등과 비용을 줄이기 위해 노력해야 한다. 정주형 이민자는 내국인 노동자들의 임금감소 및 실업, 주택, 취학인구, 범죄, 문화와 공동체 해체, 복지지출, 공공서비스, 공공재정 등의 문제에 이르기까지 광범위한 분야에서 수용국 사회에 영향을 미친다.

이민자 수가 많아지면서 이민자들은 다양한 형태의 사회집단을 형성하게 된다. 이들 중 일부는 개방적 정체성을 갖고 주류사회 속으로 편입되지만, 다른 일부는 순수성과 배타성을 유지하며 자신들의 공동체에 폐쇄적으로 집착하기도 한다. 후자의 경우 공동체나 민족 또는 종교 안에 고립됨으로써 출신국 사회의 독특한 문화를 간직한 게토, 즉 '문화적 게토'를 형성하게 된다. 문화적 게토 중 일부는 장기간 이어지지만, 또 어떤 집단은 일시적으로 존속하다 사라진다. 외국 출신 주민이 문화적 게토를 형성하여 주류사회의 문화를 풍요롭게 할 수도 있지만, 때로는 위험에 빠뜨리기도 한다. 특히 극단적이고 폐쇄적인 게토는 사회의 위험 요인으로 간주된다.

정부는 이민자가 유입됨으로써 발생할 수 있는 부정적 측면을 진단하는 한편 그것을 예방하고 해소하려는 노력을 해야 한다. 인종적, 종족적 다양성을 문화적 다양성으로 승화시키고 조화를 이루게 하려는 노력이 절실하다. 정부가 그러한 노력을 게을리하여 이민자 사회 통합에 실패할 경우, 이민자와 내국인 간의 갈등이 사회문제로 대두될 수 있다는 점을 경계해야 한다.

다문화사회의 사회통합

한국사회의 종족적 다양성을 문화적 다양성으로 확대하기 위해서는 이민자 및 외국인과 한국인 모두의 노력이 필요하다. 이질적인 문화를 가진 사람들이 상생하기 위해서는 이해understanding와 관용tolerance의 정신으로 상대방을 존중하는 자세가 필수적이다.

외국인 또는 이민자에게 사회 적응은 힘든 경험이다. 낯선 한국어와 한국문화, 관습을 이해하고 적응하기 위해 노력해야 하기 때문이다. 정부는 이민자들이 한국사회에서 생활하는 데 필요한 정보와 기술을 습득하여 자국의 문화적 정체성을 유지하면서도 한국사회에 적응할 수 있도록 지원해야 하며, 마찰과 갈등을 줄일 수 있도록 해야 한다. 한국인은 외국인과 외국문화를 인정하고 이해해야 하는 과제를 안게 된다. 종족적, 문화적 다양성을 존중하는 사회를 이루기 위해 정부, 기업, 시민사회가 해야 할 역할을 제시하면 다음과 같다.

외국인 노동자의 인권보호 강화
- 생산기능직 외국인 노동자 차별대우와 인권침해 근절 방안 강화
- 외국인 노동자의 권리를 보호, 신장할 수 있는 법제도 보완

지방정부 차원의 다문화사회 지원
- 외국인들의 자발적인 문화행사를 지원하는 프로그램 운영
- 가칭 '다문화주의 기금multi-culturalist fund'을 조성하여 다양한 활동 지원
- 외국인 이주민들의 관점에서 문화적 수요 파악
- 외국인 업무를 전담하는 부서 설립
- 외국인 주민 대표가 '외국인대표자회의'를 통해 지방행정에 직접 참여하는 기회 부여

- 이주자 밀집 지역과 지역주민 소통을 도모할 수 있는 지역 특화 공동체 행사 활성화

다문화 수용에 걸맞은 기업문화 조성
- 외국인 노동자 차별 금지를 위한 상호 감시 운동 운영
- 종교, 음식 등 외국인 노동자들의 전통문화와 생활관습을 존중하는 기업문화 조성

시민사회 차원의 상생프로그램 활성화
- 외국인에 대해 무관심한 태도나 차별적인 태도 탈피 문화 조성
- 가칭 '친구 맺기 프로그램'을 만들어 서로 이해할 수 있는 현실적 화합의 기회 확대
- 똑같은 시민으로서 '더불어 사는' 시민의식 교육

국제결혼 이주여성과 자녀에 대한 관심
- 대다수 다문화 가정을 구성하는 국제결혼이주여성 실태 파악 및 권익 보호
- 특히 이주여성들의 성폭력과 가정폭력 문제 해법 마련
- 한국 국적을 가진 2세들이 빈곤, 학교에서의 따돌림, 언어문제, 학력저하 등의 문제를 겪지 않도록 체계적인 지원

4.
미래세대 전략

━━━━━━━━━━ 미래세대란, 현세대의 결정과 행동의 영향을 직접 받으면서도 아직 미성년이거나 태어나지 않았기에 자신의 목소리를 현실정치에 반영할 수 없는 세대를 말한다. 이는 곧 현세대의 의사결정은 미래세대까지 포함한 장기적인 관점에서 이루어져야 한다는 것을 의미하지만, 현실을 보면 미래세대를 향한 관심과 투자는 여전히 매우 미흡한 실정이다. 특히 장기 추세로 이어질 뿐 아니라 그 속도가 다른 어느 국가보다도 빠른 저출산과 고령화의 문제, 그리고 자원활용과 환경정책 등은 미래세대에 막대한 영향을 끼칠 요인들이다. 또 문명사적 전환에 비유되는 4차 산업혁명은 대응 정책과 사회적 수용 방식의 측면에서 현세대보다는 4차 산업혁명의 정점을 살아갈 미래세대의 주요 이슈일 것이다. 따라서 미래에 주요한 영향을 미칠 수 있는 이슈의 경우에는 미래세대를 함께 배려하는 관심과 정책을 더 필요로 한다.

청년층의 자조적인 미래관

몇 년 전부터 우리 젊은이들 사이에서는 미래를 비관적으로 보는 사조가 만연하고 있다. 자신들을 3포 세대 또는 N포 세대에 비유하는 자조적인 단어가 유행했는가 하면, 심지어 '헬조선'이나 이번 생은 망했다는 뜻의 '이생망'이란 말까지 떠돌았다. 또 최근에는 청년실업률이 계속 올라가면서 수년째 공무원 시험 준비를 하는 '공시폐인', 인턴만 계속하는 '호모인턴스' 등의 신조어도 유행하고 있다. 모두 절벽처럼 막혀 있는 앞길을 한탄하는 말들이다. 도산 안창호 선생은 일찍이 "낙망은 청년의 죽음이요, 청년이 죽으면 민족이 죽는다"라고 말했다. 세계 3대 투자자로 알려진 짐 로저스Jim Rogers는 2017년 KBS 1TV〈명견만리〉에 출연하여 "나는 20년 전 한국이 IMF 외환위기 시절에 한국에 투자하여 크게 성공한 바 있다. 그러나 지금은 투자하지 않고 있다. 그 이유는 서울의 노량진에 가보면 알 수 있다"라고 했는데, 이는 젊은이들이 희망을 잃고, 변화를 도모하지 않고, 공무원 시험이나 준비하는 나라에는 희망이 없어 투자하지 않는다는 뜻이었다. 결혼 기피, 저출산, 자살률 등 여러 가지 국가적 의제들이 이러한 현상과 직결되어 있다. 현재 대한민국이 직면하고 있는 가장 큰 과제는 어떻게 하면 청년들에게 희망을 불어넣느냐 하는 것이다.

현세대와 미래세대 간 형평성 문제

미래세대에 대한 무관심은 현재의 정치적, 제도적, 구조적 한계에서 비롯된다. 우리나라를 포함한 거의 모든 국가의 공식적인 제도는 현세대의 요구에 우선 대응하도록 구조화되어 있고, 이를 기초로 통치행위의 정당성을 부여받도록 제도화되어 있기 때문이다. 하지만 환경오염과 이로 인한 생태계 파괴와 기후변화, 그리고 자원고갈 등 현세대가 남긴 폐해를 미래세대가 고스란히 떠안아야 한다는 것에 대한 경각심이 미미하게나마 미래세대를 위한 관심의 배경이 되고 있다. 특히 OECD 국가 중 최하위를 기록하고 있는 한국의 낮은 출산율, 급속한 고령화, 복지 수요 확대에 따른 재정 건전성 문제 등이 최근 우리 사회의 뜨거운 현안이 되면서 미래를 향한 관심과 우려가 촉발되고 있다.

환경 및 자원보존과 미래세대

환경 및 자원 보존과 관련한 논의는 미래세대의 '환경권'과 직결된다. 지구의 환경과 자원은 현세대의 소유물이 아니며, 미래세대도 오염되지 않은 환경과 천연자원의 혜택을 누리고 살 권리를 갖는다. 현세대가 지금과 같이 자원 소비를 지속한다면 지구의 유한한 자원은 고갈될 수밖에 없으며, 환경오염이나 생태계 파괴 등의 문제 또한 피할 수 없게 된다. 또 기후는 불안정해지고 있으며, 자연재난과 재해도 증가하고 있다. 소득수준에 비해 과다한 에너지 사용도 문제가 될 것이다.

세대 간 자원분배 문제

세대 간 자원분배의 불균형 문제를 초래하는 대표적인 것이 현행 연금제도이다. 세대 간 부양의 원리를 기반으로 하는 현행 공적연금제도는 저출산, 고령화가 가져올 인구구조 변화에 매우 민감하다. 고령화가 진전되면 연금지출은 늘어나지만, 출산율 저하와 경제활동인구의 감소로 연금재원은 오히려 부족해지기 때문이다. 이는 곧 미래세대에 커다란 부담으로 돌아가게 된다. 공무원, 사학, 군인, 국민 등의 연금제도가 현재와 같은 양상으로 미래에도 지속이 된다면 결국 연금재정이 고갈되어 재정위기를 맞을 수밖에 없다.

한편 고령화의 진전과 사회적 양극화의 심화로 복지수요는 지속적으로 증가할 전망이다. 현행 복지제도를 유지만 하더라도 급속한 고령화로 인해 2050년에는 사회복지 지출이 GDP의 15%를 넘어설 것으로 예측된다. 현세대를 위해 복지를 확대할 경우 이는 곧 미래세대의 복지를 잠식하는 결과를 가져올 것이다. 현저히 부족한 복지재원 마련을 위해 문재인 정부는 '부자증세'를 들고 나왔지만, 현세대의 복지 수요를 충족시키기에도 부족하여 미래세대의 혜택까지 보장할 수 있는 것은 아니다.

문제해결을 위한 미래전략과 추진방안

국가부채에 대한 인식

한 해의 정부 살림살이를 파악할 수 있는 국가재정(관리재정수지) 적자가 만성적으로 고착화하면서 2016년에는 22조 7,000억 원을 기록했다. 문재인 정부 들어 정부가 국회에 제출한 〈2017~2021년 국가재정 운용계획〉에 따르면 2017년 재정적자 규모는 28조 원, 2018년 역시 28조 원이며, 2019년에는 33조 원으로 늘어날 것으로 추정하고 있다. 메르스(Mers, 중동호흡기증후군) 추경 등으로 적자규모가 38조 원에 이르렀던 2015년보다는 개선되었지만, 이러한 대규모 재정적자가 2008년 이후 10년째 이어지고 있다. 2020년에는 38조 원, 2021년에는 44조 원으로 늘어날 것으로 예측되는데, 결국 이러한 국가의 빚은 미래세대에 막중

| 표 13 | 미래세대의 권익 보호를 위한 해결책

1. 미래세대를 위한 글로벌 거버넌스 조직 개혁

2. 미래세대의 권익 보호를 위한 법 조항 마련 또는 강화

3. 미래의 중요한 의사결정을 선출직이 아닌 독립적인 기관에 양도

4. 선거제도 및 투표권 개혁

5. 행정 및 입법기관의 설계 변경

6. 미래예측 메커니즘과 계획 프로세스 강화

7. 장기적인 사안에 초점을 둔 새로운 전략과 계획 수립을 위한 연구 및 자문 기관 설치

8. 미래세대의 후견, 또는 보호와 책임을 담당하는 새로운 기구 창설

9. 절차 및 실질적인 부문에서 의사결정자들을 제한하기 위한 새로운 규칙 도입

10. 예산 및 성과 관리 기구 및 책임성 강화

11. 새로운 정책 프레임워크에 기반한 회계/복지 측정을 위한 미래준비 및 영향지수 개발

12. 시민사회 역량 강화

한 부담이 될 것이다. 이러한 사실에 모두가 경각심을 가져야 한다.

정책적 대안 사례

미래세대와 현세대 간 형평성 문제를 다루는 문헌들을 검토해보면, 이를 해결하기 위한 개혁적인 제안들이 다양하다는 것을 알 수 있다. 이러한 제안들은 헌법의 개정부터 입법부 내 위원회, 독립적 행정기관, 정책 의제 설정부터 평가에 이르기까지 정책 사이클의 모든 단계를 취급하고 있다.

표에서 보는 바와 같이 미래세대의 권익 보호와 관련해 기존에 제시된 여러 해결책을 분석해보면, 상당수가 복합적인 목표를 지녔으며, 단

순히 미래세대를 위한 것만은 아니다. 또 제안의 중요도나 복합성의 스펙트럼도 매우 다양하다. 개별 국가들의 헌법 규정, 정부 조직, 정당 간 경쟁구조, 이념적인 양극화 수준, 사회적 신뢰와 호혜성 수준, 정책 프로그램의 특성, 정책 해결책과 연관된 보상구조 등이 다양성에 영향을 주기 때문이다.

추진 방향과 전략: 실행 가능성, 효과성, 한국적 적실성

미래세대의 권익 보호와 세대 간 형평성 제고를 위한 제도 및 정책 설계를 위해서는 복합적인 사고가 필요하다. 또 많은 정치적, 제도적인 장애물을 극복해야 한다. 이는 단기간 내에 이루어질 수 없으며 장기적인 계획과 지속적인 실천이 필수적이다. 미래세대를 위한 정책과 제도들은 무엇보다 실행이 가능하고 효과가 있어야 하며, 한국적인 상황 요건에 부합되어야 한다. 따라서 제도 및 정책 설계의 기준으로 실행 가능성, 정책적 효과성, 한국적 적실성이라는 세 가지 방향성을 염두에 둘 필요가 있다.

먼저, 설계될 제도나 정책의 실질적인 실행 가능성을 판단해야 한다. 예를 들어 헌법 개정이 필요한 제안들은 본질적인 법규의 변경을 요구하기 때문에 실행하기가 쉽지 않다. 다음으로는 설계될 제도나 정책이 실질적으로 미래세대의 권익 보호와 세대 간 형평성 제고에 기여할 수 있는지 여부를 판단해야 한다. 이는 정책과 제도의 지속가능성과도 관련된다. 마지막으로 우리의 헌법체계, 정부조직, 정당 간 경쟁구조, 이념적인 양극화 수준, 사회적 신뢰와 호혜성 수준 등을 고려해 정책 및 제도가 한국적 상황에 얼마나 부합되는지를 검토해야 한다.

전략적 실행환경 제공

- 정책결정자들이 단기 이익을 넘어 중장기 미래에 관심을 가지도록 인센티브 제공
- 정책결정자들이 더 나은 의사결정을 할 수 있도록 데이터 · 분석방법 · 절차 등 제공

제도적 장치를 통한 실행 방안

- 미래세대 배려 정책을 수립하도록 적절한 정치적 보상구조 마련
- 중장기 미래 및 미래세대를 위한 정책 입안 시 가산점 부여 등 공무원 평가제도 개편
- 미래세대를 위한 의정활동을 수행하는 의원들에게도 특별한 보상제도 마련
- 미래세대 대리인 선출. 즉 비례대표제를 미래세대를 대표하는 제도로 보완
- 협력적인 거버넌스를 통해 특정 정책에 대한 초당적 지지와 사회적 합의 모색

미래세대에 희망 불어넣기

- 교육 사다리 회복: 공교육 정상화, 다양한 진로교육, 학력차별 금지, 사교육 근절 등
- 사업 사다리 회복: 성실성과 기술만 가져도 사업을 펼치고 성공할 수 있는 사회 구축. 창업 지원정책, 창업자 연대보증 금지, 실패용인, 패자부활 등

5.
사람을 위한
4차 산업혁명

━━━━━━━━━ 2016년 다보스포럼을 계기로 4차 산업혁명에 대한 논의가 사회적 화두가 되면서 미래사회에 대한 다양한 전망이 쏟아져 나오고 있다. 과학기술의 가속적 발전은 사실 인류 역사에서 전대미문의 사건이었다. 그리고 이 과학기술의 발전은 인류를 빈곤으로부터 해방시키며 경제적 번영을 가져온 것으로 찬양되어왔다. 실제로 증기기관을 기반으로 일어난 1차 산업혁명, 20세기 초 전기를 기반으로 일어난 2차 산업혁명이 이러한 경제성장을 이룩하는 데 결정적 역할을 했다. 이후 20세기 후반에 출현한 디지털 기술은 정보화 혁명, 즉 3차 산업혁명을 촉발하고 최근 새로운 변곡점에 도달하였다. 디지털 정보화로 일어난 3차 산업혁명은 이제 4차 산업혁명으로 도약하고 있다. 여기서 중요한 것은 논의의 출발점도, 종착점도 사람이 그 중심이 되어야 한다는 것이다. 문재인 대통령이 대통령 후보 시절 밝힌 과학의 날 메시지를

되짚어봄 직하다. "우리가 노력하지 않아도 4차 산업혁명 시대는 올 것입니다. 우리가 노력하지 않는다면 '사람'이 빠진 4차 산업혁명 시대를 맞게 될 것입니다."

낙원을 향한 4차 산업혁명의 꿈

4차 산업혁명은 가상과 현실 세계가 상호 침투하는 사이버 물리 시스템이 구축됨으로써 자동화·지능화된 생산체제가 산업·경제·사회 구조를 급격히 혁신하는 과정이다. 20세기 후반, 정보화 기술은 4차 산업혁명을 주도하고 있는데, 인간과 인간의 소통기술로 실현되는 ICT의 단계를 넘어섰다는 점에 주목해야 한다.

경제적 번영

IT는 이제 인간을 포함한 모든 사물에 스며들어 만물의 소통과 조작을 실현하는 사물인터넷, 더 나아가 만물인터넷의 단계로 진입하고 있다. 만물인터넷은 사람, 기계, 설비, 물류, 제품 등 모든 것이 직접 정보를 교환하고 협력하는 지능형 디지털 네트워크 시스템이다.

이렇게 4차 산업혁명이 이끌어가는 미래에는 기계들이 지능화되고 서로 정보를 주고받고 스스로 소프트웨어를 업그레이드하면서 진화한다. 반면 기계를 지능화하는 데 필수적인 컴퓨터와 인공지능의 생산비용은 빠른 속도로 저렴해지고 있다. 따라서 기업은 고비용이 드는 인간의 노동력을 지능화된 기계로 대체하는 과정을 본격화하고 있다. 지능화된 기계의 전면적이고 급속한 도입은 생산 부문에만 머무르지 않는다. 경영관리에서도 딥러닝, 그리고 딥디시전deep decision의 방식으로 지능화된 인공지능의 도입이 급속히 일어날 것이다. 이 과정은 기존의 인간 조직이 의견 조율과정에서 보여준 시간의 지체, 그리고 조직의 경직화로 인한 관료화와 같은 문제점을 극복할 것이다. 또 신속하고 합리적인 결정으로 경제운영의 오류가 감소하고 운영의 속도도 가속화될 것이다. 이렇게 컴퓨터에 의해 경제 전반이 지능화되면, 경제 전반에서도 디지털 기술의 발전 속도인 거듭제곱의 발전 속도가 나타나 경제적 풍요를 이룰 수 있을 것이다.

죽지 않는 인간의 도래, 포스트 휴먼 시대

만약 4차 산업혁명이 좌절 없이 계속된다면, 인간 시대를 넘어서는 포스트 휴먼post-human 시대가 열릴 수 있다고 전문가들은 전망한다. 포스트 휴먼은 소위 트랜스 휴머니스트라고 불리는 미래주의자들이 미래에 출현할 역사의 주인공으로 예견하는 새로운 존재자를 말한다. 생명공학기술의 발전으로 이제 유전자 가위를 이용해 인간 유전자를 원하는 형태로 편집할 수 있게 되었다. 배아복제 기술로 자기 자신의 유전자를 그대로 가진 배아를 만드는 기술 또한 완성되었다. 현재 이러한 기술들은 윤리와 규범의 제약으로 인해 실용화되지는 않고 있다. 하지만 유전병을 자식에게 물려주지 않겠다는 인간의 원초적인 욕구는 기존의 윤리규범과 충돌하게 될 것이고 앞으로 많은 논란을 불러일으킬 것이다. 아마 이러한 기술은 규제가 상대적으로 느슨한 개발도상국에서 먼저 실용화될 가능성도 있다. 이미 중국에서는 유전자 가위 적용 실험이 여러 차례 실행된 바 있다. 이 기술이 실용화되면, 유전병 예방은 물론 면역에 강한 인간이 태어날 수도 있을 것이다.

여러 가지 첨단기술이 융합해 급격한 기술 발전의 상승이 일어나는 소위 특이점singularity[68]에 도달하면, 이런 융합기술로 탄생할 인간 이후의 존재자가 바로 포스트 휴먼의 정체이다. 첨단기술로 완전히 증강된 인간 이후 존재자가 출현하면, 인간의 생물학적 몸은 도태될 것이지만 생물학적인 인간 몸의 도태는 불행한 사건이 아니다. 이제 인간은 과학기술을 통해 그들을 괴롭혀왔던 질병과 죽음으로부터 해방될 수 있기 때문이다.

4차 산업혁명, 누가 지휘하는가?

혁명은 원래 역사를 인간이 원하는 방향으로 변혁하겠다는 역사의 주체로서의 인간선언이다. 즉, 인간이 역사를 미래로 지휘하는 새로운 단계라고 할 수 있다. 근대 이후 인간은 역사의 주인으로 나서는 혁명을 선언하기 시작했다. 그런데 4차 산업혁명도 그러한가? 만일 과학기술 발전이 트랜스 휴머니즘이 예고하는 방향으로 진행되고 4차 산업혁명 역시 그 방향으로 추진된다면, 혁명이 가져다줄 미래는 인간을 무기력한 위치로 배치할지도 모른다.

미래 인간에게 다가올 운명이 좀 더 자극적으로, 적나라하게 드러나는 것은 만물인터넷이 인공지능과 맺는 관계에서이다. 만물인터넷은 인간, 기계, 사물 등 모든 것이 인터넷으로 연결되고 이 모든 것으로부터 무한의 데이터가 광속으로 생산 순환되며, 빅데이터 안에 사실상 진리가 숨어 있게 되는 환경을 만들어줄 것이다. 이러한 환경에서는 진리를 정확하게 인지하여 가공하는 작업이 무엇보다도 중요하다. 하지만 불행하게도 인간의 능력은 이를 감당하지 못한다. 무한 규모로 집적되는 빅데이터 안에 숨어 있는 진리는 알파고와 같은 인공지능을 통해서만 파악될 수 있다. 이제 인간은 그 진리를 인식하여 무엇을 어떻게 생산하여 소비로 유혹해야 할지를 결정하는 주체가 아니다. 인공지능이 진리 인식의 주체가 되어 생산방식과 소비양식을 결정하고, 생산작업은 사이버물리 시스템으로 대체된다. 생산설비의 운영과 심지어 서비스까지 인공지능을 탑재한 로봇이 담당하게 될 것이다.

결국, 4차 산업혁명을 실질적으로 지휘하는 두뇌는 인공지능이 될 가능성도 있다. 그렇게 되면 인간은 그 인공지능이 지시하는 바에 따라 행동하는 아바타로 전락할지도 모른다. 이런 예측은 과장이 아니다. 알파고와 이세돌의 바둑대결은 4차 산업혁명에서 인간이 처하게 될 미래 상황을 이미 적나라하게 보여주었다. 이 대결에서 인간의 미래 모습을 보여주는 것은 알파고도, 이세돌도 아니고 바로 아자황이다. 이 대결에서 아자황은 인간으로서가 아니라 오로지 알파고의 아바타로만 존재했다.

일을 둘러싼 논쟁의 점화

인간이 할 일이 없는 미래?

4차 산업혁명이 현재와 같은 방향으로만 계속된다면, 상당수의 인간이 일자리를 잃는 미래가 올 것이다. 물론 낙관적 전망도 있다. 4차 산업혁명으로 인한 기술혁신은 한편으로는 기존의 일자리를 파괴하지만, 다른 한편으로 새로운 일자리를 창출할 것이라는 예측이다. 그러나 4차 산업혁명은 이전의 혁명과 근본적으로 다른 점이 있다. 그것은 4차 산업혁명의 기조는 기본적으로 인간이 서로를 필요로 하지 않는 미래로 향하고 있다는 사실이다. 또 실질적으로 새로운 기술에 의해 창출되는 일자리의 수는 기술혁신으로 사라지는 일자리 수를 상쇄하기에는 턱없이 부족할 것으로 보인다. 일례를 들면, 1990년대 초 제조업 경제의 메카였던 디트로이트의 자동차 회사들은 140만 명에 달하는 인원을 고용했지만, 4차 산업혁명의 중심 실리콘밸리에 고용된 인원은 14만 명에 불과하다.

물론 앞에서 언급된 바와 같이 인공지능이 일으키는 4차 산업혁명은 제조업 분야의 일자리로부터 인간을 해방하고 더 양질의 일자리를 제공하게 될 것이라는 전망도 있다. 특히 4차 산업혁명에서 인공지능이 대체할 수 없는 고도의 지적 능력을 갖춘 지식자본가, 그리고 인공지능과 로봇을 소유한 물적 자본가를 중심으로 한 소위 슈퍼리치 경제가 출현할 수도 있다. 이들 슈퍼리치들은 천문학적 규모의 부를 축적하고 그 부를 다양한 욕망을 충족시키는 데 소비할 것이며, 이는 새로운 서비스산업의 출현을 촉진할 것이다. 하지만 과연 그럴까. 4차 산업혁명 시대의 인공지능 개발은 인간이 서로에 대해 요구하는 서비스조차 인공지능 로봇이나 가상현실로 대체하려는 목적도 갖고 있다. 백화점 안내, 노인 간호, 심지어 섹스까지 인공지능이 담당하는 미래를 열려고 한다. 일본에서 이미 시판되고 있는 감정 로봇 페퍼, 그리고 인공지능학자 데이비드 레비David Levy가 주도하는 'sex with robot' 프로젝트가 이를 증언한다. 이러한 추세가 계속되고 미래의 어느 시점에 완성기에 도달한다면, 나는 어떤 누구도 필요로 하지 않으며, 누구도 나를 필요로 하지 않는 상황이 전개될 수도 있다. 미래에는 나라는 인간도, 너라는 인간도, 그들이라는 인간들도 모두 필요 없는 존재가 될지도 모른다. 요컨대, 인간이 더 이상 할 일이 없는 미래가 우리를 기다리고 있다.

일이 없는 인간의 삶: 빈곤

일이 없는 미래를 생각해볼 때 가장 먼저 예상되는 사태는 일이 없는 자들의 빈곤이다. 그리고 실업으로 인한 빈곤이 만연할 경우, 시장에서는 소비자가 사라져 결국 총수요 부족이라는 경제적 파국을 맞을 것이다. 이 때문에 일부 경제학자들은 4차 산업혁명으로 도래할 미래의 포스트 휴먼 경제에서는 일이 없는 자들에게도 기본소득을 주는 정책을 도입하여 문제를 해결해야 한다고 주장한다. 심지어 인간은 로봇에게 일을 위임하고, 정부는 기업으로부터 로봇세를 징수하여, 이를 재원으로 기본소득을 받으며 일을 하지 않고 살 수 있는 시대를 예고하기도 한다. 4차 산업혁명의 미래는 일로부터 해방된 인간의 삶이라는 낙원으로 향하는 길이라는 것이다.

하지만 이는 인간과 일의 관계에 대한 지극히 단선적인 사고이다. 물론 기본소득은 일시적으로 경제적 궁핍과 사회의 양극화, 그리고 총수요 부족을 진정시킬 수 있으며, 기본소득제도는 사회의 기초 복지 안전망으로 기능할 것이라는 점에서도 긍정적이다. 그러나 그것만으로 일이 없는 미래의 문제를 해결하려 한다면, 그것은 큰 오산이다. 인간에게 일이란 단순히 생존을 위해 먹이를 구하는 동물의 행동과는 다른 차원이기 때문이다.

일이 없는 인간의 삶: 권태와 중독

기존 경제학의 관점에서 볼 때, 일은 노동으로만 정의되는, 생산요소와 비용에 불과하다. 그러나 인간의 삶을 전체적으로 성찰해보면, 일은 인간의 품격, 개인의 사회적 가치를 실현하는 인간의 실존적 처신이다. 그리고 이것이 실존적 처신인 이상 일이 없는 상태는 인간의 실존적 삶에 많은 문제를 일으킨다. 특히 철학적 차원에서 가장 심각한 것은 인간의 삶이 병리적 상황에 빠질 위험이다. 인간이 탈(실)존적으로 처신하며 살아가는 존재라면, 일이 없는 자들에게 경제적 궁핍보다 더 위험한 사태는 그들이 미래라는 시간 국면이 상실되는 권태에 빠져 결국 중독자로 전락한다는 것이다.

중독은 단순한 질병이 아니다. 그것은 어떤 바이러스나 물질적 궁핍이 원인이 되어 나타나는 병이 아니다. 중독은 물질적 풍요 속에서도 인간에게만 발생하는 독특한 시간적 질병이다. 인간은 할 일이 없는 상태에서는 미래라는 시간과의 관계가 절연된 상황, 즉 절망적 상황에 놓인다. 미래와의 관계가 단절된 상황에 있는 인간은 현재의 시간이 미래로 흐르지 않는 권태 상태에 빠지게 된다. 아무리 물질적으로나 영양학적으로 좋은 조건이 제공된다고 해도, 자신의 미래를 기획하고 일을 통해 그 기획을 적극적으로 실현할 수 없다면, 사람은 절망에 빠지고 권태에 빠지게 되는 것이다. 그리하여 미래를 기획할 수 없는 병인 '중독'에 빠지고 만다. 이러한 사례를 대표적으로 보여주는 것이 컴퓨터 게임 중독이다. 게임중독은 게임을 하는 시간에 비례하여 발병하는 병리 증상이 아니다. 컴퓨터 프로게이머는 게임중독자가 아니다. 그는 컴퓨터 게임을 통해 아직 오지 않은 자신의 다른 가능성을 향해 일하는 인간이다. 컴퓨터 프로게이머는 컴퓨터 게임을 일로 함으로써 미래로 향한다. 그러나 아직 오지 않은 자신의 다른 가능성을 향해 갈 수 있는 일을 잃은 자들에게는 미래라는 시간이 증발한다. 오직 현재만이 있을 뿐 시간이 흐르지 않고, 따라서 떨쳐버릴 수 없는 권태에 빠진다. 이 권태를 일시적으로 마비시키는 수단이 오직 컴퓨터 게임이라면, 그는 컴퓨터 게임 중독자인 것이다.

이렇듯 인간의 일, 시간성, 그리고 중독 현상을 살펴보면, 이제 우리는 다음과 같이 주장할 수 있다. 아무리 자율적 효율성과 정확성이 높은 미래기술이라 할지라도, 그것이 인간의 일을 박탈하는 기술이라면, 즐거운 여가 활용이 없는 권태 사회라면, 그러한 기술이 지배하는 사회는 구성원들을 중독의 늪으로 침몰시켜 결국 붕괴하게 될 것이다.

4차 산업혁명의 인도적 전환

이러한 사실을 염두에 두면서, 인간과 기술은 어떤 관계에 있는가를 생각해보자. 이때 우리가 잊지 말아야 할 사실이 있다. 인간의 일은 단순히 생존을 위해 먹이를 구하는 동물의 행동과는 다른 차원의 주권적인 처신이다. 인간만이 어떤 미래의 가치를 성취하기 위해 일을 한다. 기계는 작동할 뿐 일하지 않는다. 인간이 일하기 때문에 기계, 나아가 인공지능이 필요한 것이다. 여기서 또 주목해야 할 사실이 있다. 인간은 이 과정에서 몸으로 살지만, 또 맨몸으로만 살 수 없다는 점이다. 자신의 삶을 몸으로 살아내는 인간은 그 몸으로 항상 도구와 기술에 의탁하며 살아간다. 인간의 몸은 기술과 함께 일을 함으로써 인간의 삶을 생동적으로 살아가게 한다. 사실 고깃덩어리에 불과한 몸이라면 도구와 기술을 필요로 하지 않는다. 몸은 삶을 주체적으로 살아나갈 때 도구와 기술을 필요로 한다. 그러나 이 도구와 기술이 포스트 휴먼처럼 몸을 장식물로 전락시켜 무력화시키고 몸을 삶으로부터 배척한다면, 그 몸은 죽어갈 것이고 결국 삶도 죽어갈 것이다.

지금까지의 논의를 다시 4차 산업혁명과 연관시켜보자. 4차 산업혁명은 지능적 첨단기술의 발전이 전 산업에 매끄럽게 스며들어 산업과 시장의 모든 구성요소, 즉 산업설비, 생산자와 소비자를 연결시키며 지능적으로 운영되는 경제를 향한다. 이때 결정적인 역할을 하는 것이 바로 사물인터넷을 기반으로 모든 것에 스며드는 인공지능, 즉 AoE(AI of Everything)이다. 그러나 만일 AoE가 완성되어 경제가 사실상 AoE에 의해 운영되는 미래가 현재 4차 산업혁명을 이끌고 가는 비전이라면, 그 미래는 역설적으로 인간에게 일을 빼앗아 인간에게 미래라는 시간을 증발시키고 몸을 무력화하여 중독의 상태로 몰고 갈 위험이 있다. 결국 4차 산업혁명이 인간의 삶에서 미래와 자율적 주권을 박탈하는 무의미한 미래가 되지 않기 위해서는 반드시 인공지능과 모든 첨단기술은 인간과의 상호작용을 고려하며 개발되어야 한다.

이러한 관점에서 눈여겨볼 가치가 있는 기술이 적응형 자동화adaptive automation이다. 적응형 자동화는, 인공지능에 의한 완전자동화full automation와 같이 인간을 일로부터 추방하는 것이 아니라 인간과 기계가 인간 친화적으로 협업할 수 있도록 조율하는 방식이다.

과학기술 선용을 위한 전제와 전략

미래로 가는 4차 산업혁명의 도정에서 과학기술 발전의 중요성은 아무리 강조해도 지나치지 않을 것이다. 그러나 그렇다고 해서 과학기술이 인간을 천국으로 이끄는 구원의 신은 결코 아니라는 사실도 명심해야 한다.

과학기술에 있어서 가치의 문제 숙고

- 과학기술의 가치중립성 인식 필요. 즉, 선용과 악용 가능성 모두 존재
- 과학기술은 민주주의 발전에서 선용되기도 하였지만, 제국주의의 팽창에 악용되었으며, 나치의 인종주의를 정당화하고 인종청소를 자행하는 데도 악용된 바 있음
- 과학기술 발전과 함께 어떻게 사용할 것인지에 대한 고민 필요

과학기술 선용을 위한 신뢰의 사회적 자본 확충

- 경쟁과 갈등, 그리고 적대로 점철된 사회에서는 과학기술의 파괴적 악용 우려 존재
- 4차 산업혁명은 시장 자본market capital만으로 실현될 수 없으며, 사회적 정의, 신뢰, 상호인정과 존중으로 활성화되는 사회적 협력 역량, 즉 사회적 자본social capital 확충이 매우 중요
- 사회적 자본 확충을 위한 사회구성원들의 자발적이고 민주적인 협력 필요

성찰적 4차 산업혁명을 위한 정책기획의 혁신

- 보다 가치 있는 미래로 가기 위해서는 정책기획 단계에서도 발상의 전환 필요
- 과학기술을 발전시키고, 그것으로 시장수요를 만들어내어 시장 자본을 축적하고, 그때 발생하는 부작용은 후순위의 부수적 과제로 생각하는 식의 기존 정책기획방식 개선 필요
- 과학기술 선용을 위한 법과 제도적 방안 구축

5

정치 분야
미래전략
Politics

KAIST Future Strategy 2019

1.
4차 산업혁명 시대의
행정

━━━━━━━━ 역사적으로 볼 때, 세계 각국은 더 효율적인 행정, 더 유능한 행정, 더 민주적인 행정을 구현하기 위해 끊임없이 행정혁신을 시도해왔다. 사실 효율성과 민주성의 측면에서 많은 비판을 받는 관료제 역시 1차 산업혁명 시대의 행정 혁신의 산물로 볼 수 있다. 독일의 사회학자 막스 베버가 분석한 대로, 관료제는 1차 산업혁명 시대가 요구했던 정확성, 신속성, 명료성, 통일성, 엄격한 상명하복, 갈등 축소, 비용절감 등 모든 기술적 측면에서 과거의 조직 형태보다 우수했기 때문이다. 정보기술과 인터넷이 핵심 기술이 되는 3차 산업혁명 시대부터는 정보기술과 인터넷을 행정에 도입하는 전자정부e-government가 정부 혁신을 위한 가장 중요한 전략 중 하나로 채택되었다. 이후 전자정부의 성숙도가 높아짐에 따라 전자정부는 정부 운영 시스템의 개선, 정부기능의 합리적 조정과 부처 간 협력 제고, 대민 서비스 전달 방

식의 혁신 등 정부 전반의 디지털 혁신으로 자리매김하고 있다.

전자정부의 성과와 한계

한국정부 역시 이와 같은 흐름에서 뒤처지지 않았다. 특히 1990년대 중반부터 전자정부 구현을 위한 정보화 예산 및 정보화 교육, 전자정부에 따른 행정 프로세스 개편 등 유·무형의 투자가 이루어져왔으며, 다음과 같은 성과를 이룬 것으로 평가된다.[69]

첫째, 정부 내부의 업무처리 절차의 전자화 완료 단계에 이르렀다. 인사(e-사람·인사랑), 재정(dBrain·e-호조) 등 중앙부처와 지자체에서 수행하는 핵심영역 업무에 대한 처리절차의 전자화가 완료되었으며, 전자결재·업무관리(온-나라), 기록물관리, 정부 디렉토리 시스템, 전자문서 유통 시스템 등 행정처리를 위한 주요 시스템 구축이 완료되었다.

둘째, 주요 공공데이터의 전자화·DB화로 행정 업무와 서비스의 온라인 처리 기반이 마련되었다. 주민, 부동산, 자동차 등 국가 운영에 기본이 되는 데이터베이스 구축이 완료되었고, 전자정부 운영과 관련한 정보자원의 관리·운영을 위한 '범정부 EA포털'을 구축, 공공기관의 정보자원 관리체계가 제도화되었다.

셋째, 지금까지의 기관별, 업무분야별 정보 시스템 구축을 탈피하여 협업 및 지식기반 행정 구현을 위한 정부 클라우드 기반구축이 진행 중이다. 2013년부터 가상 서버를 제공하는 'G-클라우드' 인프라를 구축하고 기존 부처의 업무 시스템 전환을 추진하고 있다.[70]

그러나 이와 같은 성과에도 불구하고 현실에서는 정부조직과 관료,

부처 간 칸막이, 비능률성, 저생산성 등 기존의 관료제가 갖고 있던 병폐는 여전히 사라지지 않고 있다고 볼 수 있다. 지금까지의 전자정부는 혁신이되 '약한' 혁신에 머무르는 한계를 보였다. 개별 사업 단위에서 일부 성과가 있었으나, 부처 간 협업을 촉진하고 부처의 경계를 넘어서는 공공서비스를 제공하지 못하고 있다. 또 축적된 행정정보의 활용 수준이 낮고, 정보자원의 유지 및 보수비용이 급격히 증가하고 있다. 예를 들면, 부처별로 따로 보유, 제공하고 있는 데이터 및 서비스의 통합을 통해 대국민 서비스의 질적 개선과 정보자원관리의 효율성을 높이고자 정부통합전산센터를 구축하였으나, 제한적 수준의 서비스와 효과에 머무르고 있는 것이 현실이다.

이제 4차 산업혁명에 따른 정보기술 패러다임의 전환적 발전을 적극적으로 활용하는 행정혁신이 요구되는 시점이다. 초연결성과 초지능성의 특성을 갖는 정보기술을 활용하여 한국사회가 당면한 난제들과 한국 행정의 문제점들을 해결해나가야 한다. 그러나 정보기술 도입 그 자체만으로는 충분하지 않다. 전자정부가 '약한' 혁신에 머물게 된 근본적인 이유는, 정보기술의 도입과 함께 제도, 조직 및 관리, 인적자원 등 행정의 구성요소들이 총체적으로 함께 변화되지 못하면서 정보기술 도입의 효과가 반감되었기 때문이다. 결론적으로 4차 산업혁명 시대의 다양한 정보기술의 활용과 더불어 행정의 구성요소인 제도, 조직 및 관리, 인적자원이 함께 공진화co-evolution하는 행정혁신 모델을 구상할 필요가 있다.

4차 산업혁명 시대의 행정

4차 산업혁명의 기술적 기반은 정보통신 기술을 바탕으로 빅데이터와 인공지능이 연결되고 사물인터넷과 클라우드 컴퓨팅 기술이 결합되는 것이다. 이와 같은 기술적 결합은 사람, 사물, 공간, 시스템 측면에서 실제세계와 가상세계의 연계 및 상호작용을 이루고, 이를 통해 초연결성과 초지능성이 나타나게 된다.

기술변화에 따른 사회적 환경의 변화

사회적으로는 소셜미디어 및 모바일 디바이스를 기반으로 '약한 연결weak tie'의 사회가 도래한다. 디지털 기술로 인한 개인 간 연결성의 확대는 지식과 정보의 연결 및 매개로 확장되고, 사회활동을 위한 조정비용을 줄이는 효과를 가져온다. 또 연결성의 확대는 대규모 집합행동에 수반되는 거래비용의 감소를 가져오면서 정치·사회적 변화의 가능성도 커지고 있다. 트위터나 메신저 등 가상세계에서 서로 연결된 시민들이 특정한 정치적, 사회적 국면에서 다양한 형태의 집단행동을 실제세계와 가상세계에서 일으키게 된다.

개인들은 더욱 스마트해진다. 이미 많은 개인이 스마트 디바이스를 활용하여 자신의 생산성을 높이고 있을 뿐만 아니라, 웹이나 소셜미디어를 통해 다양한 지식과 정보를 흡수하고, 이를 응용하고 있다. 나아가 향후 인공지능이 보편화되고 개인들도 이를 손쉽게 활용할 수 있게 되면 각종 정보와 상황을 좀 더 정확히 해석하고 판단할 수 있게 될 것이며, 정부, 기업, 시민 간에 존재하는 정보 비대칭성이 약화될 가능성이 크다.

초연결성을 활용한 행정혁신

4차 산업혁명 시대의 기술, 사회, 개인의 변화를 고려할 때, 행정은 다양한 행위자들이 당면한 사회문제를 협력적으로 해결할 수 있는 형태로 발전하게 될 것이다. 다양한 이해관계자들이 자유롭게 참여하고 문제를 함께 발견, 진단하고 해결할 수 있는 플랫폼을 구축하고 이를 통해 상호작용하고 협력하는 행정으로의 변화를 추구할 필요가 있다.

첫째, 행정과 시민과의 관계 측면에서는 소셜미디어를 기반으로 한 새로운 행정혁신 모델이 등장하고 있다. 예를 들면, 서울시는 시장의 개인 트위터 계정과 서울시의 공식 트위터 계정을 통해 시민들과 소통하고 시정 정보를 제공하며, 시민들로부터 정책 제언을 받아 시정에 반영하는 '트위터 행정'을 본격화하고 있다. 특히 시장 개인의 소셜미디어 계정을 통해 제기되는 민원이나 정책제언들을 서울시 소셜미디어센터(2014년 3월 이후는 '서울시 응답소')의 계정과 연계하고 있다. 서울시 소셜미디어센터는 서울시장의 소셜미디어 계정을 포함하여 39개의 서울시 SNS 계정으로 들어오는 시민 의견을 '접수→부서 배정→업무담당자 검토 및 답변처리'하고, 그 결과를 모든 시민에게 공개하는, 일종의 소셜미디어 기반의 민원 플랫폼이라 할 수 있다.[71] 소셜미디어를 통한 시장-공무원-시민 간의 연결성을 극대화하고, 공무원과 시민 개개인이 가지고 있는 시정과 관련된 정보와 지식을 연결하는 집단지성이 이루어짐으로써, 시민들의 요구에 반응하는 행정을 구현할 수 있다. 아울러 행정은 효율적으로 시민들의 요구와 정책제언을 시정에 반영할 수 있게 된다.

둘째, 행정 내부적으로는 클라우드 기반의 정보 시스템 연계 및 통합을 통해 부처별로 나뉘어 있던 정보와 지식이 결합되는 행정혁신을 지향한다. 정부의 각 부처와 공공기관이 보유한 정보 시스템을 연계, 통합하는 정부 클라우드의 도입은 기존의 전자정부가 극복하지 못했던 부처 간 칸막이를 극복할 수 있는 기술적 기반이 될 것이다. 나아가 정부 부처 간, 공무원 개인 간 협업 수준의 제고와 그에 따른 정부의 정책역량 및 대민 서비스의 질적 제고를 위한 정보적 기반이 될 수 있을 것으로 보인다. 전산 자원의 물리적 통합뿐만 아니라 데이터 및 서비스 수준에서의 통합을 통해 새로운 공공서비스를 제공하고 정부의 정책역량을 개선할 수 있을 것으로 기대된다. 초연결성의 관점에서 해석한다면, 정부 클라우드 시스템이 정부 각 부처와 공공기관을 연결하여 부처 간, 공무원 개인 간 협력을 촉진하고, 개별 기관의 정책역량을 높이는 플랫폼으로서의 역할을 하게 되는 것이다.

초지능성을 활용한 행정혁신

초연결성을 통한 지식과 정보의 결합은 초지능성을 기반으로 하는 행정혁신을 가능케 한다. 정부가 보유한 데이터와 함께 소셜미디어, 사물인터넷을 통해 수집, 집적된 빅데이터는 인공지능을 활용한 분석과 데이터에 기반한 의사결정을 가능케 한다. 이는 더 타당한 의사결정과 정책의 집행으로 이어질 수 있다.

예를 들면, CCTV 관제 정보를 활용하여 에너지, 교통, 환경, 재난대비 영역 등에서 인공지능을 활용한 실시간 상황 모니터링이 가능할 것이다. 또 빅데이터 분석으로 재정, 환경, 의료 등 각종 위기상황의 징후를 사전에 포착하고 이에 대한 정부의 대응 능력을 높여줄 것이다. 인공지능을 통해 분석되는 각종 시나리오는 정책분석 역량을 높임으로써 타당한 정책 결정을 가능하게 할 것이다.[72] 실제로 호주 국세청은 인공지능을 활용한 회계감사를 통해 6,000만 건 이상의 세금징수 사례, 메모, 활동기록, 실시간 정보를 분석하였다. 이를 통해 탈세 등과 관련된 동향을 파악하고 조사가 필요한 사례에 우선순위를 부여하고 있다. 국세청 업무에 인공지능을 도입함으로써 약 9,000명의 세금감사원, 조사분석 관들이 작업시간을 줄일 수 있었으며, 비정형 데이터 분석을 통해 감사 품질 및 결과의 정확도와 성과를 개선할 수 있었다.[73]

4차 산업혁명 시대의 행정전략

초연결성과 초지능성 등 4차 산업혁명을 이끄는 다양한 정보기술이 행정혁신과 성공적으로 접목되기 위해서는 정보 활용과 행정을 구성하는 여러 여건이 총체적으로 함께 변화해야만 한다.

행정개혁을 위한 제도적 역량 강화

- 4차 산업혁명 시대의 행정개혁이 '강한' 혁신으로 귀결되기 위해서는 정부를 구성하는 제도, 조직과 관리, 인적자원의 동시적 변화 필요
- 행정혁신에 대한 새로운 비전을 수립하고, 관련된 정책 결정 및 사업수행의 '방향 잡기steering'와 이해관계자 간의 조정을 수행하는 거버넌스 체계의 제도화 선행
- 데이터 활용에 따른 사생활 침해 방지 장치 등 정보기술의 발전과 민주적 가치의 상호 선순환 촉진
- 개별 기술보다는 전체 시스템에 주목하고 이해관계를 조정하는, 책

임 있는 리더십 확보
- 정부 부처와 정책영역을 넘나드는 협력 촉진을 위한 제도적 권한과 행정자원 확보

성공적인 행정개혁을 위한 거버넌스 체계 강화
- 제반 행정 실현을 위한 네트워크 역량 마련
- 행정혁신과 정보기술 활용의 일관성과 지속가능성 확보를 위한 의사결정 및 조정 체계 구축
- 거버넌스 체계를 통해 초연결성과 초지능성이 구현되는 행정개혁의 역기능 예측 및 제어

블록체인 거버넌스를 통한 행정혁신 모색
- 4차 산업혁명 시대의 핵심 기술인 블록체인을 통해 투명하고 편리한 행정 시스템 구축
- 블록체인 거버넌스를 통해 언제, 어디서나 이해관계가 있는 국민의 의사가 무비용·실시간으로 행정에 반영될 수 있는 시스템 구현
- 공공·보안 분야에서 디지털 계약, 공공기록public record, 전자시민증, 전자시민권e-residency, 전자투표 등으로 구현
- 주요 의제와 논의에 국민이 직접 참여하여 심도 있는 논의와 토론을 지속할 수 있는 숙의민주주의deliberative democracy에 기반한 디지털크라시 행정체제로의 발전 모색

정부의 데이터 및 정보자원 관리체계의 정비
- 4차 산업혁명 시대의 중요한 행정자원인 데이터 관리체계 정비

- 공공 부문 내의 데이터 상호 연계 및 통합을 위해 개방적 환경 구현
- 부처 간, 기관 간 데이터 공유를 위한 문화 조성과 데이터 유통 채널 마련
- 데이터 및 정보자원에 대한 체계적 품질 관리 체계 구축
- 민간 데이터와의 융·복합 촉진, 대국민 공개를 위한 통합적 정보자원관리체계 구축
- 범정부 차원의 데이터 융합·분석 체계 구축을 위해 인적자원 확보와 재정적 지원 강화

2.
블록체인
거버넌스를 통한
직접민주주의

━━━━━━━━━ 인터넷과 정보사회 연구의 선구자인 마누엘 카스텔Manual Castells이 지적했듯이 정보통신기술은 우리 생활을 구성하고 변화시키는 중요한 핵심동인이 되었다. 정보통신기술의 발달은 무엇보다 시간과 공간을 넘어 의사소통할 수 있도록 커뮤니케이션 양식의 변화를 가져왔다. 나아가 4차 산업혁명 시대의 새로운 디지털 기술과 커뮤니케이션 플랫폼은 지금까지 이뤄진 변화보다 훨씬 더 큰 변화를 가져올 전망이다. 특히 그 핵심적 기술 가운데 하나가 블록체인 기술이며, 사회 혁신과 거버넌스 체계의 전환, 그리고 직접민주주의 확대에 지대한 영향을 끼칠 것으로 보인다.

'정부' 시스템의 진화

'정부'라는 시스템은 거의 3세기 전에 만들어졌지만, 그 기본구조는 특별한 변화 없이 이어져왔다. 그동안 과학기술이 계속 발전하면서 우리들의 세계관도 함께 변해왔으나, 정부와 공직사회는 이러한 변화를 따라잡지 못했다고 볼 수 있다. 이러한 상황에서 최근 4차 산업혁명 시대 기술의 획기적인 진보는 디지털적 접근의 새로운 방식을 정부에 제시하면서, 과거와는 다른 정부 형태와 조직운영 시스템을 요구하고 있다.

전자정부, 디지털 거버넌스 그리고 디지털크라시

새로운 형태의 정부 시스템으로서 20세기 후반부터 전자정부가 발전되어왔다. 디지털 기술이 사회·경제적으로 파급되면서 정부는 이를 활용한 전자정부로 거듭나게 되었다. 특히, 한국의 전자정부 모델은 그동안 UN에서도 주목할 정도의 성과를 보여왔다. 전자정부는 일차적으로 정부의 효율성을 위해 설계되었지만, 시민과도 새로운 관계를 열어왔는데, 정부와 시민의 관계에서 디지털은 전자정부와 전자민주주의를 제시하고, 이는 동전의 양면처럼 하나로 구성되는 정치적인 과정을 만들어냈다.

정치적 과정에서 디지털 기술의 활용은 전자민주주의 그리고 전자정부에서 디지털 거버넌스Digital Governance로 계속해서 진화해나가고 있다. 여기서 디지털 거버넌스란 디지털 기술 융합에 기반하여 시장과 사회를 운영하는 새로운 메커니즘으로, 단지 ICT를 이용한 권위적인 정부의 행정에 국한되는 개념이 아니라 ICT를 활용하여 시민, 정부, 기업이 새로운 관계를 형성하고 공동체의 운명을 결정하고 관리하는 운영 메커니즘으로 정의할 수 있다.

한편, 4차 산업혁명 시대 기술의 발전은 의사결정 및 지배구조와 조직 운영에 새로운 변화를 견인하고 있다. 새롭게 등장하고 있는 의사결정 및 지배구조 방식으로 '디지털크라시Digitalcracy'와 '헤테라키Heterarchy'가 떠오르고 있다. 디지털크라시는 디지털 및 모바일과 직접민주주의가 결합한 의사결정방식을 의미한다. 디지털크라시의 발전을 통해 앞으로 거대 정당은 설 자리를 잃게 되고, 정당은 개별 정책을 중심으로 시민사회와 연대하는 일종의 정책 네트워크 형태로 진화할 것으로 예측된다. 미래사회에서 정당의 주역은 정치중개인(국회의원, 시의원 등)이 아니라 정책전문가 그룹으로 대체되고, 시민의 의사를 실시간으로 반영하는 온라인 정당으로 전환될 것이다. 헤테라키는 기존 정당들이 엘리트 중심의 대의제 민주주의 방식을 취하는 데 반해, 사회 구성원의 통합을 목표로 '다중 지배'에 중점을 두는 것을 의미한다. 헤테라키 질서에는 자기 조직화로 강화된 개인과 정부, 정당, 시민단체 사이에 권력이 공유된다. 헤테라키는 위계적인 하이어라키Hierarchy와 구별되는 사회질서 원리이지만, 지배Archy는 존재하기 때문에 수평적이면서도 협업의 의사결정을 지향한다. 이러한 헤테라키 체제에서 디지털 기술은 매우 중요한 역할을 하며, 시민들의 민주적 참여 촉진, 정치적 책임성 구현, 참여자 간 협동 촉진, 주권자로서 시민의 영향력 향상, 갈등조정 등의 효과를 가져올 것으로 기대된다.

블록체인 거버넌스의 혁신: 직접민주주의 구현

제2의 인터넷 네트워크 컴퓨팅 시스템이라고 볼 수 있는 블록체인 기술의 가장 큰 특징은 익명성, 분산성, 투명성, 보안성(시스템 안정성)이다. 블록체인은 다수의 독립된 거래 당사자의 컴퓨터에 똑같이 저장되는 분산 장부 기술에 바탕을 둔 분산형 구조이기 때문에 신뢰성(투명성)을 담보할 중앙 집중적 조직이나 공인된 제3자(TTP, Trusted Third Party)가 필요 없다. 블록체인 기술의 활용 분야는 무궁무진하지만, 특히 공공·보안 분야에서 디지털 계약, 공공기록, 전자시민증, 전자시민권 e-residence, 전자투표 등으로 구현될 수 있다. 블록체인 투표 시스템의 경우는 선거 보안의 대안으로 급부상하고 있는데, 선거 유권자(참여자) 모두가 감시·관리하면서도 효율성, 익명성, 안정성까지 담보할 수 있어 더욱 주목받고 있다. 블록체인 투표 시스템을 도입하게 되면 유권자는 스마트폰 클릭 한 번으로 안전하고 빠르게 어디서나 투표를 할 수 있게 되므로 투표의 장벽을 대폭 낮출 수 있고, 복잡하고 오래 걸리는 재외국민 투표나 부재자 투표 방식도 개선할 수 있다. 궁극적으로 투표 관리에 들어가는 비용이 비약적으로 줄어들게 된다.

이것은 곧 일상 속에서 디지털크라시의 직접민주주의가 구현되는 것을 의미한다. 주요 정책에 대해 수시로 국민 투표를 하거나 관련 데이터를 모두에게 공개하는 것이 가능하고, 투표 이력을 영구히 보존할 수 있으며, 재검표도 매우 수월해 선거 과정을 투명하게 관리할 수 있다. 실제로 유럽에서는 정당 차원에서 블록체인 투표 시스템을 사용하고 있는 곳도 있으며(스페인 포데모스 정당 등), 인구 130만 명의 에스토니아에서는 국가 차원에서 블록체인 투표 시스템을 개발하여 활용하고 있다.

또한, 블록체인 기술을 통해 입법부의 혁신도 가능할 것이다. 우리나라의 대의제 대표기관인 국회는 현재 '대리인의 실패 또는 왜곡'으로 정책과 법률에 국민 전체의 의견이 아닌 이해관계자의 특수한 이익을 반영하여, 국민과 대리인 사이의 신뢰를 추락시켜왔다. 그러나 미래의 직접 민주제를 대변할 수 있는 블록체인 의사결정 시스템을 통한다면 국민 주권 대표기관으로 '온라인 하원'을 구성할 수 있다. 이를 통해 상하원 제도가 갖는 협치의 장점과 시간, 비용 등의 문제가 해결된 직접민주주의 장점을 구현하는 시스템을 만들어갈 수 있을 것이다. 다시 말해, 4차 산업혁명 시대에는 온라인과 오프라인이 결합된 비즈니스인 O2O 비즈니스가 핵심동인으로 떠오르고 있는데, 이와 같은 맥락에서 블록체인 거버넌스 시스템을 통해 온라인과 오프라인이 결합된 'O2O 정치'의 실험을 시도할 수 있을 것이다. 이러한 'O2O 정치'의 실험과 관련하여, 스위스와 핀란드의 사례를 통해 시사점을 찾을 수 있다. 스위스는 대의 민주제를 원칙으로 하나 필요에 따라 발의 의결권과 부결권의 보완적인 제도를 시행하고 있다. 핀란드는 개방 내각open ministry이라는 온라인 플랫폼으로 이를 발전시켜 구현하고 있다. O2O 국회가 운영된다면 가상공간에서 국민이 국회의원들의 활동을 확인하고 평가할 수 있도록 개방함으로써 여러 문제에 대한 통제가 가능해진다. 특히 규제를 통한 합리화는 강제적인 통제이지만, 개방을 통한 공유는 자율적 통제를 가능하게 할 것이다.

디지털 사회혁신의 특성 및 시사점

디지털 사회혁신이란 이전과는 다른 사회 환경의 도래로 가능해진 완전히 새로운 개념으로, '인터넷의 부흥 이전에는 상상할 수 없던 규모와 속도로 혁신가, 이용자, 그리고 공동체가 광범위한 사회적 요구에 대한 지식과 해결책을 함께 창출하기 위해 디지털 기술을 활용하여 협력하는 사회적, 그리고 협업적 혁신의 유형'이라고 정의할 수 있다. 디지털 사회혁신은 크라우드소싱이나 온라인 청원과 같이 디지털 기술을 활용하여 정책 수립과 집행 과정에 시민의 참여를 보장하기 위해 노력하는 것이다.

디지털 사회혁신은 단순히 기술진보가 물리적으로 사회 시스템을 지원하는 1차원적인 결합을 넘어서서, 협치의 의사결정, 국정운영원리 등 거버넌스상에서 시민의 동의와 협의 과정을 통해 거버넌스의 투명성, 효과성을 강화하는 화학적 결합이 이뤄지는 것을 보여주는 데 그 중요성이 있다. 디지털 사회혁신을 통해 거버넌스의 질과 효능감이 크게 향상되면서 민주주의의 발전에 기여할 수 있다는 것이다. 최근에 다양하게 시도되고 있는 디지털 사회혁신은 민주주의를 발전시킬 수 있는 요소를 가지고 있고, 현대사회에서 시민의 참여 효능감을 높이는 데 중요한 역할을 하고 있다고 볼 수 있다.

예를 들어, 유럽연합에서는 디지털 사회혁신을 '사회문제와 전 지구적 도전을 해결하기 위해서 사람들의 참여를 모으고, 협업과 집단혁신을 촉진하는 데 디지털 기술을 사용하여 이전에 상상하기 어려웠던 해결책을 찾아내는 것'으로 정의하고, 최근 현황 분석을 기반으로 디지털 사회혁신의 정책화를 시도하고 있다. 구체적으로, 유럽연합은 혁신의 중심에 시민(사용자)을 놓고 이들이 활동할 수 있는 혁신 생태계 조성을 중시하는 새로운 혁신전략인 '오픈 이노베이션 2.0 Open Innovation 2.0'을 채택하여 실행하고 있다. 오픈 이노베이션 2.0은 기존의 산업, 연구소, 정부 등이 중심이 된 혁신의 3중 나선 모델에서 시민을 포함한 4중 나선 모델로 진화하여 이들 간의 연계를 통해 혁신을 추구하고 있다. 또 2015년에 발표된 사회혁신 활동 관련 보고서는[74] 총 1,044개의 디지털 사회혁신 활동가(그룹)를 소개하고, 이를 6개 분야로 구분하여 제시하고 있다. 6개 분야는 '공유경제', '새로운 방식의 제조New Ways of Making', '인식 네트워크Awareness Network', '열린 민주주의Open Democracy', '열린 접근Open Access', '펀딩·엑셀러레이션·인큐베이션Funding, Acceleration and Incubation'이다.

국내에서도 시민들을 중심으로 디지털 사회혁신과 관련된 다양한 활동들이 전개되고 있다. 예를 들어, 공유경제 분야에서는 태양광, 주차장, 카셰어링, 독서실 등 다양한 공유경제 사업들이 진행 중이다. 가령 열린 민주주의 분야의 대표 사례로 시민들의 오픈 커뮤니티인 '코드나무'를 들 수 있고, 국회와 지방정부 차원에서도 관련 사례(열린 입법 및 정책 개발) 활동들이 이뤄지고 있다. 국회의 '국회톡톡' 입법 플랫폼을 통해서는 시민이 직접 법안을 제안하고 만들어낼 수 있다. 서울시의 '천만상상 오아시스'와 '빠띠'도 주요 사례로 꼽힌다.

블록체인 거버넌스 기반 혁신사회로의 전환 과제

블록체인은 개방적이고 분산된 구조로 중앙 집중형 서버 없이 모든 사용자의 거래 정보를 암호화 구조로 공개하여 상호 검증하고, 거래 편의성과 보안 문제를 동시에 해결하는 4차 산업혁명 시대의 핵심 기술 동인이다. 이러한 장점을 활용하여 투명하고 신뢰할 수 있는 블록체인 거버넌스 구축이 가능하다. 블록체인 거버넌스를 통해 언제, 어디서나 이해관계가 있는 국민의 의사가 무비용·실시간으로 국정에 반영될 수 있는 시스템도 구현할 수 있다. 이렇게 되면 집단의 의사결정에 참여하는 거래비용이 획기적으로 줄어들고, 직접적 의사결정의 수준이 높아지면서 시민들의 순응 비용이 낮아지게 된다. 블록체인 기술이 기존의 모바일 투표의 문제점(본인 인증과 정보 보안)을 개선하여 비밀·직접 투표까지 스마트폰에서 가능하게 만들어 직접민주주의를 구현할 수 있을 것으로 기대를 모으고 있다.

따라서 이 과정에서 중심적인 촉발 매개체 역할을 누가 수행할 것인지가 매우 중요하다. 블록체인 거버넌스를 통한 직접민주주의 구현 맥락 속에서 공공 영역public sector과 사적 영역private sector을 연계하는 시민사회voluntary sector의 역할과 기능에 주목하면서 관련 전략 과제들을 제시하면 다음과 같다.

시민사회의 주도적인 선도자 Key Actor 역할

- 시민사회는 시민사회단체뿐 아니라 종교계, 학계의 다양한 주체들과 시민들을 아우르는 공론의 장을 의미
- 미래의 정치사회 리더 그룹은 거대 정당 중심의 정치중개인(국회의원 등)이 아니라 정책전문가그룹이 활동하는 정책 네트워크로 재편될 전망
- 시민사회와 시민의 의사를 실시간으로 반영하는 'O2O' 정당의 출현 등 새로운 전환 과정에서 시민사회의 정책시장 선도자 역할 중요
- 새로운 정책시장의 태동과 발전에 대응하기 위해 시민사회의 실질적인 역량 강화 필요

시민사회의 융합적 연계자 Integrated Bridge-Maker 역할

- 블록체인 기술을 활용한 직접민주주의의 형태 발전으로 시민들은

주요 의사결정 과정에서 숙의 주체로 참여 가능
- 양적인 참여뿐 아니라 질적인 참여를 통해 포퓰리즘 문제 해결
- 시민사회의 건설적인 활동과 협력 조직화. 즉, 탈중앙자율조직 (DAO, Decentralized Autonomous Organization)을 통해 정부 주체(중앙 및 지방정부), 그리고 국회와 'O2O' 소통, 참여, 협력을 효과적으로 지원하는 조력자 역할 담당
- 정치·사회적, 기술적(블록체인 거버넌스 관련) 리터러시 배양

시민사회의 디지털 혁신가Digital Innovator 역할

- 디지털 혁신('열린 민주주의', '열린 접근', '정보확산 네트워크' 등)이 한국사회의 다양한 현장에서 이뤄질 수 있도록 디지털 혁신가 역할 수행
- 시민사회 주도의 정책참여 플랫폼 구축 및 활성화
- 시민단체가 직접 정책 플랫폼을 운영하면서 플랫폼에서 생산되는 다양한 정책들을 주도적으로 제시하고 정책 결정에 적극적으로 참여
- D-CENT(Decentralized Citizens Engagement Technologies) 등 유럽의 개방형 정책참여 온라인 플랫폼의 활동 및 정부와의 협력 사례에서 시사점 발굴
- 시민사회의 효과적인 정책참여 플랫폼 구축을 위한 정부의 행정적·재정적 지원 필요
- 디지털 플랫폼을 통해 채택된 정책 및 관련 사업에 대해 해당 시민사회단체가 직접 참여할 수 있도록 다양한 기회를 제공하여 정부와 시민사회의 협력적 파트너십 구축

3.
한반도
통일외교 전략

━━━━━━ 독일 통일에 미국, 영국, 소련과 프랑스 전승 4개국의 동의가 필요했으나 소련, 영국, 프랑스가 반대하는 상황에서도 통일이 가능했던 데에는 독일의 통일외교가 큰 역할을 했다. 독일의 정치학자 카를 카이저Karl Kaiser가 독일 통일을 "직업외교가 거둔 위대한 승리의 하나"로 평가했을 정도이다. 다만, 북한 핵·미사일 문제 해결과 평화적이고 안정적인 통일을 이루기 위한 차원에서는 국제사회의 지지와 협조가 필요하다. 한반도의 통일 환경은 분단 시 독일의 상황과는 다르지만, 한반도 통일에도 '외교'는 매우 중요하다.

한반도의 통일 환경

한반도는 지정학적으로 미국, 중국, 일본, 러시아 등 주변 강대국의 이해관계와 안보문제가 교차하는 곳에 자리해 있다. 이런 지정학적 요인으로 인하여 한반도 정세는 예로부터 주변국의 이해관계에 영향을 받아왔으며 당면과제인 통일문제도 예외가 아니다. 한반도 통일은 당사자인 남북한이 해결해야 할 문제이다. 그러나 북한의 핵문제, 중국의 부상과 북중 유대관계, 동아시아에서 미중의 전략적 패권경쟁, 일본의 보통국가화 추구 등, 주변 강대국들의 이해관계로 인해 통일 환경은 호의적이지 않다.

남북한 간 지속적인 교류 부재

남북관계 개선, 평화통일 기반 조성, 북한주민의 심리적 갈등 완화 등을 위해서는 분단 당사자 간에 지속적인 교류가 이루어져야 한다. 그러나 남북한 간에는 지속적인 교류가 없었던 실정이다. 그 이유는 북한이 개방을 거부하고 폐쇄사회 체제를 유지하며 한국의 교류 제의에 전면적으로 응하지 않았기 때문이었다. 최근 남북화해 분위기를 타고 스포츠 교류, 이산가족 상봉 등의 교류가 확대되고 있으나, 남북한 간 교류는 아직 제한적이고 단편적인 실정이다.

중국의 부상과 북중 유대관계

중국이 부상하고 있고, 미중이 동아시아 지역에서 대립과 갈등을 반복하며 전략적 패권경쟁을 하는 상황에서, 중국은 북한을 전략적 자산으로 여기고 있다. 북중 관계는 "입술이 없으면 이가 시리다"라는 순망

치한脣亡齒寒의 관계라고 할 정도로 긴밀하다. 중국이 한반도 비핵화를 주장하면서도 유엔이 결의한 대북제재의 완전한 이행에 소극적인 이유이다. 또 중국은 한반도 통일이 '평화적이고, 외세의 개입 없이 자주적으로, 비핵화'에 의해 이루어져야 한다고 표명하지만, 통일보다는 북한이 계속 완충지역으로 존재하는 현상유지를 바라는 것도 부인할 수 없는 사실이다.

동아시아 다자안보조약기구 부재

북대서양조약기구NATO는 냉전 시 서독 등 서유럽의 안보를 지켜왔고, 독일 통일 과정에서는 바르샤바조약기구가 더 이상 적敵이 아니라고 선언하며 통일이 평화적으로 이루어지는 데에도 기여했다. 또한 유럽안보협력회의CSCE는 냉전시대에 동서 유럽 양 진영 간에 대화의 장을 제공하면서 긴장을 완화하는 역할을 했다. 반면, 한반도와 동아시아에는 북한 핵·미사일 위협, 주변 강대국의 이해관계 등으로 긴장이 계속 이어지고 있다. 그러나 이러한 문제를 안정적으로 관리하고, 향후 한반도 통일이 평화적으로 이루어지도록 지원할 다자안보조약기구가 없는 상황이다.

바람직한 한반도 통일외교 전략

주변 강대국의 이해관계가 얽혀 있는 한반도의 통일을 이루기 위해서는 외교가 중요한 수단이다. 우선 북한의 '완전한 비핵화'에 중점을 두면서, 미국과는 한미동맹을 토대로 확고한 협조체제를 구축하며, 중국의 이해와 지지를 얻기 위한 외교가 바탕이 되어야 한다. 또 주변국들이 통일한국을 우려하지 않고 통일에 우호적인 환경을 조성하는 노력도 필요하다. 한반도 통일은 핵위협에서 벗어나 동북아 지역에 평화를 정착시키고, 더 나아가 동북아 지역의 경제 번영에도 기여할 것이다.

북한의 완전한 비핵화를 위한 외교활동

남북관계 발전과 한반도의 평화 안정은 북한의 '완전한 비핵화'에 달려 있다. 북한의 '완전한 비핵화'가 중요한 이유이다.

북한의 비핵화는 '완전하고, 검증 가능하며, 되돌릴 수 없는 핵 폐기'가 되어야 한다. 비핵화 대상은 현재 핵과 핵개발을 재개할 수 있는 잠재적 핵 능력, 즉 핵탄두와 미사일, 연구개발시설, 저장고, 핵연료 제조 및 재처리 시설, 인력 등을 포함한다. 미국과 긴밀한 공조 체제를 유지하면서, '완전한 비핵화'로 가는 노선에서 북한이 중도에 이탈하지 않도록 당근책도 제시하는 외교적 노력을 기울여야 한다.

통일에 우호적인 국제 환경 조성

한반도 통일은 한국과 주변국 모두에게 윈윈win-win이 되어야 한다. 통일을 안정적으로 이루기 위해서는 주변 환경이 우호적이어야 한다. 한반도 통일이 미국, 중국, 러시아, 일본 등 주변국들에 불리할 것으로 우려하고 있지만, 주변국 모두에게 이익이 될 수 있다. 한반도 통일로 중국 동북 3성의 GDP만 최소 1조 위안(약 165조 원), 일본의 GDP는 246억 달러, 러시아는 연간 50억 달러의 이익이 각각 창출될 것이라고 한다.

통일한국으로 인해 중국은 무역·관광·투자 증가와 동북 3성의 개발로, 러시아는 천연가스 송유관과 시베리아 철도 연결 등으로, 일본에는 북핵 위협 해소와 통일한국이란 거대 시장이 형성된다. 더 나아가 통일한국, 중국, 일본, 러시아 4개국 간의 경제적·인적 교류도 크게 증가하여 동북아시아 전체의 경제도 발전될 것이다. 이처럼 통일이 주변국들에 이익이 된다는 점을 이해시켜 주변국들이 통일한국에 대해 우려하지 않도록 해야 한다. 아울러 국제평화 유지, 환경보호와 재난구조 등 국제사회가 당면한 문제 해결에 더 많이 기여할 것이라는 '신뢰'도 주어야 한다. 또 통일한국이 미국에 편중되지 않고 중국, 일본, 러시아와도 협력하며 발전해나갈 것이라는 '믿음'을 주는 외교도 추진해야 한다.

미국의 확고한 지지와 협조체계 구축

독일 통일은 미국, 특히 조지 부시 대통령의 절대적인 지원이 있어 가능했다. 한반도 통일을 평화적이고 안정적으로 이루기 위해서는 국제사회의 지지와 협조가 필요하다. 따라서 통일을 적극적으로 지지하고 협조해줄 국가가 있어야 한다. 자유민주주의와 시장경제의 가치를 공유하고 있으며, 동맹관계를 유지하고 있는 미국이 이러한 역할을 할 수 있을 것이다. 미국은 한반도의 평화·안정 구축과 자유민주주의와 시장경제 원칙에 의한 평화통일을 공식적으로 지지하는 나라이다. 동아시아에 한반도의 평화를 유지하고, 통일을 적극 지지해줄 다자안보조약기구가 없는 상황에서 한미 동맹을 토대로 협력 범위를 넓히며 미국을 안보와 통일의 든든한 동반자로 삼아야 한다.

대對 중국 외교 강화

북핵 문제 해결과 통일을 평화적으로 이루기 위해서는 중국의 지지와 협조도 필요하다. 북중의 유대가 강하고 중국이 북한을 전략적 자산으로 여기고 있어 어려움이 있지만, 중국과의 외교도 강화해야 한다. 이를 위해 무엇보다 중국이 통일한국의 최대 수혜자가 될 것이라는 점을 이해시켜야 한다. 2015년 중국은 우리나라 전체 교역량의 23.6%, 전체 관광객의 45.2%를 점유하여 비중이 압도적으로 높았는데, 한반도 통일 시 중국의 비중은 더욱 증가할 것이다. 특히 동북 3성은 교류와 투자가 크게 늘어 이 지역의 국내총생산이 약 1조 위안 증가할 것이라는 전망도 있다. 통일한국은 중국과 정치, 경제, 관광, 환경 문제 등에서 더 많은 교류와 협력에 대비해야 한다. 또 중국 외교를 강화하기 위해 한국, 미국, 중국 간의 협의 체제도 만들어 정례적인 협의를 해나갈 필요가 있다.

한국을 배제하는 '코리아 패싱Korea Passing' 방지

소련, 영국, 프랑스 3개국은 독일 통일을 위한 '대외적인 문제' 협의에 독일을 배제하고자 했다. 그러나 독일은 통일의 당사자가 배제되어서는 안 된다며 미국의 도움을 받아 2+4 회의 기구에 참여하여 대외적인 문제를 해결하고 통일을 이루었다.

주변 강대국들의 이해관계가 다른 상황에서 한반도 문제를 당사자인 한국과 협의 없이 결정하는 일이 없도록 외교를 강화해야 한다. 특히 미국과 중국이 전략적 담합을 하는 일이 없도록 유의해야 한다. 도널드 트럼프 미국 대통령이 2017년 11월 7일 문재인 대통령과 정상회담 직후 가진 기자회견에서 한국은 굉장히 중요한 국가라며, '한국을 건너뛰는 일은 없을 것there will be no skipping Korea'이라고 했지만, 냉혹한 국제 정치 현실에서 방심해서는 안 된다.

중립국으로의 통일 배제

통일을 추진하며 유의할 점은 '중립국으로의 통일'이 되어서는 안 된다는 것이다. 중국, 일본, 러시아로 둘러싸인 한반도의 안보 환경은 중립국 스위스와 오스트리아가 있는 유럽의 상황과는 전혀 다르다. 이 지역은 프랑스, 영국, 독일, 이탈리아, 스페인 등 비슷한 힘을 가진 나라들이 상호견제를 하고 있고, 이들 국가가 자유민주주의와 시장경제라는 공동의 가치를 갖고 있어 어느 나라도 중립국의 중립성을 훼손하려고 하지 않는다. 나토나 유럽연합도 회원국들이 중립국의 중립성을 훼손하는 것을 허용하지 않고 있다. 그러나 한반도의 상황은 다르다. 중국, 일본, 러시아는 과거에 한반도 지배 야욕을 드러냈던 나라들이다. 어느 한 나라가 통일한국의 중립 지위를 훼손하고자 할 경우, 이를 저지하기도 어려운 실정이다. 통일한국은 무늬만 중립국으로 남아 주변국의 강한 영향력 아래에 놓일 가능성이 크다. 통일한국이 허약한 국가가 되지는 않겠지만, 19세기 말 열강의 틈바구니에서 혼란스러웠던 상황이 재현될 가능성을 배제해서는 안 된다.

실천전략

- 완전한 비핵화, 즉, 완전하고, 검증 가능하며, 되돌릴 수 없는 핵 폐기 추진
- 신뢰 가능한 검증체계 수립, 최종 해결 시까지 한미 간 긴밀한 공조체제 유지
- 북한이 완전한 비핵화 노선에서 중도에 이탈하지 않도록 당근책도 제시(대북 제재 해제, 김정은 체제 보장, 국제사회와 연계한 북한 경제재건 지원, 북미 수교 등 제시)

- 북한의 완전한 비핵화와 연계한 평화체제 대비
- 한미 동맹을 토대로 미국과 확고한 협조체제 유지
- 중립국으로의 통일 방지
- 한·미·중 3국 간의 협의 체제 결성
- 국제사회에 통일한국이 기여할 부분 강조(국제평화, 환경, 재난구조 등 국제사회가 당면한 문제 해결에 더 많은 기여)
- 러시아와 일본, 그리고 UN, 유럽연합, 아세안의 지지 확보 노력
- 미·중 등 한국과 협의 없는 주변국의 전략적 담합 주시 및 방지

4.
통일시대를 대비하는 군사협력 전략

━━━━━━━━━━ 2018년 4월 판문점 선언과 9월 평양공동선언은 우리에게 한반도의 진정한 평화와 통일에 대한 체계적인 준비의 필요성을 다시금 일깨워주었다. '평화'는 전쟁, 분쟁 또는 일체의 갈등 없이 평온한 상태를 의미하며, 나아가 군사적 위협이 완전히 해소되어 전쟁에 대한 공포가 제거된 상태를 말한다. 6·25전쟁이 정전상황에 놓여 있는 한반도에서 평화는 1차적으로 남북한 간의 긴밀한 '군사협력'에 의해서 보장될 수 있다. 통일은 두 개 이상의 정치체제가 하나로 결합하는 국제법적 사건으로서, 남북한에 있어서는 해방 이후 남북으로 분단되어 상이한 체제로 지내오던 상태를 극복하여 정치·경제적으로 하나의 체제가 되고 문화적 동질성을 회복하는 것이다. 따라서 이러한 통일을 위해서는 정치, 경제, 사회, 문화 등 제 분야에 걸친 통합이 이루어져야 한다. 특히 정치통합은 하나의 이념과 제도로 구성되는 단일한 정치체제

가 집단 구성원 모두를 규제하는 상태 또는 주권의 결합상태로서 이는 '군사통합'으로 뒷받침이 된다.

군사협력과 군사통합의 의의

일반적으로 국가 간의 군사협력은 크게 두 가지로 나눌 수 있다. 그 하나는 우방국 또는 동맹국 간의 군사협력으로서 상호 우호증진, 군사력 강화, 그리고 필요할 경우 연합 임무 수행능력 향상 등을 목적으로 한다. 다른 하나는 군사적으로 대립상태에 있는 국가 간의 군사협력으로서 상호 신뢰증진, 군사적 충돌 방지와 군사력 통제 등을 목적으로 한다. 이러한 군사협력의 내용으로는 군 인사교류, 정보교환, 주요훈련의 사전 통보 및 상호 참관, 통신선 유지, 국경의 공동관리, 불가침협정의 체결 및 군비감축 등을 추진하는 것이 있으며, 남북한 간의 군사협력이 여기에 속한다.

사전적으로 군사통합이란, 서로 다른 지휘계통 아래에서 독자적으로 운영하는 개별적 군사 분야의 제반 기능과 조직체계를 단일 지휘체계 아래 하나의 공동기능 및 조직체계로 결합하는 과정을 말한다. 남북한의 군사통합은 제도와 조직, 지휘계통, 전략전술 등을 단일화하여 남과 북의 상이한 군대집단을 통일한국의 새로운 군사조직체로 재구성하는 작업과정이다. 분단국들의 군사통합 사례를 살펴보면, 충분한 사전준비와 예상되는 문제점 대비가 미흡할 경우 심각한 후유증을 겪게 된다. 실제로 예멘의 경우 내전이 일어나기도 했다. 따라서 과거 전쟁의 당사자이자 서로 다른 체제에 놓여 있는 남북한 군사통합은 통일과정에서 가장 중요하면서도 어려운 과업이 아닐 수 없다.

통일 추진 과정에서의 군사협력은 추후의 군사통합을 위한 여건을 조성하는 과정에서 이루어지는 것이다. 군사통합은 통일의 구체적인 실현 과정으로, 군사통합의 과정은 이전의 군사협력과는 전혀 다른 차원의 군사적 조치를 수반한다. 독일 통일의 사례를 보면 독일은 매우 짧은 기간이나마 통일과정에서 압축적으로 4단계 군사통합의 과정을 거쳤다. 1단계(2개월)로 군사통합을 준비하여, 2단계(40일)에서 동독군을 인수하고, 3단계(통일 후 6개월)에서는 구 동독군의 개편을 추진하였으며, 4단계로 정착단계를 거쳤다. 이 가운데 1, 2단계는 통일선포 이전의 군사협력 단계로 볼 수 있고, 통일선포 후 이루어진 3, 4단계는 본격적인 군사통합의 단계로 볼 수 있다. 이러한 독일의 사례는 우리의 실정과 많은 차이가 있지만, 우리의 군사통합 추진에 참고할 만한 교훈이 적지 않다.

남북한 군사통합의 전제조건

통일의 과정에서 군사통합은 국가통합의 일부로 이루어지는 것이지만, 당사국에 있어서 힘의 원천이 되는 군의 특성상 군사통합이 어떻게 진행되느냐 하는 것은 국가통합의 성패에까지 영향을 미칠 수 있다. 군사통합의 유형은 일반적으로 통합 과정에서의 강제성 여부와 주도성 정도를 기준으로 강제적 흡수통합, 합의에 의한 대등통합, 합의에 의한 흡수통합으로 분류한다.

상호합의에 의한 통합

강제적 흡수통합 방식은 베트남 사례와 같이 전쟁에서 승리한 국가가 패전국의 군대를 일방적으로 흡수하는 방식으로, 우리의 평화통일 구상에는 맞지 않는 방식이다. 합의에 의한 대등통합 방식은 예멘 사례처럼 당사국 간 합의에 의해 일대일의 대등한 입장에서 산술적으로 합치는 통합방식을 말한다. 이 방식은 통합 이후에도 해결이 어려운 수많은 갈등요인을 내재하고 있다는 단점이 있다. 실제로 예멘에서는 이로 인해 불가피하게 내전을 치른 후 승리한 북예멘에 의한 강제적 흡수통합으로 귀결되었다는 점에서 우리의 군사통합 방식으로 바람직하지 않다. 합의에 의한 흡수통합 방식은 독일의 사례처럼 두 개 이상의 국가가 합의한 통합협상의 결과에 따라 주도권을 가진 국가의 군대가 중심이 되어 단일체계로 통합하는 방식이다,

어떠한 경우든 남북한 군사통합은 쌍방이 합의에 의하여 상호 장점을 취한 단일안을 만들어 통합하는 형태가 되어야 할 것이다. 남북한은 각기 군사강대국이던 미국과 소련의 군사 체제를 답습해 서로 다른 군사적 전통을 갖고 있다. 무기체계의 성능은 남한이 첨단군사기술에 기반하여 압도적으로 성능이 우세한 가운데, 장거리 미사일이나 핵무기·화생무기 등 전략무기와 재래식 무기의 양적인 측면에서는 북한이 우세한 상황이다. 평화체제 정착과 통일 과정에서 북한 전략무기의 상당 부분이 제거되고 재래식 무기가 폐기된다고 전제할 때 남한 중심으로 통합될 가능성이 있다고 볼 수 있다. 다만, 군사협력과정에서 북한군의 전술과 지휘방식 등은 차이점을 학습하고 장점을 취해나갈 수 있을 것이다. 이러한 방안이 지금은 쉽지 않아 보이지만, 충분한 시간을 갖고 상호신뢰를 쌓아나간다면 충분히 가능하다.

북한 핵무기 제거

남북한의 군사통합을 위해서 북한의 핵무기가 사전에 제거되어야 하

는 이유는 다음의 두 가지로 설명될 수 있다. 첫째, 북한의 핵이 폐기되지 않으면, 평화체제가 정착될 수 없다. 혹시 북한이 핵을 보유한 상태에서 평화롭게 지낼 수 있을 것이라는 생각을 할 수 있을지 모른다. 그러나 그것은 불가능하기에 한쪽이 핵을 가지고 있는 한 군사적인 긴장은 계속될 것이고, 따라서 평화체제가 가능하지 않다. 둘째, 주변국과의 문제로서, 핵무기를 보유한 통일한국을 주변국들이 수용하지 않을 것이기 때문이다. 핵무기를 보유한 통일한국의 등장은 일본의 핵무장 욕구를 자극하는 등 지역 내 불안정성을 높일 우려가 있어 주변국들이 우리의 통일을 저지할 가능성이 높다. 따라서 주변국들의 동의와 협조를 이끌어내기 위해서도 북한의 핵무기는 사전에 제거되어야 한다.

군사협력과 군사통합 추진 전략

통일시대를 준비한다고 해도 남북 군사협력과 군사통합은 짧은 기간 안에 이루어질 수 있는 것이 아니다. 충분한 시간을 갖고, 군사협력에서 시작하여 군사통합으로 가는 전략을 세워야 한다. 적대관계 해소와 신뢰구축, 군비통제 및 군사시설 복원은 군사협력 단계에서 필요한 조치가 될 것이고, 지휘체계 단일화 등은 군사통합 단계에서 가능한 조치일 것이다.

군사협력 추진단계 1: 적대관계 해소 및 신뢰구축

현재의 남북한은 정전협정이 유지되고 있는 상태로서 말 그대로 전쟁을 중지하고 있을 뿐 평화가 보장되는 상태가 아니다. 이러한 전쟁 중지

상태를 종결로 전환하기 위해서는 종전에 대한 합의, 즉 종전선언이 필요하다. 나아가 군사적 대치상태와 적대관계를 해소하기 위해서는 상호 불가침협정과 평화협정의 체결이 요구된다.

그런데 종전선언이나 평화협정 체결은 남북한만의 합의가 아니라 휴전협정 체결 당사국의 동의와 참여가 필수적이므로 국제적인 성격을 띠고 있다. 또 당사국 중 핵심국가인 미국은 종전선언이나 평화협정 체결의 조건으로 핵무기와 생화학무기 등 대량살상무기의 제거를 요구하고 있으며, 특히 핵무기에 대해서는 완전하고, 검증이 가능하고, 되돌릴 수 없는 폐기 또는 그 이상을 요구하고 있으므로, 북한과의 군사협력을 통하여 이러한 조치가 반드시 이루어지도록 해야 한다.

군사협력 단계는 그 자체로서의 중요성도 있지만, 군사통합을 향한 과정에서 군사력의 상호 감축을 이루어야 하므로 상대에 대한 군건한 신뢰구축이 무엇보다 중요하다. 또 한반도 통일에 대한 주변국의 사전 동의와 협조가 필수적이기 때문에 통일한국의 미래비전에 대한 주변국의 신뢰도 구축되어야 한다. 장차 통일한국이 지향할 동맹정책을 포함한 국방정책과 이에 수반한 군사력의 규모와 군사전략 등에 대해서도 주변국과 공감대를 형성할 필요가 있다.

군사협력 추진단계 2: 군비통제 및 군사시설 복원

군비통제에서 가장 중요한 과제는 병력감축이다. 독일의 경우 통일 이전에 동서독군의 합계는 76만 8,000명(서독 49만 5,000명, 동독 17만 3,000명)이었으나, 주변국들과의 협의 결과 통일 이후 37만 5,000명을 목표로 감축을 추진하였다. 우리의 경우 2016년 12월 기준 남북한의 총병력은 190만 5,000명(남한 62만 5,000명, 북 128만 명)에 달하는데, 이 병력을 그대로 유지한 채 통일을 하는 것은 우리에게 너무 큰 부담이 될 뿐 아니라 주변국에서도 이를 수용하지 않을 것이다.

통일 이후의 적정병력 수준에 대한 일반적인 시각은 대체로 50만 명 안팎인데, 이를 위해서는 약 140만 명에 달하는 막대한 병력을 감축해야 한다. 이를 통일 이후에 한번에 추진하게 되면 심각한 사회문제를 야기할 우려가 있으므로 통일 이전 단계에서 일정 부분의 병력감축을 달성하는 것이 바람직하다. 독일의 경우 통일 이전에 서독은 거의 병력을 감축하지 않고 동독만 감축을 추진하였고, 통일 후에 동독군을 통일독일군에 흡수한 후, 목표 수준까지 시간 여유를 가지고 단계적인 병력감축을 시행하였다. 우리의 경우 병력감축은 남북한이 협의하여 각각 자체적으로 시행하되, 한국군은 통일한국의 최종적인 목표 수준과 근접한 50만 명 수준으로 감축하고, 북한도 이와 비슷한 수준까지 감축하는 것이 바람직하다. 그리고 직업군인이 정년퇴직을 하게 되면 자연스럽게 감소하기 때문에, 인위적인 감원은 없을 것으로 예측된다.

군사협력 단계에서 추진되어야 하는 또 하나의 중요한 사항은 통일한국군에서 사용하지 않을 잉여의 장비와 물자를 처리하는 일이다. 현재 남북한군의 무기체계와 장비들은 대부분 호환성이 떨어지므로 이를 혼용하는 것은 매우 비효율적일 것이다. 특히 북한군의 무기와 장비 및 전투물자는 대부분 노후화되어 통일한국군에서 사용 가능한 장비 등을 제외하고, 사용하지 않을 것들은 민수용으로 전환하거나 전시용으로 재활용하고, 나머지는 처분하여야 한다. 또 통일 후 사용하지 않을 군사시설에 대해서는 절차에 따라 처리하되, 지뢰지대 등 장애물 지역과 오염지역은 사전에 원상회복이 이루어져야 한다. 그 밖에도 남북한 모두 제반 사항을 투명성 있게 추진함으로써 불필요한 마찰이 발생하지 않도

| 그림 6 | 군사통합 단계의 부대구조(가칭)

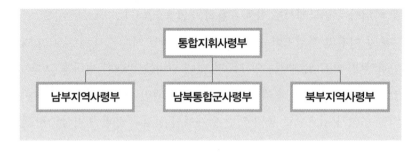

| 그림 6 | 군사통합 단계의 부대구조(가칭)

록 하고, 현장확인팀 등을 방문함으로써 상호검증이 될 수 있도록 하는 것도 필요하다.

군사통합 추진단계 3: 지휘체계 단일화

1국가 2체제가 된다면, 실질적인 군사통합이 시작되어야 한다. 이전까지 남북한군은 각각의 지휘체제를 유지하였으나 이 단계에서는 연합지휘체계에 의한 조정통제가 되어야 하며, 부대 구조도 1국가 2체제에 부합하도록 재편성하는 것이 바람직하다.

가령, 남북통합군사령부에는 군사통합 시 존속시킬 남북한 육·해·공군의 전투부대와 전투지원부대를 두어 한반도 방위를 책임지면서 군사통합 작업을 진행하도록 하는 식이다. 그리고 남부와 북부 지역의 사령부는 남북통합군사령부에 속하지 않은 부대들에 대한 해체 작업과 군용시설들의 원상복구 및 처분, 군사통합 후 사용하지 않을 장비와 물자 처리 등의 임무를 수행할 수 있을 것이다. 이러한 부대구조와 운용개념은 이 단계에 국한하여 운용하고, 이러한 임무 수행 후 남부 및 북부 지역 사령부는 해체한 뒤, 남북통합군사령부가 자연스럽게 통일한국군으로 발전될 수 있도록 해야 한다. 한편, 남북한군 병력의 대폭적인 감축과 통합 작업은 계속 이어져야 한다. 군사협력 과정에서 달성된 약 100만 명 수준의 병력은 약 70만 명 수준으로 감축하고, 전역 및 해고되는 군인과 군무원에 대해서는 직업교육과 취업알선 등 전직 지원이 적절히 이루어지도록 해야 한다.

군사통합 추진단계 4: 군사통합 완성 및 정착

남북통일 과정의 완성단계인 1국가 1체제가 되면, 통일한국군이라는 명실상부한 단일군 체제를 갖추어야 한다. 이 단계에서는 복무기간 단축, 부대구조 개편 등을 통하여 적정규모로 판단되고 있는 50만 명 수준까지 병력을 감축해야 한다.

통일한국군의 병역제도는 징병제를 기본으로 하는 것이 바람직하다. 모병제를 운용할 경우 남북한의 경제적 수준 차이에 의해 특정 지역 출신들이 병력 대다수를 차지할 가능성도 있다. 이러한 우려를 잠재우고 군을 안정적으로 운용하는 데에, 그리고 통일한국에 대한 소속감을 높이고 동화를 이루는 데에도 징병제를 운용하는 것이 효과적이다. 독일도 통일 후 20년 동안 징병제를 유지해왔던 점을 참고할 필요가 있다.

통일 과정에서 군사통합은 가장 중요하면서도 가장 어려운 과제이다. 독일의 통일이 평화적으로 마무리될 수 있었던 것은 동서독 간의 군사통합이 안정적으로 이루어졌기 때문이다. 우리도 충분한 시간을 두고 지속적인 연구와 준비를 거친다면, 성공적인 협력과 통합의 길로 나아갈 수 있을 것이다.

6

경제 분야
미래전략
Economy

1.
금융

━━━━━━ 저성장, 고령화, 지식기반사회, 그리고 정보기술 혁신은 금융 부문의 역할에 많은 변화를 요구하고 있다. 금융 부문이 다가올 환경에 효과적으로 대처하지 못한다면 금융 스스로 쇠퇴는 물론 우리나라가 당면하게 될 많은 구조적 문제 또한 해결되지 못하는 상황을 맞이하게 될 것이다. 2016년 세계경제포럼WEF 국가경쟁력 금융 분야 평가에서 140개 국가 가운데 한국이 80위를 기록했다는 자료는, 이미 한국금융이 새로운 변화에 적응하지 못하고 있다는 방증일 것이다. 금융의 낙후성은 금융만의 문제가 아니라, 경제, 사회 문제와 밀접히 관련되어 있음을 인식하고 금융 부문 혁신에 범국가적인 역량을 결집해야 한다.

금융환경의 미래전망

첫째, 우선 자산보유자들의 자금운용이 예금에서 투자로 전환되고, 무형자산 평가가 중요해질 전망이다. 향후 겪게 될 저성장과 고령화는 산업활동 위축과 경제활동인구 감소를 가져온다. 이는 경제활동에 필요한 자금수요의 감소로 이어져 저금리 현상이 고착화된다. 이 구조적 저금리 현상은 자금공급자의 자산운용에 상당한 변화를 야기한다. 무엇보다 저금리 기조에서는 원본이 보전되는 안전자산에 대한 매력도가 반감될 수밖에 없다. 그 결과 자금보유자들은 원본손실 위험은 있어도 기대수익률이 높은 자산을 물색하게 될 것이다. 투자 중심으로 변모하기 위해서는 무형자산 평가가 중요하게 대두된다.

둘째, 표준화된 대출 등 단순금융이 퇴조하고 맞춤형 금융이 활성화될 전망이다. 다가올 30년간 실물경제는 지식기반 체제로 변화될 것이다. 인공지능, 사물인터넷 등에 기반을 둔 경제구조 변화는 이미 시작됐다. 시간이 갈수록 이러한 변화는 더욱 가속화될 것이다. 지식기반 사회가 도래할 경우, 자금공급자들은 유형자산이 아닌 무형자산을 기초로 하여 우량기업과 불량기업을 식별한 후 자금을 제공해야 한다. 그러나 지식과 같은 무형자산은 유형자산과 비교하면 식별이 한결 까다롭고, 자금공급자가 부담할 위험이 한층 커질 수밖에 없다. 따라서 이 문제를 회피하는 과정에서 자금수요자와 자금공급자 간에 위험분담을 위한 다양한 구조의 금융이 발전할 것이다.

셋째, 해외주식이나 해외부동산 등 해외투자가 급속도로 팽창할 전망이다. 그동안 우리나라에서 축적된 금융자산은 대부분 국내에 투자됐다. 하지만 앞으로는 지금까지와는 전혀 다른 양태가 될 것이다. 저성장으로 경제활동이 위축된다는 것은 자금 수요가 감소한다는 것을 의미한다. 반면 고령화에 대비한 연금자산 등으로 금융자산은 더 축적될 것이다. 그 결과 국내에서 축적된 금융자산은 국내 자금 수요를 충당하고도 넘치게 되면서 결국 해외투자가 늘 것으로 보인다.

넷째, 기관화 현상institutionalization의 가속화 전망이다. 인구 고령화로 노후대비를 위한 은퇴자산 마련이 중요해지는데, 연금기금의 자산이 급속히 증가할 것이다. 국민연금, 퇴직연금, 사학연금 등 이들 연금기금은 막대한 운용자산을 보유한 소위 '기관투자자'이다. 연금기금 외에 개인투자자 자금을 모아 운용하는 펀드 역시 대표적인 기관투자자에 해당한다. 이처럼 금융자산을 개인들이 직접 운용하는 것이 아니라 기관투자자들이 금융자산 대부분을 운용하게 되면서 기관화 현상이 우리나라에서도 확대될 것이고, 대형 기관투자자의 영향력도 커질 것이다.

다섯째, IT와 융합된 금융이 보편화할 전망이다. 특히 IT기술과 융합된 핀테크가 보편화되면 금융서비스 제공 양태가 극적인 변화를 맞이할 것이다. 또 빅데이터 활용이 보편화되면 송금, 대출, 계좌관리뿐만 아니라 대출심사, 보험인수, 자산관리 등 핵심 금융업무까지 핀테크 영역으로 빠르게 편입될 것으로 보인다.

금융산업의 문제점

금융산업은 국가경제를 구성하는 한 부분이므로 본업을 통해 국가경제에 기여할 때 존재의의를 찾을 수 있다. 가령 저성장, 고령화라는 사회경제적 문제를 해결하는 데 금융산업이 일정 부분 역할을 담당해야 한다. 더불어 지식기반사회로의 전환, 정보기술 진전이라는 큰 흐름에 대해서도 금융산업 자체적인 적응과 변모가 필요하다. 그러나 우리 금융산업은 다가올 거대한 환경변화에 효과적으로 대응할 준비가 미흡하다.

사전적 자금공급과 사후적 구조조정의 유연성 취약

기업 대부분이 성숙기에 접어든 우리 경제의 현 상황에서는 혁신산업과 모험산업에 속하는 기업을 효과적으로 발굴해 성장동력을 회복해야 한다. 그러나 우리나라 금융산업은 담보 중심의 단순대출 혹은 중개업무에 치중하고 있어 지식에 기반을 둔 모험산업과 혁신산업에 자금을 공급할 역량을 갖추고 있지 못하다. 기술이나 특허 등 모험산업의 미래가치를 평가할 능력이 매우 취약하기 때문이다. 금융산업이 전통산업 중심, 단순 대출·중개 업무에서 탈피하지 않는 한, 이제는 부가가치를 창출하기 어렵고 우리 경제가 직면한 저성장 문제를 해소하는 데도 기여하기 어렵다는 것이다.

저성장 국면을 극복하는 데에는 금융산업의 기업구조조정 역할도 중요하다. 모험산업과 혁신산업은 성공 시 보상이 크지만, 실패확률 또한 높다. 따라서 전통산업 중심의 경제체제를 모험산업과 혁신산업 중심으로 효과적으로 전환하려면, 실패한 기업의 신속하고도 효율적인 구조조정이 중요하다. 더불어 전통산업이 쇠퇴하는 과정에서 이들 부문에 속한 기업의 구조조정 또한 불가피하다. 그러나 우리나라 금융산업은 기업의 출구전략, 즉 구조조정 역량 측면에서 매우 취약하다.

고령화 추세에 맞춘 자산운용 미흡

고령화문제 해결 측면에서도 금융산업은 효과적인 변화를 꾀하지 못하고 있다. 효과적인 자산관리 서비스를 제공함으로써 국민의 은퇴자산을 마련하는 것은 금융 부문에 맡겨진 중대한 과제이다. 은퇴자산 마련을 위한 자산운용은 장기간에 걸쳐 이뤄지기 때문에 약간의 수익률 차이에도 은퇴 시점에서 투자자가 손에 쥐는 금액에 엄청난 차이를 가져온다. 따라서 금융 부문은 위험을 적절히 분산시키는 가운데, 수익률을 극대화하는 것에 총력을 기울여야 한다. 이를 위해서는 국내시장뿐 아니라 해외 각지의 다양한 투자자산을 효과적으로 발굴해 투자자에게 연결해줘야 한다. 그러나 우리 금융산업의 해외네트워크는 매우 취약하며, 효과적인 해외자산 발굴 역량이 부족하다.

기술변화 수용 부족

국내 금융산업은 기술적인 변화를 적극적으로 수용할 준비가 부족하다. 핀테크 혁명은 금융산업의 지형도를 전혀 새로운 것으로 변모시킬 가능성이 크다. 금융산업이 핀테크를 수용하는 것은 피할 수 없는 일이다. 금융회사들이 기존 방식만 고수한다면 핀테크를 수용한 해외 금융회사와의 경쟁에서 도태되고 말 것이기 때문이다. 특히 우리의 경우 제도적으로도 핀테크가 활성화되기 어려운 상황이다. 핀테크 발전의 기반은 빅데이터와 인공지능의 활용 여부이다. 따라서 고객 정보를 경제적으로 적절히 활용할 수 없다면 애초에 핀테크는 불가능하다. 그러나 국내 환경에서는 기업 간 고객 정보의 상업적인 공유가 상당 부분 제한되어 있고, 심지어 금융지주회사 계열사 간에도 고객 정보 공유가 크게 제약되어 있다. 고객 정보 보호와 상업적 활용 간의 접점을 찾는 것이 시급한 실정이다.

금융산업의 미래전략

우리나라가 직면한 저성장과 고령화, 급격한 기술진전에 대응해 금융산업에 대한 국가 차원의 전략 수립이 절실하다. 국가전략은 모험자본을 공급하고, 국민 은퇴자산 마련을 지원하며, 새로운 기술환경에 대한 수용성을 높일 수 있도록 금융산업을 유인하는 것이어야 한다.

자본시장 중심의 금융구조 구축

우리나라는 전통적으로 은행 중심의 금융 시스템을 갖고 있었으며, 가계자금을 기업에 공급하는 기능 역시 주로 은행의 몫이었다. 그러나 은행은 근원적으로 안전 단기자산에 편향된 자산운용 패턴을 지닐 수밖에 없으며, 위험자본을 공급하기에는 부적합하다. 실제로 지식에 기반한 혁신산업과 모험산업은 은행 중심의 금융구조를 가진 국가에서는 제대로 성장하기 어렵다는 증거가 이미 제시된 바 있다. 따라서 모험자본 공급으로 저성장 문제를 극복하고 지식기반 사회로의 전환을 촉진하려면, 지금의 은행 중심 금융구조를 자본시장 중심으로 변모시켜야 한다.

자본시장으로의 무게중심 이동은 고령화 문제 극복과도 긴밀히 관련되어 있다. 은행예금에 치우친 자산운용으로는 고령화 사회에 대비한 국민의 은퇴자산 마련이 불가능하다. 다양한 유형의 자산을 포함한 포트폴리오를 구성함으로써 위험을 낮추는 한편, 수익률을 극대화하는 자산운용이 필수적이라는 것이다. 그런데 여기서 말하는 다양한 유형의 자산이란, 다름 아닌 자본시장에서 공급된다. 또 은퇴자산 마련을 위한 자산운용이 갖는 특성, 즉 초장기 운용을 위해서는 만기가 길거나 유동성이 낮은 자산을 적극적으로 편입해야 한다. 그런데 이처럼 만기가 길고 유동성이 낮은 자산이 공급되는 곳 또한 자본시장이다. 결국, 자본시장 중심 금융구조로의 대전환을 통해 저성장과 고령화 문제의 해결을 도모할 수 있다.

금융회사 지배구조 혁신

단순하고 표준화된 자산운용에서 탈피해 위험자본을 중개하고 인수해나갈 때 혁신산업과 모험산업 성장을 이끌 수 있다. 그러나 금융회사가 위험자본을 공급하는 것은 안정적이고 장기적인 지배구조가 확립될 때에만 비로소 가능하다. 금융회사 CEO 임기가 지금처럼 2년 남짓한 상황에서는 장기적인 안목을 갖기 어렵고, 애초부터 위험투자를 단행하기 어렵다. 위험투자를 하려면 효과적인 리스크 관리 체제가 정착되어야 하는데, 여기에는 상당한 시간과 노력이 수반된다는 점에서 임기가 짧은 CEO에게는 버거운 일이다.

다가올 미래에는 금융자산의 축적이 확대되면서 해외투자 수요가 급격히 늘어날 것으로 보인다. 여기에 적절히 대응하기 위해서도 안정적 지배구조가 매우 중요하다. 해외투자수요에 대응하는 데 필요한 해외네트워크 구축의 경우, 투자회임기간이 장기일 뿐 아니라 투자회수 여부가 불확실하다. 안정적 지배구조 확립 없이는 해외투자수요에 대한 대비 자체가 불가능하다. 핀테크 등 신기술 수용에 수반되는 높은 불확실성과 내부저항 등을 극복하기 위해서도 안정적 지배구조의 중요성은 매우 크다고 할 수 있다.

지배구조와 관련해 경영진의 전문성도 중요하다. 미래의 금융은 고도의 전문성을 바탕으로 극심한 환경변화를 헤치고 나가야 한다. 그러나 우리나라의 경우 은행권은 물론 혁신이 필수적인 자본시장 영역에서조차 경영진 선임에 정치가 개입하는 현상이 이어지고 있다. 낙후된 지배구조에 혁신적인 변화가 수반되지 않는다면 자본시장 중심의 금융구조 대전환은 요원한 일이다.

금융정책과 비금융정책의 융합

미래에 금융이 직면하는 환경은 지금보다 훨씬 더 복잡하고 복합적인 성격을 띠게 될 것이다. 국내시장과 해외시장이 통합되고, 복지와 금융이 결합되며, 금융과 IT가 융합될 것이다. 이러한 환경에서 금융정책은 이제 금융 부문만의 문제가 아니며, 다른 부문의 정책과 함께 통합적으로 검토되어야 한다.

우선 금융자산 축적으로 해외투자가 급격히 늘면서 국내시장과 해외시장 간의 구분이 약해지는 상황에서는, 외환정책을 고려하지 않는 금융정책은 효과를 내기 어렵다. 또 고령화의 진전으로 공적연금과 퇴직연금의 규모가 급격히 팽창하게 되는데, 효율적인 연금자산의 운용은 금융 부문의 이슈임과 동시에, 국민의 노후소득 안정화라는 복지이슈이기도 하다. 금융정책과 복지정책을 통합적으로 바라보는 시각이 필요한 것이다. 저금리 시대에는 금융상품에 대한 세제 차이가 상품별 수익률을 결정짓는 핵심요소가 될 가능성이 크다. 급속히 축적되는 금융자산이 어디로 흘러갈지를 사실상 세제가 결정하게 된다는 것이다. 이런 점에서 금융정책은 조세정책과 불가분의 관계에 있다. 금융과 IT의 통합도 이미 우리 앞에 성큼 다가와 있다. 결국 금융 부문이 환경변화와 기술발전에 대한 수용성을 높일 수 있도록 금융정책을 비금융 부문의 정책과 융합하는 것이 필요하다.

미래전략 달성을 위한 정책 방향

자본시장 중심의 금융구조 구축, 금융회사 지배구조 혁신, 정책융합, 그리고 새로운 금융산업 패러다임 대응 등을 위해서는 다음과 같은 정책이 요구된다.

자본시장 부문의 규제완화
- 자본시장은 기업과 투자자가 원하는 맞춤형 상품을 제공하는 과정에서 다양한 혁신이 가능. 그러나 엄격한 규제가 가해지면 자본시장 본연의 혁신은 불가능
- 진입 규제, 건전성 규제, 업무범위 규제 등 자본시장 규제 수준을 완화하거나 네거티브 방식으로 운영하는 해외 사례 참조 필요

기관투자자의 의결권 행사 적극적 유인
- 개인이 아닌, 연금기금, 펀드 등과 같은 기관투자자에 의한 금융자산 운용 가능성 증가. 기업 주식의 상당 부분을 기관투자자들이 보유하게 된다는 것을 의미
- 기관투자자의 의결권 행사는 주주에 의한 경영확립으로, 금융회사 지배구조 개선에 기여
- 기관투자자 자체의 지배구조 개선 선행도 필요. 즉, 공적연금기금 등의 지배구조 차원에서 정부 혹은 정치권으로부터 독립

금융산업의 과점적 시장구조와 관치의 상호의존적 관계 탈피
- 금융시장 자유화가 진행되었지만, 여전히 금융산업은 공기업에 가

깝게 운영되는 실정. 정권이 바뀔 때마다 주요 시중은행의 경영진이 교체되는 것이 가장 단적인 예
- 금융산업의 과점 구조는 산업화 시기 형성된 정부 주도의 자원 분배와 외환위기 이후 진행된 정부 주도의 구조조정에서 비롯된 결과. 우리나라 금융산업의 발전을 가로막고 있는 가장 근본적인 문제이므로 개선 필요

새로운 금융산업의 패러다임 대처
- 금융산업은 핀테크 등 디지털 기술을 바탕으로 새롭게 재편될 전망
- 모바일 인터넷 시대에는 기존 금융 인프라를 우회하여 제공할 수 있는 금융서비스 다양
- 금융산업의 기술적 변화는 금융회사와 비금융회사의 경계를 허물면서 금융업에 대한 규제 시스템 재설계 필요
- 국경을 초월한 인터넷망을 통해 금융서비스가 전달되면서 자국 중심의 체계도 변화 필요

모험자본 시장의 역동적 투자환경 조성
- 다원화된 벤처캐피털 제도 정비. 벤처캐피털 회사 유형에 따라 관련 규제와 주무 부처가 제각각이어서 행정 비용과 규제 차익에 의한 역차별 문제 상존
- 벤처캐피털 설립 요건(자본금, 전문인력) 완화
- 중소벤처기업부에 등록된 국내 벤처캐피털의 경우 금융·보험업, 부동산업, 음식·숙박업 등에 대한 투자 제한. 따라서 융복합 스타트업 활성화를 위해 투자 업종제한 완화 필요

- 창업 초기 스타트업의 기업가치 평가가 어렵다는 점을 고려해 유연한 투자 방식 도입
- 국내 벤처투자 중간 회수 시장으로 작동하는 M&A 활성화 지원
- 동종 업계 창업 기업 간 합병을 통해 성장 속도를 높이는 롤업roll-up 전략이 활발한 미국과 같이 스타트업 기업 간 인수합병 지원
- 기업형 벤처캐피털Corporate Venture Capital 설립 및 투자 장려

2.
핀테크

━━━━━━━━ 정보통신기술의 기하급수적 발전을 토대로 금융산업이 엄청난 변화의 시기를 맞고 있다. 금융에서의 4차 산업혁명이라고 할 수 있는 핀테크 때문이다. 핀테크의 초기 의미는 단순하게 금융Finance을 돕는 기술Technology을 뜻했다. 금융산업에 도움을 주는, 금융기관의 요구에 따라 만들어진 IT 관련 활동만을 의미했다. 하지만 지금은 금융과 IT를 융합한 새로운 금융서비스 및 관련 산업의 변화를 말한다.

기술과 함께 달라진 금융 환경

사실 금융산업은 과거부터 지금까지 계속해서 고비용 비효율 문제를 해결하기 위해 IT에 많은 투자를 해왔다. 그런데 갑자기 왜 '핀테크'라는 신조어까지 만들면서 새롭다고 이야기하는 걸까. 그 이유는 전통적이고 보수적이며 안정적이어야 한다고 믿었던 금융산업이 기술을 통해 새롭게 변할 계기를 찾았기 때문이다. 게다가 지금까지 법과 제도로 묶여 있던 영역에서의 규제가 완화되면서 경쟁이 가능해졌다. 금융산업 관계자가 아니더라도 금융의 새로운 블루오션을 개척할 수 있게 되었다는 이야기이다.

개인이 어떤 사업을 할 것인지 공개적으로 알리고, 다른 개인으로부터 자금을 지원받는 크라우드 펀딩의 경우 증권사나 은행을 거치지 않고도 가능하다. 해외송금의 경우 예전에는 국내 은행에서 해외 은행으로 자금을 이체하며 비싼 수수료를 물어야 했다. 하지만 최근 등장한 해외송금 핀테크 방식은, 핀테크 기업의 국내 통장으로 송금하고 입금해야 할 해외 통장을 알려주면 그 기업의 해외계좌에서 해당 계좌로 입금하여 수수료 자체를 최소화시키는 형태이다. 기존 은행의 인프라를 사용하면서도 수수료는 매우 저렴해진 것이다.

크라우드 펀딩이나 해외송금 방식 외에도 핀테크에는 다양한 영역이 있다. 예를 들어, 2020년까지 세계 핀테크 산업의 선두가 되겠다는 목표를 가진 영국은 핀테크의 영역을 지불, 보험, 크라우드 펀딩, 투자·펀드, 자산관리, 환전, 송금, 데이터 분석, 보안·위험관리, 트레이딩, 뱅킹, 전자화폐·비트코인, 대출 등으로 세분화했다. 이러한 전 세계 핀테크 분야의 투자는 2008~2013년 사이 세 배 이상에 달할 정도로 급성장하고 있다. 최근에는 그 성장 속도가 더욱 두드러져 2018년 말까지 핀테크 분야 투자액이 60억~80억 달러에 이를 것으로 보인다.

세계적 추세에 발맞춰 우리나라 금융 당국도 지난해 관련 금융규제를 완화하고 제도권 내 활성화를 추진하는 등 핀테크 활성화에 나서고 있다. 신생 핀테크 기업들이 기존 금융시장을 혁신하는 새로운 경쟁력으로 부상하고 있기 때문이다. 실제로 핀테크 기업들은 전통적 거대 금융사들과 비교해 규모도 작고 출발도 한참 뒤늦게 했지만, 저비용과 간편함, 그리고 언제 어디서나 이용할 수 있는 이동성, 쉬운 접근성 등 사용자 기반 혁신 서비스로 기존 금융 서비스와의 경쟁에서 점차 우위를 점하고 있다.

핀테크 산업 현황

벤처 스캐너Venture Scanner에 따르면 2018년 4월 기준 전 세계 핀테크 기업은 약 2,407개에 달하는 것으로 나타났다. 또 KPMG인터내셔널과 핀테크 벤처투자기관인 H2 벤처스 보고서에 따르면, 핀테크 100대 기업의 서비스 분야는 P2P금융(32개)과 지급결제(21개), 자본시장(15개), 보험(12개), 자산운용(7개), 레그테크Reg-Tech 및 사이버보안(6개), 블록체인 및 디지털 통화(4개), 데이터 및 분석(3개)으로 집계됐다.

핀테크 산업에 많은 관심을 기울이고 있는 국가로는 영국, 미국, 싱가포르, 중국 등이 있다. 영국의 경우 금융에 대한 이해, 인터넷산업의 발달, 2008년 금융위기 이후 유휴인력으로 남아 있던 전문 금융 인력, 그리고 정책과 금융, 기술이 런던이라는 한 도시에서 발전하고 있는 지리적 배경 등으로 인해 핀테크에 최적지라는 평가를 받고 있으며, 정부의 지원 또한 다양하다. 미국은 실리콘밸리와 월스트리트의 경쟁 구도를 바탕으로 새로운 산업을 만들어온 경험과 자본이 축적되어 있으며, 아시아 금융의 허브를 꿈꾸는 싱가포르도 국가적 역량을 동원해 핀테크 산업을 지원하고 있다. 세계 최대의 인구를 가진 중국에서도 알리바바와 텐센트 등 주요 인터넷 기업을 중심으로 핀테크와 관련된 사업이 늘어나는 추세이다. 큰 시장을 가진 중국과 미국이 신산업에서도 유리한 것은 당연하다. 특히 KPMG인터내셔널과 H2 벤처스가 2017년 발표한 보고서에 따르면, 글로벌 핀테크 리딩 기업 10위 가운데 중국 기업이 5개를 차지했으며, 알리바바 산하의 모바일 결제 스타트업 앤트 파이낸셜Ant Financial과 온라인 의료보험 기업 종안보험ZhongAn, 온라인 대출 기업 취뎬Qudian이 1~3위를 기록했다.

다행인 점은, 현재 높은 매출을 올리고 있는 핀테크 기업들의 사업이 P2P금융과 결제 플랫폼 분야에 집중되어 있다는 사실이다. 디지털통화나 데이터 분석 등의 분야가 증가하고 있기는 하지만, 아직은 새롭게 발전 가능한 핀테크 분야가 많이 남아 있고, 분야가 늘어날수록 이들 사이를 연결해주는 새로운 기술과 산업이 생겨날 가능성이 크다는 의미이다.

핀테크 산업에 대한 각국의 관심이 커지는 것과 비례하여 산업 전망과 투자도 급증하고 있다. 시장조사기관 스타티스타는 전 세계 핀테크 시장 거래 금액이 2016~2020년 연간성장률 20.9%를 기록하며 2020년 5조 330억 달러 규모까지 증가할 것으로 전망했다. 특히 개인금융과 중소기업금융 부문에서 핀테크 사용자가 지속하여 증가할 것으로 예상했다.

국내 핀테크 산업 현황

핀테크 기업의 수나 매출을 바탕으로 국내 핀테크 산업의 미래를 단정하기는 어렵다. 금융의 범위를 어디까지로 보느냐에 따라 핀테크 산업의 규모도 달라질 수 있어서 비교 측정도 어려운 상태이다. 글로벌 컨설팅 회계법인 언스트앤영EY이 산출한 〈2017 핀테크 도입 지수〉에 따르면, 한국의 핀테크 평균 이용률은 32%로 전 세계 20개국 평균(33%)과 비슷한 것으로 나타났다. 그러나 핀테크 이용률이 가장 높은 중국(69%)과 비교하면 절반에도 미치지 못하는 수준이다. 또 전 세계 100대 핀테크 기업 가운데 한국 기업은 모바일 송금 앱 '토스'를 운영하는 비바리퍼블리카(35위) 한 곳만 유일하게 포함된 것으로 드러났다.

하지만 급증하는 모바일 증권거래와 간편결제 규모를 보면 우리나라 핀테크 산업의 전망이 밝다고 할 수 있다. 한국은행에 따르면 모바일 간편결제시장은 최근 2년 동안 5배 성장했고, 특히 2018년 1/4분기만 보면, 전년보다 4배 성장한 규모이다. 이 밖에 모바일 자산관리, P2P금융 서비스 등을 이용하는 사람들도 급격히 늘고 있다.

대표적인 핀테크 기업들로는 케이뱅크, 카카오뱅크, 카카오페이, 카카오스탁, 삼성페이, NHN페이코, 토스, 어니스트펀드, 8퍼센트 등이 있다. 핀테크 지원센터에 따르면 2018년 7월 현재 139개의 핀테크 기업이 모바일 지급결제(18개), 외화 송금(8개), 금융플랫폼(39개), P2P/크라우드펀딩(10개), 개인자산관리(18개), 보안인증(35개), 기타(11개) 등 7개 영역에서 운영 중이라고 한다. 또 한국은행이 2018년 6월 발표한 금융안정보고서에 따르면, 국내 핀테크 기업 수는 꾸준히 증가해 작년 말 기준 288개사로 집계되었고, 국내 핀테크 기업이 제공하는 대표적인 금융 서비스는 간편결제 간편송금, P2P금융, 크라우드 펀딩, ICO, 로보어드바이저 등이 꼽혔다.

핀테크 산업 미래전략

한국은 세계 12위 경제 규모에 세계적 IT 인프라를 갖추고 있어 핀테크 산업이 발전하기에 가장 좋은 여건이라는 평가이다. 하지만 과도한 개인정보보호 법률, 금융산업의 보수적 규제와 산업자본의 은행 지분을 제한하는 은산분리 규제 등으로 인해 핀테크 산업은 꽃이 피기도 전에 시들 것이라고 우려하는 목소리도 만만치 않다. 따라서 핀테크 산업이 성장하려면 이같은 규제 장벽을 과감하게 혁파하고, 투자와 기술의 공개를 통해 핀테크 생태계를 구축해야 하며, 핵심 원천기술을 개발해야 한다는 지적이 강하게 제기되고 있다. 물론 인적자원의 배분과 소비자의 필요를 읽어내는 통찰도 필요할 것이다.

규제와 제도의 개선

- 과도한 개인정보보호 법률은 데이터 공유가 바탕이 되어야 하는 핀테크의 성장 방해
- 개인정보보호를 강화하는 동시에 활용을 촉진할 수 있도록 규제 시스템 재설계
- 사후처벌 강화와 네거티브 규제 방식으로 개인정보의 보호와 활용의 실효성 확대
- 인터넷전문은행의 은산분리 규제 완화 등 관련 논의 해법 마련. 은산분리 규제란, 산업자본의 은행 지배를 막기 위해 은행 지분 10%를 초과해 보유할 수 없고, 4% 초과 지분에 대해서는 의결권을 행사할 수 없도록 한 것. 은산 분리의 원칙을 훼손하지 않으면서도 인터넷전문은행의 성장과 글로벌 경쟁력 확보를 위한 다양한 제도적 지원

오픈뱅킹 등 차세대 시스템 구축

- 글로벌 핀테크 산업의 새로운 트렌드로 부상한 오픈 뱅킹 흐름에 대처 필요
- EU의 경우, 인터넷 및 모바일 결제와 핀테크 산업 활성화를 목적으로 2018년 1월부터 지급서비스 개정안(PSD2, Second Payment Services Directive) 시행. 고객 동의를 바탕으로 고객 정보 접근이 가능해지면서 소비패턴 분석, 고객의 니즈 파악, 신용카드보다 효율적인 서비스 제공 등이 기대되는 상황. 그러나 기대효과와 함께 전통 금융업과 IT업체들의 경쟁도 심화되는 측면에서 다양한 시사점 분석 및 활용
- 금융산업의 새로운 플레이어인 핀테크 기업과 정부 간의 지속적인 소통으로 새로운 환경 대응 및 지원체계 마련

블록체인 활용

- 블록체인은 금융의 미래에 영향을 미칠 가장 중요한 기술 중 하나
- '탈중앙화'라는 블록체인 구조의 특성을 새로운 금융 비즈니스 생태계 구축에도 활용
- 자금과 개인정보가 소수의 은행에 집중되는 것이 아니라 블록체인을 통해 분산됨으로써 기성 금융 시스템 수준의 안정성을 유지함과 동시에 소수에 집중된 리스크 완화
- 금융권이 주도하는 R3CEV와 리눅스재단이 주도하고 있는 하이퍼레저 등의 블록체인 컨소시엄이 가동되고 있지만, 아직 실질적인 성과가 나오지 않는 것은 전통적인 거대 기업들이 대부분 탈중앙화된 생태계와 맞지 않기 때문

- 새로운 산업 생태계가 작동할 수 있는 제도적 인프라, 기업의 수용도, 비즈니스 관행, 정책 방향, 소비자들의 인식 등 다차원적 대응 중요

기술보다 사람 중심적 접근
- IT 기업이 핀테크에 도전하기 위해서는 금융 메커니즘과 수익 구조에 대한 이해 필요
- 금융과 기술 이전에 사람들의 필요사항을 파악하는 것이 선행 요건
- 디지털화로 감원되는 금융인력을 핀테크 산업에서 적극 활용
- 핀테크 산업 주체들의 혁신적인 비즈니스 모델 발굴 지원

3.
공유경제

━━━━━━━ 4차 산업혁명은 자동화와 연결성이 극대화된
경제 시스템이라고 할 수 있다. 인간의 육체노동을 대신해왔던 기계화
와 자동화는 4차 산업혁명 시대에는 빅데이터에 기반한 인공지능에 의
해 인간의 지적 노동으로까지 그 범위가 확대될 것으로 전망되고 있다.
기차, 배, 자동차, 비행기 등 이동수단의 발전은 사람의 물리적 연결성
을 강화하면서 국가 안으로는 도시화, 밖으로는 세계화를 가능하게 해
주었다. 인터넷의 등장은 '사이버 스페이스'라는 시간적, 공간적 제약이
완화된 가상공간을 통해서 전 세계 사람들의 교류를 가능하게 해주었
다. 스마트폰의 보급으로 새로운 전기를 맞이한 인터넷이 4차 산업혁명
에서는 스마트홈, 스마트카, 스마트팩토리 등을 통해 전 세계 사물을 연
결하면서 가상공간이 점점 더 중요해지고 있다.

공유경제와 4차 산업혁명

자동화와 연결성이 확대되는 흐름 속에서 탄생한 새로운 경제모델 중 하나가 공유경제이다. 공유경제는 경제활동이 사람보다는 기계(인공지능, 로봇 등), 물리적 공간보다는 가상공간을 통해서 이루어지는 흐름의 연장선에서 나타나는 현상으로 이해할 수 있다. 공유경제에 앞서 인터넷의 등장과 함께 확대되기 시작하였던 전자상거래나 전자금융이 가상공간을 통해서 표준화된 공산품이나 금융상품을 거래할 수 있도록 해주었다면, 공유경제는 표준화가 쉽지 않은 서비스까지 가상공간을 통해 거래가 가능하도록 발전된 것이라고 할 수 있다.

공유경제에 있어서 자동화와 연결성의 핵심 매개체는 스마트폰이다. 택시를 소유하지 않고도 우버는 세계 최대 택시회사가 됐고, 에어비앤비는 소유한 부동산 없이도 세계 최대 숙박업체가 됐다. 이런 게 공유경제의 예이다.[75] 스마트폰의 보급으로 언제든 인터넷에 연결할 수 있는 기반이 마련되고, 스마트폰에 탑재된 GPS 등의 센서를 이용해서 물리적 정보를 디지털 공간으로 매끄럽게 전송할 수 있게 됨에 따라 온라인과 오프라인 사이의 경계가 크게 낮아진 것이 새로운 비즈니스 모델의 등장을 가능하게 해주었다.

공유경제는 소유권이 아니라 접근권에 기반을 둔 경제 모델

공유와 경제가 합쳐진 공유경제는 다양한 맥락에서 정의되는 용어이지만, 공유경제라는 개념은 '소유권ownership'보다는 '접근권accessibility'에 기반을 둔 경제모델을 의미한다. 전통경제에서 생산을 담당하는 기업들은 상품이나 서비스를 생산하기 위해서 원료, 부품, 장비,

인력을 사거나 고용했던 것과 달리, 공유경제에서는 기업뿐만 아니라 개인들도 자산이나 제품이 제공하는 서비스에 대한 '접근권'의 거래를 통해서 자원을 효율적으로 활용하여 가치를 창출할 수 있다. 소유권의 거래에 기반한, 기존 자본주의 시장경제와는 다른 새로운 게임의 법칙이 대두한 것이다.

공유경제에서는 온라인 플랫폼이라는 조직화된 가상공간을 통해서 접근권의 거래가 이루어진다. 온라인 플랫폼은 인터넷의 연결성을 기반으로 유휴자산을 보유하거나 필요로 하는 수많은 소비자와 공급자가 모여서 소통할 수 있는 기반이 된다. 다양한 선호를 가진 이용자들이 거래 상대를 찾는 작업을 사람이 일일이 처리하는 것은 불가능한 일인데, 공유경제 기업들은 고도의 알고리즘을 이용하여 검색, 매칭, 모니터링 등의 거래과정을 자동화하여 처리한다.

공유경제에서 거래되는 유휴자산의 종류는 자동차나 주택에 국한되지 않는다. 개인이나 기업들이 소유한 물적, 금전적, 지적 자산에 대한 접근권을 온라인 플랫폼을 통해서 거래할 수만 있다면 거의 모든 자산의 거래가 공유경제의 일환이 될 수 있다. 가구, 가전 등의 내구재, 사무실, 공연장, 운동장 등의 물리적 공간, 전문가나 기술자의 지식, 개인들의 여유 시간이나 여유 자금 등이 접근권 거래의 대상이 될 수 있다.

접근권이 거래될 수 있는 배경

다양한 자산의 접근권이 거래될 수 있는 핵심적인 배경은 온라인 플랫폼이 거래비용을 크게 낮출 수 있기 때문이다. 거래에 드는 비용에는 거래 상대방을 찾기 위한 탐색 비용-searching cost, 거래조건을 협상하여 거래를 성사시키기 위한 매칭 비용-matching cost, 거래를 제대로 이행하는지 감독하기 위한 모니터링 비용·monitoring cost 등이 포함된다. 성공적인 온라인 플랫폼은 거래비용을 효과적으로 절감시키는 것으로 나타난다.

먼저, 수요자들은 공급자들이 더 많을수록, 공급자들은 수요자들이 더 많을수록 온라인 플랫폼에 참여할 유인이 높아지기 때문에 플랫폼 사업자들은 이를 위해서 다양한 방법으로 사용자들을 확보하려고 노력한다. 거래할 수 있는 잠재적인 거래 상대방이 많아야 탐색비용도 자연스럽게 낮아질 수 있다. 둘째, 온라인 플랫폼은 알고리즘을 이용하여 거래 상대방뿐만 아니라 유사한 거래 조건을 검색하게 하거나 추천을 해줌으로써 탐색에서부터 매칭까지 원활하게 이루어지게 해준다. 셋째, 플랫폼은 참가자들이 플랫폼을 통하여 상호 합의한 대로 거래가 진행될 것이라는 신뢰와 확신을 부여할 수 있는 메커니즘을 마련해놓아야 한다. 이를 위해서 거래 당사자들 간의 상호 평점이나 후기(피드백) 데이터를 축적하고 분석함으로써 거래의 신뢰 확보에 필요한 모니터링 비용을 낮춰줄 수 있다.

공유경제의 경제혁신 방식과 전망

공유경제는 거래비용의 절감으로 과거에는 불가능했던 새로운 거래 방식을 창출하면서 경제의 생산성을 높이고 있다. 유휴자산의 효율적 이용은 자원을 보다 효율적으로 배분하는 데 기여한다. 가령, 현재 개인들이 소유한 자동차는 약 4% 시간만 운행되고 나머지는 주차되어 있는데, 카셰어링 서비스는 이러한 비효율적인 자원 활용을 개선하는 데 기여할 수 있다. 또 새로운 가치창출 방식이 가능해짐에 따라 소비자의 선택권과 편의성은 높아지고, 공급자들은 낮은 진입장벽으로 인해 새로운 사업기회를 포착할 수 있다.

전통적 비즈니스 가치 체계 파괴

공유경제 기업들은 전통적 비즈니스의 가치 체계를 뒤흔들며 혁신을 자극하는 역할도 한다. 예를 들어, 2009년 설립되어 현재 전 세계 77개국 450여 개 도시에서 서비스 중인 우버는 680억 달러의 기업가치를 지닌 것으로 평가되고 있으며, 글로벌 자동차 회사인 GM의 기업가치 520억 달러를 넘어서고 있다. 이미 일부 도시에서는 전통적인 택시보다 우버, 그리고 우버에 이어 미국의 2위 차량공유 서비스인 리프트Lyft, 중국의 대표적인 차량공유 서비스인 디디콰이처 등의 카셰어링 서비스 이용자가 더 많은 것으로 나타나고 있다. 또 카셰어링 서비스는 이른바 '자가용'이라고 불리며 소유의 상징과 같았던 자동차를 이동이 필요할 때만 이용하는 모빌리티 서비스의 대상으로 바꾸고 있다. 전통적인 자동차 완성차 기업들도 이제 자동차 제조회사에서 모빌리티 제공 회사가 되겠다고 선언하며 카셰어링 서비스에 뛰어들고 있는 이유이다.

다양한 산업 분야에서 공유경제 서비스 확산

자동차와 숙박 공유 외에도 다양한 분야에서 공유경제 기업들이 나타나고 있다. 새로운 구직·구인 경로로 기능하면서 노동시장을 변화시키고 있는 온라인 인재 플랫폼, 최근 중국 주요 도시에서 급성장하고 있는 자전거 공유 서비스, 대안적인 금융수단으로 자리매김하고 있는 크라우드 펀딩, 전 세계 대학 강의를 무료로 공개하면서 고등교육의 새로운 패러다임을 만들어가고 있는 MOOC 등이 다양한 분야에서 출현·성장하면서 경제의 새로운 활력소가 되고 있다.

공유경제 시장 전망

공유경제는 자동화와 연결성을 강화해주는 기술의 발전과 보급으로 경제의 효율성을 높이는 데 기여하고 있으며 앞으로 더 많은 영역으로 확대될 것으로 보인다. 컨설팅업체 프라이스워터하우스쿠퍼스 PwC는 2010년 8억 5,000만 달러에 불과했던 세계 공유경제 시장규모가 2014년에는 150억 달러(약 17조 원)로 급성장했으며, 2025년에는 3,350억 달러(약 382조 원) 규모로 20배 넘게 성장할 것으로 예측했다.

공유경제 시장에 대한 각국의 전망도 매우 낙관적이다. 일본의 시장조사업체 야노경제연구소(2016)는 일본의 공유경제 시장규모가 2014년 232억 엔에서 2018년 462억 엔으로 연평균 18.7%씩 성장할 것으로 전망하고 있다. 현재 공유경제를 주도하고 있는 중국은 2016년 기준 공유경제 참여자가 5억 명에 이르고 시장규모는 2조 위안(약 329조 원)이나 되며, 2020년경에는 연평균 40%씩 성장하여 GDP의 10% 이상을 차지할 것으로 예상한다. 우리나라에서도 점점 확대되고 있는 공유경제를 GDP 통계에 포함하기 위한 작업을 한국은행에서 진행하고 있으며 2019년 3월부터 공식적으로 발표할 예정이다.

공유경제 활성화를 위해 필요한 실천전략

공유경제는 혁신의 촉매 역할을 하면서 경제의 효율성을 높이는 데 기여하지만, 동시에 기존의 경제질서에서 정의되지 않았던 새로운 가치 창출 방식으로 인하여 기존 규제 및 이해관계자와의 충돌을 야기하고 있다. 미국의 진보적인 정치경제학자이자 전 노동부 장관인 로버트 라이시Robert Reich는 이미 공유경제가 불안한 단기 일자리만을 양산하고 큰 수익은 서비스 플랫폼 사업자에게 돌아간다고 비판했다. 즉 노동자들은 자잘한 부스러기를 나눠 갖는 것일 뿐이라는 '부스러기 경제share-the-scraps economy'라는 비판에도 주목할 필요가 있다. 공유경제의 잠재력을 극대화하고, 갈등을 최소화하기 위해서는 다음과 같은 정책과제를 고민해볼 필요가 있다.

기술과 제도의 충돌을 흡수할 수 있도록 규제체계 정비
- 공유경제는 자동화와 연결성 기술에 바탕을 두고 있다는 점을 고려한 관련 법과 제도 정비
- 온라인 플랫폼 이용자들의 정보를 자동 처리하는 알고리즘에 대한 기술적 이해 필요
- 새로운 기술적 흐름에 대한 사회적 수용 합의 논의

글로벌 차원의 규제 협력 체계 마련
- 공유경제 서비스들이 글로벌 차원에서 제공되는 점에서 글로벌 차원의 규제와 협력 필요
- 특정 서비스에 대한 표준화된 가이드라인을 마련함으로써 불필요한 사회적 비용 절감

공유경제 온라인 플랫폼의 공적 역할 부여

- 온라인 플랫폼이 생성하는 데이터에 대한 활용뿐 아니라 규제 부분도 논의
- 온라인 플랫폼에 축적되는 데이터 남용에 따른 개인의 프라이버시 침해 문제 대비
- 특정 기업의 데이터 독과점 방지
- 거래를 주선하는 알고리즘을 통한 담합 가능성 차단
- 플랫폼의 공적 보고 의무를 강화하는 법안 마련

유연성과 안정성을 동시에 고려하는 노동시장 정책 마련

- 전통적인 고용형태뿐 아니라 공유경제가 촉발하는 새로운 고용형태를 고려한 정책 필요
- 공유경제 참가 노동자들의 소득 불안정성 완화 방안으로 기본소득 활용안 강구
- 휴가, 연금, 의료보험 등의 복지 혜택을 새로운 고용형태에도 적용할 수 있는 방안 도출

4.
창업

━━━━━━━━ 문재인 정부의 100대 국정과제에는 '창업 활성
화 및 중소벤처기업 육성'이 담겨 있다. 2017년 국정기획자문위원회가
발표한 '문재인 정부 국정운영 5개년 계획'의 목표 중 하나인 '더불어
잘사는 경제'의 5대 국정전략에는 '중소벤처가 주도하는 창업과 혁신성
장'이 들어가 있다. 세부 과제로는 혁신을 응원하는 창업국가 조성(국정
과제 39), 중소기업의 튼튼한 성장환경 구축(국정과제 40), 대·중소기업
임금 격차축소 등을 통한 중소기업 인력난 해소(국정과제 41) 등이 들어
가 있다. 중요한 것은 창업생태계인데, 창업생태계가 조성된다면 효과
적으로 투자를 받고, 창업을 할 수 있는 시스템이 구축될 것이다. 우리
나라가 지속적으로 성장하기 위해서는 미국 실리콘밸리와 같이 세계적
인 벤처기업이 탄생하고 성장할 수 있는 창업생태계가 구축되어야 한
다. 이를 위해서는 일부 정책만이 아니라 국민의식의 변화, 기업가정신

교육, 공정사회와 같은 환경이 필요하다. 고급인력 유치, 국가과학기술 정책의 개혁, 자금시장 여건 개선, 법률서비스 인프라 확충도 요구된다. 여기서 말하는 창업은 고부가가치를 창출하는 혁신형 창업을 의미한다. 대기업 중심의 경제체제에서 기업가정신과 강소기업 중심 혁신경제로의 패러다임 전환은 한국의 지속성장, 경제민주화, 복지사회, 행복국가를 이룰 수 있는 중요한 계기를 제공할 것이다. 특히 거대한 파고로 몰려오는 4차 산업혁명에 대응하기 위해서는 혁신기술을 바탕으로 한 창업이 활성화되어야 한다.

창업가 사회로의 전환

우리나라는 한국전쟁의 잿더미를 딛고 불과 반세기 만에 경이로운 경제발전을 이룩했다. 우수한 민족적 잠재력과 열망의 토대 위에서 추진된 정부 주도의 경제계획은 성공적이었다. 선진국 산업을 벤치마킹하고 선진기술을 습득하여 모방제품을 저렴하게 생산하고 개량해나가는 전략이 주효했다. 그러나 이러한 추격형 성장전략은 이제 우리에게 유효하지 않으며 오히려 중국이 우리나라를 따라잡기 위한 전략으로 사용하고 있다.

아직은 중국과 인도의 주된 경쟁력이 저렴한 노동력이지만 조만간 창의성과 혁신성이 그들의 강력한 경쟁력이 될 것이다. 미국에서 유학한 고급 인재들, 그리고 미국 첨단산업에서 일하고 있는 수많은 중국인, 인도인들이 기회가 생기는 대로 속속 자국으로 귀국하여 그들의 역량을 발휘하고 있다. 중국에서는 이미 알리바바, 바이두, 텐센트와 같은 신생 거대 IT기업이 출현하고 있으며 이들은 다시 다른 신생기업에 적극적으로 투자하고 있다. 영어 문화권인 인도는 우수한 두뇌를 바탕으로 소프트웨어와 IT산업에서 단연 두각을 나타낼 것이다.

벤처기업은 신기술을 사업화하고 새로운 산업을 일으키는 주역 중 하나이다. 잘 알려진 세계적 대기업들도 초기에는 벤처기업이었다가 시장이 확대되면서 외형이 커진 사례들이다. 애플, 구글, 아마존 등은 물론, 전기전자산업을 일으킨 지멘스, 화학산업을 일으킨 BASF, 자동차산업을 일으킨 포드, 항공기산업을 일으킨 보잉, 복사기산업의 제록스, 정밀세라믹의 교세라 등이 그러한 예이다. 이들은 이름만 들어도 주력업종이 무엇인지, 어떤 경쟁력을 가지고 세계적 대기업이 되었는지 바로 알수 있다.

반면 우리나라의 대기업은 어느 특정 분야에 고유의 경쟁력을 기르기보다는 정부의 지원 아래 도입된 기술과 보장된 내수시장을 배경으로 다양한 사업을 복합적으로 수행해왔다. 따라서 대한민국의 미래를 창조하고 성장을 지속하기 위해서는 소수의 대기업 중심 산업 구조에서 탈피하여 저에너지, 자원절약형 강소기업 위주로 고부가가치를 창출하는 산업구조로 전환해야 한다. 독일에서 작지만 강한 기업을 일컫는 히든 챔피언Hidden Champion과 같이, 글로벌 경쟁력을 가진 과학기술집약형 강소기업이 국가 경제의 중심이 되어야 한다. 이러한 글로벌 강소기업이 출현하고 성장하면 고용효과가 높아지고 고부가가치를 창출할 수 있어 경제민주화에도 크게 기여할 것이다.

창업생태계 조성

1996년 코스닥 설립, 1997년 벤처기업특별법 제정 등 창업을 장려하는 정책은 그간 우리나라에서도 추진되어왔다. 벤처기업 붐이 일면서 대학을 갓 졸업한 사람들, 그리고 대기업에서 근무하던 고급 인재들이 대거 창업대열에 합류했다. NHN, 넥슨, 아이디스 등 성공적인 벤처기업들이 탄생했고 휴맥스, 주성엔지니어링, 안랩 등 초기벤처기업이 코스닥에 상장하며 성장에 탄력을 받았다. 그러나 일부 부도덕한 사이비 벤처기업가들이 횡령, 주가조작 등으로 물의를 일으키자 정부는 2002년 벤처기업 건전화 방안을 만들어 부작용을 방지하는 정책을 폈는데, 그것이 오히려 벤처기업의 성장을 억누르는 결과를 가져왔다. 코스닥은 거래소와 통합되었고 스톡옵션제도도 그 기능을 상실하게 되었다.

물론 성공적인 창업생태계를 조성하는 것은 간단한 일이 아니다. 몇 개의 단편적인 정책이나 자금지원만으로는 결코 이루어질 수 없다. 우리 사회가 전반적으로 선진화되어야 하고 공정한 환경이 만들어져야 한다. 미국에서는 이미 100년 전에 19세기 후반부터 20세기 초반까지 석유산업을 독점했던 스탠다드 오일Standard Oil을 해체하는 등 대기업의 과도한 독점을 금지해왔다.

우수 벤처기업의 지속적 성장 필요

2000년대 초반 벤처 거품이 꺼진 이후 한국의 벤처생태계는 어려운 환경을 겪어왔으며, 이후 10여 년간 이렇다 할 벤처기업이 등장하지 못하고 있다. 이는 미국에서 IT버블이 꺼진 후에도 지속하여 우량 벤처기업이 탄생하고 성장하며 다시 나스닥 지수를 끌어올린 것과 크게 대조적이다. 한국과 미국의 50대 대기업을 비교해보면 미국의 경우 1970년 이후 등장한 신생기업(구글, 아마존, 애플, 페이스북, 마이크로소프트, 월마트, 인텔, 오라클, 퀄컴, 시스코, 홈디포 등)이 대거 포진해 있다. 반면 한국은 네이버, 카카오, 휴맥스 등을 제외하고는 눈에 띄는 기업이 별로 없다.

지속해서 글로벌 강소기업이 태어나고 성장하려면 사회적 여건이 조성되고 창업생태계가 개선되어야 한다. 도전적 기업가정신으로 무장한 기업가들이 창업 전선에 뛰어들고, 유능한 인재들이 기존 대기업보다 신생 벤처기업에 들어가 자신의 역량을 마음껏 발휘하고, 투자자들이 앞다투어 이러한 벤처기업에 투자하는 환경이 조성되어야 한다. 그러기 위해서는 제도개선 및 교육정책 개혁과 함께 국민의식의 변화가 필요하다.

신생 벤처가 자랄 수 있는 토대 필요

무형자산이 기업가치의 90% 이상을 차지할 미래 비즈니스 환경에서는 지식재산이 선도적 성장전략의 핵심요소가 될 것이다. 지식재산의 뿌리에 해당하는 기초과학과 원천기술의 중요성을 인지하고 연구개발을 강화할 수 있는 과학기술 정책의 개혁이 필요하다. 또 대기업보다 혁신역량이 우수한 과학기술 기반 벤처기업의 지식재산을 창출하고 보호, 육성하는 데에 힘을 쏟아야 한다.

우리나라는 지난 50여 년간 국가가 정책적으로 대기업을 육성하면서 압축성장을 이룩하였고, 이로 인해 국가경제에서 대기업이 차지하는 비중이 압도적으로 크다. 대기업 중심의 경제성장은 한국경제를 빠르게 성장시키는 데 일조한 한편, 대기업의 시장, 정보, 기회의 독점으로 인하여 중소기업의 성장을 저해하는 부작용을 초래했다. 따라서 공정한 경쟁 환경을 만드는 것이 시급하다. 시장을 감시하고 견제하며, 대기업과 중소기업이 수직적 갑을관계가 아니라 대등한 지위에서 공정한 경쟁을 펼칠 수 있는 경제민주화를 촉진해 창업국가의 토대를 마련해야 한다.

창업국가를 만들기 위한 전략

첫째, 우수 인재들이 창업에 도전하고 합류할 수 있는 사회적 분위기와 여건을 조성해야 한다. 둘째, 신생기업의 성장을 방해하는 불공정 행위를 제대로 단속할 수 있도록 관련 법규를 개선해야 한다. 셋째, 글로벌 경쟁력을 가진 강소기업이 태어날 수 있도록 과학기술정책과 교육정책을 개혁해야 한다. 넷째, 벤처기업인들의 경영역량, 마케팅역량을 선진국 수준으로 끌어올려 독자적인 세계시장 개척이 가능하도록 해야 한다. 다섯째, 정부의 벤처창업 지원정책도 민간의 성공 경험, 창의성, 회수자금을 통한 투자를 끌어낼 수 있도록 민관협업구조로 보완되어야 한다.

대학이념을 교육·연구·창업으로

- 논문을 위한 논문이 되지 않도록 연구개발 평가 기준 개선
- 대학의 커리큘럼, 연구문화를 바꾸어 기업에서 필요로 하는 실무에 강한 인재, 그리고 전공지식뿐 아니라 의사소통 능력, 리더십 등을 두루 갖춘 인재 배출

- 창업을 위한 교육, 창업을 위한 연구, 또는 반대로 교육과 연구에 도움이 되는 창업을 대학의 이념으로 삼는 것이 필요. 즉 교육, 연구, 창업의 삼위일체 조성
- 창업중심대학을 기치로 내거는 대학의 출현 장려

고급인력 유치: 스톡옵션제도 활용
- 벤처기업에 합류하는 우수 인재들에게 충분한 금전적 보상 제공
- 초기의 벤처기업은 자금력과 이익창출 능력이 부족하므로 스톡옵션 활용

과학기술정책 개혁
- 기술 벤처기업에 정부 R&D 자금 우선 배정
- 정부의 R&D 자금으로 연명하는 '사이비 벤처기업' 퇴출
- 과제의 성공과 실패를 시장 기준으로 창업에 성공했는지, 외부로부터 투자를 얼마나 많이 유치했는지, 관련 제품 매출이 얼마나 늘어났는지, 고용이 얼마나 증가했는지 등으로 판단

법률 인프라 개선
- 예비 창업가들을 위해 각종 페이퍼(정관, 사업장 임대계약서, 고용계약서, 이사회 의사록, 주주총회 의사록, 투자계약서, 비밀유지계약서, 공동개발계약서, 판매대행계약서, 판매약관 등) 작업 지원
- 미국 실리콘밸리처럼 매달 일정한 비용을 지불하면 일상적인 법률자문, 서류작업 등이 가능한 법무서비스 확대

지식재산권 보호

- 대기업들의 기술창업 벤처기업들의 기술탈취 금지 제도 강화
- 특허권을 보호받지 못하는 문제 개선. 즉 특허출원을 담당하는 변리사와 특허청의 능력을 높이고, 법관과 소송대리인의 전문성을 강화
- 불법 소프트웨어 사용을 강력하게 단속하여 소프트웨어 산업의 토양 마련

자금시장 개선

- 창업자금 조성 방법 다양화
- 창업벤처기업에 투자하는 엔젤투자자의 역량 강화 지원
- 투자가 아닌 융자방식의 창업자금 편법 투자 금지
- 기업의 출구전략으로 상장뿐 아니라 인수합병도 활성화

5.
자동차산업

━━━━━━━━ 바퀴가 달린 이동수단이라는 차원에서 보면, 자동차는 아주 오랜 역사를 지니고 있다. 현대적 내연기관 자동차가 출현한 것만도 그 역사가 200년에 육박하고 있는데, 세계 자동차의 생산 및 판매는 여전히 늘고 있고 산업은 계속 발전하고 있다. 물론 선진국의 자동차 판매는 이미 성숙단계에 접어들어 크게 늘지는 않고 있지만, 개발도상국을 중심으로 신규 수요가 계속 발생하고 있다. 2017년 세계 자동차 판매도 중국뿐만 아니라 인도, 브라질, 러시아, 아세안ASEAN 등 신흥국의 성장과 유럽의 회복세 등으로 2.5%의 증가세를 보였다. 대다수 산업은 라이프사이클상 시간이 지나면 산업의 주도권이 개도국으로 넘어가는 것이 일반적이지만, 자동차산업에서는 여전히 선진국의 역할이 중요하다. 현재 세계 자동차 생산에서 중국이 가장 큰 비중을 차지하고는 있지만, 이어서 미국, 일본, 독일 등 선진국이 주요 생산국으로 버티고

있다. 자동차산업은 장기적인 신뢰의 축적이 필요하고, 제품 자체가 다양한 첨단기술들을 적용하는 특성이 있으며, 포디즘, 토요타 생산방식 등 선진적인 생산기술을 이용하는 산업이기 때문이다.

자동차산업 변화현황

국내 자동차산업은 다른 선진국과 달리 최근 들어 빠르게 위축되는 양상을 보여왔다. 미국이나 독일, 일본 등 주요 선진국의 생산순위에는 변화가 없지만, 한국은 2016년 6위로 한 단계 순위가 하락한 이래 2018년 들어 멕시코에도 뒤져 7위를 기록하고 있다. 이는 세계적인 경쟁이 치열해지고 있는 가운데 우리 자동차산업이 완성차 부문의 고비용과 저생산성 구조로 경쟁력을 잃어가고 있는 것에 기인한다. 중국 현지 기업들의 부상과 미국, 일본 등 선진기업들의 경쟁력 회복으로 중국 및 미국 시장에서 우리 기업의 판매와 현지생산이 위축되어 한국 자동차산업의 미래에 빨간 불이 들어와 있는 게 현실이다.

한편 이동수단이라는 자동차의 기본적인 기능에는 변화가 없지만, 자동차의 모습은 지속하여 변모해오고 있다. 현재 제시되고 있는 미래 자동차의 발전 방향은 크게 친환경과 스마트화로 요약할 수 있다. 우선 친환경 자동차에 대한 발전 방향은 환경기후변화와 관련이 깊다. 2015년 말에 타결된 파리협정에서는 세계 평균기온을 산업화 이전과 비교해 섭씨 2도 이상 상승하지 않도록 하는 목표를 합의하였고, 이를 위해 각국이 온실가스 배출 저감을 약속하였다. 이에 따라 자동차 부문에서는 업체별 자동차 판매 대당 평균 CO_2 규제를 강화해나가고 있다. 현재 1km 주행 시 140g에 달하는 CO_2 배출을 유럽의 경우 2021년 95g/km, 한국은 2020년 97g/km 등으로 낮추도록 규정하고 있다. 이에 따라 자동차업체들에게는 자동차의 친환경화에 대한 부담이 많이 늘어나고 있다. 기존 내연기관의 효율만을 높여 이에 대처하는 것에는 한계가 있어 무공해의 새로운 친환경 자동차의 개발 및 생산이 전제되어야 한다.

그런가 하면 스마트화는 또 하나의 방향이다. 자동차의 안전과 편의에 대한 소비자들의 요구는 꾸준히 표출되어왔고, 특히 안전에 관해서는 각종 규제 및 법규를 통해 강조되었다. 이러한 요구를 충족시켜준 것이 전자·정보통신기술의 발달이다. 전자·정보통신기술이 발전하면서 자동차의 안전과 편의 수준은 급격하게 향상되고 있다. 운전자가 안전에 관한 모든 책임을 지던 과거의 단계에서 점점 차량 스스로가 안전을 관리해나가는 방향으로 바뀌고 있고, 종국적으로는 자율주행차량의 등장을 예고하고 있다. 편의장치도 단순한 오락 및 사무 기능 뿐만 아니라 정보통신기술을 이용하여 외부와의 연결을 통한 각종 서비스 제공 등이 이루어지고 있다.

자동차산업의 미래전망 및 시사점

미래 자동차는 친환경 자동차, 자율주행차, 초연결 자동차 등으로 빠르게 변모할 것으로 전망된다. 프라이스워터하우스쿠퍼스의 2018년 보고서 〈Five Trends Transforming the Automotive Industry〉에서는 미래 자동차산업의 5개 방향으로 친환경 자동차 등의 요구에 따른 전동화 Electrified, 자율주행차의 실현 Autonomous, 자율주행차의 등장과 더불어 공유자동차의 증가 Shared, 자동차의 외부세계와의 초연결 실현Connected, 자동차와 관련된 기술의 빠른 변화Yearly Updated 등을 꼽았다.

전동화

현재 공해를 발생시키지 않는 새로운 미래 동력으로 전동화가 제시되고 있다. 자동차의 전동화는 하이브리드화에서부터 플러그인 하이브리드 자동차, 순수 전기자동차, 수소연료 전기자동차 등이 있지만 하이브리드 자동차는 내연기관 위주여서 친환경 자동차에 포함시키지 않는 것이 일반적이다. 최근 친환경 자동차의 규제가 강화되고, 심지어는 내연기관 자동차의 판매금지까지 논의되는 상황이 되면서 친환경 자동차의 보급에 대한 전망이 상향 조정되고 있다. 2017년 블룸버그Bloomberg에서 발표한 자료에 따르면, 플러그인 하이브리드 자동차, 순수 전기자동차, 수소연료 전기자동차 등을 포괄하는 전기자동차의 판매가 2020년 3%, 2025년 8%, 2030년 24%로 빠르게 점유율을 높여갈 것으로 전망되고 있다. 이들 친환경 자동차 중에서 주류를 이루는 것은 순수 전기자동차인데 현재 가장 빠르게 시장화가 이루어지고 있고, 향후 2차 전지 가격이 하락하고 성능이 향상되면 보급 속도가 더 가속화될 것이다. 현재 kw당 300달러에 가까운 2차 전지 팩의 가격이 2020년 200달러 아래로 떨어지고, 2025년 109달러, 2030년에는 73달러가 될 것으로 예측된다.

친환경 자동차 내에서 수소연료 자동차에 대한 전망은 다소 보수적이다. 시장조사업체 프로스트 앤드 설리반의 2017년 조사에 따르면 수소연료 전기자동차가 2025년에 가서야 13만 대 수준에 이를 것으로 보고 있는데, 이는 2014년 전망보다 크게 낮아진 수준이다. 그러나 최근 한국이나 일본뿐만 아니라 중국을 비롯한 세계 다른 나라에서도 관심을 보임에 따라서 이러한 전망보다는 빠르게 시장화할 가능성도 커지고 있다. 수소연료 전기자동차는 과거에는 가격이 큰 문제였지만 토요타가 미라이MIRAI를 출시하고, 현대자동차가 넥소NEXO를 출시하면서 가격보다는 충전소 등 인프라 구축이 관심의 대상이 되고 있다.

자율주행

자동차의 자율주행은 단계적으로 이루어지겠지만 일정 시점이 되면 완전자율주행이 급속도로 보급될 것이다. 교통사고 저감기술 개발이라는 차원에서 보면 과거 사고 시 상해 저감을 위한 각종 장치가 차량에 장착하도록 의무화되었고, 이후 사고 예방을 위한 각종 사전 경고장치인 개별 능동안전단계, 사고를 미리 감지하고 이에 대해 적절한 조치(사고회피 등)를 하는 통합 능동안전단계, 부분적 자율주행단계 및 완전 자율주행단계 등으로 발전하고 있다. 현재는 개별 능동안전과 통합 능동안전의 중간단계로서 차량에 각종 개별 능동안전 장치들이 장착되고 있고, 일부 시스템은 의무 장착을 법규화하기도 한다. 사람이 관여하는 정도에 따라서 자율주행을 4단계 또는 5단계로 나누기도 하는데, 네비건트 리서치Navigant Research의 2014년 보고서에서는 완전자율주행이 2025년부터 시작되어 전체 판매 차량의 4.4% 정도가 될 것으로 전망한다. 그러나 이후 완전자율주행 차량의 판매는 빠르게 늘어 2030년에는 전체의 40.5%, 2035년에는 75.1%가 될 것으로 내다보고 있다.

초연결

외부와의 연결을 통한 탑승자의 편의 및 만족도를 높이는 초연결 기술은 단순 AVN, 즉 오디오Audio, 비디오Video, 내비게이션Navigation 시스템 단계에서 외부로부터 다양한 정보를 받는 시스템인 텔레매틱스telematics, 스마트폰 등과의 연계를 통해 외부와 소통하는 단계인 인포테인먼트infotainment, 외내부와의 연결을 통해 차량을 모바일 오피스화, 문화공간화 하는 커넥티드 단계로까지 발전하고 있다. 현재는 인포테인먼트에 진입하는 단계로 커넥티드 단계로는 자율주행과 함께 이루어질 것이다. 이에 따라 IT업체와 자동차업체 간의 제휴가 활발하게 이루어지고 있다. 대형 전자업체들이 글로벌 자동차업체와 제휴를 맺고, 자동차업체들도 AI와 빅데이터의 활용을 위해 아마존이나 엔비디아Nvidia 등 글로벌 AI기업 혹은 중국 시장을 겨냥하여 바이두와 같은 중국 업체들과 제휴를 맺어 자동차에 AI 기능을 부가하고 있다. 그에 따라 운전 부담이 줄어들면서 자동차에서의 오락, 사무 등의 활동을 위해 자동차의 내부공간이나 디스플레이 등에도 변화가 이루어지고 있다. 자동차에 점점 디스플레이의 활용이 많아지고, 내부공간은 운전보다 다른 활동에 적합하도록 변화될 전망이다.

시사점

자동차의 전동화, 자율화, 초연결화 등이 강화되면 자동차산업의 경쟁 및 협력관계도 크게 변화할 것으로 전망된다. 전기자동차의 핵심인 2차 전지업체나 자율주행차의 핵심인 구글 등과 같은 OS 회사, 아마존, 바이두와 같은 AI 회사 등의 주도권이 강화될 것이다. 이와 더불어 반도체나 IT부품 회사들의 중요성도 커지고, 이들 회사는 과거 자동차부품 회사들과 비교해 자동차회사에 대해 크게 종속적이지 않을 것이다.

세계 자동차 시장을 전체적으로 보면 앞으로도 성장할 가능성이 크다. 선진국 시장들은 성숙단계에 있지만, 신흥 시장은 아직 계속하여 성장하기 때문이다. 중국만 하더라도 현재 2,900만 대의 시장이지만 비교적 높은 경제성장률, 낮은 보유율 등을 고려하면 앞으로도 성장이 이어질 것이다.

물론 자율주행이 자동차의 공유화를 촉진하여 자동차의 판매가 줄어들 것을 걱정하는 목소리도 있다. 그렇지만 차량의 공유화가 이루어진다 하더라도 차량의 보유는 줄어들지언정 차량의 판매는 줄지 않을 것이라는 주장도 존재한다. 차량이 공유되면 차량의 활용이 손쉬워져 이용 거리가 절대적으로 늘어나 차량의 교체주기가 빨라지고 이에 따라 자동차의 판매는 오히려 늘 수 있다는 논리이다.

국내 자동차 생산 확대를 위한 단기적 대책

생산능력이 확충되고 외자계 기업들의 생산이 보다 늘어나 국내 생산이 확대되기 위해서는 국내 생산의 발목을 잡는 경직적 노사관계 등의 개선이 필수적으로 이뤄져야 한다. 일본이나 독일, 미국 등과 마찬가지로 자동차산업은 우리 국민경제에서 중요한 비중을 차지하고 있다. 따라서 생산성에 부합하는 임금체계 구축 등이 이루어지면 국내 생산 확대도 가능할 것이다.

- '광주형 일자리' 정책처럼 새로운 자동차 공장을 설립하여 높은 생산성과 적절한 임금수준으로 국내 생산을 늘리고 일자리를 창출
- 대기업과 중소기업 간 임금격차를 줄임으로써 중소기업의 인력난

해소 및 적절한 인력 유치를 통해 대기업과 중소부품업체가 공동 발전하는 체제 구축
- 노동시간은 줄이더라도 가동시간을 늘려 자동차 생산을 늘리는 방안 마련
- 중소부품업체를 중심으로 스마트공장을 보급하여 생산성 및 소득 수준 향상

미래 자동차산업 변화에 대응하는 장기적 대책

미래까지 내다보는 자동차산업은 생산성 향상만이 아니라 기술변화와 시대적 요구를 반영한 새로운 패러다임의 자동차를 만들어야 한다. 이제 자동차는 단순히 이동을 위해 이용하는 수단이 아니며, 환경을 파괴하는 주범이어서도 안 된다.

친환경 자동차 시대 대응

환경규제 강화에 따른 자동차산업의 새로운 과제인 친환경화는 엔진 및 변속기 등의 개선과 차량의 경량화 등을 통한 기존 내연기관 자동차의 효율화를 들 수 있겠지만 이는 단기적인 해결방안이고, 2020년의 규제를 만족시키기 위해서는 무공해 자동차의 판매 확대가 필요하다.

- 친환경 자동차는 세계적으로 전기자동차가 대세를 이루고 있어 전기자동차 경쟁력 향상에 집중해야 하며 자동차업체의 효율적인 차량개발 필요

- 전기자동차와 관련하여 2차 전지산업이 매우 중요하며 성능 및 가격 등에서 경쟁력 있는 2차 전지 개발 추진. 특히 리튬이온전지를 대체할 새로운 물질의 차세대 전지 개발에 주력
- 수소연료 전기자동차의 가격인하 및 성능향상을 위한 연구개발 노력은 계속 이어져야 하지만, 현재 어느 정도 경쟁력을 갖추기 시작한 제품의 보급 확대를 위해 보조금 및 충전시설 확충 등 정책적 지원
- 에너지 다변화 등을 고려하여 수소연료 전기자동차 보급 확대와 더불어 수소의 공급 확대 방안을 포함한 포괄적 수소 사회 전략 수립

자율주행 및 초연결 자동차 시대 대응

자율주행 및 초연결 자동차 시대로 대표되는 자동차의 스마트화도 우리 자동차산업의 당면 과제이다. 가까운 시일 내에 완전 자율주행이 이루어지지 않더라도 계속해서 자율주행 관련 시스템들이 차량에 적용될 뿐만 아니라 운전자와 탑승자의 편의 및 안전을 위한 다양한 스마트장치들이 차량에 부가될 것이다.

- 자동차산업과 IT산업 간 융합이 잘 이루어지도록 정부 차원에서 융합 플랫폼 구축
- IT분야에서도 미래 자동차에 대한 창의적 아이디어를 논의할 수 있는 교류의 장 마련
- 국내 IT 기업과 자동차 기업 간의 전략적 제휴 지원
- 한국이 IT 부문에 강국이어도 자동차 분야의 IT에서는 그렇지 못한 현실에 대한 냉철한 인식 필요
- 대부분 수입에 의존하는 자동차용 반도체와 레이더, 라이더 등 자

동차용 IT 기초부품의 기술 집중개발
- AI나 빅데이터를 자동차에 활용하는 것이 자동차의 프리미엄화 및 기능 향상에 매우 중요하므로 이를 위한 자체적인 개발뿐만 아니라 외부의 자원도 적극 활용

고급화 추진

고비용구조가 고착화한 우리 자동차산업에서 이에 맞는 고급화를 추진하는 것은 중장기적으로 매우 중요한 과제이다. 벤츠, BMW, 아우디, 포르쉐 등 세계적인 프리미엄 고급 브랜드는 대부분 독일 자동차인데, 여기에 후발주자로 도전장을 낸 곳이 토요타(렉서스), 혼다(아큐라), 닛산(인피니티) 등이다. 그러나 양산차에서는 높은 경쟁력을 지닌 이들 기업도 프리미엄 브랜드에서는 여전히 독일 차들에 밀리는 양상이다. 결국, 고급 브랜드로 이미지를 쌓는 데는 오랜 시간이 필요한데, 무엇보다 이에 걸맞은 품질, 기본성능, 다양한 기능, 디자인 등을 갖춘 자동차를 개발하여 생산하는 것이 중요하다.

- 전체적인 성능과 기능이 개선되려면 관련 부품의 뒷받침 필요
- 프리미엄급 품질 보장을 위한 열처리, 표면처리, 주조, 용접, 소성가공 등 뿌리산업 육성
- 스포츠카에 준하는 성능과 함께 미래지향적인 디자인으로 이미지 제고
- 친환경 이미지도 중요한 요소 중 하나
- 고급화는 기능적인 측면에서 차량의 IT화 및 스마트화와 밀접한 관련

7

자원 분야
미래전략
Resources

1.
에너지 전환

━━━━━━ 이제 에너지는 전력의 생산과 공급을 넘어 사물인터넷, 빅데이터 등과 융합한 '정보통신기술 융합 서비스'로 진화할 것이며, 2030년에는 100조 원에 이르는 스마트에너지 시장이 펼쳐질 것으로 전망되고 있다. 현재 대한민국은 에너지 부존자원 측면에서는 최빈국 수준이지만, 세계 10위권 안에 드는 에너지 소비국이다. 또 세계 7위의 온실가스 배출국이다. 특히 파리협정 발효에 따라 저탄소 사회로의 이행이 지상과제가 되면서 온실가스 배출량을 낮춰야 하는 책임이 더 커지고 있다. 이처럼 미래 에너지는 기술과 환경, 그리고 에너지 안보와 지속가능성 등을 모두 고려하는 전략적 관점에서 다루어야 한다.

해결해야 할 에너지 과제

한국도 세계적 에너지 전환 흐름을 뒤늦게 추격하고 있다. 문재인 정부는 원전과 석탄화력을 점진적으로 줄여가면서 재생에너지의 비중을 상대적으로 높여나가는 에너지전환정책을 추진하고 있다. 이러한 에너지정책의 흐름과 더불어 4차 산업혁명에 따른 에너지전략, 기후변화와 환경, 그리고 에너지 안보의 문제까지 고려해야 할 주요 과제들을 살펴본다.

4차 산업혁명과 에너지

4차 산업혁명이 본격화되는 미래사회에서는 에너지 인터넷을 구축하여 에너지를 주고받으면서 사회적 이윤을 나눠 가지는 공유경제사회가될 것이다. 또 사물인터넷을 통해 연결범위가 확대되는 초연결사회가될수록 전기에너지의 사용이 더욱 늘어날 것이다. 4차 산업혁명이 ICT 융합기술에 기초한 전기에너지의 사용을 극대화한다는 점을 고려할 때, 고품질의 전기를 안정적으로 공급하는 것은 미래 국가 발전을 위해 매우 중요하다.

특히 미래 에너지 산업 트렌드를 짐작할 수 있는 에너지 신산업 육성 정책을 살펴보면, 첫째, 기후변화대응, 에너지 안보, 수요관리 등 에너지 분야의 주요 현안을 해결하기 위한 사업이 있다. 둘째, 가용 가능한 신기술, 정보통신기술 등을 신속하게 활용하여 산업화하는 새로운 형태의 비즈니스로 발전시키는 정책이 있다. 셋째, 에너지 패러다임 전환을 통해 에너지의 이용 효율을 높이고, 에너지를 삶의 질의 제고를 위하여 활용하고자 하는 정책이다. 구체적으로 정부는 '8대 에너지 신산업'으로 수요자원 거래시장, 에너지저장장치(ESS, Energy Storage System), 에너지 자립섬, 태양광 대여, 전기자동차, 발전소 온배수열 활용, 친환경 에너지 타운, 제로 에너지 빌딩 산업을 선정하여 육성하고 있다.

취약한 에너지 안보 및 소비문제

우리나라의 에너지 해외 의존도는 96%에 이른다. 중동지역으로부터 수입하는 화석에너지가 매우 큰 비중을 차지하는데, 수입 다변화 추진으로 다소 낮춰지고는 있으나, 2017년 기준 원유 수입의 중동의존도는 81.7%에 달한다. 또 에너지 수입액은 총수입의 3분의 1가량을 차지한다.

한편, 에너지 소비 측면에서 보면 우리나라는 전반적으로 에너지를 소비하는 건물이나 산업계의 에너지 소비 효율이 낮고, 국민의 개인소득 증가에 따른 자동차 보급 확대와 중대형 차량의 소비가 계속 늘면서 수송 부문에서의 에너지 효율도 낮은 상태이다. 또 과거 우리나라 에너지정책의 주요 목적이 국민 생활과 산업생산에 필요한 전기에너지를 안정적으로 저렴하게 공급하는 것이었기 때문에 현재도 다른 나라와 비교하여 전기 가격이 매우 저렴하다. 영국의 기업에너지산업전략부 BEIS가 2018년 7월 발간한 〈국제 산업용·가정용 에너지 가격 보고서〉에 따르면, 우리나라 가정용 전기요금은 OECD 회원국 가운데 가장 낮은 수준이며, 산업용 전기요금은 중간 수준인 것으로 나타났다. 또 한국의 1인당 전력소비량은 OECD 국가들 가운데 높은 축에 든다. 2015년 기준 한국의 1인당 전력소비량은 미국과 호주보다는 낮았지만, 일본, 프랑스, 독일, 이탈리아, 영국 등 주요 선진국들보다는 높았다. 결국, 취약한 에너지 안보 구조와 고소비 구조에도 변화가 필요한 상황이다.

기후협약과 저탄소 에너지 전환

파리협정은 선진국과 개발도상국이 함께 기후변화 대응에 동참하기로 합의하였다는 데 의미가 있다. 지난 2015년 제21차 유엔기후변화협약 당사국 총회에서 파리협정이 채택되자, 언론들은 "세계가 화석연료 시대의 종말에 서명했다"며 의미를 부여했고, 국제재생에너지기구 IRENA는 "세계 에너지 전환의 분수령"이라고 환영했다. 또 국제에너지기구IEA는 온실가스 배출 증가를 수반하지 않는 저탄소 경제로의 전환을 전망했다.

물론 파리협정에 대한 평가가 과장되었다는 시각도 있다. 각국의 기후 행동은 자발적인 국가별 기여방안(NDC, Nationally Determined Contribution)에 기반을 두고 있는데, 각국이 제출한 국가별 기여방안을 충실히 이행하더라도 지구 기온 상승을 섭씨 2도 이하로 유지하고 더 나아가 1.5도까지 억제하려는 파리협정의 장기목표 달성이 쉽지 않다고 보기 때문이다. 실제로 각국의 자발적 기후 행동과 유엔의 기후변화 대응 목표 간에는 상당한 격차가 존재한다. 그래서 유엔환경계획UNEP은 목표와 현실 사이의 격차를 설명하고 각국의 기후 행동 강화를 촉구하는 〈배출 격차 보고서Emission Gap Report〉를 매년 발간하고 있기도 하다. 또 국제협약은 위반하더라도 제재수단과 주체가 분명하지 않다. 트럼프 행정부가 이전 정부에서 서명한 파리협정을 탈퇴하는 절차를 완료하더라도 미국이 받을 불이익은 별로 없다.

이런 국제협약의 내재적인 한계와 약점에도 불구하고 파리협정은 2016년 11월 4일부터 발효되어 이행 중이고 이것은 화석연료 중심의 에너지체제가 저탄소체제로 전환됨을 의미한다. 미국의 파리협정 탈퇴 선언은 파리협정의 이행에 부정적 영향을 미치겠지만, 대세는 달라지지 않을 것이다. 미국을 제외한 모든 당사국은 파리협정 이행을 다짐하고 있다. 자발적으로 기후 행동의 수준을 정했기 때문에 부담이 그리 크지 않을 뿐만 아니라 에너지 효율 향상과 재생에너지 확대는 거스를 수 없는 기술과 시장의 흐름이기 때문이다.

이처럼 에너지산업과 시장은 에너지 효율과 재생에너지 중심으로 바뀌고 있다. 산업과 시장의 변화가 기후협약에 영향을 주고 다시 기후협약이 저탄소 에너지 전환을 강화하는 순환 구조가 구축되고 있다. 저탄소 에너지 전환은 속도와 시간의 문제일 수는 있지만, 방향은 확실해졌다고 할 수 있다. 20세기 산업의 원동력이었던 화석연료가 이제는 땅속에 그대로 남겨져야 할 운명을 맞이하게 된 것이다.

세계적 에너지 전환의 흐름과 전망

국제에너지기구에 따르면 각국이 기후변화를 고려하여 국제사회에 약속한 정책을 이행할 경우 점진적으로 화석연료, 특히 석탄의 비중이 감소하는 반면 재생에너지 비중은 증가할 것으로 전망된다.(2017) 하지만 이런 변화는 기후변화에 대한 대응으로 충분한 수준이 아니다. 국제에너지기구는 2040년에도 세계의 1차 에너지 수요에서 화석연료 비중이 74%가 넘고 재생에너지는 바이오에너지를 포함하여 17%에 불과할 것으로 예측한다. 이에 따라 국제연합UN, 국제에너지기구, 국제재생에너지기구 등은 더 강력한 기후 행동이 필요하다는 것을 다양한 보고서를 통해 강조하고 있다.

이런 배경 속에서 유럽연합의 경우, 기후변화 대응과 연계하여 저탄소 에너지 전환을 선도하고 있다. 유럽연합은 2050년까지 1990년 대비 온실가스 배출량을 80% 이상 감축하겠다는 장기목표를 일찌감치 설정하고 이행 중이다. 2030년까지는 1990년 대비 온실가스 배출량을 40% 이상 감축할 계획이다. 유럽연합은 온실가스 감축 목표를 달성하기 위해 에너지 효율과 재생에너지 확대 목표를 정한 바 있는데, 최근 유럽연합 에너지 장관들은 2030년까지 재생에너지 비중을 32%로 상향 조정하기로 합의하였다. 유럽연합은 재생에너지 확대를 통해 파리협정의 이행을 강화할 뿐만 아니라 일자리 확대, 에너지 요금 저감, 에너지 자립도 향상 같은 효과도 기대하고 있다.

또 비영리 국제단체인 21세기 재생에너지 정책 네트워크(REN21, Renewable Energy Policy Network for the 21st century)에 따르면, 재생에너지가 신규 발전시장을 주도하고 있는 것이 사실이다. 2017년의 경우, 세계적으로 178GW의 재생에너지 발전용량이 설치되었다. 신규 태양광 용량은 98GW로 신규 화력발전과 원전을 합친 용량보다 더 많았다. 태양광 신규 투자액 1,608억 달러, 풍력 투자액 1,072억 달러로 원자력 420억 달러, 화력발전 1,030억 달러를 크게 앞질렀다. 에너지 조사기관인 블룸버그 뉴에너지 파이낸스BNEF는 앞으로 2040년까지 세계 발전설비 투자 중 72%가 태양광과 풍력에 집중될 것으로 전망한 바 있다.

하지만 국제에너지기구는 기후변화를 억제하려면 지금 추세보다 더 폭넓고 빠르게 에너지 전환이 진행되어야 한다고 진단한다. 세계 온실가스의 3분의 2를 배출하는 에너지 부문의 전환이 가속화되지 않는다면 목표를 달성할 수 없다고 보기 때문이다. 목표 달성을 위해서는 세계적으로 에너지 부문의 온실가스 배출량을 2050년까지 지금보다 70% 이상 줄여야 한다. 전 세계 11억 명이 전력 없이 살고 있고 26억 명이

저급한 전통적 연료로 취사와 난방을 해결하며 실내 공기 오염에 시달리는 상황을 개선하면서 동시에 온실가스 배출량을 대폭 감축하려면 급진적인 변화가 불가피하다는 의미이다.

따라서 에너지 효율 기술과 저탄소 에너지원이 수송, 건물, 산업, 발전 등 다양한 에너지 생산과 소비 부문에 널리 빠르게 적용되어야 목표를 달성할 수 있다. 국제에너지기구는 2050년까지 약 95% 전력을 저탄소 에너지원으로 생산하고, 신규 자동차의 70%를 전기차로 보급하며, 거의 모든 건물의 에너지 성능을 개선하고, 산업 부문의 이산화탄소 집약도를 80% 이상 낮추는 등의 대폭적인 변화가 필요하다고 분석했다.

한편 지구의 평균 기온 상승 폭을 산업화 이전 대비 섭씨 2도 아래로 낮추는 시나리오를 달성하기 위한 에너지 부문별 이산화탄소 감축 잠재력을 보면, 전력을 생산하는 발전 부문의 감축 잠재력이 가장 크고 수송과 산업, 건물이 그 뒤를 따르고 있다.

발전 부문은 에너지 부문에서 이산화탄소 배출량이 가장 많지만(약 40%), 감축 잠재력도 가장 크다. 재생에너지, 원자력, CCS(이산화탄소 포집·저장) 등 저탄소 에너지원(기술)의 대체가 수월하리라고 예상되기 때문이다. 특히 발전 부문 저탄소 전환에서 태양광, 풍력 등 재생에너지가 절대적 비중을 차지한다. 원자력은 사회적 수용성과 고준위 폐기물 처분 문제, CCS는 기술적 안정성과 경제성 등 장애 요인을 극복해야 저탄소 기술로서 일정한 역할을 할 수 있을 것이다. 에너지 효율 기술도 발전 부문을 제외한 산업, 건물, 수송 부문에서 온실가스 감축에 중요한 역할을 할 것이다.

국제에너지기구는 이처럼 에너지 효율 조치와 함께 재생에너지 확대가 에너지 전환의 핵심이라고 지적하며, 이 두 가지 수단을 통해서

2도 목표 달성에 필요한 온실가스 감축이 상당 부분 가능하다고 전망하고 있다. 재생에너지 로드맵을 통해 원자력이 현재 수준에서 정체되고 CCS가 산업 부문에 적용되는 수준만으로도 감축 목표 달성이 가능하다는 것이다. 결국, 재생에너지 비중 확대가 필요한데, 국제에너지기구는 목표 달성을 위해 2050년까지 세계 에너지 공급에서 재생에너지 비중을 65%로 높여야 한다고 제시했다. 구체적인 재생에너지 로드맵에 따르면, 2050년 재생에너지 이용은 현재보다 4배 더 증가하고 전체 재생에너지의 40%가 발전 부문에, 44%가 열 부문에서 소비될 것이다. 나머지 16%는 수송 부문에서 소비될 것이다. 발전 부문에서는 풍력(15%), 태양광(11%), 수력(7%), 바이오매스 발전(3%), 태양열 발전(3%), 지열(2%) 순으로 다양한 기술이 활용될 것이다. 열 부문에서는 태양열(15%), 산업용 바이오연료(13%), 건물용 바이오연료(10%), 지열(4%), 재생에너지 지역난방(3%) 등이 역할을 할 것이다.

다만 이러한 변화를 실현하기 위해서는 재생에너지와 에너지 스마트 기술에 2050년까지 29조 달러의 추가적 투자가 필요하다. 이것은 현재 추세를 반영한 저탄소 기술 투자액 116조 달러 외에 요구되는 규모이다. 이미 세계 에너지 투자의 3분의 2가 재생에너지와 에너지 스마트 기술 분야에 집중되고 있고, 이런 추세는 더욱 확고해질 것이다. 재생에너지와 배터리, 전기차, 스마트그리드 등 에너지 스마트 기술의 비용 하락이 이런 투자를 촉진하는 동인이 될 것으로 보인다. 에너지 전환을 위한 재생에너지와 스마트 기술에 대한 추가적 투자는 경제성장과 새로운 일자리 창출을 유발하고 보건 및 기후 영향에 따른 비용이 줄어드는 효과로 나타날 수도 있다.

에너지 전환의 미래전략

미래 국가에너지 시스템의 목표를 달성하기 위해 단기적으로는 에너지소비 절감, 수요관리, 온실가스배출 저감을 고려한 전력생산, 그리고 에너지안보 확보를 위한 전략을 추구해야 한다. 또 중장기적으로는 에너지 시스템의 변화를 통한 미래형 에너지 사회를 구축하는 전략을 추구해야 한다.

전략 1: 에너지 소비 절감 및 수요관리

전기요금을 원가회수를 넘어 이윤을 포함하여 부과하게 되면, 절전과 전기소비 효율화로 이어져 2035년에는 약 7GW 이상의 수요를 줄이는 효과가 있을 것으로 보인다. 물론 관련 기술 개발을 통해 에너지 소비 절감이 이루어져야 한다. 예를 들어, 공간별·재실자별 에너지 사용효율 모니터링 기술, 재실자 위치 트래킹 및 낭비에너지 추적 제어 기술, 생산성 향상을 위한 재실자 쾌적도 및 에너지 최적 기술, 멀티존 기반 재실자 이동패턴 인식, 에너지 제어 스케줄링 기술 등을 고려할 수 있다. 또 사물인터넷을 통해 측정·수집되는 데이터를 실시간으로 처리·분석하는 에너지 빅데이터 분석 플랫폼 기술 개발도 필요하다.

에너지를 소비하는 설비의 사용효율을 높이는 것도 중요하다. 현재 에너지를 많이 소비하는 대표적인 설비로 조명설비와 냉방기기를 들 수 있는데, 조명의 경우 현재 우리나라 전력 사용량의 약 17%를 차지하고 있다. 만일 전체 조명설비의 90%를 에너지 사용효율이 좋은 LED 조명으로 대체하면 2035년에는 약 6GW 정도의 전력수요 절감 효과가 있을 것으로 전망된다. 냉방기기의 경우 열구동 냉방 시스템이 개발되면 여름철 피크전력을 줄일 수 있을 것으로 예측된다.

아울러 에너지 절약을 위한 홍보방식도 개선이 필요하다. 에너지 절약에 대한 캠페인은 주로 계몽적인 것으로 정보전달, 단방향 홍보, 인지도 개선 중심이었고, 국민은 에너지 절약의 필요성은 잘 알고 있어도 개인적 실천은 미흡했다. 구체적인 효과를 거두기 위해서는 요금 인상을 통해 전력소비 절감 동기를 유발하는 것이 검토되어야 하고, 부문별(개인, 가정, 상용, 산업체)로 효율적인 에너지 사용방안이 제시되어야 한다.

전략 2: 신재생에너지와 원자력의 상호보완적 연계에 의한 저탄소 전력생산

원전에 의한 발전단가 하락을 신재생 개발에 활용하고 신재생의 비중이 늘어나는 것에 따른 백업의 비중을 원자력이 담당함으로써, 무탄소 전력그리드를 실현할 수 있고 에너지 수입 의존도도 낮출 수 있다. 원자력이 사용되는 한 원전의 안전문화 증진, 인적오류 저감 강화, 빅데이터 기반의 원전 안전운영 기술 개발, 원전 안전성 및 신뢰성 성과 기반 운영평가를 포함한 안전성 강화 솔루션 도입 등이 이루어져야 하고, 중장기적으로는 사고저항성 혁신 핵연료 기술, 혁신 안전성 원자로 개발, 사용후핵연료의 관리 체계 확립 등이 이루어져야 한다. 이와 함께 원전운영기관은 안전과 대국민 신뢰도를 최우선 가치로 추구하면서 지역사회와 상생하는 문화를 토착화시켜야 한다. 그러나 원전의 안전성에 대한 국민의 불안감 때문에 지속적인 활용 가능성이 담보되지 못하고 있다. 특히 문재인 정부의 탈원전 정책으로 원자력을 둘러싼 에너지 논쟁은 계속될 전망이다.

또 현재의 발전 시스템에 초임계 이산화탄소기술을 접목하는 것도 중요한 전략이다. 고효율 발전을 가능하게 하면서 기존의 발전 시스템(화력, 원자력)에서뿐 아니라 열집중식 태양열에서도 사용할 수 있고, 대형 발전소 부지가 없거나 대규모 수원이 없는 지역에 발전소를 설치하는 것을 가능하게 하는 장점이 있다.

전략 3: 스마트그리드 기반 분산형 에너지 시스템으로의 발전

국가 전력 사용의 효율을 극대화하기 위해서는 전력의 공급과 수요를 지능적으로 조절하는 에너지 시스템으로 변화할 필요가 있다. 이를 위해 스마트그리드가 현실화되어야 한다. 현재의 전력망은 발전소에서 생산된 전기가 공급자에서 소비자로, 즉 단일 방향으로만 흐르는 중앙집중식 시스템이지만, 스마트그리드를 사용하게 되면 대규모 발전소 및 여러 작은 규모의 분산된 발전설비들과 전기저장설비들이 연결되고 공급자와 소비자 간에 정보 교환을 통하여 전기를 효율적으로 활용되게 된다. 이러한 스마트그리드가 구축되면 전력수요의 분산 및 제어가 가능해지고 전력을 절감할 수 있다. 또 스마트그리드와 연계하는 에너지관리시스템(EMS, Energy Management System)을 도입하여 에너지 효율을 높여가야 한다.

나아가 신재생에너지 확산으로 분산형 공급체계가 가능하게 되면, 마이크로그리드Microgrid의 구축을 통해 수요자 근접형 발전 기술을 적용하여 전력시스템을 혁신해야 한다. 마이크로그리드는 일정 지역 내에서 전력을 자체 생산·저장·공급하는 지능형 전력망이다. 에너지저장장치 등을 에너지관리시스템으로 제어하여, 외부의 전력망에 연결하거나 독립적으로 운전할 수 있는 소규모 전력망으로, 국내에서는 에너지 자립섬인 가파도에서 운영되고 있다. 향후 배전망관리시스템(DMS, Distribution Management System)에 기반하여 빅데이터, 지능형 전력계량

인프라(AMI, Advanced Metering Infrastructure) 등이 연계되면 더욱 다양한 부가서비스를 창출할 수 있을 것이다.

아울러 소비자 차원에서는 에너지 프로슈머 시장을 활성화해야 한다. 에너지 프로슈머는 신재생에너지원을 활용하여 전력을 직접 생산하고 소비한 후 남은 잉여전력을 판매하기도 하는 소비자를 뜻한다. 이를 위해서는 폐쇄적인 전력산업 구조가 더 개방적으로 변해야 하고, 주거용 ESS 등이 소비자 맞춤형으로 보급되어야 하며, 개인들끼리도 전력을 쉽게 사고팔 수 있는 P2P 생태계가 조성되어야 한다.

전략 4: 에너지 안보 확보

자원 민족주의 확산 및 자원보유국의 불확실성이 증대되는 상황에서 안정적인 에너지원을 확보하는 것이 매우 중요하다. 따라서 에너지 다원화, 극지와 해양을 포함한 해외 에너지 자원개발 확보, 자원의 안정적 수급을 위한 틈새시장 공략, 셰일가스와 같은 비전통 화석연료의 개발 등을 다각적으로 검토해야 한다. 또 에너지 섬이라는 지형적 제약에서 벗어나기 위해서는 다양한 국제협력 전략도 구상해야 한다. 이와 함께 미래 지향적으로 남북한과 러시아를 연결하는 천연가스 도입, 북한과 중국을 연결하는 동북아 전력그리드 시스템 구축, 북한 에너지 시스템 개발 참여 등을 적극적으로 고려해야 할 것이다.

전략 5: 4차 산업혁명 기술과의 융합을 통한 신재생에너지 활용 확대

사물인터넷 센서와 빅데이터 분석 등을 통해 신재생에너지의 운영 효율성 및 생산성을 대폭 향상해야 한다. 실제로 해외의 풍력 및 태양광 발전소에서 그 효용성이 입증되고 있다. 예를 들어, 지구 기상 데이터와

설비 데이터를 결합하여 풍력발전소의 출력량을 증대시킬 수 있다. 바람의 흐름을 탐지한 뒤 풍력발전기에 바람의 양과 각도를 계산하여 설비를 맞추어 대비함으로써, 풍력 에너지를 최대한 생산하는 데에 데이터처리 기술이 활용되는 것이다. 풍력 발전에서 바람의 방향과 강도를 측정하여 발전소의 성능을 향상했듯이, 태양광 발전에서도 기상데이터를 유용하게 활용할 수 있다. 기상데이터를 실시간으로 모니터함으로써 태양과 태양광 설비 사이에 구름이 끼는 시각과 이로 인한 출력 저하의 정도를 측정 및 예측하여 적절한 대응을 취할 수 있다. 또 디지털 도면을 즉시 인쇄하여 다양한 원재료(유리, 실리콘, 플라스틱, 레진)를 한 겹씩 쌓아 올려 완제품을 만드는 3D프린팅 방식은 태양광 산업에도 매우 효율적으로 활용될 수 있다. 기존의 평평한 모양의 태양광 모듈을 대체하는 3D 블록 형식처럼 다양한 형태의 태양전지를 3D프린터로 제작하여 효율성을 높이는 것이다. 향후 '착용 가능한 첨단기술wearable high-tech'로까지 발전시키는 것도 가능할 전망이며, 이에 따라 신재생 발전의 성능이 향상될 수 있을 것이다.

2.
자원

━━━━━━━━━ 한국은 세계적 자원소비 국가이지만 부존자원
이 적어 대부분을 해외에 의존하고 있으며, 수입국 역시 특정 국가에 집
중되어 있어 세계 자원시장의 영향을 많이 받는 취약한 구조를 갖고 있
다. 세계에너지위원회WEC에서 발표한 2015년 국가별 에너지 안보 평
가에 따르면 우리나라는 124개국 중 98위를 기록하며 공급관리의 심각
성을 보여주고 있다. 자원을 안정적으로 확보하는 것은 순조로운 경제
활동을 위한 전제조건이다. 하지만 자원개발환경 악화, 자원시장 변동
성 심화, 환경 및 사회적 관리요인 강화 등 잠재적 리스크가 다양해지고
있어 이에 대응하기 위한 다각적 노력이 필요하다. 자원개발은 그 자체
뿐만 아니라 자원개발서비스, 엔지니어링, 건설, 정유 등 주변 산업에
미치는 파급효과도 크고 도로와 같은 인프라 건설을 동반하며, 개발 이
후에는 제품화 단계로 이어지는 등 추가적 부가가치를 창출하는 복합

적 사업이다. 따라서 자원수급 안정과 더불어 새로운 미래의 성장동력으로 발전시키겠다는 기조와 전략을 설정해야만 한다.

한편 4차 산업혁명의 신기술은 기존 에너지 기술과 융합하는 혁신을 추구하고 있다. 이에 따라 에너지 산업은 빅데이터 등의 활용으로 빠르게 변화하고 있으며, 에너지의 디지털화 및 ICT와의 융합이 진행되고 있다.

자원 소비 및 개발 미래전망

세계 경제성장에서 개도국(개발도상국)이 차지하는 비율이 2030년에는 70%, 2050년에는 79%까지 이를 것이다. 특히 아시아 개도국의 비율은 2050년 49%를 차지할 것으로 전망되고 있다. 자원 소비는 경제활동과 직결되는데, 경제가 성장할수록 1인당 자원 소비는 증가한다. 현재 구리, 아연 등 비철금속의 수요 약 40%를 중국이 차지하고 있는데, 앞으로 중국과 인도의 경제성장 속도를 고려하면 이들 국가의 자원 수요는 빠르게 증가할 것으로 전망된다. 그리고 IEA(2014)의 전망에 따르면 세계 에너지 수요에서 석유, 석탄, 천연가스가 차지하는 비중이 2012년 80%에서 2035년 76%로 약간 감소할 것으로 예측되지만, 여전히 화석연료 시대가 계속될 것으로 보인다. 또 셰일가스와 셰일오일 생산으로 화석에너지 공급량은 증대되었으나, 아시아의 자원소비 집중 현상은 더욱 커질 전망이어서, 아시아 지역에서의 수급 불균형은 더욱 심해질 것으로 보인다.

한편 자원보유국에 대한 투자여건이 나빠지고 불확실성은 더욱 커지고 있다. 자원을 보유한 개도국들은 자원을 기반으로 산업화를 견인하려는 시도를 추진하고 있어,[76] 신규사업 진입장벽이 갈수록 높아질 것이다. 또 과거에는 매장량, 가격, 인프라 현황, 정치적 불안정성 등과 같은 이슈가 자원개발의 선제적 요건이었다면, 앞으로는 환경문제는 물론 지역주민과의 관계와 같은 사회적 요인까지 고려해야 하는 상황이 되고 있다.

자원개발의 여건도 좋지 않다. 예전에는 접근성이 좋은 지역을 중심으로 자원개발이 진행되었다면, 최근에는 고산지대 등 접근하기 어려운 지역에서의 개발이 증가하고 있으며, 자원의 품위도 낮아지고 있다. 이러한 채굴조건 악화는 광산·인프라 건설, 채광, 광석처리, 운송·판매비용 등의 연쇄 상승으로 이어지고 있다. 즉, 낮은 생산단가로 쉽게 개발, 생산하던 육상 유전easy oil의 고갈로 대규모 자본과 첨단기술이 필요한 고위험지역으로 사업영역이 이동하고 있다.

자원개발 사업은 또한 환경을 훼손하는 대표적인 산업으로 취급되며, 개발 단계마다 다양한 이슈가 발생하고 이해관계도 복잡하다. 최근 미국을 비롯한 OECD 국가들은 자원개발 자금이 반군활동 자금으로 연결되는 것을 방지하기 위해 '분쟁 광물'을 지정하고 사용을 금지하는 법제도까지 시행하고 있다. 이에 따라 자원을 사용하는 기업에 자원의 공급망관리까지 요구하고 있으며, 자금 투명성 확보를 요구하고 있어 자원 관리구조가 복잡해지고 있다. 오염방지 중심이던 환경관리도 생태계 및 사회적 약자에 대한 배려와 노동환경 배려, 투명한 정보공개 등을 포함하는 복합적 관리로 확대되고 있다.

미래를 대비하는 자원전략

산업화 과정을 거치면서 2000년대 초반까지는 상대적으로 낮은 가격에 자원을 확보할 수 있었다. 이에 따라 생산관리의 핵심은 자본생산성과 노동생산성을 높이는 것이었다. 그러나 문제는 자원이 무한하지 않다는 것이다. 자원의 고갈 가능성과 일부 자원의 과점 심화로 자원 소비에 대한 제약은 국가 간 충돌 가능성을 높이는 원인이 되었다.

자원의 제약에서 벗어나기 위해 유럽을 비롯한 세계 각국에서는 자원생산성을 높여 경제성장과 자원 소비 간의 연결고리를 끊자는 기조가 생겼고, '자원순환, 지속가능성, 녹색성장' 등이 새로운 패러다임으로 떠올랐다. 이러한 변화 속에서 우리는 자원안보를 실현하고 새로운 가치를 창출할 기회를 찾아야 할 것이다. 이를 위해 자원을 안정적으로 공급할 수 있는 체계를 마련하고, 자원순환형 사회를 만듦으로 원천적으로 자원 소비를 줄이며, 수익성과 시장확대 가능성이 큰 분야에 투자할 필요가 있다.

해외자원개발 사업 활성화

안정적 자원 확보의 관점에서 가장 먼저, 그리고 가장 효과적으로 시행할 수 있는 전략은 해외자원개발이다. 우리나라 해외자원개발사업법에 따른 해외자원개발의 목표는 국가 경제성장을 위해 자원을 안정적으로 확보하는 것이며, 가격 불안정성과 공급중단에 대비할 수 있는 일종의 '헤징hedging 전략'이다.

해외자원개발 사업은 안정적으로 자원을 확보할 뿐만 아니라 고부가가치를 창출하는 계기도 마련한다. 우리나라의 업종별 부가가치율을 산정해보면 다른 산업들은 10%대 수준이지만, 광업은 70%로 가장 높다. 세계 M&A 시장에서도 OIL&GAS 부문은 4위를 차지하고 있으며 그 규모는 연간 3,000억 달러에 달한다. 또 해외자원개발은 광산개발에 그 치는 것이 아니라 대규모 플랜트, 전력, 도로 등의 인프라 건설로도 이어질 수 있다. 자원개발 사업은 자원탐사에서 개발, 생산, 회수까지 최소 10~15년이 소요되며, 자금뿐 아니라 기술, 정보 등의 여건이 뒷받침되어야 하므로 해외자원개발 활성화를 위한 전략은 종합적인 시각에서 장기적으로 세워야 한다. 세계적 기준에서 볼 때, 한국은 아직 제대로 된 해외자원개발 체계를 가지고 있지 않다. 자원개발의 역량을 키우기 위해서는 관련 서비스산업 발전과 산업생태계 조성, 효율적인 민간 서비스 기업 등 관련 요소들의 유기적인 연계가 필요하다.

자원기술력 강화를 통한 신성장동력 마련

불과 몇 년 전만 해도 기술적 제약으로 미래자원의 범주에 속하던 셰일가스 및 셰일오일은 수평시추와 수압파쇄라는 혁신적 기술개발로 미국을 세계 최대의 원유생산국으로 탈바꿈시켰다. 환경이나 경제적 문제로 활용하지 않았던 저품위나 복합광 광물자원의 개발도 시도되고 있으며, 폐기물로 여겨지던 폐제품, 선광 찌꺼기, 슬래그 등도 재처리하여 자원을 회수하고 있어 환경문제도 해결하고 경제적 가치도 산출하고 있다.

자원기술력이 신성장동력이 될 수 있는 이유는 첫째, 자원기술은 그 자체로 큰 시장을 형성하고 있기 때문이다. 자원기술의 보유 여부는 사업권을 확보하고 사업의 지속성을 결정하는 핵심요인으로 작용한다. 그뿐만 아니라 수많은 자원 관련 서비스기술들은 다른 분야와의 융합을 통해 높은 수익성을 창출할 수 있다. 이렇듯 자원 관련 기술의 중요성이 커지고 있지만, 연구개발에 대한 우리의 투자는 매우 열악하다. 하지만 우리가 경쟁력을 지닌 ICT, 조선, 플랜트 산업 기술들과 연계한다면 기술 발전을 빠르게 이뤄낼 수 있을 것이다. 특히 땅 밑에 있는 불확실한 자원을 '추정'하는 데 필요한 빅데이터 관리 기술이나 유전 정보를 통합적으로 관리하는 시스템 개발이 시급하다. 이런 기술에 대한 수요도 점점 증가하고 있다.

둘째, 환경 및 안전기술 시장이 확대되고 있는 것도 새로운 기회이다. 대표적으로는 CO2-EOR 기술과 셰일가스 안전 및 환경관리 기술, 노후화 해상플랜트 해체 기술 등이 있다. 온실가스 감축은 세계적 이슈인데, 온실가스의 주범인 이산화탄소를 주입하여 석유를 회수하는 CO2-EOR 기술은 생산성 증진을 이루는 기술인 동시에 이산화탄소 저장 및 처리를 통해 온실가스를 줄일 수 있는 기술이다. 또 셰일가스 개발에 대한 안정성 문제와 수압파쇄에 사용한 물을 처리하는 문제도 계속 논란이 되고 있으므로, 이에 대비한 연구도 필요하다. 해상플랜트를 해체하는 기술은 우리의 우수한 플랜트 기술을 기반으로 충분히 선점할 수 있는 영역이기도 하다.

지속성장을 가능하게 하는 자원관리 체계 구축

다른 일반적인 재화와 달리 자원은 한정되어 있으며, 채굴, 생산, 소비, 폐기에 이르는 과정에서 다른 자원을 소비하고 환경문제를 유발한다. 따라서 이러한 문제와 해결을 경제적, 환경적, 사회적 요소로 인식하고 통합하여 관리해야 한다. 즉, 지속적인 성장을 가능하게 하는 자원관리Sustainable Resource Management 체계가 필요하다. 경제적으로는 효

율성과 경제성장을, 환경적으로는 생태계 유지 및 환경보존을, 사회적
으로는 세대 간, 지역 간 공정성과 형평성, 안전성을 유지할 수 있도록
해야 한다. 또 현재 뿐만 아니라 미래의 기술 및 산업에 대비하기 위한
중요한 자원을 관리할 필요가 있다. 유럽 및 미국에서는 미래기술 전망
에 따라 주기적으로 광종을 선정하고, 선정된 광종에 대해서는 매장량
조사, 국제협력을 통한 확보전략 수립, 대체 및 재활용 기술 개발의 과
정을 통해 중장기적으로 확보전략을 수립하고 있다.

북한 광물자원의 남북 공동개발 및 활용

남북 경제협력을 거론하면서 가장 주목받는 분야는 자원개발 부문이
다. 상호 부족한 부분을 채워줄 수 있기 때문이다. 구체적 확인이 필요
하지만, 북한에는 석회석, 마그네사이트, 철광석, 무연탄, 금 등 42개 광
종이 매장되어 있고, 이 중 일부는 매장량이 풍부한 것으로 알려져 있
다. 반대로 남한은 자원이 없어 대부분 해외수입에 의존하고 있다. 그런
측면에서 남북 공동의 번영을 위해 자원개발 및 확보가 필요하다. 물론
이전에도 남북 공동개발이 추진된 바 있다. 남북은 2007년 10·4선언에
서 자원개발을 적극적으로 추진하기로 하고, 민관 총 4건의 광물자원개
발 사업을 추진하는 성과도 냈지만, 이후 남북관계가 경색되면서 현재
는 모두 중단된 상태이다. 따라서 남북관계 진전과 함께 북한 광물자원
개발도 다시 적극적으로 추진해야 한다. 특히 북한의 부존자원에 남한
의 자본과 첨단기술을 접목한다면 큰 부가가치를 창출할 수 있을 것이
다. 북한은 보유 자원을 효과적으로 개발할 수 있고, 남한은 부족한 자
원을 장기적·안정적으로 확보할 수 있을 것이다.

3.
통일시대를 준비하는
국토교통 전략

━━━━━━━ 한반도의 대내외 환경이 일대 전환점을 맞고 있
다. 외부적으로는 1990년대 초반부터 시작된 북한 핵문제 해법 논의가
본격화되고 있다. 핵문제 해결은 북한의 정상국가화를 의미하며, 이것
은 그동안 동북아의 불완전한 '빈 구간missing link'으로 남아 있던 한반
도가 온전히 반도의 역할을 되찾게 됨을 시사한다. 반도는 기본적으로
대륙과 해양을 연결하는 역할을 해야 함에도 그동안 한국은 반도가 아
닌 섬의 역할을 해왔을 뿐이다. 앞으로 진행될 북핵 문제의 해결과 북한
의 정상국가화는 우리 한국이 대륙과 육로로 연결됨으로써 지경학적
가치를 크게 증대시키는 기회가 될 것이다. 인구 1억 2,000만 명의 동북
3성과 러시아 극동지역이 우리와 육로로 연결되면 교역과 투자가 유리
한 환경이 조성될 것이다. 내부적으로는 저성장과 인구감소라는 위협에
대처하면서 4차 산업혁명을 경제발전의 기회로 활용해야 하는 상황이

다. 우리 경제는 동북아의 선발주자인 일본과 후발주자인 중국 사이에서 경쟁력을 확보하고 지속 가능한 성장을 이끌어야 하는 어려운 숙제를 안고 있다. 이러한 대내외 여건변화 속에서 우리는 한반도의 새로운 국토발전 방향과 전략을 모색해야 한다.

한반도 국토발전의 기본 방향

경제의 발전을 위해서는 기존의 '사다리형' 발전 패러다임에서 '강강술래형環舞型 동반발전'으로의 패러다임 전환이 요구된다. 선진국을 따라잡기 위해 위만 바라보고 나아가는 '사다리형' 발전은 이미 한계가 명확해졌다. 저성장의 고착화가 이를 방증하고 있다. 이제는 우리 사회의 구성원들이 함께 손잡고 국가발전을 도모하는 '강강술래형 동반발전'의 패러다임이 필요하다. 그리고 주변국과 함께 발전하기 위한 노력도 중요하다. 당연히 북한과의 동반발전도 이에 포함된다.

'강강술래형 동반발전'을 위한 두 가지 키워드는 '포용'과 '혁신'으로 요약할 수 있다. '포용'은 서로 갈등이 예상되는 계층이나 분야에서 서로를 인정하고 함께한다는 의미이다. 외부적으로는 북한 및 주변국과의 포용, 내부적으로는 개발과 환경의 포용, 지역과 지역 간의 포용 등을 들 수 있다. '혁신'은 기존의 고착화한 틀을 넘어선 새로운 가치의 수용과 확산을 의미한다. 직선으로 난 길을 혼자 가는 것만이 능사가 아니라, 곡선 길이라도 함께 돌아가는 것이 먼 길을 안전하게 가는 지름길이라는 인식이 바로 그것이다. 남북관계에서 '혁신'은 새로운 협력 패러다임에서 찾을 수 있다. 정부가 주도하는 남북경협에서 민간이 주도하는 경협으로의 전환, 북한의 저임금 노동력을 활용하는 기존 방식에서 첨단기술을 중심으로 한 전환도 혁신적 경협이 될 수 있을 것이다.

- 한반도의 균형발전과 동북아의 균형발전을 선도하는 국토발전 기본원칙 설정
- 유라시아 대륙권과 환태평양 해양권을 아우르는 동북아 교류와 협력의 중심지 역할
- 반도로서의 지경학적 강점을 최대한 활용한 국토발전 모색
- 동북아의 초국경화와 경제통합이라는 흐름을 반영한 혁신적인 국토발전계획 수립
- 동북아에서 한반도의 입지를 강화할 수 있는 신성장산업 및 신산업 지대 구축
- 한중일 산업분업 구조에서 북한지역의 산업입지 전략 마련
- ICT, 신재생에너지, 물류, 관광 등 북한지역에서의 새로운 성장산업 배치 가능성 검토
- 환황해권에 비해 낙후된 환동해권과 북방경제권의 균형적 발전 유도
- 한반도 서해안 축(환황해 경제벨트)에서는 중국 환보하이권과 연계한 신산업, 국제관광산업 중심의 산업·인프라 구축
- 한반도 동해안 축(환동해 경제벨트)에서는 중국, 러시아와 연계한 물류·수송, 에너지, 국제관광 산업 벨트 구축
- 중부 축(접경지역 평화벨트)에서는 남한 수도권과 해주, 평양-남포지역의 산업·인프라 연계 개발 및 강원도와 원산 국제관광 도시의 산업·인프라 연계 개발 추진

한반도의 국토발전을 위한
단계별 교통·물류 인프라 개발전략

앞에서 제시한 한반도 국토발전 방향을 뒷받침하기 위해서는 단계적으로 교통·물류 인프라 개발을 추진해야 한다. 한반도 차원의 종합적인 교통·물류 네트워크 구축을 통해 남북 간의 극심한 개발격차를 극복하여 대륙권과 해양권을 연결하는 동북아 교류 네트워크의 거점으로 발전해야 한다는 것이다.

1단계: 남북연결 인프라의 복원 및 운영 정상화 단계

철도의 경우 기존 연결노선(경의, 동해선)을 정상 운영해야 한다. 특히 서울-문산-개성 간 정기 열차운행이 우선되어야 한다. 이를 뒷받침하기 위해서는 '남북철도 공동운영위원회', '남북철도 합영회사'를 설립해 남북철도 정기운행의 세부사항을 협의하고, 남북철도 산업기술협력 등을 추진할 필요가 있다. 이 단계에서 북한 내 일부 병목 구간의 철도망 확충을 위한 시범협력사업도 고려할 만하다. 이러한 측면에서 평양 주변의 철도 복선화 추진을 검토할 수 있다. 이와 함께 한국과 국제사회의 협력을 통한 북한 철도시설 실태조사가 필요한데, 노후시설을 파악하고 정비 가능성도 검토해야 한다.

남북 간의 철도 분야 용어 및 각종 표준 통일을 위한 공동연구 및 대륙철도 진출을 위한 기술개발도 해야 한다. 남북 및 대륙철도의 연계를 위해서는 단순히 노후선로의 개·보수뿐 아니라, 전기철도 전력설비, 상이한 궤간의 차량운영, 철도 운영방식 통합 등의 문제를 해결해야 한다. 따라서 남북 및 대륙철도 연계에 대비한 철도 부문의 다양한 문제점을 사전에 점검하고 이를 극복하기 위한 실용적 철도기술 개발이 필요하다.

남·북·러 3자 간 진행되다가 현재는 중단된 나진-하산 프로젝트도 다시 살려야 한다. 이것은 TKR(한반도 종단철도)-TSR(시베리아 횡단철도) 사업의 시범사업으로서 국제사회에서 북한철도 현대화 및 TKR-TSR 사업을 공론화하는 데 매우 긍정적인 효과로 작용할 것이다. 서울-신의주 고속철도 준비 및 중국 내 고속철도와의 연결을 전제로 한 서울-신의주 간 고속철도 건설도 추진해야 한다.

도로의 경우 남북단절 도로를 복원하고 정상운영을 재개해야 한다. 이미 연결된 경의선 구간(1번 국도), 동해선 구간(7번 국도) 외에 경원선의 신탄리-평강 구간과 금강산 관광선의 철원-내금강 구간, 3번 국도의 철원-평강 구간, 5번 국도의 화천-평강 구간, 31번 국도의 양구-백현리 구간, 43번 국도의 신철원-근동 구간을 복원할 필요가 있다. 이 구간의 복원은 대북 물자 수송경로의 다양화뿐만 아니라 남북 교류와 무역, 관광 협력사업과 관련되기 때문에 중요한 의미를 지닌다. 이 외에도 서울-평양-신의주 간 기존 도로와 평양으로 연결되는 주요 고속도로의 개보수가 필요하다. 향후 본격적인 남북경협 추진으로 북한의 사업 활동이 활발해지면, 북한 서해측 구간을 따라 화물·여객의 수송수요가 증가할 것이기 때문이다.

해운·항만의 경우 남북한 해운·항만 분야 인적교류를 위해 남북한 해운·항만 상호방문 시찰사업과 북한 해운대학 지원 및 교류사업 추진이 검토되어야 한다. 주요 무역항(나선, 원산, 청진, 남포)의 항만 준설사업도 진행할 필요가 있다. 북한의 항만은 시설과 장비의 노후화가 심각하고 수심도 낮아 상당히 문제가 되고 있다. 준설작업은 다른 항만 개발사업보다 작업기간이 짧고 우리나라 장비로도 가능하다. 그 대상이 되는 항만은 서해안에서 우리나라 선박이 자주 출입하는 남포, 해주 등을 고려할 수 있다. 이와 함께 주요 무역항(나선, 원산, 청진, 남포)의 부두 하역시설을 개선하고 항만물류 관련 시설을 정비해야 한다. 남북 간 정기 항로 공동운영 및 각종 용어와 표준의 통일을 위한 공동연구도 필요하다.

항공의 경우 순안공항의 추가 시설 확장 및 현대화 역시 필요하다. 이와 함께 관광 거점 공항으로 활용이 가능한 삼지연공항(백두산관광), 원산 갈마공항(원산관광)의 시설도 확충되어야 한다. 특히 민간 차원에서 백두산관광 항공노선을 개발하여 서울-백두산 직항로를 개설하고 항공수요 증가에 대응할 수 있도록 삼지연 공항시설 개선 및 현대화를 추진해야 한다. 국제정기선 추가, 남북 간 항공협정, 남북 간 항공분야 용어 및 각종 표준 통일을 위한 공동연구, 그리고 남북 간 직항로 개설 및 항공기술협력도 추진되어야 한다.

2단계: 북한 인프라의 본격 개발 단계

철도 분야에서는 국제철도 시설 현대화(신의주-단둥 간 철도전용 교량신설, 두만강역, 남양역 개보수 및 현대화)를 본격적으로 추진해야 할 것이다. 북한 내부 간선철도인 평라선(평양-나진)과 만나는 함북선과 홍의선 철도는 중국과 러시아의 협력이 필요할 것이다. 이를 위해 동북아철도실무협의회의 국제협력 기능을 강화해야 한다. 북한철도와 대륙철도의 연결과 관련해서는 다양한 법적, 제도적, 기술적 문제가 도출될 것인데, 이를 단계적으로 통합하고 동북아의 철도운송 효율을 높이기 위한 동북아철도운송협정을 체결할 필요가 있다. 북한철도의 현대화 사업은 극동러시아지역의 천연가스망 도입사업과 연계해 추진하는 방안도 검토할 만하다.

도로의 경우 평양, 청진, 함흥 등 주요 거점도시의 시가지 및 주변 도로망을 개발해야 한다. 북한지역 자원개발형 도로 정비도 이어져야 한다. 함경북도의 무산 철광, 양강도 혜산 동광, 함경남도 단천 마그네사이트 및 아연광, 서해도 은율 석탄광 등 주요 거점 광산 개발을 위한 연계도로망 구축이 바로 그것이다. 아시아하이웨이 연결노선 종단도로망 정비 사업도 필요하다. AH1(일본-부산-서울-평양-신의주-중국-베트남-태국-인도-파키스탄-이란-터키) 노선과 AH6(부산-강릉-원산-러시아(하산)-중국-카자흐스탄-러시아) 노선 중 북한을 통과하는 도로망의 정비가 이 단계에서 본격 추진되어야 한다.

해운·항만의 경우 남북한 간의 협력이 어느 정도 진전되면 남북 공동이 참가하는 해운·항만물류산업 중장기 발전계획을 수립해야 할 것이다. 해운·항만물류산업 중장기 발전계획에는 한반도를 단일한 경제권으로 설정하고 남북한의 해운·항만물류산업이 함께 발전할 방안을 포함해야 한다.

항공의 경우 주요 공항시설을 확충하고 유휴 공항시설을 정비해야 한다. 중국, 러시아, 일본 등 주변국과의 항공·공항운영 관련 협력 및 국제항공기구 등과의 긴밀한 협조체제가 반드시 구축되어야 한다. 남북 공항설계기준 표준화 및 남북 항공과 공항 운영시스템 통합도 추진될 필요가 있다.

3단계: 북한 인프라의 개발 심화 및 운영 안정화 단계

철도에서는 노선별 복구 및 개량 등 현대화가 본격적으로 추진되는 단계이다. 기존의 경의선, 경원선, 동해선 등을 개선하되 주요 거점지역

개발과 관련한 신규노선을 먼저 개발해야 한다.

도로의 경우 북한 도로망의 전면적인 현대화가 이 단계에서 본격적으로 추진되어야 한다. 고속도로, 국도의 정비, 신규 건설계획 수립 및 건설 시행이 중요하다.

항만의 경우 북한 주요 무역항을 본격적으로 특화 개발해야 한다. 남북한 간 및 중국, 러시아, 유럽 등지로의 해상물동량의 증가로 기존항만 확장과 새로운 항만 개발이 필요하다. 따라서 항만의 배후 권역을 고려하여 북한의 주요 무역항에 대한 특화개발 전략을 수립하고 항만 별로 특화개발을 함으로써 남북한 항만 간의 유기적인 연계망을 구축해야 한다.

항공 분야에서는 새로운 수요를 반영한 신규 공항 건설이 필요하다. 세계적 국제공항, 동북아 중심 국제공항, 국내선 위주 지역공항 등 신규 수요를 반영하여 기능을 구분하는 것도 이 단계에서 이루어져야 한다.

한반도의 국토발전 및 교통·물류 인프라 개발을 위한 정책과제

북한의 국토 및 인프라 개발은 우리에게 커다란 기회이자 도전이 될 것이다. 북한 개발은 단순히 우리에게 새로운 소비시장과 건설시장의 확대만을 의미하지 않는다. 저성장 극복의 기회만으로 볼 것이 아니라 동북아 경제를 키워서 상생 번영할 기회로 만들어야 한다. 또한, 모든 개발에서 바람직한 것은 체계적이고도 단계적이어야 한다는 것이다. 그래야 시행착오를 줄이고 비용도 절감할 수 있다. 통일 이후 동독 개발에 막대한 중복투자와 과잉투자로 몸살을 앓았던 독일경제가 우리에게 주는 시사점이다. 앞에서 논의된 국토발전 및 교통·물류 인프라 개발을 위한 단계별 정책과제는 다음과 같다.

1단계 과제: 남북협력 관련 거버넌스 구축

- 남북 간의 단절된 인프라를 복원하고 정상운영을 위해 남북 간 협력 거버넌스 구축
- 남북 간의 경제협력추진위원회를 가동하여 구체적인 사업의 우선순위와 비용 분담 논의
- 남북 접경지역 인프라 연결을 위해서는 남북교류협력기금 활용 방안 검토
- 북한 내 인프라 개발을 위해서는 보다 다양한 재원조달 방안 모색 필요
- 남북 간 기술 분야 인적교류 확대

2단계 과제: 남북협력 거버넌스 공고화와 국제협력체계 구축

- 남북협력 거버넌스 강화
- 북한과 중국, 러시아, 일본 등 주변국을 연결하는 육상, 해상, 항공 인프라 개발과 함께 이를 지원할 국제적인 협력 거버넌스 구축
- 우리의 민간자본과 국제사회의 공적자본 및 민간자본 적극 유치

3단계 과제: 유럽연합 수준의 제도적 기반 구축

- 남북한과 주변국들의 자유로운 인적 이동과 교역투자 기반 구축
- 한반도와 주변국을 연결하는 육상, 해상, 항공, 해운 네트워크의 강

화 및 심화를 위해 관련 제도적, 물리적 기반 마련
- 한반도 내에서는 남한의 수도권과 북한의 평양권을 중심으로 한 중부지역의 초대형 경제협력지대 구축을 위해 관련 제도와 인프라 구축
- 동북아 차원에서는 환황해권과 환동해권 차원의 초국경 도시협력 네트워크 구축을 뒷받침할 제도적 기반 정비

4.
농업·농촌

━━━━━━━━ 우리 농업·농촌의 변화는 매우 빠르게 진행되고 있다. 증산의 시대를 이끈 60~70대 농업인들이 영농현장에서 대거 은퇴함으로써 농업과 농촌은 새로운 변화의 국면을 맞이하게 될 것이다. 첨단과학기술의 발전과 새로운 시장의 등장은 농업에 희망과 비전을 제시하는 요소이며, 도농교류 활성화도 당분간 농촌에 활력을 줄 수 있을 것이다. 그러나 동시에 농업·농촌을 둘러싼 위험요인도 만만치 않다. 최근의 화두인 기후변화, 에너지, 환경 등의 여건 변화는 농업·농촌의 새로운 도전을 요구하고 있다.

농업·농촌 환경의 변화에 따른 미래전망

4차 산업혁명은 농업·농촌 부문에도 큰 영향을 끼칠 것으로 보인다. 이미 농업 분야에서 사물인터넷 관련 디바이스 사용은 연간 20%씩 증가하고 있으며, 2035년 즈음에는 지금보다 20배 더 증가할 것으로 예측된다. 4차 산업혁명 시대의 미래 농업은 사물인터넷 센서의 증가와 빅데이터의 결합 등을 통해 생산과 소비의 최적화가 이루어지는 데이터농업, 그리고 스마트농업이 될 전망이다. 또 농촌에서의 삶의 양식에서 다양한 서비스로의 접근성이 획기적으로 개선되는 등 편리성이 높아지지만, 동시에 지역 간, 계층 간 격차로 인한 갈등이 나타날 수 있다.

첨단과학기술을 활용한 스마트농업 보편화

첨단과학기술과 융합한 농업기술의 발전으로 스마트농업이 획기적으로 확산될 것이다. 벼, 원예 및 축산 분야에서 능률이 상승되고, 작업 쾌적화 기술이 개발·보급될 전망이다. 우선 지능형 전용 로봇, 환경 제어형 기능성 로봇 등이 실용화되어 노동절감형 농업이 보편화될 것이다. 또 인공강우의 실용화와 기후변화 대응 종자 및 품종의 보편화로 인해 농업생산에서의 불확실성이 줄어들 것으로 예측된다.

전문경영체 중심 농업생산구조 확립

전업농의 규모화·전문화가 진전되어 논 3ha 이상 농가의 생산 비중이 2050년에는 80%에 육박할 것이다. 청장년 경영주의 전업농 및 농업법인이 지역농업의 중심을 형성하고, 이들이 농업의 혁신과 경쟁력 강화를 주도할 것이다. 또 대규모 농업회사가 출현하여 농업법인 수는

2030년에 8,000개 정도, 2050년에 1만 개 이상이 되어 농업생산의 핵심으로 부상할 것이다. 논 농업은 상대적으로 자급적 농가가 병존하지만, 원예·축산 분야는 전문경영체 중심으로 정착될 것으로 보인다.

농업, 농촌, 식품 관련 서비스산업 활성화

농업, 농촌, 식품 분야 전반에서 농업인뿐만 아니라 소비자, 도시민 대상의 다양한 서비스산업이 출현하여 새로운 수익원으로 자리매김할 것이다. 농업 및 농촌체험, 농촌관광 및 레저, 휴양 및 건강, 치유 및 힐링, 농식품 전자상거래, 농산물 계약거래 및 선물거래, 귀농·귀촌(알선, 정보제공, 교육), 사이버교육, 농업금융, 보험, 농업정보화, 농업관측, 외식서비스, 광고 등의 다양한 비즈니스가 1차 산업인 농업과 연계되어 이루어질 것이다. 식품산업은 국내 농업 부문의 성장을 견인하면서 지속적으로 성장할 것이다. 국내 식품산업 규모는 2020년 260조 원 규모로 커질 전망이며 국내를 넘어 동북아 지역으로 진출할 가능성도 크다. 국내에서도 네슬레와 같은 글로벌 농식품 기업이 등장하고 '한식'이 글로벌 웰빙식품으로 정착되면서 농촌의 음식산업과 미식관광culinary tourism이 활성화될 것이다.

동식물 자원 그린바이오 산업 발전

농업은 농산물을 생산하는 산업인 동시에 동식물 자원 이용 산업으로도 발전할 전망이다. 동식물 자원을 이용한 그린바이오(농생명) 산업은 IT, BT, NT와 융·복합되어 고부가가치를 창출하는 산업으로 발전할 것이다. 국내 식물자원을 활용한 식물종자(형질전환), 바이오에너지, 기능성 제품(천연화장품, 향료, 의약품), 동물자원을 활용한 가축개량, 동물제품(이종장기, 줄기세포), 동물의약품, 천적곤충, 그리고 미생물자원을 활용한 발효식품 등이 산업화될 것이다. 건강한 삶과 생명 연장에 대한 인간의 욕망이 커질수록 바이오기술과 의료기술이 융·복합 발전함으로써 농생명 자원 제품의 수출도 증가할 것이다.

식물공장, 수직농장 발전

농작물의 생육환경(빛, 공기, 열, 양분 등)을 인공적으로 자동제어하여 공산품처럼 계획생산이 가능하고, 사계절 전천후 생산이 가능한 식물공장이 운영될 것이다. 식물공장은 공간과 시간의 제약을 완화하고, 생산성을 획기적으로 높인 작물육종기술과 IT가 결합된 주문형 맞춤 농산물 생산기술에 힘입어 미래농산물 생산에 중요한 역할을 할 것으로 전망된다. 또 도심에 수십 층의 고층빌딩을 짓고 각 층을 농경지로 활용하는 수직농장vertical farm도 도입될 것으로 전망된다. 나아가 완전제어형 식물공장이 보편화되면 미래에는 한국형 수직농장 플랜트의 해외 진출도 가능하게 될 것이다.

농촌 지역의 6차 산업화

현재까지 농업은 1차 산업에 속했지만, 앞으로 식품가공 등을 통해 부가가치를 창출하는 2차 산업 요소와 아름다운 농촌 공간을 활용한 서비스 산업이라는 3차 산업 요소가 결합하게 될 것이다. 이처럼 1차×2차×3차 산업이 결합된 농업을 6차 산업이라고 부르기도 한다. 6차 산업화 개념은 제조 분야의 4차 산업혁명과 궤를 같이하는 매우 선진적인 개념이다. 농촌지역의 6차 산업화가 활성화되면, 가공, 마케팅, 농촌관광 등 농업과 연계된 산업이 발달할 것이다. 특히 전원박물관, 전원갤러리, 테마파크 등이 발달함으로써 농촌이 문화콘텐츠 산업의 주요 무대로도 성장할 것이다. 나아가 농촌에서 농업인 이외에도 경관관리사, 귀농컨설턴트, 문화해설사, 바이럴마케터 등 다양한 신직종이 출현할 것이다.

4차 산업혁명 시대의 농정 패러다임 변화 필요성

지난 30년간의 농업 투·융자에도 불구하고, 농업 부문의 성장 정체(경쟁력 저하와 효율성 문제)와 소득 부진(도농 간 소득격차 등 형평성 문제)이라는 오래된 과제가 해결되지 않고 있다. 이러한 문제들을 해결해나가고 동시에 식량안보, 식품안전, 환경·에너지·자원위기 등 새로운 과제를 해결해나갈 필요가 있다. 그래서 무엇보다 농업을 둘러싼 4차 산업혁명 시대의 메가트렌드를 반영하여 농업, 농촌, 식품, 환경, 자원, 에너지 등을 포괄하는 농정혁신의 틀을 마련해야 한다.

우선 농정의 대상을 농업생산자로 한정하지 말고 생산자, 소비자, 나아가 미래세대를 포괄하는 국민의 관점에서 접근하는 것이 중요하다. 농정의 포괄범위도 종래의 생산 중심의 접근을 넘어 농업의 전후방 관련 산업과 생명산업 전반을 아우르며 주민의 삶의 질을 고려한 공간정책으로까지 확대하는 관점이 필요하다. 농정의 추진방식도 직접적인 시장개입은 최소화하고, 민간과 지방정부의 역할을 강화해나가는 데 중점을 둘 필요가 있다. 정부는 시장개입보다 시장혁신을 유도하는 제도 구축에 주력하는 촉진자, 그리고 시장실패의 보완자로서의 역할에 집중할 필요가 있다. 이를 위해 정부와 민간, 중앙정부와 지방정부 간의 적절한 역할분담 및 협조체계를 구축하는 선진적 거버넌스 확립이 필요하다.

이런 측면에서 성장, 분배, 환경이 조화된 지속가능한 농업·농촌을 미래 농정의 비전으로 삼아야 한다. 농업생산자에게는 안정적 소득과 경영보장, 소비자에게는 안전한 고품질의 농식품 제공, 후계세대에게는 매력있는 친환경 경관과 삶의 질 향상 등을 발전 목표로 제시할 수 있다. 특히이러한 비전과 목표를 달성하고 농업·농촌의 활력을 유지하기 위해 4차산업혁명 시대의 농업은 전통적인 농업생산에서 탈피하여 농생명 첨단산업으로 영역을 확장하고, 다양한 첨단 과학기술과 융합하여 문화 및 관광산업과 연계된 고부가가치 6차 산업으로 전환해야 한다. 아직은 농업·농촌 분야의 4차 산업혁명 기술 적응도가 낮은 편으로 나타나고 있으니정부의 지원과 맞춤형 인큐베이팅 시스템 등이 필요하다.

아울러 농업생산에 투입되는 종자, 농기계·장비, 농자재, 농업정보산업과 연계된 발전, 그리고 부가가치 창출과 연계되는 포장, 유통, 가공, 외식, 마케팅, 서비스업 등과 이 연계를 통한 성장이 필요하다. 특히농업과 밀접히 관련된 신성장동력 산업인 기후·환경산업, 바이오생명산업(의약, 화장품, 식품소재), 바이오에너지산업, 농촌문화·관광산업 등과연계하는 것이 중요할 것이다.

취약한 농업·농촌 기반 확충 과제

그동안 한국에서 농업·농촌은 다른 분야와 비교해 상대적으로 큰 발전을 이루지 못했다. 한국의 농업은 농업인의 고령화와 젊은 농업인의유입 부족, 경지 규모의 영세성, 각종 규제와 민간자본 유입 부족에 따른 기업적 경영 미흡, 낮은 기술 수준 등의 이유로 농업 생산성이 정체된 상황이다. 더불어 부족한 소득기회와 열악한 인프라 등으로 이촌향도 현상이 계속되면서 지역사회의 활력도 떨어진 게 사실이다.

농업성장 정체

농업 부문의 GDP는 꾸준히 증가하였으나 성장률은 다른 산업 부문보다 저조한 편이다. 예를 들어 2000년의 농업 부문 GDP 성장률은 1.1%에 불과했으나 광공업은 16.2%, 제조업은 16.4%, 서비스업은 7.3%에 달했다. 2017년 기준으로는 농업 0.3%, 광공업 4.3%, 제조업 4.4%, 서비스업은 2.1%로 산업 부문 간 격차는 줄었으나 상대적으로 농업의 성장은 오랜 기간 제자리걸음 상태이다. 이로 인해 전체 GDP에서 농업이 차지하는 비중은 계속 하락하고 있다. 국가 전체 총부가가치 대비 농업이 차지하는 비중은 2000년 3.36% 수준에서 2017년 2.04%로 감소하였다.

식량자급률 하락

우리나라의 식량자급률은 계속 하락하여 국민이 소비하는 식량 가운데 절반 정도를 해외에서 조달하고 있다. 2000년 55.6%에서 2012년 45.2%로 감소했다 최근 들어 다소 증가 추세로 돌아섰으며, 2016년에는 50.9%로 집계됐다. 세계 8위권의 대규모 식량 수입국이면서 식량자급률이 낮은 편인 우리나라는 특정 국가에 대한 수입 의존성이 높아 식량안보에 매우 취약한 상황이다.

농촌인구 및 농가인구 고령화

농촌인구는 지속적으로 감소하다 최근 귀농·귀촌 및 외국인 증가 등에 힘입어 소폭 증가하는 추세이다. 전체 국민 중 농촌인구는 18.4%를 차지한다. 농촌인구의 고령 비율은 21.4%로서 농촌은 이미 초고령사회에 접어들었다. 농가 및 농업경영주의 감소와 고령화는 더욱더 심각하다. 농가인구 중 65세 이상 비율은 38.4%로 전국의 고령화율 13.2%에 비하면 3배에 가까운 상태이다. 더구나 100만 농가 중에 청년농업인은 1만 농가 정도밖에 되지 않아 인력구조가 취약하다. 따라서 농업 및 농촌의 활력 유지를 위해 젊고 유능한 청년농업인 육성이 필요하다.

농가 수익성 악화

농산물 시장개방의 가속화와 취약한 경쟁력으로 농가 수익성이 급격히 떨어지고 있다. 2010년을 기준으로 '농업생산을 위해 농가가 구입하는 물품의 값'을 뜻하는 농자재구입가격지수는 1997년 50.9에서 2016년 109.3으로 크게 상승한 반면, 농가의 농산물판매가격지수는 1997년 77.2에서 2016년 113.4로 완만히 증가하였다. 이에 따라 농가의 수익성을 나타내는 경제적 지표인 농가 교역 조건은 1997년 151.7에서 2016년 105.3까지 떨어졌다.

도농 간 소득격차 심화

농가의 호당 실질농업소득은 1994년 1,734만 원을 정점으로 2015년에는 1,025만 원으로 크게 줄었다. 농외소득을 합친 실질농가소득 또한 가장 높았던 1996년의 3,689만 원에서 2015년에는 3,389만 원으로 줄어들었다. 더욱이 이를 도시근로자 평균 소득과 비교하면 그 격차는 더 빠르게 증가했다. 도시근로자 소득 대비 농가소득 비중은 2000년 80.5% 수준에서 2016년 63.5%로 크게 줄었다. 1990년까지 도농 간 소득격차는 거의 없었으나 매년 그 격차가 벌어지고 있다. 2000년에 도농 간 소득차액은 558만 7,000원이었으나, 2016년 기준으로 2,141만 6,000원에 달한다.

4차 산업혁명 시대 농업생산·유통·소비의 변화 특징

4차 산업혁명에 따른 농업의 변화는 세 가지 주요 분야인 생산, 유통, 소비의 차원에서 나타나고 있다. 첫째, 생산 분야에서는 기후정보, 환경정보, 생육정보를 자동적으로 측정·수집·기록하는 '스마트 센싱과 모니터링', 수집된 데이터(영상, 위치, 수치)를 분석하고 영농 관련 의사결정을 수행하는 '스마트 분석 및 기획', 그리고 스마트 농기계를 활용하여 농작업(잡초제거, 착유, 수확, 선별, 포장 등)을 수행하는 '스마트 제어'의 특성들이 구현되고 있다.

둘째, 농산물 유통 분야에서는 4차 산업혁명 기술을 활용하여 농식품 유통정보의 실시간 공유 및 대응이 가능해지고 있다. 실제로 유럽의 네덜란드와 이탈리아 등지에서는 관련 기술을 활용하여 농산물 유통 혁신을 이루는 대규모 프로젝트(네덜란드의 'The Smart Food Grid', 이탈리아의 미래형 슈퍼마켓 등)가 진행되고 있다.

셋째, 농산물 소비 분야에서는 수요자가 주도하는 마켓, 온디맨드 마켓의 확장 등을 통해 이전과는 다른 소비행태가 대두될 것으로 보인다. 소비자의 요구사항을 생산자에게 실시간으로 전달할 수 있고 이에 맞추어 생산품을 선택하여 소비하는 행태들이 주를 이룰 것이다.

농업·농촌 통합형 미래 발전전략

4차 산업혁명 기술 기반의 스마트팜 활성화

스마트팜은 4차 산업혁명의 정보통신기술을 활용하여 새로운 서비스와 비즈니스 모델을 창출할 수 있다는 측면에서 크게 주목받고 있다. ICT 기반 최첨단 농업모델인 스마트팜은 센서, 정보통신, 제어기술 등을 갖추고 네트워크화된 시설농업을 의미한다. 스마트팜에서는 농장의 데이터 네트워크, 통신 센서와 제어 시스템 등을 활용하여 각종 작물에 맞는 일조량, 환기, 온도 등을 조절하고 나아가 출하 시기 조정까지 가능하게 된다.

2016년 기준 글로벌 스마트팜 시장은 220조 원 수준으로 크게 확대되었으며(2012년 134조 원 수준), 관련 설비시장은 22조 원(2015년)에 달하고 2020년에는 34조 원 규모로 성장할 것으로 예측된다. 우리나라에서도 기획재정부의 스마트팜 육성계획(2016~2020) 등을 중심으로 첨단 농업 육성과 전문인력 양성, 수출시장 개척 등을 진행하고 있으며, 스마트팜 면적을 2016년 2,235ha에서 2020년 5,945ha로 확대할 목표를 가지고 있다. 그러나 스마트팜의 획기적 발전 속에서 이해관계가 상충되는 농민들의 반발이 나타날 수 있어, 갈등을 최소화하는 제도 및 규제의 정비와 농민들을 위한 틈새시장 개척(경작 농민들의 농업지식 데이터베이스화 및 스마트팜 제공, 인공지능 기반 학습 자료 활용 등)이 요구된다.

농업의 경쟁력 강화와 생명산업과 연계한 신성장동력화

농업의 지속적 발전을 위해서는 경쟁력이 강화되어야 한다. 그러나 경쟁력의 개념은 비용 중심의 가격경쟁력에서 기능과 비용이 결합된 품질 및 가치경쟁력으로 확대 전환될 필요가 있다. 품질 및 가치경쟁력은 수요자가 원하는 기능의 제고와 생산성 향상을 통한 비용절감이라는 양면전략이 필요하다.

또 농업의 지속적 발전은 새로운 수요 창출을 통해 가능하며, 이를 위해 마케팅 능력을 강화하는 전략이 요구된다. 농식품의 안전과 품질을 중요시하는 소비자의 수요에 부응하는 품질혁신으로 농업소득을 창출하고, 식품, 유통, 환경, 문화와 결합한 새로운 수요를 발견하여 신시장을 창출하는 혁신이 이뤄져야 한다. 한편 비용 절감도 '경영조직화와 투입감량화의 결합'이라는 새로운 전략에 따라 추진될 필요가 있다.

전통농업과 IT, BT, NT 등의 첨단기술의 융·복합을 통한 고부가가치를 창출하는 생명산업 육성을 주요 정책 방향으로 삼아야 한다. 미래 고부가가치산업으로 성장할 수 있는 분야인 종자산업, 식품산업, 천연물 화장품과 의약품 분야, 곤충 및 애완·관상용 동식물 활용 분야 등을 전략 분야로 선정하여 집중적으로 육성하는 것이 필요하다.

농촌주민의 삶의 질 향상 및 농촌공간의 휴양, 관광 및 문화산업화

귀농·귀촌 인구는 2017년에 51만 7,000명으로 증가했다. 더욱이 귀농·귀촌 인구 중 50% 이상이 30대 이하이다. 이는 농촌에 살면서 반半은 자급적 농업에 종사하고 나머지 반은 저술, 마을만들기, 자원봉사, 예술창작활동, 향토음식 개발, 지역자원 보전활동 등과 같이 자신이 하고 싶은 일(X)을 병행하는 반농반X의 라이프스타일과도 궤를 같이 한다.

국민의 소득수준 향상에 따라 농촌으로의 귀농·귀촌, 도농교류 활성화는 더욱 촉진될 것으로 전망된다. 따라서 농촌의 정주 환경을 개선하는 동시에 생활서비스 접근성도 향상시켜 국민 전체를 위한 열린 삶터로 조성해야 한다. 아울러 자연환경 보전, 역사문화자원 보전, 어메니티amenity 자원의 발굴과 가치 제고 등을 통해 '농촌다움rurality'을 가꾸어야 한다. 이러한 농촌다움을 새로운 경쟁력의 원천으로 활용해야 한다. 삶의 질을 중시하는 미래 수요에 부응하는 자연, 경관, 문화를 보전하여 농촌발전의 잠재력을 증진하는 것이다.

또 농업을 매개로 장애인, 고령자, 취약계층 등에게 교육, 돌봄, 일자리 등을 제공하는 사회적 농업social farming도 농업·농촌의 사회적 가치를 확대하는 영역으로서 더욱 관심을 갖고 그 기반을 확대해야 한다.

농정 거버넌스의 혁신

앞으로 다가오는 미래에는 중앙정부 중심의 하향식 접근이나 지역의 일방적인 잠재력만으로 새로운 농정 패러다임의 지속가능성을 확보하기 어렵다. 농업인만이 아닌 농촌주민의 역할, 농업 이외에 다양한 지역경제 다각화 활동, 농업인을 포함한 농촌지역의 모든 이해관계자가 동등하게 중시되어야 한다. 중앙정부, 지자체, 민간기업, 시민사회, 협동조합이나 사회적 경제 조직 등 지역 내의 여러 주체 간 협력을 가능케 하는 미래지향적인 혁신의 포용적 생태계가 조성되어야 한다. 다행히 이미 우리 사회에는 농업·농촌·먹거리 영역의 새로운 변화 요구에 대응해 다양한 활동이 확산되고 있다. 로컬푸드, 학교급식, 먹거리 교육, 도시농업, 사회적 농업 등의 영역에서 대안적 활동이 구체화되고 있으며, 일부 지자체에서는 독자적, 사회적 실험의 성과도 나타나고 있다.

5.
해양수산

━━━━━━━━━ 우리나라 국토면적은 세계 109위 수준이며, 물
리적으로 더 확대될 가능성이 없기에, 육지 중심의 성장전략만으로는
미래 국가 발전에 한계가 있다. 우리의 미래 성장을 위해서는 유라시아
대륙으로의 진출과 한반도 주변 해역, 더 나아가 대양 진출을 통한 균형
적인 국가 발전 패러다임을 구축하는 것이 필수적이다. 특히 4차 산업
혁명 시대에 해양수산은 블루오션이 될 수 있는 산업 분야이기도 하다.
주요 해양수산 분야(해운, 항만, 해양플랜트, 수산, 해양관광 등)에 4차 산업혁
명의 첨단기술들(인공지능, 로봇, 사물인터넷, 빅데이터 등)을 접목하면 해양
산업 고도화와 고급 일자리 및 고부가가치 창출이 가능할 것이다. 또
4차 산업혁명의 혁신적인 기술진보를 통해 해양수산물의 생산·유통·
소비의 전 과정에서 큰 변화를 불러올 수 있을 것이다. 빅데이터를 활용
하여 통해 수산자원량 변화 예측 및 효율적인 자원관리가 가능할 것이

고, 더불어 수산물을 구매하는 소비자들의 생활패턴과 소비 트렌드도 변화될 것이다.

해양의 역할과 가치

해양의 역할은 지속 가능한 지구 생태계와 경제활동에 있어서 결정적이다. 해양은 남극과 북극에서 차가워진 해수를 대大 컨베이어벨트 global ocean conveyer belt를 통해 이동시켜 지구의 온도를 일정하게 조절·유지하는 지구의 생명유지장치 역할을 한다.

해양생태계의 경제적 가치는 연간 총 22조 5,970억 달러로 육상의 2배에 달하며, 심해저 망간단괴 내 함유된 구리, 망간, 니켈 등 전략금속 부존량도 육상보다 2~5배 많은 수준이다. 해양에너지 자원은 약 150억kw 정도로 추정되고, 특히 북극해에 매장된 광물 자원의 가치만 해도 2조 달러로 추정된다. 전 세계 생물상품의 25%가 바다에서 생산되며 동물성 단백질의 16%가 어업을 통해 제공되는 등 현재에도 미래에도 해양이 지구촌 경제활동에 미칠 영향은 막대하다. 더구나 해양공간의 95%가 개발되지 않은 미지의 공간이라는 점은 더욱 매력적이다. 한편 전 세계 교역량의 78%가 해양을 통해 이루어지며, 우리나라의 경우 99%를 해운이 담당하고 있다.

현재 우리나라 종합해양력sea power은 세계 10위권 수준이다. 그중 조선, 항만건설, 수산양식업 등 해양수산 관련 제조업과 해운 분야 등은 세계 최고 수준에 근접해 있다. 반면 해양환경관리, 해양과학기술과 R&D, 해양문화관광 등 서비스 분야는 여전히 세계 수준과 격차가 있다. 전 세계 GDP에서 해양수산 분야가 차지하는 비중은 약 12% 정도로 추정되고 있다. 우리나라의 경우 해양이 가지는 중요성에도 불구하고 GDP의 약 6.4% 수준으로 최근 몇 년간 답보상태이기 때문에 새로운 발전전략이 요구된다.

해양수산 분야 동향과 전망

세계의 바다는 60% 이상이 공해公海이고 세계 각국이 치열하게 경쟁하는 장이어서 우리도 새로운 활동 공간으로 활용할 가능성을 갖고 있다. 또 거의 개발되지 못하고 있는 해저 공간은 무한한 개발 가능성을 가진 것으로 평가된다.

해양영토 갈등 확대

1994년 유엔해양법 협약UNCLOS의 발효로 연안국의 영해가 종전의 3해리에서 12해리로 확대되었다. 또 배타적 경제수역EEZ이라는 200해리의 해양관할권이 부여됨으로써 해양공간 확보를 위한 경쟁에 돌입하게 되었다. 현재 152개 연안국 중 125개국이 EEZ를 선포하였으며(2007), 앞으로 연안국 모두가 EEZ를 선포하면 해양의 36%, 주요 어장의 90%, 석유매장량의 90%가 연안국에 귀속되는 결과를 가져올 것이다. 이에 따라, 세계 각국은 21세기 마지막 프론티어로 알려진 해양에 대한 관할권 확보를 위해 치열한 경쟁을 전개하고 있으며, 공해 및 심해저에 대한 영유권 또는 이용권에 대한 경쟁과 갈등도 점차 표면화될 것이다.

한반도 주변 동북아시아의 경우, 한·중·일·러가 해양관할권을 조금이라도 더 확보하고자 치열한 경쟁을 벌이고 있다. 첨예화되는 국가 간의 해양영토 주장과 한·중·일 간의 갈등(한일의 독도, 중일의 조어도, 일러의 쿠릴열도, 한중의 이어도 문제)이 그 대표적인 예이다. 더 나아가 글로벌 해양영토를 개척하는 차원에서 기후변화에 따른 북극해 이용 기회, 북극항로와 생물, 광물 등의 다양한 자원을 선점하기 위한 경쟁의 심화로 해양경제영토 확장을 위한 새로운 냉전시대 형성이 예상된다. 이런 현상들은 해양주권과 영토 개척을 추구하는 자국 이익 우선주의에 의한 국가 간의 이해관계 충돌, 해양자원 중요성 증대에 따른 자원확보 쟁탈전, 그리고 국민적 관심 증가로 인한 국력 팽창의 결과로서 해양이 관심을 받는 이유이기도 하다.

기후변화가 해양에 미치는 영향과 대응

'기후변화에 관한 정부간 협의체IPCC' 제5차 보고서에 따르면, 전 지구 평균온도는 지난 100여 년 동안 섭씨 0.85도 상승하였으며, 현재와 같은 추세로 온실가스를 배출할 경우 세계 해수면의 높이는 2100년까지 98cm가 높아질 것으로 전망되고 있다(2013). 한반도 주변 해역도 최근 35년간(1968~2002년) 해표면 수온은 0.85도 상승하고 해수면은 5.4mm 높아졌다. 이는 세계 평균(2.8mm)의 두 배에 이른다. 수온 상승은 해양생태계에 전반적인 변화를 가져올 수 있다.

한편 기후변화는 지구 환경문제에 대응하기 위해 새로운 시장이 형성될 가능성을 열게 되었다. 예를 들어, 100억 달러 규모의 온실가스 감축 시장과 향후 30년 동안 연간 1,000억 달러 규모의 청정에너지 발전 플랜트 수요가 예상된다. 또 선박으로부터 질소산화물 및 황산화물 배출 규제 등 오염 저감을 위한 설비시장 규모가 연간 38조 원 규모로 성장할 것으로 전망되는 등 새로운 비즈니스의 기회가 될 것이다.

해운 및 동북아 물류시장 변화

세계경제의 변화는 선박과 해운 시장에도 영향을 주고 있다. 유조선의 경우 2030년 선복량은 현재의 1.7~1.8배로 소폭 증가하고, 컨테이너선과 LNG선의 경우 2030년까지 1.8~3배로 증가할 전망이다. 중국의 상선 선대규모는 2010년 세계 선복량의 15%에서 2030년에는 19~24%에 달할 것으로 보이며, 현재 세계 선대규모의 12%를 보유한 일본의 경우 2030년에는 5.6~6.7%로 감소할 전망이다. 세계경제의 중심이 아시아로 이동하면서 아시아 권역의 항만물동량도 대폭 증가할 것이다. 아시아는 세계 항만산업의 중심이 될 것으로 보이며, 불가피하게 권역내 경쟁은 더욱 치열해질 것이다.

정보통신기술은 항만 내의 장비와 네트워크, 시스템 간의 정보교환을 확산시키고, 이로 인해 항만은 물류의 거점뿐만 아니라 빅데이터를 생산하는 정보거점으로 변모해갈 것이다. 선박의 대형화도 계속되어 2030년에는 3만 TEU급 선박이 취항할 것으로 예측된다.

세계의 물류 시장 역시 크게 성장할 것으로 보이며, 경쟁 심화 및 동북아지역의 역할 확대가 예상된다. 2013년 기준 국제물류시장 규모는 약 3.3조 달러로 전 세계 GDP의 16%에 달했다. 특히 동북아지역이 세계 3대 교역권의 하나로 부상하고 상하이, 홍콩, 싱가포르 등 세계 5대 항만이 동아시아에 위치해 국제물류시장의 중심으로 자리매김할 것이다. 또 북극해를 비롯한 북극권의 이용과 개발에서, 수요자이자 공급자인 동북아의 역할이 확대됨과 동시에 북극권 선점을 위한 국가 간, 지역 간 경쟁이 표면화될 가능성이 크다.

수산업 변화

세계은행에 따르면 2030년의 어업생산량은 1억 8,630만 톤으로 2011년의 1억 5,400만 톤에 비해 연평균 0.96% 증가할 것으로 전망된다. 2011년에 수산물 생산의 60%를 차지한 어선어업의 비율은 2030년에 50% 수준으로 감소하고 총량은 280만 톤 증가에 그칠 전망이다. 반면 양식어업의 경우 2011년의 6,360만 톤에서 2030년에는 9,360만 톤으로 연평균 2.0%의 증가율을 나타낼 것으로 보여 식용 어업생산의 경우 2030년에 약 62%가 양식에 의해 생산될 것으로 예측된다. 2030년경 중국은 5,326만 톤으로 전 세계 양식어업의 56.9%를 차지하며 독보적인 어업생산국으로서의 입지를 차지할 전망이다. 세계 1인당 어류 소비량은 2010년의 17.2kg에서 2030년에는 18.2kg으로 20년간 5.8% 증가할 것이며, 특히 중국은 2010년의 32.6kg에서 2030년에 41.0kg으로 증가해 세계 수산물 소비시장에서 가장 큰 영향을 끼칠 것으로 보인다.

이처럼 미래 수산업의 발전은 양식어업을 통해 실현될 것이며, 핵심 이슈도 양식어류의 질병문제 해결이 될 가능성이 크다. 또 수산물의 효율적인 물류 및 분배 네트워크 구축이 중요해질 것이다.

해양과학기술 발전

미래 해양환경의 변화는 과학기술의 발달과 더불어 크게 달라질 것으로 전망된다. 각국은 지구온난화에 따른 자연재해 증가 및 해양생태계 교란에 공동으로 대비하고 있으며, 육상 에너지자원 고갈 및 이산화탄소 배출 규제문제도 해양과학기술을 통해 해결하려 하고 있다. 해양바이오, 해양플랜트 등 최첨단 융복합산업의 급속한 성장과 연안 및 해양의 이용 확대에 따른 해양관광시장의 급성장에도 적극적인 관심을 지니고 있다. 또 드론, 로보틱스, 빅데이터, 사물인터넷과 같은 기술 분야의 혁신은 해양수산 분야와의 융복합을 통해 새로운 부가가치를 창출할 것으로 기대된다. 이에 해양 선진국들은 본격적인 과학기반 해양경쟁 시대에 대비하여 체계적인 대응체제 구축을 위해 노력하고 있다.

미래비전의 방향

정부는 2015년 '2030 해양수산 미래비전'을 제시한 바 있다. '상상을 뛰어넘는 가치의 바다 창조'라는 비전을 제시하고 '행복과 풍요의 바다', '도전과 창조의 바다', '평화와 공존의 바다'라는 3대 핵심가치를 설정했으며, 이를 실천하기 위해 총 40개의 미래상과 170개의 세부 실천과제를 마련했다. 이 비전을 통해 해양수산업이 GDP에서 차지하는 비중을 10%까지 높여 선진국 수준의 해양역량을 갖춰나가겠다는 것이다. 특히 문재인 정부의 '100대 국정과제' 속에는 '해양영토 수호와 해양안전 강화(62)', '해운·조선 상생을 통한 해운강국 건설(80)', '깨끗한 바다, 풍요로운 어장(84)'의 내용들이 포함되어 있다. 이와 같은 일련의 정부계획에 덧붙여 고민해야 할 방향들은 다음과 같이 제시해볼 수 있다.

한반도 주변 해역은 물론, 전 세계의 해양공간은 해양경계 갈등과 해양환경 오염, 생물자원 감소 등으로 어려움이 가중되고 있고, 해운 불황과 해양산업의 경쟁 심화 등으로 새로운 국면을 맞이하고 있다. 따라서 해양수산비전은 이러한 미래 여건과 도전과제에 대응할 수 있는 기반을 제공해야 한다. 이를 위한 중장기 해양수산정책이 필요하다. 누구나 공감할 수 있는 해양수산 미래상이 제시되고, 과거 해양수산정책에 대한 평가와 현장의 목소리를 반영하여 실질적인 성과가 도출될 수 있는 새로운 정책이 발굴되어야 한다. 또 해양수산업의 부가가치를 높일 수 있는 다양한 정책과제 개발이 필요하다. 해운산업의 위기극복, 항만의 경쟁력 제고와 국제물류시장 주도, 수산업의 미래산업화 등을 통해 전통산업의 가치를 재발견하고, 첨단과학기술 기반의 해양 신산업을 만들며, 해양관광문화 등과 관련된 해양 소프트산업 육성을 통해 해양수산업의 외연을 확대해나가야 한다.

아울러 건강한 해양공간 창조, 해양 외교안보 및 글로벌역량 강화, 통일한반도 시대 대비 등을 통해 국가 발전의 토대를 제공해야 할 것이다. 나아가 유라시아, 태평양, 북극해 등을 잇는 지정학적 강점을 바탕으로 해양입국海洋立國을 실현하기 위한 적극적인 정책 의지가 필요하다.

4차 산업혁명 시대 해양대국을 위한 전략

미래 해양수산은 어느 분야보다 변화가 심하고 경쟁과 협력이 공존하고 있다. 해양수산업의 특성상 연관기술과 산업의 발전 속도에 크게 영향을 받기 때문이다. 다른 산업 분야 기술과 어떠한 융·복합 체계를 구축하느냐에 따라 크게 달라질 수 있다. 사물 간의 네트워크와 데이터, 그리고 극지 및 해저 등 극한 여건을 극복할 수 있는 기반기술을 발달시킴으로써 해양수산업을 새로운 부가가치를 가진 분야로 성장시킬 수 있을 것이다.

예상컨대 향후 30년은 육상 부문보다 상대적으로 국가 간 격차가 크지 않고 전 세계가 새롭게 눈뜨고 있는 해양수산 분야를 끌어갈 선도국가와 그렇지 못한 국가를 구분하는 중요한 전환기가 될 것이다. 다가오는 4차 산업혁명 시대에 해양수산 분야에서 주도권을 잡는 데 필요한 전략 방향을 몇 가지 짚어본다.

해양수산업의 고부가가치화 추진

- 생산·유통·소비의 최적화를 통해 해양수산업의 패러다임 변화 추진
- 현재 해양수산업의 국가기여도는 6% 정도로 세계 평균의 절반 수준
- 전통 해양수산업과 서비스업의 융합, 새로운 해양산업 발굴, 다른 산업과의 융합을 통한 해양수산업의 외연 확장

과학기술 기반의 글로벌 해양수산업 생태계 조성

- 대학과 연구기관, 기업과 정부 간의 체계적인 연계를 통해 해양수산업 생태계 구축
- 이를 통해 고용증대와 고품질 일자리를 제공하고 글로벌 비즈니스 환경 제공
- 해양수산 부문의 과학기술 연구개발을 위한 예산 확충

해양수산업 안전망 통합지원체계 및 효율적 공간 활용체계 구축

- 해양수산업의 구조변화에 대응할 수 있는 '해양산업 조기경보체계' 마련
- 국민의 안전한 해양활동을 지원할 수 있는 해역별 입체적 안전체계 구축

- 연안 지역에 집중된 이용과 경제활동이 환경과 조화를 이룰 수 있
  도록 공간관리 추진
- 기술변화의 가속화, 기후변화, 인구구조 및 소비자의 가치관 변화,
  해양수산 생산인구의 감소 등과 관련한 대응방안 마련
- 해양수산 기업의 생산 시스템 효율화 및 가치사슬 혁신 등의 변화
  를 계속 점검하며 대응

해외시장 진출 기반 확대

- 국내외 수산물 수요에 탄력적으로 대응할 수 있는 생산 인프라 구축
- 세계적으로 수요가 높은 품목에 대한 양식시설 확충 및 R&D 지원
- 육상 첨단양식의 국내정착과 지식산업화, 외해 첨단양식 기반조성
  및 활성화, 수출형 수산가공식품 개발 및 수출 활성화 등 특성화 전
  략 수립

해양수산업의 융 · 복합 일자리 창출

- 한국해양진흥공사 설립(2018)을 통한 한국 해운의 재건과 해운 · 조
  선의 상생 협력 과정에서 일자리 창출과 연계하는 정책 추진
- 빅데이터 기반 해양공간정보사업, 디지털 선박 보급사업, 해운회사
  빅데이터 비즈니스 활성화 사업, 해운 거래를 위한 플랫폼 개발 등
  4차 산업혁명의 흐름과 맥을 같이하는 해운 비즈니스 개발을 통한
  신규 일자리 발굴
- 신산업 분야의 전문인력 양성을 위한 공적인 전담체계 구축
- 해외 해운물류 취업센터 설립과 해외 취업프로그램 개발, 해운 · 조
  선 일자리 모니터링 등 구체적 실행 방안 수립

'아시아 평화중심 창조국가'를 만들기 위해 다섯 번째 국가미래전략보고서를 내놓습니다. 완벽하다고 생각하지 않습니다. 국가의 미래전략은 정적인 것이 아니라 동적인 것이라고 생각합니다. 시대와 환경 변화에 따라 전략도 변해야 합니다. 현재를 바탕으로 미래를 바라보며 더욱 정제하고 분야를 확대하는 작업을 시작했습니다. 서울시청 시민청에서 매주 금요일에 진행된 토론회 내용을 기반으로 원고를 작성하고 전문가들이 검토하였습니다. 이번에는 54개 분야의 전략을 제시하였습니다.

국가의 목적은 국민의 행복입니다. 문술리포트의 목적도 국민의 행복입니다. 국민의 행복을 생각하며, 시대의 물음에 '선비정신'으로 답을 찾고자 했습니다. 오늘 시작은 미약하지만, 끝은 창대할 것입니다. 함께한 모든 분이 우국충정憂國衷情의 마음으로 참여해주셨습니다. 함께해주신 모든 분께 진심 어린 감사와 고마운 마음, 고개 숙여 전합니다.

기획위원 일동

- 2014년 1월 10일: 정문술 전 KAIST 이사장의 미래전략대학원 발전 기금 215억 원 출연(2001년 바이오및뇌공학과 설립을 위한 300억 원 기증에 이은 두 번째 출연). 미래전략 분야 인력 양성, 국가미래전략 연구 요청.
- 2014년 3월: KAIST 미래전략대학원 교수회의, 국가미래전략 연간보고서(문술리포트) 출판 결정.
- 2014년 4월 1일: 문술리포트 기획위원회 구성.
- 2014년 4~8월: 분야별 원고 집필 및 검토.
- 2014년 10월 23일: 국회 최고위 미래전략과정 검토의견 수렴.
- 2014년 11월 21일: 《대한민국 국가미래전략 2015》(문술리포트 2015) 출판.
- 2015년 1~2월: 기획편집위원회 워크숍. 미래사회 전망 및 미래비전 토론.
- 2015년 1~12월: 국가미래전략 정기토론회 매주 금요일 개최(서울창조경제혁신센터, 총 45회).
- 2015년 9~12월: 〈광복 70년 기념 미래세대 열린광장 2045〉 전국투어 6회 개최.

- 2015년 10월 12일:《대한민국 국가미래전략 2016》(문술리포트 2016) 출판.

- 2015년 10~11월: 〈광복 70년 기념 국가미래전략 종합학술대회〉 4주 간 개최(서울 프레스센터).

- 2015년 12월 15일: 세계경제포럼·KAIST·전경련 공동주최 〈WEF 대한민국 국가미래전략 워크숍〉 개최.

- 2016년 1~2월: 문술리포트 2017 기획 및 발전 방향 논의.

- 2016년 1월 22일: 아프리카TV와 토론회 생중계 MOU 체결.

- 2016년 1~12월: 국가미래전략 정기토론회 매주 금요일 개최(서울창 조경제혁신센터). 2015~2016년 2년간 누적 횟수 92회.

- 2016년 10월 19일:《대한민국 국가미래전략 2017》(문술리포트 2017) 출판.

- 2017년 1~2월: 문술리포트 2018 기획·발전 방향 논의 및 새로운 과 제 도출.

- 2017년 3월 17일: 국가미래전략 정기토론회 100회 기록.

- 2017년 1~3월: 국가핵심과제 12개 선정 및 토론회 개최.

- 2017년 4~11월: 4차 산업혁명 대응 과제 선정 및 토론회 개최.

- 2017년 1~12월: 국가미래전략 정기토론회 매주 금요일 개최.(서울창 조경제혁신센터) 2015~2017년 3년간 누적횟수 132회.

- 2017년 10월 17일:《대한민국 국가미래전략 2018》(문술리포트 2018) 출판.

- 2018년 1월 17일: 문술리포트 2019 기획 및 발전 방향 논의, 2019 키 워드 도출.

- 2018년 3~12월: 월별 주제(3월 블록체인/4월 미래 모빌리티/5~7월 통일

전략/8~9월 에너지와 기후/10월 생명공학/11~12월 디지털 미래) 집중토론.

- 2018년 5~7월: 통일비전 2048-단계적 통일 미래전략 토론회 개최.

- 2018년 8월 24일: 국가미래전략 정기토론회 150회 기록.

- 2018년 1~12월: 국가미래전략 정기토론회 매주 금요일 개최(서울시청 시민청). 2015~2018년 4년간 누적횟수 160회.

- 2018년 10월 22일: 《카이스트 미래전략 2019》(문술리포트 2019) 출판.

참고문헌

- 강광식, 《통일 한국의 체제구상》, 백산서당, 2008.
- 강대중, 〈평생교육법의 한계와 재구조화 방향 탐색〉, 《평생학습사회》 5권 2호, 2009.
- 강상백·권일한·구동화, 〈스페인 바르셀로나 스마트시티 성과 및 전략분석〉,
  《지역정보화지》 11+12월호, 2016.
- 강신욱 외, 〈고용·복지·교육연계를 통한 사회적 이동성 제고 방안 연구〉,
  사회통합위원회, 2010.
- 강창구 외, 〈유비쿼터스 가상현실 구현을 위한 증강현실 콘텐츠 기술과 응용〉,
  《전자공학회지》 38권 6호, 2011.
- 강환구 외, 〈우리 경제의 성장잠재력 추정결과〉, 한국은행, 2016.3.
- 강희정 외, 〈한국의료 질 평가와 과제: 한국의료 질 보고서 개발〉,
  한국보건사회연구원, 2014.
- 경제사회발전노사정위원회, 〈더 나은 내일을 위한 오늘의 개혁: 노동시장 구조개선을
  위한 사회적 대타협〉, 2015.
- 고병헌, 〈평생학습―삶을 위한 또 다른 기회인가, 교육 불평등의 확대인가〉,
  《평생교육학연구》 9권 1호, 2003.
- 고영상, 〈한국 평생교육법제 변화 과정과 주요 쟁점〉, 《한국평생교육HRD연구》 6권
  3호, 2010.
- 고용노동부, 〈2013 고용형태별근로실태조사〉, 2013.
- 고용노동부, 〈고용형태공시제 시행 2년차, 어떤 변화가 있나?〉, 2015.6.

- 고용노동부, 〈사업체 노동력 조사보고서〉, 2017.3.
- 고용노동부, 〈알기 쉬운 임금정보〉, 2014.
- 과학기술정책연구원, 〈사회·기술시스템 전환 전략연구〉, 2015.
- 과학기술정책연구원, 〈국내 디지털 사회혁신 현황분석과 시사점〉,《STEPI Insight》 192호, 2016.
- 곽삼근, 〈평생교육학 연구〉,《교육학연구 50년》, 이화여자대학교 한국문화연구원(편), 이화여자대학교출판부, 2004.
- 곽삼근, 〈평생학습사회의 성인학습자와 고등교육개혁의 과제〉,《평생학습사회》9권 3호, 2013.
- 국가과학기술자문회의, 〈성장과 복지를 위한 바이오 미래전략〉, 2014.
- 국방대학교 안전보장문제연구소, 〈주요국과의 군사협력 평가 및 증진방안〉, 2017.
- 국방부, 〈2016 국방백서〉, 2016.
- 국방부, 〈독일 군사통합 자료집〉, 2003.
- 국립환경과학원, 〈산림의 공익기능 계량화 연구〉, 2011.
- 국토교통부, 〈2012년 주거실태조사 통계보고서〉, 2012.
- 국토교통부, 〈제2차 장기('13~'22) 주택종합계획〉, 2013.
- 국회예산정책처, 〈대한민국재정〉, 2016.
- 국회예산정책처, 〈2017년 및 중기경제전망〉, 2016.
- 국회예산정책처, 〈한반도 통일의 경제적 효과〉, 2014.
- 권태영 외, 〈21세기 정보사회와 전쟁 양상의 변화〉, 한국국방연구원, 1998.
- 기획재정부, 〈2016 장기재정전망〉, 2015.
- 권양주,《남북한 군사통합 구상》, KIDA Press, 2014.
- 권양주 외, 〈남북한 군사통합시 대량살상무기 처리방안 연구〉, 한국국방연구원, 2008.
- 김강녕,《남북한 관계와 군비통제》, 신지서원, 2008.
- 김경동, 〈왜 미래세대의 행복인가?〉, 미래세대행복위원회 창립총회, 2015.
- 김경전, 〈IBM 인공지능 왓슨의 공공부문 활용사례〉, 서울대학교 행정대학원 정책&지식 포럼 발표문, 2017.
- 김관호,《한반도 통합과 갈등해소 전략》, 선인, 2011.

- 김기호,《현대 북한 이해》, 탑북스, 2018.
- 김미곤 외, 〈복지환경 변화에 따른 사회보장제도 중장기 정책방향 연구〉, 한국보건사회연구원, 2017.
- 김민식 · 최주한, 〈산업혁신의 관점에서 바라보는 제4차 산업혁명에 대한 이해〉, 정보통신정책연구원, 2017.
- 김상배, 〈4차 산업혁명과 한국의 미래전략: 국제정치학의 시각〉, 국제정치학회 발표문, 2016.12.
- 김상배,《정보화 시대의 표준경쟁》, 한울아카데미, 2007.
- 김상배, 〈미중 플랫폼 경쟁으로 본 기술패권의 미래〉,《Future Horizon》 35권, 2018.
- 김상배, 〈4차 산업혁명의 국제정치학: 주요국의 담론과 전략, 제도〉,《세계정치: 4차 산업혁명론의 국제정치학》, 사회평론, 2018.
- 김완기,《남북통일, 경제통합과 법제도 통합》, 경인문화사, 2017.
- 김유선, 〈한국의 노동 2016〉,《현안과 정책》 117호, 2016.
- 김은, 〈인더스트리 4.0의 연혁, 동향과 방향 전망〉,《정책과 이슈》, 산업연구원, 2017.
- 김의식,《남북한 군사통합과 북한군 안정화 전략》, 선인, 2014.
- 김인춘 외, 〈생산적 복지와 경제성장〉, 아산정책연구원, 2013.
- 김종일 · 강동근, 〈양극화 지표를 통해 본 대 · 중소기업의 생산성 격차 추이〉, 《사회과학연구》 19권 2호, 2012.
- 김진하, 〈미래사회 변화에 대한 전략적 대응방안 모색〉,《KISTEP InI》 15호, 2016.8.
- 김한준, 〈4차 산업혁명이 직업세계에 미치는 영향〉, 한국고용정보원, 2016.
- 김흥광 · 문형남 · 곽인옥,《4차 산업혁명과 북한》, 도서출판 수인, 2017.
- 김희삼, 〈세대 간 계층 이동성과 교육의 역할〉, 김용성 · 이주호 편, 〈인적자본정책의 새로운 방향에 대한 종합연구보고서〉, KDI, 2014.
- 남기업, 〈부동산소득과 소득불평등, 그리고 기본소득〉,《현안과 정책》 158호, 2016.
- 노광표, 〈노동개혁, 원점에서 다시 시작하자〉,《현안과 정책》 104호, 2015.
- 니코 멜레 저, 이은경 · 유지연 역,《거대권력의 종말》, RHK, 2013.
- 로마클럽, 〈성장의 한계The Limits To Growth〉, 1972.
- 로버트 D. 퍼트넘 저, 정승현 역,《나 홀로 볼링》, 페이퍼로드, 2009.

- 리처드 리키 저, 황현숙 역,《제6의 멸종》, 세종서적, 1996.
- 마크 라이너스 저, 이한중 역,《6도의 악몽》, 세종서적, 2008.
- 모이제스 나임 저, 김병순 역,《다른 세상의 시작, 권력의 종말》, 책읽는수요일, 2015.
- 박균열,〈통일 한국군의 문화통합과 가치교육〉, 한국학술정보, 2006.
- 박병원,〈기술 패러다임의 전환과 글로벌 기술패권 경쟁의 이해〉,《Future Horizon》 35권, 2018.
- 박영숙·제롬 글렌,《일자리혁명 2030》, 비즈니스북스, 2017.
- 박진한,《21세기 혁명의 공통분모 O2O》, 커뮤니케이션북스, 2016.
- 방태웅,〈에너지와 4차 산업기술의 융복합, 에너지 4.0〉,《융합연구정책센터》 59호, 2017.
- 법무부,〈출입국·외국인정책 통계연보〉, 2016.
- 산림청,〈생물다양성과 산림〉, 2011.
- 산업연구원,〈4차 산업혁명이 한국제조업에 미치는 영향과 시사점〉, 2017.
- 삼정KPMG경제연구원,〈4차 산업혁명과 초연결사회, 변화할 미래산업〉,《Issue Monitor》 68호, 2017.
- 삼정KPMG경제연구원,〈블록체인이 가져올 경영 패러다임의 변화: 금융을 넘어 전 산업으로〉,《Issue Monitor》 60호, 2016.
- 서용석,〈세대 간 형평성 확보를 위한 미래세대의 정치적 대표성 제도화 방안 연구〉, 한국행정연구원, 2014.
- 서용석,〈지속가능한 사회를 위한 '미래세대기본법' 구상 제언〉,《Future Horizon》 22호, 2014.
- 서용석,〈첨단기술의 발전과 미래정부의 역할과 형태〉, STEPI 미래연구포커스, 2016.
- 선종률,〈남북한 군비경쟁 양상 변화에 관한 연구〉, 박사학위 논문, 울산대학교, 2011.
- 설동훈,〈국제결혼이민과 국민·민족 정체성: 결혼이민자와 그 자녀의 자아 정체성을 중심으로〉,《경제와사회》 103호, 2014.
- 설동훈,〈한국의 인구고령화와 이민정책〉,《경제와사회》 106호, 2015.
- 성명재,〈인구·가구특성의 변화가 소득분배구조에 미치는 영향 분석 연구〉,《사회과학연구》 22권 2호, 2015.

• 성지은 외, 〈저성장시대의 효과적인 기술혁신지원제도〉, 정책연구, 2013.

• 성지은·박인용, 〈저성장에 대응하는 주요국의 혁신정책 변화 분석〉,《Issues&Policy》 68호, 2013.

• 손선홍,《독일 통일 한국 통일 : 독일 통일에서 찾는 한반도 통일의 길》, 푸른 길, 2016.

• 손선홍, 〈독일 통일 외교의 시사점과 우리의 통일외교 전략〉,《외교》124호, 2018.

• 손선홍,《분단과 통일의 독일 현대사》, 소나무, 2005.

• 손선홍·이은정,《독일 통일 총서 18 & 19 : 외교 분야》, 통일부, 2016.

• 손수정, 〈제4차 산업혁명, 지식재산 정책의 변화〉,《STEPI Insight》197호, 2016.

• 손화철,《랭던 위너》, 커뮤니케이션북스, 2016.

• 송민경, 〈북한의 산림부문 기후변화 대응 동향 및 시사점〉, 국립산림과학원, 2017.

• 신광영, 〈2000년대 한국의 소득불평등〉,《현안과 정책》159호, 2016.

• 신우재·조영태, 〈영국 정부의 스마트시티 구축 노력과 시사점〉,《국토》416호, 2016.

• 신춘성 외, 〈모바일 증강현실 서비스 동향과 지속 가능한 콘텐츠 생태계 전망〉, 《정보과학회지》28권 6호, 2010.

• 안종범·안상훈·전승훈, 〈복지지출과 조세부담의 적정 조합에 관한 연구〉, 《사회보장연구》26권 4호, 2010.

• 앨빈 토플러 저, 장을병 역,《미래의 충격》, 범우사, 2012(1986).

• 앨빈 토플러 저, 원창엽 역,《제3의 물결》, 홍신문화사, 2006.

• 앨빈 토플러·정보통신정책연구원, 〈위기를 넘어서 : 21세기 한국의 비전〉, 정보통신정책연구원, 2001.

• 앨빈 토플러·하이디 토플러 저, 김원호 역,《전쟁 반전쟁》, 청림출판, 2011.

• 에릭 브린욜프슨·앤드루 매카피 저, 정지훈·류현정 역,《기계와의 경쟁》, 틔움, 2011.

• 여유진 외, 〈사회통합 실태진단 및 대응방안 II : 사회통합과 사회이동〉, 한국보건사회연구원, 2015.

• 연승준 외, 〈IoT 플랫폼 현황분석 및 시사점〉,《ETRI Insight Report》2016.

• 오세현·김종승,《블로체인노믹스》, 한국경제신문, 2017.

• 온실가스종합정보센터, 〈국가 온실가스 인벤토리 보고서〉, 2015.

• 외교부, 〈동북아 가스파이프라인과 전력그리드협력 포럼 자료집〉, 2018.

- 유재국, 〈인구구조변화와 정책적 시사점〉,《이슈와 논점》, 국회입법조사처, 2013.8.
- 유종일, 〈한국의 소득불평등 문제와 정책대응 방향〉,《현안과 정책》 152호, 2016.
- 유진투자증권, 〈차세대 인증 FIDO와 생체인식〉, 2016.
- 윤석명, 〈인구고령화를 반영한 공적연금 재정전망과 정책과제〉, 보건복지포럼, 2011.
- 이건범, 〈한국의 소득이동: 현황과 특징〉,《경제발전연구》 15권 2호, 2009.
- 이대호, 〈디지털제조의 이해와 정책 방향〉, 정보통신정책연구원, 2013.
- 이민화, 〈블록체인과 거버넌스 혁신〉, 창조경제연구회 제30차 공개포럼, 2016.
- 이병희 외, 〈한국형 실업부조 도입 방안〉, 한국노동연구원, 2013.
- 이삼식 외, 〈2015년 전국 출산력 및 가족보건·복지실태조사〉, 한국보건사회연구원, 2015.
- 이삼식 외, 〈고령화 및 생산가능인구 감소에 따른 대응전략 마련 연구〉, 보건복지부·한국보건사회연구원, 2015.
- 이삼식·이지혜, 〈초저출산현상 지속의 원인과 정책과제〉, 한국보건사회연구원, 2014.
- 이승주, 〈미래의 기술패권을 위한 일본의 국가전략〉,《Future Horizon》 35권, 2018.
- 이장원·전명숙·조강윤, 〈격차축소를 위한 임금정책: 노사정 연대임금정책 국제비교〉, 한국노동연구원, 2014.
- 이춘근·김종선, 〈과학기술분야 대북현안과 통일준비〉,《STEPI INSIGHT》 137호, 2014.
- 이춘근, 〈남북한 과학기술협력과 전망〉,《과학기술정책》 25권 9호, 2015.
- 이춘근 외, 〈통일이후 남북한 과학기술체제 통합방안〉, 과학기술정책연구원, 2015.
- 이희수, 〈학습사회에서 학습경제로의 전환 논리와 그 의미〉,《평생교육학연구》 7권 1호, 2001.
- 일 예거 저, 김홍옥 역,《우리의 지구, 얼마나 더 비틸 수 있는가》, 길, 2010.
- 임명환, 〈블록체인 기술의 영향과 문제점 및 시사점〉,《IITP 주간기술동향》 1776호, 2016.12.14.
- 임명환, 〈디지털산책-블록체인 철학에 대한 단상〉, 디지털타임스, 2018.5.10.
- 임재규, 〈산업부문의 전력수요관리정책 추진방향에 대한 연구〉, 에너지경제연구원, 2013.

- 임정선, 〈IoT-가속화되는 연결의 빅뱅과 플랫폼 경쟁의 서막〉, KT 경제경영연구소 Special Report, 2015.
- 자크 아탈리 저, 이세욱 역, 《합리적인 미치광이》, 중앙M&B, 2001.
- 자크 엘루 저, 박광덕 역, 《기술의 역사》, 한울, 2011.
- 장승권·최종인·홍길표, 《디지털 권력》, 삼성경제연구소, 2004.
- 장재준·황은경·황원규, 《4차 산업혁명, 나는 무엇을 준비할 것인가》, 한빛비즈, 2017.
- 장필성, 〈다보스포럼: 다가오는 4차 산업혁명에 대한 우리의 전략은?〉, 《과학기술정책》 26권 2호, 2016.
- 장홍석, 〈오픈소스 S/W 글로벌 동향과 우리기업의 해외 진출방안〉, 한국무역협회 국제무역연구원, 2016.7.
- 전병유, 〈한국 노동시장에서의 불평등과 개선방향〉, 《현안과 정책》 153호, 2016.
- 전태국, 《사회통합과 한국 통일의 길》, 한울아카데미, 2013.
- 정경희 외, 〈2014년도 노인실태조사〉, 보건복지부·한국보건사회연구원, 2014.
- 정경희 외, 〈신노년층 출현에 따른 정책과제〉, 한국보건사회연구원, 2010.
- 정민, 〈4차 산업혁명에 대한 기업 인식과 시사점〉, VIP리포트(현대경제연구원), 2017.
- 정용덕, 〈바람직한 문명 발전을 위한 국가 행정 제도화 시론: 공익 개념을 중심으로〉, 《행정논총》 53권 4호, 2015.
- 정충열, 《남북한 군사통합 전략》, 시간의 물레, 2014.
- 정해식 외, 〈사회통합 실태진단 및 대응방안(Ⅲ)-사회통합 국민인식〉, 한국보건사회연구원, 2016.
- 제러미 리프킨 저, 이희재 역, 《소유의 종말》, 민음사, 2001.
- 제리 카플란 저, 신동숙 역, 《인간은 필요 없다》, 한스미디어, 2016.
- 제정관, 《한반도 통일과 군사통합》, 한누리미디어, 2008.
- 조병수·김민혜, 〈고용의 질적 수준 추정 및 생산성 파급효과 분석〉, 《조사통계월보》 69권 10호, 2015.
- 조영태, 〈스마트시티 국내외 현황〉, 《도시문제》 52권 580호, 2017.
- 조희정·이상돈·류석진, 〈디지털 사회혁신의 정당성과 민주주의 발전: 온라인 청원과 공공문제 해결 사례를 중심으로〉, 《정보화정책》 23권 2호, 2016.

- 차원용, 〈미국의 드론 정책·전략 집중분석〉, IPNomics/IT News/스마트앤컴퍼니, 2016.9.
- 차원용. 〈글로벌 드론 특허 130개 집중분석〉, IPNomics/IT News/스마트앤컴퍼니, 2016.11.
- 최계영, 〈4차 산업혁명과 ICT〉, 정보통신정책연구원, 2017.2.
- 최계영, 〈4차 산업혁명 시대의 변화상과 정책 시사점〉, 《KISDI Premium Report》 16권 4호, 2016.
- 최광, 〈소득 양극화: 인식 진단 및 처방〉, KIPA 조사포럼, 4호, 2013.
- 최병삼·양희태·이제영, 〈제4차 산업혁명의 도전과 국가전략의 주요 의제〉, 《STEPI Insight》 215호, 2017.
- 최석현, 〈제4차 산업혁명 시대, 일자리 전략은?〉, 《이슈&진단》 273호, 2017.4.
- 최성은·양재진, 〈OECD 국가의 여성 일-가정양립에 대한 성과〉, 《한국정책학회보》 23권 3호, 2014.
- 최연구, 《4차 산업혁명 시대 문화경제의 힘》, 중앙경제평론, 2017.
- 최연구, 〈4차 산업혁명 시대의 문화기술 전략〉, KOCCA 문화기술, 2017.
- 최연구, 〈기술의 미래? 문제는 인간의 미래〉, 월간 테크엠, 2017.7.
- 최연구, 〈문화 없는 기술이 맹목인 이유〉, 디지털타임스, 2017.3.
- 최연구, 《미래를 보는 눈》, 한울엠플러스, 2017.
- 최윤식, 《2030 대담한 미래》, 지식노마드, 2013.
- 최은수, 《4차 산업혁명 그 이후 미래의 지배자들》, 비즈니스북스, 2018.
- 크리스 앤더슨 저, 윤태경 역, 《메이커스》, RHK, 2013.
- 클라우스 슈밥 저, 송경진 역, 《제4차 산업혁명》, 새로운 현재, 2016.
- 클라우스 슈밥 외 저, 김진희 외 역, 《4차 산업혁명의 충격》, 흐름출판, 2016.
- 탭스콧 D. & 탭스콧 R. 저, 박지훈 역, 《블록체인 혁명》, 을유문화사, 2017.
- 통계청, 〈경제활동인구조사 근로형태별 부가조사 결과〉, 2016.
- 통계청, 〈경제활동인구조사 부가 조사〉, 2017.
- 통계청, 〈지역별 고용조사-연령대별 경력단절 여성〉, 2016.
- 통계청, 〈북한의 주요통계지표〉, 2017.

- 한경혜 외, 〈한국의 베이비부머 연구〉, 서울대학교 노화·고령사회연구소, 2011.
- 한국고용정보원, 〈AI-로봇-사람, 협업의 시대가 왔다!〉, 2016.3.
- 한국고용정보원, 〈미래의 직업연구〉, 2013.
- 한국과학기술평가원, 〈제4회 과학기술예측조사 2012~2035 총괄본〉, 2012.
- 한국보건사회연구원, 〈사회통합 실태진단 및 대응방안 Ⅱ〉, 2015.
- 한국사회갈등해소센터, 〈한국인의 공공갈등 의식조사〉, 2016.
- 한국생명공학연구원, 〈나고야 의정서 주요국 현황: (제1권) 아시아와 중동〉, 2015.
- 한국생명공학연구원, 〈바이오산업과 나고야 의정서〉, 2011.
- 한국에너지공단, 〈에너지 분야의 4차 산업혁명, Energy 4.0〉, 2017.
- 한국은행, 〈우리나라의 고용구조 및 노동연관 효과〉, 2009.
- 한국은행, 〈북한 통계〉, 2016.
- 한국정보통신기술협회, 〈FIDO 표준 기술 동향〉, 2016.
- 한국정보화진흥원, 〈ICT를 통한 착한 상상: 디지털 사회 혁신〉, 2015.
- 한용섭, 《한반도 평화와 군비통제》, 박영사, 2015.
- 허재준, 〈산업 4.0시대 노동의 변화와 일자리 창출〉, 한국노동경제학회 정책세미나 발표 논문, 2017.
- 허찬국, 〈저성장시대 기회 요소와 위험 요소〉, CHIEF EXECUTIVE, 2007.3.
- 홍일선, 〈세대간 정의와 평등: 고령사회를 대비한 세대간 분배의 불균형문제를 중심으로〉, 《헌법학연구》 16권 2호, 2010.
- 황덕순·이병희, 〈활성화 정책을 통한 근로빈곤층 지원 강화 방안〉, 사회통합위원회, 한국노동연구원, 2011.
- 황종성, 〈지능시대의 정부: 인공지능이 어떻게 행정을 변화시킬 것인가?〉, 서울대학교 행정대학원 정책&지식 포럼 발표문, 2017.

- C.P. 스노우 저, 오영환 역, 《두 문화, 과학과 인문학의 조화로운 만남을 위하여》, 사이언스북스, 2001.
- IITP, 〈주요 선진국의 제 4차 산업혁명 정책동향〉, 《해외 ICT R&D 정책동향》 2016-04호, 2016.

- MBN 일자리보고서팀, 《제4의 실업》, 매일경제신문사, 2018.
- KAIST 미래전략연구센터, 《KAIST, 미래를 여는 명강의 2014》, 푸른지식, 2013.
- KAIST 문술미래전략대학원, 《리빌드 코리아》, MID, 2017.
- KAIST 문술미래전략대학원·미래전략연구센터, 《인구전쟁 2045》, 크리에이터출판사, 2018.
- KDI, 〈4차 산업혁명 시대의 일자리 전망〉, KDI 경제센터 Hot Issie, 2017.6.
- KIST 융합연구정책센터, 〈바이오와 보안의 융합, 생체인식 기술〉, Weekly Tip, 2018.
- KOTRA, 〈일본 사물인터넷 시장 급성장, 산업·기술트렌드〉, 2015.6.
- KT 경제경영연구소, 〈2017 ICT 10대 이슈〉, 2017.
- UNEP, 〈생태계와 생물 다양성의 경제학 보고서〉, 2010.

- Accenture, 〈The Future of Fintech and Banking: Digitally disrupted or reimagined?〉, 2014.
- Acemoglu, D., & Robinson, J., 《Why Nations Fail: The Origin of Power, Prosperity and Poverty》, Crown Business, 2012.
- Alibaba Group, 〈Data Synchronization Quick Start Guide〉, 2016.
- Alibaba Group, 〈GS1 & GS1 China GDSN Project Joint Announcement〉, 2016.
- Alpert, D., 《The age of oversupply: Overcoming the greatest challenge to the global economy》, Penguin, 2013.
- Alvin Toffler, 《Third Wave》, Bantan Books, 1991.
- Alvin Toffler, 《War and Anti-War》, Little Brown&Company, 1993.
- Arkin, R. C., 《Behavior-based Robotics》, The MIT Press, 1998.
- Ascher, W., 《Bringing in the Future》, Chicago University Press, 2009.
- Binder, S., 〈Can Congress Legislate for the Future?〉, John Brademas Center for the Study of Congress, New York University, Research Brief, 3, 2006.
- Bloomberg, 〈How ambitious are the post-2020 targets?〉, Bloomberg New Energy Finance White Paper, 2015.
- Boston, J. & Lempp, F., 〈Climate Change: Explaining and Solving the Mismatch

Between Scientific Urgency and Political Inertia〉, Accounting, Auditing and Accountability Journal, 24(8), 2011.

• Boston, J. & Prebble, R., 〈The Role and Importance of Long-Term Fiscal Planning〉, Policy Quarterly, 9(4), 2013.

• Boston, J. and Chapple, S., 《Child Poverty in New Zealand Wellington》, Bridget Williams Books, 2014.

• Boston, J., Wanna, J., Lipski, V., & Pritchard, J. (eds), 《Future-Proofing the State: Managing Risks, Responding to Crises and Building Resilience》, ANU Press, 2014.

• Bryan, G. et al., 〈Commitment Devices〉, Annual Review of Economics, 2, 2010.

• Brynjolfsson, E. & Andrew, M., 《The Second Machine Age》, W.W. Norton & Company(이한음 역, 《제2의 기계시대》, 청림출판), 2014.

• Clasen, J. & Clegg, D. (eds), 《Regulating the Risk of Unemployment: National Adaptations to Post-Industrial Labour Markets in Europe》, Oxford University Press, 2011.

• Cocchia, 《Smart and Digital City: A Systematic Literature Review, Smart City》, Springer International Publishing, 2014.

• Dan Hill, 〈The Secret of Airbnb's Pricing Algorithm〉, IEEE, 2015.

• Ekeli, K. S., 〈Constitutional Experiments: Representing Future Generations Through Submajority Rules〉, Journal of Political Philosophy, 17(4), 2009.

• EU, 〈Biodiversity Strategy to 2020: towards implementation〉, 2011.

• Federal Trade Commission(FTC), 〈The "Sharing" Economy? Issues Facing Platforms, Participants &Regulators〉, An FTC Staff Report, Nov. 2016.

• Gantz, J. & David, R., 〈The digital universe in 2020: Big data, bigger digital shadows, and biggest growth in the far east〉, IDC iView: IDC Analyze the future, 2012.

• Gartner, 〈Hype Cycle for Blockchain Technologies〉, 2017.

• Gartner, 〈Top 10 Strategic Technology Trends for 2017: Virtual Reality and

Augmented Reality〉, 2017.

- Gertrude Chavez-Dreyfuss, 〈Honduras to build land title registry using bitcoin technology〉, Reuters, 2015.5.15.

- Germanwatch & CAN Europe, 〈The Climate Change Performance Index Results〉, 2015.

- Giddens, A., 《The Constitution of Society: Outline of the Theory of Structuration》, Polity, 1984.

- Goodin, R., 〈Enfranchising All Affected Interests, and Its Alternatives〉, Philosophy and Public Affairs, 35(1), 2007.

- Gordon, R. J., 〈Is US economic growth over? Faltering innovation confronts the six headwinds〉, National Bureau of Economic Research, 2012.

- Hagemann, R., 〈How Can Fiscal Councils Strengthen Fiscal Performance?〉, OECD Journal: Economic Studies, 1, 2011.

- Helliwell, Layard & Sachs, 〈World Happiness Report 2016〉, Sustainable Development Solutions Network, 2016.

- Howard, P. N., 《Pax Technica: How the Internet of Things May Set Us Free or Lock Us Up》, Yale University Press, 2014.

- Huh, T., 〈Reconsidering Environmental Information in light of E-governance: Focusing on the Korean National Environmental Technology Information Centre〉, 《지방정부연구》 16권 3호, 2012.

- IDC Report, 〈Analyst Paper: Adoption of Object-Based Storage for Hyperscale Deployments Continues〉, IDC Research, 2016.

- IEA, 〈World Energy Outlook〉, International Energy Agency, 2015.

- IMF, 〈World Economic Outlook Database〉, 2016.

- IMF, 〈Virtual Currencies and Beyond: Initial Considerations〉, 2016.

- Institute for 21st Century Energy, 〈International Energy Security Risk Index〉, US Chamber of Commerce, 2015.

- IPCC, 〈Climate Change 2007: Mitigation of Climate Change〉, 2007.

- Ireland Department of Health, 〈Future Health: A strategic Framework for Reform of the Health Service 2012-2015〉, 2012.
- ITU-T Focus Group on Smart Sustainable Cities, 〈Smart Sustainable Cities: An Analysis of Definitions〉, ITU-T, 2014.
- Jackson, T., 《Prosperity without Growth: Economics for a Finite Planet》, Earthscan, 2009.
- James, C., 〈Making Big Decisions for the Future?〉, Policy Quarterly, 9(4), 2013.
- Klaus, S., 〈The Fourth Industrial Revolution〉, World Economic Forum, 2016.
- Margetts, H. et al., 《Political turbulence: How social media shape collective action》, Princeton University Press, 2015.
- McKinsey, 〈Big Data: The next frontier for innovation, competition, and productivity〉, 2011.5.
- McKinsey, 〈The Internet of Things: Mapping the value beyond the hype〉, 2015.6.
- McLeod, T., 〈Governance and Decision-Making for Future Generations〉, Background Paper for Oxford Martin Commission on Future Generations, 2013.
- Murphy, R., 《Introduction to AI Robotics》, The MIT Press, 2000.
- Natural Capital Committee, 〈The State of Natural Capital: Restoring our Natural Assets London〉, Second Report from the Natural Capital Committee, 2014.
- OECD, 〈Biodiversity Offsets〉, 2014.
- OECD, 〈Divided We Stand: Why Inequality Keeps Rising?〉, 2011.
- OECD, 〈Education at a Glance〉, 2012.
- OECD, 〈Environment outlook to 2050〉, 2012.
- OECD, 〈Health Data-Demographic Reference〉, 2016.
- OECD, 〈Looking to 2060: long-term global growth prospects〉, 2012.
- OECD, 〈OECD Survey on Digital Government Performance〉, 2014.
- OECD, 〈The Bioeconomy to 2030: Designing a Policy Agenda〉, 2009.
- Oxford Martin Commission, 〈Now for the Long Term〉, Report of the Oxford

Martin Commission for Future Generations, 2013.

- Porritt, J., 〈The Standing of Sustainable Development in Government〉, Cheltenham, 2009.

- PwC, 〈The Sharing Economy: Sizing the Revenue Opportunity〉, 2014.

- Ralph, J., 〈China Leads The U.S. In Patent Applications For Blockchain And Artificial Intelligence〉, Forbes, 2018.5.17.

- Rao, D. B., 《World Assembly on Aging》, Discovery Publishing House, 2003.

- Rejeski, D. (eds), 〈Government Foresight: Myth, Dream or Reality?〉, Woodrow Wilson International Centre for Scholars, 2003.

- Rutter, J. & Knighton, W., 《Legislated Policy Targets: Commitment Device, Political Gesture or Constitutional Outrage?》, Victoria University Press, 2012.

- Ryan, B. & Gill, D. (eds), 《Future State: Directions for Public Management Reform in New Zealand》, Victoria University Press, 2011.

- Sunstein, C., 《Why Nudge: The Politics of Libertarian Paternalism》, Yale University Press, 2014.

- Thompson, D., 〈Representing Future Generations: Political Presentism and Democratic Trusteeship?〉, Critical Review of International Social and Political Philosophy, 13(1), 2010.

- Tiihonen, P., 〈Revamping the Work of the Committee for the Future〉, Eduskunta (Parliament of Finland) Committee for the Future, 2011.

- UBS, 〈Extreme automation and connectivity: The global, regional, and investment implications of the Fourth Industrial Revolution〉, 2016.

- UN, 〈Global Biodiversity Outlook 3〉, 2010.

- UN, 〈High Level Representative for Future Generations〉, The General Assembly, 2013.7.23.

- UN, 〈Millennium Ecosystem Assessment〉, 2005.

- UN, 〈World Population Prospects〉, 2013.

- UNEP, 〈Global Environment Outlook 4〉, 2007.

- UNEP, 〈Global Environment Outlook 5〉, 2012.
- UNEP, 〈Global Trends in Renewable Energy Investment〉, 2016.
- UNEP, 〈Payments for Ecosystem Services: Getting Started〉, 2008.
- UNWTO, 〈Climate change: Responding to global challenge〉, 2008.
- Venture Scanner, 〈Financial Technology Q2 Startup Market Trends and Insights〉, 2017.
- WEF, 〈The Global Risks Report〉, 2016.
- Welsh Government, 〈Future Generations Bill?〉, 2014.
- Welsh Government, 〈Well-being of Future Generations〉, 2014.
- World Economic Forum, 〈A vision for the Dutch health care system in 2040〉, 2013.
- World Economic Forum, 〈Sustainable Health Systems Visions, Strategies, Critical Uncertainties and Scenarios〉, 2013.
- World Economic Forum, 〈The Travel & Tourism Competitiveness Report〉, 2015.
- World Energy Council, 〈Energy Trilemma Index〉, 2015.
- World Future Council, 〈Global Policy Action Plan: Incentives for a Sustainable Future〉, 2014.
- World Future Council, 〈The High Commissioner for Future Generations: The Future We Want〉, 2012.

후주

1 모이제스 나임 저, 김병순 역,《권력의 종말》, 책읽는수요일, 2015, 112-113쪽.

2 모이제스 나임 저, 김병순 역,《권력의 종말》, 책읽는수요일, 2015, 50쪽.

3 김승호,〈권력과 과학기술 세기의 대결〉, BIKorea, 2016.3.6.(온라인)

4 윤성이,〈디지털 기술과 권력구조의 변화〉,《지식의 지평》 14호, 2013, 46쪽.

5 모이제스 나임 저, 김병순 역,《권력의 종말》, 책읽는수요일, 2015, 22-23쪽.

6 김인걸,《기술혁신의 경제학》, 국민대출판부, 2015, 15-16쪽.

7 송성수,《기술혁신이란 무엇인가》, 생각의 힘, 2014, 28쪽.

8 장승권 외,《디지털권력》, 삼성경제연구소, 2004, 14-15쪽.

9 윤성이,〈디지털 기술과 권력구조의 변화〉,《지식의 지평》 14호, 2013, 47-48쪽.

10 크리스 앤더슨 저, 윤태경 역,《메이커스》, RHK, 2013. 31쪽.

11 허성욱,〈블록체인 기술과 권력의 미래〉, 한국일보, 2018.2.11.(온라인)

12 오세현 · 김종승,《블록체인노믹스》, 한국경제신문, 2017, 287-288쪽.

13 디지털 통화Digital currencies는 가치를 전자적으로 표시한 e머니, PayPal 등 모든
종류의 화폐를 의미하고, 가상통화Virtual currencies는 민간이 발행한 온라인쿠폰,
게임머니, 포인트, 마일리지 등을 말하고, 암호통화Cryptocurrencies는 분산원장과
합의증명의 블록체인 기술을 이용하여 생성된 통화들을 의미함.〈Virtual
Currencies and Beyond: Initial Considerations〉, IMF, 2016.1.

14 일반적으로 코인은 자체 시스템(네트워크 및 플랫폼)을 갖고 있는 것을 의미하고,
토큰은 독립된 시스템 없이 다른 암호통화 시스템에서 발행하여 운영하는 것을

말하며, 대부분의 토큰은 dApp으로 서비스를 제공하지만, QTUM, EOS처럼 일부 토큰은 런칭 후에 자체 시스템을 구축하여 코인으로 전환하고 있음.

15 Coin ATM Rader, https://coinatmradar.com.

16 Gertrude Chavez-Dreyfuss, 〈Honduras to build land title registry using bitcoin technology〉, Reuters, 2015.5.15.

17 Lynsey Barber, 〈Estonia proposes estcoin, a government backed cryptocurrency, issued via an initial coin offering (ICO) after e-residency success〉, CITY A.M., 2017.8.22.

18 Token.FM, 〈First Blockchain-Based Direct-to-Fan Music Platform, to Launch Initial Trial in May, Opens Series A Round〉, Business Wire, 2017.4.18.; 〈Roadmap of Musicoin Blockchain〉, Medium, 2017.6.29.

19 소액거래의 금액 기준은 일반적으로 10달러 수준으로 보고 있으며, PayPpal은 12달러 이하임.

20 임명환, 〈블록체인 기술의 영향과 문제점 및 시사점〉 IITP, 《주간기술동향》 1776호, 2016.

21 《월간 테크엠》 2018년 4월호. 출처 http://techm.kr/bbs/board.php?bo_table=article&wr_id=4813

22 서울경제, 2018.3.19. 출처 http://decenter.sedaily.com/NewsView/1RWWWUOOGO

23 변양균, 《경제철학의 전환》, 바다출판사, 2017, 38~39쪽.

24 2+4 조약(Zwei-plus-Vier-Vertrag)은 모스크바에서 영국, 프랑스, 미국, 소련 4개국과 동ㆍ서 독일 사이에서 체결된 조약으로, 1990년 5월부터 4차례 진행된 2+4 회담의 최종 합의 문서임.

25 디지털타임스, 2017.5.25.

26 김평호, 〈다가오는 인공지능 시대, 한국 사회의 담론적 한계 극복을 위하여〉, 《Future Horizon》 35호, 2018.

27 E. B. Tylor, 《Primitive Culture》, New York: J.P. Putnam's Sons, 1871, 16쪽.

28 최연구, 〈4차 산업혁명 시대의 문화기술 전략〉, KOCCA 문화기술 참조, 2017.

29 〈AI-로봇-사람, 협업의 시대가 왔다〉, 한국고용정보원 보도자료, 2016.3.24.

30 〈한국표준직업분류(KSCO) 개정고시〉, 통계청 보도자료, 2017.7.3.

31 김헌식, 〈다가오는 인공지능 시대, 한국 사회의 담론적 한계 극복을 위하여〉, 《Future Horizon》 34호, 2017.

32 Katz, L. F. & Krueger, A. B., 〈The Rise and Nature of Alternative Work Arrangements in the United States 1995-2015〉, National Bureau of Economic Research(No. w22667), 2016.

33 소득대체율은 국민연금 가입 기간 평균적으로 벌어온 소득과 비교해 얼마만큼의 연금을 받는지를 뜻함.

34 WEF, 〈New Vision for Education, Unlocking the Potential of Technology〉, 2015.

35 이병희, 〈노동소득분배율 측정 쟁점과 추이〉, 《월간노동리뷰》 2015년 1월호, 2015.

36 통계청, 경제활동인구조사 근로형태별 부가조사-성/근로형태별 임금근로자 규모 및 비중(총괄).

37 조병수 · 김민혜, 〈고용의 질적 수준 추정 및 생산성 파급효과 분석〉, 《조사통계월보》 69권 10호, 2015.

38 황덕순 · 이병희, 〈활성화 정책을 통한 근로빈곤층 지원 강화 방안〉, 사회통합위원회 · 한국노동연구원, 2011.

39 OECD, 〈A Broken Social Elevator?〉, 2018.

40 이건범, 〈한국의 소득이동: 현황과 특징〉, 《경제발전연구》 15권 2호, 2009.

41 강신욱 · 이병희 · 장수명 · 김민희, 〈고용 · 복지 · 교육연계를 통한 사회적 이동성 제고 방안 연구〉, 사회통합위원회, 2010.

42 김희삼, 〈세대 간 계층 이동성과 교육의 역할〉, KDI, 2014.

43 여유진 · 정해식 · 김미곤 · 김문길 · 강지원 · 우선희 · 김성아, 〈사회통합 실태진단 및 대응방안 II : 사회통합과 사회이동〉, 한국보건사회연구원, 2015.

44 〈금융 빅데이터 전쟁-21세기 석유, 빅데이터〉, 조선비즈, 2017.

45 〈미래는 빅데이터 승자의 것, 총성 없는 전쟁 빅데이터 주도권 경쟁 격화〉, 뉴스핌, 2018.

46 ⟨Internet Privacy Act⟩, 2010, ⟨Commercial Privacy Bill of Right Act⟩, 2011 참조.

47 2015년 9월 개정된 ⟨개인정보보호법⟩ 제2조 9항, 10항 참조.

48 서울중앙지방법원 2011.2.23. 선고 ⟨2010고단5343판결⟩ 참조.

49 ⟨공공데이터 개방정책의 현황 및 향후 과제⟩, 국회입법조사처, 2018.

50 Gartner, ⟨Hype Cycle for Blockchain Technologies⟩, 2017.

51 Grand View Research, ⟨Blockchain Technology Market⟩, 2017.

52 임명환, ⟨디지털산책-블록체인 철학에 대한 단상⟩, 디지털타임스, 2018. 5. 10.

53 Forbes Technology Council, ⟨Solving Social Problems: 11 Ways New Tech Can Help⟩, Forbes, 2017.10.2.

54 ⟨블록체인, 암호화폐를 넘어 사회복지 분야로 확대⟩, 중앙일보, 2018.3.19.

55 ⟨Virtual Reality Head-Mounted Displays Revenue Worldwide⟩, Statista, 2016.

56 4D+ 감각이란 3차원 시각, 3차원 음향, 운동감 이외에 촉감 등 기타 부가감각들이 결합된 복합감각을 의미함.

57 ⟨드론 시장 및 산업 동향⟩, KIST 융합연구정책센터, 2017.1.9.

58 차원용, ⟨미국의 드론 정책 · 전략 집중분석⟩, IPNomics/IT News/스마트앤컴퍼니, 2016.

59 차원용, ⟨글로벌 드론 특허 130개 집중분석⟩, IPNomics/IT News/스마트앤컴퍼니, 2016.

60 CNBC, Youtube, 2017.2.21.

61 ⟨경기 화성에 수도권 최초 드론 시범 공역 지정⟩, 국토교통부 보도자료, 2018.6.19.

62 2017년 3월 ⟨스마트도시의 조성 및 산업 활성화 등에 관한 법률⟩로 전면 개정됨.

63 이삼식 외, ⟨미래 인구변동에 대응한 정책방안⟩, 보건복지부 · 한국보건사회연구원, 2011.

64 ⟨장래인구추계: 2015~2065⟩, 통계청, 2016.

65 서지영, ⟨우리나라 사회기반 강화를 위한 고령화 대응 과학기술정책 방향⟩, 《과학기술정책》 182호, 과학기술정책연구원, 2016.

66 ⟨금융감독자문위원회 발표자료⟩, 금융감독원, 2018.

67 〈금융감독자문위원회 발표자료〉, 금융감독원, 2018.

68 특이점은 인공지능이 비약적으로 발전해 인간의 지능을 초월하는 시점을 뜻함. 미국 컴퓨터 과학자이자 알파고를 개발한 레이 커즈와일Ray Kurzweil 박사가 제시한 개념. 그는 2045년이면 인간의 사고능력으로 예상하기 어려울 정도로 획기적으로 발달한 기술이 구현되어 인간을 초월하는 순간이 올 것으로 예측함. 또 최근 이 시기가 2029년 이내로 앞당겨질 것으로 예측됨.

69 〈2016 국가정보화에 대한 연차보고서〉, 대한민국정부, 2016.

70 〈정부지식 공유활용기반 고도화(2차) 제안요구서〉, 행정자치부, 2016.

71 서울특별시, 〈시민과 서울시, SNS로 通하다〉, 청송문화인쇄사, 2013.

72 황종성, 〈지능시대의 정부: 인공지능이 어떻게 행정을 변화시킬 것인가〉, 서울대학교 행정대학원 정책&지식 포럼 발표문, 2017.

73 김경전, 〈IBM 인공지능 왓슨의 공공부문 활용사례〉, 서울대학교 행정대학원 정책& 지식 포럼 발표문, 2017.

74 EU, 〈Growing a Digital Social Innovation for Europe〉, 2015.

75 최연구, 〈권력과 지식, 사유해서는 안 되는 것들〉, 한국일보, 2016.12.17.

76 인도네시아의 주요 광산물 원광 수출 금지(2014)와 콩고민주공화국의 동, 코발트 정광수출 금지 및 현지제련 의무화(2015) 등.